John Romer

Sie schufen die Königsgräber

Die Geschichte einer altägyptischen Arbeitersiedlung

Aus dem Englischen
von Joachim Rehork

VERLAG MAX HUEBER

CIP-Kurztitelaufnahme der Deutschen Bibliothek

Romer, John:
Sie schufen die Königsgräber:
d. Geschichte e. altägypt. Arbeitersiedlung / John Romer.
Aus d. Engl. von Joachim Rehork. – Ismaning bei München:
Hueber, 1986.
Einheitssacht.: Ancient lives ⟨dt.⟩
ISBN 3-19-005500-9

Die Originalausgabe erschien im Verlag
Weidenfeld & Nicolson, London unter dem Titel
»Ancient Lives«
Copyright © 1984 by John Romer

Copyright © 1986 by Max Hueber Verlag,
Ismaning bei München
Umschlaggestaltung Zembsch' Werkstatt, München
Karten auf den Vorsatzseiten Jutta Winter, München
Gesetzt aus der Cheltenham
bei der Utesch Satztechnik GmbH, Hamburg
Druck und buchbinderische Verarbeitung Pustet, Regensburg
Printed in Germany

Inhalt

Vorwort

Dies ist die Biographie eines 3000 Jahre alten Dorfes – eines Dorfes, dessen Leben in reichen und oft exzentrischen Einzelheiten bewahrt geblieben ist. Von einem seiner Bewohner ist vielleicht noch ein Kamm erhalten – ein Kamm mit Haaren daran –, von einem anderen etwa blieben Fetzen eines Briefes, von einem dritten wiederum eine Quittung oder auch zwei, irgendeine Urkunde, eine kleine Bibliothek von Papyrusrollen und dergleichen mehr. Wenn ich diese winzigen Kleinigkeiten in den glanzvollen Rahmen Alt-Thebens einfüge, dann deshalb, um die Bewohner dieses alten Dorfes gleichsam noch einmal in der Umgebung umherwandeln zu lassen, die sie gewohnt waren. Dabei habe ich nichts hinzuerfunden: Diese Dörfler waren *wirklich* Menschen aus Fleisch und Blut! Meine Schilderung ihrer Häuser, ihrer Habe und ihrer Lebensumstände, der Tempel und der Gräber Thebens, der Nilüberschwemmungen, der Sonnenuntergänge und der auffrischenden Brise thebanischer Abende – dies alles beruht teils auf gesicherten Ergebnissen wissenschaftlicher Forschung, teils auf meiner eigenen Kenntnis der Stätten, an denen sie gelebt, und der Werke, die sie dort hinterlassen haben.

Die größte Genugtuung bei meiner Suche bestand in der Erkenntnis, daß die Geschichten dieser Dorfbewohner nicht etwa von Menschen handelten, die in Altägyptens gewöhnlichen Alltag eingebunden waren, sondern vielmehr von Personen berichteten, die in einer ganz besonderen Beziehung zum Königshaus und zum Hof standen. Sie waren es nämlich, die als Künstler und Handwerker, besser gesagt: als Künstler-Handwerker Thebens Königsgräber schufen. Zusammen mit Nahrungsmitteln und Wasser kam Geschichte den Pfad zu dem Wüstendorf herauf und machte dessen Bewohner nicht nur reicher oder ärmer, sondern veränderte auch ihre Einstellung zu den Göttern und ihr Verhältnis zueinander. Vielleicht ist dieses Dorf der einzige Ort der

Antike, wo sich über Generationen hinweg abzeichnet, wie sich Geschichte – die Geschichte einer Nation – auf einzelne Familien auswirkt.

Um den Fluß all der herrlichen Geschichten nicht zu unterbrechen, die das Gräbermacherdorf uns erzählt, mußte ich mich vor gelehrten Abschweifungen hüten, so groß die Versuchung dazu auch sein mochte. Aus dem Quellenverzeichnis am Ende dieses Buches wird der Leser ersehen können, wie ich zu meinen Schlußfolgerungen gelangt bin. Zwangsläufig beruht meine Schilderung dieses Dorfes und der Lebensläufe seiner Bewohner weitgehend auf den Arbeiten des verstorbenen Oxforder Ägyptologen Jaroslav Černý, der einen großen Teil seines Lebens damit zubrachte, Leben und Hinterlassenschaft dieser Menschen des ägyptischen Altertums zu erforschen.

Hervorgehoben sei, daß zwar viele Ägyptologen dem Dorf der Gräbermacher eine Lebenszeit von 500 Jahren zugestehen. Doch sind die Belege für die ersten 200 Jahre – zur Zeit der 18. Dynastie – dermaßen spärlich, daß sich noch nicht einmal mit Sicherheit sagen läßt, ob die Bewohner des Dorfes schon damals mit der Erstellung und Ausgestaltung der königlichen Grablegen befaßt waren. Und da keiner von ihnen je Andeutungen über die Zeit der ersten siebzehn Dynastien macht, führt es zu nichts, sich über die Herrscher der 18. Dynastie den Kopf zu zerbrechen, die als Gründer der Ansiedlung in Frage kommen. Für die Leute im Dorf waren diese Könige ein fast schon legendäres, längst vergangenes Herrscherhaus. Infolgedessen bezeichne ich die aus ihm hervorgegangenen Pharaonen als »alte« Dynastie, ihre Nachfolger dagegen – nach unserer Rechnung die 19. und die 20. Dynastie, unter der die Gräbermacher lebten und wirkten – als »neue«. Außerdem verwende ich für viele Stätten, die den Dorfbewohnern bekannt waren, Übersetzungen ihrer antiken Namen. Theben, die »Südstadt«, wie man es nannte, liegt heute teilweise unter den Häusern von Luxor begraben; die Tempelfestung König Ramses' III. heißt jetzt Medinet Habu; der »Große Platz« – oder die »Große [Begräbnis-]Stätte« – ist das Tal der Könige, der

»Platz der Schönheit« das Tal der Königinnen; und das Dorf selbst, diese kleine Welt mit ihren Heiligtümern, Tempeln sowie ihren sich ringsumher drängenden Häusern und Gräbern, trägt mittlerweile den Namen Deir el-Medine.

Aiola / Toskana 1984   John Romer

Zu den Zitaten:
. . . = *Bruch beziehungsweise Lücke im Originaltext*
– – – = *Auslassung eines Originaltext-Teils*

Das Milieu

Theben

Theben steht wie ein Altar zwischen der Wölbung des Himmels und der Krümmung der Erde. Die umgebende Landschaft ist so weit, daß man sie unmöglich auf einmal erfassen kann, und doch so klein, daß sie sich in einer Stunde umwandern läßt. Der Nil, der ihre Achse bildet und dessen Tal in die Wüste förmlich eingefräst ist, schimmert wie Quecksilber unter Glas. Die Stadt der Lebenden lag am Ostufer — eine nilschlammgraue Lehmziegelstadt mit enormen umfriedeten Arealen und verwinkelten Vororten, in denen sich ein Haus an das andere drängte. Eine düstere Stadt mit eng ineinandergeschachtelten Häusern, breiten Prozessionsstraßen, schattigen Tempeln und viereckigen künstlichen Teichen. Am Westufer bewässerten symmetrisch angelegte Nilwasserkanäle die Felder aus angeschwemmter schwarzer Erde, die das alljährliche Hochwasser des Stroms hier abgelagert hatte. Am Saum der Felder erhob sich eine Reihe von Tempeln, alle verputzt, bemalt und mit flatternden Wimpeln, wie eine Kette von Jahrmarktsbuden. Hinter ihnen — und damit außerhalb des Bereichs der in leuchtendem Grün prangenden Saaten — sorgte ein Streifen dürrer Sandwüste dafür, daß die in feine weiße Leinentücher gehüllten Toten Thebens in ihren tief in den Felsboden geschnittenen Gräbern trocken lagen. Oberhalb der felsigen Steilhänge im Westen des Niltals dehnt sich eine Ebene aus salzhaltigem Kalkgestein aus — der Rand der Sahara. Urzeitfluten zernagten einst dieses Wüstenplateau, fraßen an seiner Kante einen Irrgarten zerklüfteter Täler aus und hinterließen dort, wo sie sich ihren Weg zum Nil gebahnt hatten, breite Fächer von Sand und Steingeröll. Auf diesen kleinen Ausläufern der westlichen Wüste, die ins Niltal hineinreichen, errichteten die alten Ägypter die Totentempel ihrer Könige sowie, ganz im Süden von Theben-West, einen breit hingelagerten Palastkomplex. Die gleichen Urzeitfluten ließen auch ungeheure Kalksteinblöcke, ganze Hügel massiven Gesteins von den westlichen Felshängen zu Tal donnern, und in deren inzwischen von Erosion zerfressenem Gestein bestatteten die Thebaner ihre Könige, Königinnen, Prinzen und hohen Beamten. Nach ihrer Überzeugung kamen bei Sonnenuntergang die Toten aus ihren Grabgewölben, nahmen neben ihren Grabtempeln Aufstellung und schauten über den Strom hinweg auf die am Ostufer gelegene Stadt der Lebenden, auf der noch immer die letzten Strahlen der scheidenden Sonne lagen. Noch heute spürt man, wenn man in diesem gelblichen Dämmerlicht an den Gräbern steht, wie vom Fluß her eine leichte Brise durch das weitgespannte Tal streift, noch immer atmet man den modrig-süßen Duft der blühenden Saaten, den dieser sanfte Abendwind einem zuträgt, und die würzigen Gerüche ägyptischer Abendmahlzeiten, die einem aus den Häusern entgegenwehen, und wie eh und je vernimmt man die unzähligen Geräusche einer von Leben erfüllten Stadt – all dies vor dem Hintergrund der schweigenden, höchstens im Abendwind flüsternden Wüste. Vor dreieinhalb Jahrtausenden barg dieser Gärbottich, dieses sonnendurchglühte Stromtal, die Hauptstadt eines völkerumspannenden Reiches.

»Die fern von Theben sind,
Was reden sie täglich in ihren Herzen?
Sie verbringen den Tag damit, auf seinen Namen zu
    blicken
Und zu sagen: Ach hätten wir es [d. h. Theben]
    doch nur – – –
Sein Brot schmeckt köstlicher als Gänseschmalzpasteten,
Sein Wasser süßer als Honigseim,
Man trinkt davon, bis man berauscht.
Oh – so lebt man in Theben!«

So äußerte sich ein thebanischer Schreiber über das Leben in der Metropole. Andere geben Einzelheiten wieder. Sie erwähnen beispielsweise die vergoldeten Spitzen Hunderter von Fahnenmasten an den Tempeln, die aus der Ferne wie Kristalle funkelten und die man als erstes gewahrte, wenn man sich der Stadt auf dem Nil näherte; kam man dann ins Weichbild Thebens, erblickte man unzählige Wimpel aus

Leinen, die sich leuchtend von den purpurfarbenen Felswänden abhoben.

Man stelle sich diese Tempel, die den Nil flankierten, vor und frage sich, weshalb sie dort standen. Der Grund, warum in Palästen aus Schlammziegeln wohnende Könige Götter verehrten, deren riesige Wohnstätten aus gutem, hartem Stein waren, bestand darin, daß diese Tempel Himmel und Erde verbanden. Gleich Sammellinsen fingen sie das gesamte Universum ein; sie waren Leitseile zum Himmel und säumten als geheimnisvolle Schaltstellen zwischen Mythos und Realität die Stätten der Lebenden und der Toten. Zwei Arten von Tempeln gab es in Theben; das breite Band des Nils trennte sie voneinander. Am Ostufer, nördlich der Stadt der Lebenden, lagen die riesigen Häuser der Reichsgötter, die noch immer zu den gewaltigsten Sakralbauten der Welt zählen. Am Westufer erstreckten sich unmittelbar am Rand des bebauten Landes wie Perlen an einer Schnur die Tempel der Könige – auch sie Götter neben anderen Göttern. Ihre Priester zählten nach Tausenden, nach Zehntausenden ihre Tempeldiener, und ihre Hohenpriester gehörten zu den mächtigsten Persönlichkeiten im Staat. Zu jedem dieser Tempel führte eine breite Prozessionsstraße, die in das Herz des Heiligtums führte. Auf ihr überquerte man sonnendurchflutete Höfe mit monumentalen Pylonen, Torbauten von gewaltigen Ausmaßen, in deren Mauerfronten hohe Zedernholz-Fahnenmasten mit gold- oder silberverkleideten Spitzen eingelassen waren. Ihre Torflügel, so groß wie die Türen von Flugzeughangars, bestanden aus Holzplanken und waren überzogen mit schimmernden Metallplatten, die zur Abwehr des Bösen bestimmte Schutzzeichen trugen. Auch die den Besuchern zugekehrten Tempelwände waren weithin mit glänzendem Metall sowie funkelnden Steinen und Glasflußeinlagen geschmückt.

Das Herz der Tempel bildeten Räume ohne Luft und Sonne, Kammern, die nur der rituell Reine betreten durfte. In den finsteren heiligen Schreinen dieser kleinen Zentralheiligtümer feierte man tage- und nächtelang bis ins Kleinste durchdachte Rituale, die Jahre, Jahrzehnte und Jahrhunderte überbrückten, die Zeit und Ewigkeit verbanden, Akte tiefer Frömmigkeit, erwachsen aus den Triebkräften des Lebens im Niltal, in denen sich die ehrfurchtgebietende Macht der Götter äußerte: dem täglichen Weg der Sonne quer über den mächtigen Strom, den jährlichen Nilfluten und der Bewässerung der Felder, dem Aufkeimen der Saaten und dem Reifen der Ernte – kurz: den endlosen Rhythmen Altägyptens. An jedem Tag eines jeden Jahres gingen Priester in den schattendunklen Räumen des Tempelinnersten ihren kultischen Verpflichtungen nach, im steten Einklang mit den erhabenen Szenen von Kampf und Herrschaft, die sich in langen Bildfolgen auf den Wänden des Heiligtums abspielten.

Irdische Mächte

Rings um die Tempel von Theben-West drängten sich Bauwerke, alle umgeben von riesigen Mauergevierten. In diesen Einfriedungen erhoben sich Zeremonialpaläste für den König sowie die Wohnbauten für die Priester und die Schreiber, die den Tempelbesitz verwalteten. Doch bei weitem die meisten Gebäude innerhalb der Mauern waren Magazine von vielen Morgen Grundfläche – die »Vorratsstädte« der Bibel, die »Kornhäuser des Pharaos«, die Joseph öffnen ließ, als Hungersnot in Ägypten herrschte (Genesis 41, 56). Es waren langgestreckte, tonnengewölbte Speicher, die nicht nur die Kriegsbeute des Reiches bargen, Häute und Elfenbein, Lapislazuli und schimmernde Metalle, sondern auch die Abgaben an Getreide und Vieh, die Ägyptens Landleute selbst zu leisten hatten. In den kühlen, säulenumgebenen Höfen dieser schattigen Warenhäuser saßen die Tempelschreiber und verteilten im Namen des Königs die ungeheuren Schätze, die bei ihnen eingingen.

1275 v. Chr., im vierten Jahr der Regierung Ramses' II., arbeitete, wie er selbst berichtet, ein junger Schreiber namens Ramose in einem dieser Königstempel. Seine Aufgabe bestand darin, die Viehherden zu zählen und zu registrieren, die von den Gütern nilauf- und nilabwärts als Tribut gebracht wurden. Ramoses Berufswahl war ungewöhnlich für Theben, denn im allgemeinen trat hier der Sohn in die Fußstapfen des Vaters. Ramoses Vater Amenemhab aber war kein Schreiber gewesen, sondern hatte als königlicher Kurier zwischen den einzelnen Staatsbeamten Anweisungen und Berichte hin- und hergetragen. Doch seine ständigen Beziehungen zur Beamtenschaft müssen schließlich dazu geführt haben, daß irgendein Schreiber auf seinen Sohn Ramose aufmerksam wurde. Diese Schreiber, die alles zählten und registrierten, was es im Lande zu zählen und zu registrieren gab, bildeten den geistig hellwachen Mittelstand der altägyptischen Bevölkerung. Einer von ihnen also öffnete dem

Sohn des Kuriers den Zugang zu den Schulen, in denen Schreiber ausgebildet und in den Künsten des Schreibens sowie der Buchführung unterwiesen wurden. Hier lehrte man den jungen Ramose, mit dem Handwerkszeug eines Schreibers umzugehen, das gleichzeitig das Ehrenzeichen der Schreiberzunft bildete: mit den Täfelchen, auf denen man die Farbstoffe für die Tinte zu Pulver zerrieb; den kreisrunden Näpfchen, in denen man die feinzerstoßenen Farbstoffe mit dem Bindemittel zu Tinte mischte; den Steinen zum Glätten der Papyri, damit der Pinsel nicht an Rauhheiten hängenblieb; den Schreibrohren, deren Enden man weichkaute, um die Fasern für die Tinte aufnahmefähig zu machen; schließlich den rechteckigen hölzernen Paletten mit Vertiefungen zur Aufnahme kleiner Tinten-»Kuchen« und einem länglichen Schlitz in der Mitte, in dem ein Dutzend Schreibrohre Platz hatte. Dann zeigte man ihm, wie man all dies mit einem Spezialknoten zu einem handlichen, tragbaren Bündel zusammenband. Außerdem lernte Ramose die Gebete, die jeder Schreiber zu sprechen hatte, bevor er seine Arbeit begann, und man zeigte ihm, wie er dabei zu Ehren der Schutzpatrone seines Berufes Wasser zu versprengen hatte. Und natürlich mußte er die rund 700 Hieroglyphen-Schriftzeichen sowie ihre schwungvollen kursiven Entsprechungen auswendig lernen, in denen man regierungsamtliche Schriftstücke abzufassen pflegte. Nach und nach hatte sich der junge Mann auf diese Weise mittels geradezu hypnotischer Wiederholung ein Repertoire von Formen und Redewendungen angeeignet, die insgesamt die Literatursprache des damaligen Ägyptens ausmachten.

Diese Schreiberschulen waren hart, ihre Moral, das Rückgrat des Staates, streng und geradlinig. In einer späteren Lebensphase erinnerte sich einer dieser Schreiber, daß man ihm Prügel verabreicht hatte, damit Wörter, die er lernen sollte, den rechten Weg in sein Ohr fänden. Freilich war eine derartige Ausbildung kaum geeignet, Originalität zu fördern. Doch brachte sie Generationen unerschütterlich loyaler Funktionäre hervor, die ihr ganzes Leben im Staatsdienst zubrachten – ein gutes Leben als Beamter oder als

Verwalter großer Anwesen. Das hochgesteckte Ideal staatsbürgerlicher Tugenden, das diese Schreiber ihrer Ausbildung verdankten, wußten sie freilich im Einzelfall durch subtilen Witz und feines Gespür für die Würde des Lebens in einem Land tüchtiger Bauern aufzulockern. Die Altägypter verfügten über eine ganz besondere Art von Zartgefühl, das in einer tiefverwurzelten Frömmigkeit begründet war. Von den Dirnen und Trunkenbolden der thebanischen Bierhallen bis hin zu den höchsten Würdenträgern lebten sie alle in einer Welt, in der nicht nur Sterbliche, sondern auch Götter wohnten. Und in dem Maße, wie Ramose und seinesgleichen ein wohlgeordnetes Staatswesen als heilig und unantastbar empfanden, wußten sie die Rolle zu schätzen, die sie in diesem Staatswesen spielten. Angesichts der engen Verflechtung zwischen Göttern und Menschen durften sie außerdem darauf bauen, gleich den Göttern und den Königen ewigen Lebens teilhaftig zu werden.

Doch sosehr sie auch nach Unsterblichkeit strebten – nur ganz wenige von ihnen versuchten, der Nachwelt ein Stück von ihrer Persönlichkeit zu hinterlassen. Der Schreiber Ramose zum Beispiel ließ sich selbst, seine Frau, seine Nebenfrauen und seine Landarbeiter auf Dutzenden von Darstellungen verewigen. Nachdem er im Lauf seines langen Lebens drei Kapellen erbaut und ein Hauswesen großen Stils unterhalten hatte, starb er als wohlhabendes und geachtetes Mitglied der »guten Gesellschaft«. Auch bei sorgfältigster Betrachtung seines Lebenswerks werden wir jedoch, von wenigen ergreifenden Ausnahmen abgesehen, überall nur das Gesicht erblicken, das dieser Mann vor der Öffentlichkeit zur Schau trug. Und das ist wichtig, lehrt es uns doch, wie ein thebanischer Schreiber sich selbst sah. Die Themen und Anliegen, von denen Ramose berichtet, bieten darüber hinaus einen Maßstab dafür, was die Bewohner Thebens sich erhofften. Zugleich geben sie einen Hintergrund ab für die Geschichten über die wahren Persönlichkeiten dieser alten Stadt – die wenigen Individuen, über die schriftliche Aufzeichnungen vorliegen.

Aus einigen von Ramoses Selbstzeugnissen erfahren wir,

daß er als junger Mann im Tempel eines längst verstorbenen Königs der alten Dynastie, im »Haus« Thutmoses IV., tätig war und zu Beginn seines dritten Lebensjahrzehnts von der Tempelhierarchie eine ganze Reihe von Titeln erhielt: Schreiber des Tempelschatzes, Schreiber und Registrator der Herden des Gottes Amun, Leiter der Hausverwaltung des Siegelbewahrers. Ramose spricht von seiner Beziehung zu dem alten König mit einem gewissen Stolz, denn unter der Herrschaft dieses Monarchen dehnte sich Ägyptens Macht in Asien und Afrika aus, und das Wohlstandswachstum im Lande selbst überstieg alle Erwartungen. Fest eingefügt in die dynastische Erbfolge, waren die Herrscher ihrer göttlichen Ahnen sicher; schon zu Ramoses Lebzeiten war dieses Zeitalter vom Glanz heroischer Vergangenheit verklärt.

Als Mittzwanziger wurde Ramose an einen anderen Tempel versetzt, der dem Kult eines Höflings Amenophis' III. diente. Dieser Mann hatte seine Laufbahn gleich Ramose als untergeordneter Schreiber begonnen, seine Tage jedoch als Oberaufseher der königlichen Bauvorhaben und mächtigster Mann im Lande in fürstlichem Glanz vollendet. Der Tempel dieses Schreibers namens Amenophis, Sohn des Hapu, stand gleichsam demütig hinter den mächtigen Mauern des Königstempels. Hinter seinen zwei bescheidenen Pylonen spiegelten sich im zentralen Bassin des Hofes die Kronen der ringsherum gepflanzten Bäume — ein sorgfältig geplantes Baudenkmal voller Anmut, dekoriert von Künstler-Handwerkern eines stilbewußten Hofes.

Rund sechzig Jahre bevor Ramose an diesen kleinen Tempel berufen wurde, hatte der König im äußeren Hof dieses Bauwerks vor betagten thebanischen Würdenträgern eine feierliche Ansprache gehalten. Ihm ging es darum, das geistige Fortleben seines verewigten Hofmanns sicherzustellen, den er ganz besonders geschätzt hatte. Zu diesem Zweck erließ er ein Verbot, sich an der Stiftung zu vergreifen, die die Grundlage für den bescheidenen Kult bildete, der dem Andenken des an dieser Stätte verehrten Schreibers gewidmet war — eine höchst sinnvolle Vorsichtsmaßnahme, hatten doch spätere Könige viele ältere Tempel ihrer Besitztümer beraubt, und manche hatten sogar Bausteine aus ihnen gebrochen. Der Herrscher verhängte einen Fluch über alle, die des Tempels Leibeigene von ihrer Feldarbeit wegholten oder gar unmittelbar an den Tempel selbst oder an dessen Magazine Hand anlegten. Die Uräusschlange, die feuerspeiende Königskobra, die das Haupt des Herrschers zierte, solle sie verschlingen, heißt es in dem königlichen Erlaß. Heiliges Feuer solle sie verzehren, und über ihren Leichnamen solle das Meer zusammenschlagen, so daß sie keine würdige Bestattung erführen. Niemals mehr sollten sie die Stimme ihres Königs vernehmen, noch würden Adlige künftig ihre Häuser besuchen. Ihren Söhnen solle der Zugang zu Hofämtern verwehrt sein, und ihren Frauen solle man vor ihren Augen Gewalt antun. Und sollte einer von denen, die zusammengerufen worden waren, um die Worte dieses Erlasses zu vernehmen, gegen des Königs Befehle handeln, solle dieser Fluch ihn ganz besonders treffen. Denn solche Menschen waren Feinde, die hungern und sterben mußten.

Der königliche Bannfluch hatte für die Ägypter etwas zutiefst Alptraumhaftes, schürte er doch die Angst davor, einsam und verlassen zu sein, die Angst vor dem Tod des *Ka,* der als fortlebend gedachten Kraft des Geistes, die Angst vor dem Zusammenbruch der Generationenfolge innerhalb der Familien und schließlich die Angst vor der Vergewaltigung der Frauen, die sogar die Legitimität der Kinder des so bestraften Übeltäters fraglich werden ließ. Durch all dies wurde man förmlich ausgelöscht – ausgelöscht in dieser und in der kommenden Welt, ausgelöscht für alle Zeit. Demgegenüber stellte der zweite Teil der Proklamation des Königs jedem Belohnungen in Aussicht, der dem *Ka* seines getreuen Schreibers zum Fortleben verhalf. Die Versprechungen begannen mit dem üblichen Segenswunsch, man möge 110 Jahre leben, und verhießen dem Förderer des Tempels und seines Totenkults, seine Familie werde hohe öffentliche Ämter bekleiden und selbst die Annehmlichkeiten eines ausgesucht schönen Grabes genießen. Ferner wurden königliche Sonderspenden ausgesetzt, die ihm Gewähr für den eigenen Totenkult und die Verdoppelung seiner Totenopfer boten.

Dies bedeutete Sicherheit – Sicherheit im Hier und Heute, Sicherheit im Jenseits, Sicherheit immerdar. Das königliche Dekret, dessen Versprechungen dazu geeignet waren, Ramose und seinen Zunftgenossen Mut einzuflößen, wurde in Hieroglyphenschrift in eine große Stele, einen beschrifteten Gedenkstein, gehauen.

An der Spitze der Regierung, unter der Ramose lebte und wirkte, standen zwei Wesire, die nach dem König selbst die höchste Macht im Land verkörperten. Jahrtausendelang hatte es in Ägypten stets nur einen Wesir gegeben. Doch als Ägyptens Macht wuchs, wurde das Wesirat zweigeteilt. Der eine der beiden Wesire regierte nunmehr Unterägypten, und zwar von Memphis aus, der Stadt am Scheitelpunkt des Nildeltas, während der andere, in Theben residierend, die Verwaltung Oberägyptens verantwortete. Den beiden hohen Würdenträgern unterstanden die zahllosen Funktionäre der Staatsverwaltung, die Steuerbeamten, die Stadtoberhäupter und die gesamte übrige Bürokratie. Außerdem bestanden seitens der Wesire enge Beziehungen zu den Hohenpriestern, den Militärbefehlshabern und zum Kanzler, dem die Verwaltung der königlichen Hofhaltung oblag. Als Ramose an den Tempel des weiland königlichen Schreibers Amenophis-Hapu versetzt wurde, lag Oberägyptens Wesirat in der Hand Pasers, eines selbstbewußten Mannes – sofern die Statuen, durch die er sich verewigen ließ, den richtigen Eindruck vermitteln. Pasers Vater war Hoherpriester Amuns, seine Mutter Vorsteherin von Amuns Harem. Paser führte die Titel »Erbprinz« sowie »Graf« und »Aufseher der Stadt« (gemeint ist Theben, das »südliche Heliopolis«). Tagtäglich hielt er in Theben-West hof. Dabei thronte er am Ende einer mächtigen Säulenhalle auf einem erhöhten Podest. Einen Teppich zu Füßen und seinen Amtsstab in der Hand, saß er auf einem mit Kissen gepolsterten Sessel, und vor den Schreibern, die Protokoll führten, lagen ausgerollt die Gesetzesschriften. Gleich den Statuen, die in den Hallen altägyptischer Tempel das eigentliche Heiligtum des jeweiligen Gottes umgeben, umstanden ihn Verwaltungsbeamte und hohe Würdenträger des Staates. Ein jeder trat, wenn die Reihe an ihn kam, vor und äußerte, was er aus der Sicht seines Ressorts zu Fragen der Verwaltung Oberägyptens und zu ihrer Lösung beizutragen hatte. Auch private Bittsteller fanden sich ein, die den Wesir um einen Rat oder irgendwelche Vergünstigungen angingen. Der Wesir seinerseits erstattete dem König regelmäßig Bericht über die laufenden Dienstgeschäfte.

Paser hatte sein Amt unter Sethos I. angetreten. Er diente damit einer sensibel, ja nervös regierenden Dynastie erzkonservativer Herrscher, die aus einer Schreiberfamilie hervorgegangen war, nachdem die alte Dynastie kläglich Schiffbruch erlitten hatte. Bei aller verschwenderischen Prachtliebe und allem hochfahrenden Anspruch, eine neue »Epoche der Ewigkeit« begründet zu haben, waren die neuen Herrscher doch als Patrioten ernst zu nehmen. Vor allem übertraf ihre Bautätigkeit alles, was Ägypten bisher gekannt hatte. In der Nekropole (»Totenstadt«, Friedhof) nahe der heiligen Wüstenstadt Abydos, rund 150 Kilometer nordwestlich von Theben, ließ Sethos I. für seinen *Ka* eine aus Kalkstein, Sandstein und Granit bestehende Wohnstatt nach dem Vorbild des mythischen Osirisgrabes – einer unterirdischen Insel – errichten, die lange Zeit selbst für das Grab des leidenden, gestorbenen, dann aber wiederauferstandenen Gottes gehalten wurde und daher bis heute Osireion (»Osirisgrab«) heißt. Wenige Meter neben diesem wuchtigen Scheingrab erbaute Sethos I. einen mächtigen Tempel mit sieben Kultkapellen für die Götter Ptah, Re-Harachte, Amun, Osiris, Isis, Horus und sich selbst. Diesem Heiligtum wies er immensen Grundbesitz zu, um den Tempeldienst sowie die Versorgung der Tempelpriester und Tempeldiener sicherzustellen. In Heliopolis, ein gutes Stück nilabwärts vom alten Memphis, weihte er einen Tempel dem Gott Ptah, neben dem seit der 11. Dynastie in Theben heimischen und seit der 18. Dynastie zum Reichsgott erhobenen Amun die beliebteste und am meisten verehrte Gottheit Altägyptens. In Theben schuf er einen weiteren Tempel für seinen eigenen *Ka* sowie den seines bald nach der Thronbesteigung verstorbenen Vaters Ramses I., und der Reichstempel von Karnak,

Altägyptens erhabenstes Staatsheiligtum, erhielt seinen gigantischen »Säulensaal«. Auch andere Tempel im ganzen Reich profitierten von der Baulust der frommen neuen Herrscher. Ein großer Teil der Bauarbeiten wurde unter Aufsicht der beiden Wesire durchgeführt, die auch den Titel »Bauleiter« trugen. Außerdem spielten die beiden Wesire eine aktive Rolle im Staatskult. So mußte der Wesir Paser beispielsweise zusammen mit dem König und dem Kronprinzen seines Amtes walten, als in Saqqâra bei Memphis ein heiliger Apisstier in einem riesigen Granitsarkophag beigesetzt wurde. In Theben leitete er das alljährliche Amunsfest, den ersten Feiertag im Reichskalender. Bei diesem Fest brachte man die Statue des Gottes in feierlicher Prozession zu anderen Heiligtümern; der Gott stattete so den dort residierenden anderen Gottheiten gleichsam einen Besuch ab.

Den Wesiren oblag auch die Aufsicht über Theben-West, den »Stätte der Wahrheit« genannten Bereich der königlichen Totentempel sowie der Friedhöfe der Beamten und Könige. Paser war der Mann, »dem der Westen Thebens anvertraut war«. Als Wesir kannte er alle »Geheimnisse der Arbeit des Anubis«, jenes schlanken schwarzen Schakalgottes, des göttlichen Schutzherrn der Nekropolen und der Einbalsamierung Verstorbener. Und in Theben-West ließ er für sich am Fuß des Steilhangs der Westberge, im Friedhof der Beamten, sein eigenes Grab ausheben und dessen Säulenhallen reich mit Statuen und Wandreliefs ausstatten. Tief unter der Grabkapelle lag die Sargkammer für ihn und seine Gemahlin Tiji. Hier wollte er einst in einem Sarkophag aus rosa Granit begraben sein, den ihm Sethos I. als besonderes Zeichen seiner königlichen Gunst geschenkt hatte. Inschriften in dieser Grabanlage drücken den Wunsch aus, der Wesir möge auf ewig in diesem Grabgewölbe ruhen, und da er zu Lebzeiten dem König zur Seite gestanden hatte, dessen Ohren voll der Wahrheit waren und Amuns Lehren gehört hatten, möge er in der Kapelle über seiner Gruft Opfer empfangen, von denen sein *Ka* bis in alle Ewigkeit zehren möge.

Wesir Paser überlebte seinen Herrscher Sethos I., der

nach elfjähriger Regierungszeit starb. Ihm folgte sein 22jähriger Sohn, der gleich dem Großvater Ramses hieß. Paser diente nun diesem neuen König und erhielt als dessen ältester Ratgeber die Titel »Von der Gottheit [d. h. von Gottkönig Ramses II.] Geliebter« und »Gottesvater«. Seine erste Aufgabe unter dem neuen Herrscher bestand darin, die Bestattungsfeierlichkeiten für Sethos I. zu organisieren und zu überwachen, zumal er ja ohnehin schon seit Jahren die Bauarbeiten am Grab dieses Herrschers geleitet hatte. Wie die letzten Ruhestätten seiner Vorgänger hatte man auch Sethos' Grab in jenem entlegenen Wüstental hinter dem Schutzschirm der Felswände angelegt, die für Thebens Bewohner den westlichen Horizont bildeten: im Tal der Könige, dem Großen Platz. Die meisten Könige der alten Dynastie lagen in diesem Tal begraben, der »Großen [Begräbnis-]Stätte, die Sündige nicht betreten«, wie der vollständige Name lautete. Jeder ruhte in einer Grabkammer, die als hinterster Raum eines vielverzweigten Systems von Kammern und Gängen tief im Inneren der Felsen lag, und die Könige der neuen Dynastie folgten dem Beispiel ihrer Vorgänger. Doch während die Gräber der alten Dynastie von schlichter Eleganz waren und an sakralen Wandtexten lediglich das aufwiesen, was man bei den Bestattungsriten in den Felsen gehauen hatte, verlangten die Könige der neuen Dynastie eine glänzendere, komplexere Architektur und Ausstattung. Nun trugen die Wände farbige Reliefs mit sorgfältig ausgearbeiteten Szenen sowie langen Hieroglyphentexten, die an den Wandschmuck der Reichstempel erinnerten.

Fraglos warf dies eine ganze Reihe von Problemen auf. Denn die Männer, die die Königsgräber schufen, waren so umfangreiche Arbeiten nicht gewohnt. Der erste Herrscher, dessen Grab derart großzügig angelegt war, König Haremhab, mußte in einem halbfertigen Grab mitten zwischen Haufen von Gesteinssplittern beigesetzt werden – mit anderen Worten: Die Arbeiten an diesem Grab waren noch in vollem Gange, als der König starb. Gewiß, einige der farbenprächtigen Szenen in den äußeren Gängen dieses Grabes waren bereits fertig und gelten mit Recht, jede für sich, als Meisterwerke altägyptischer Kunst. Doch die bebilderten Wandtexte, sozusagen ein theologischer Führer durch die Welt, in der nach altägyptischen Vorstellungen nun der verstorbene König weiterlebte, diese Texte, die die Wände der tief aus dem Felsen gemeißelten Grabkammer schmücken sollten, waren kaum begonnen. Noch nicht einmal die ersten Vorzeichnungen bedeckten die oberen Felswände – und dies nach einer Regierungszeit von dreizehn Jahren.

Ein ähnlich ehrgeiziger Plan für das zweite dieser Gräber neuen Stils, bestimmt für Sethos' Vater, Ramses I., blieb in seiner Ausführung noch viel weiter hinter den hochgesteckten Erwartungen seiner Erbauer zurück, denn der betagte König starb nach nur zwei Regierungsjahren, als man gerade dabei war, sein Grab aus Thebens Felsen zu hauen. Statt in einer prächtig ausgestatteten Grabkammer am Ende einer tief ins Berginnere führenden Prozessionsstraße aus Kammern und Gängen wurde er nun in einem unfertigen Sarkophag beigesetzt, und dieser stand in einem schmucklos gebliebenen Raum, der ursprünglich nichts als der erste, äußerste Gang seines Grabdenkmals sein sollte. Es lag auf der Hand, daß die Arbeitsplanung für das Grab des jeweiligen Königs neu durchdacht und anders durchgeführt werden mußte, damit es dem durch das Grab Sethos' I. gesetzten anspruchsvollen Maßstab entsprechend rechtzeitig zur Beisetzung des Herrschers fertig wurde.

Zur Zeit der alten Dynastie war für den Bau der Königsgräber die Dienststelle des Bürgermeisters von Theben, eines von zahlreichen gleichrangigen Beamten am Hofe Pasers, zuständig. Nun aber wurden die Kolonnen der Arbeiter, die diese Gräber schufen, unmittelbar dem Wesir unterstellt. Paser selbst leitete die letzten Phasen der Arbeiten an König Sethos' Grab, und zum erstenmal gab es in der Staatsverwaltung ein eigenes Ressort für die Nekropolenarbeiter. Diese waren so stolz auf ihre neugewonnene Beziehung zum Thron, daß ihre Schreiber sich nunmehr als »Königliche Schreiber« bezeichneten – ein Titel, der nur hochgestellten Beamten bei Hofe zustand. Im Zuge dieser Neuorganisation besserte der Wesir auch das Einkommen der Gräbermacher auf, hob ihre gesellschaftliche Stellung und erhöhte die Anzahl der Planstellen auf nahezu das Doppelte. Außerdem verfügte er, daß sie sich fortan ausschließlich mit dem Bau der Königsgräber zu befassen hatten. So sollte gewährleistet sein, daß bei unerwartet frühzeitigem Ableben eines Königs zumindest die oberen Grab-Räumlichkeiten fertig waren, bevor die sehr schwere Arbeit erfordernden tieferen Partien aus dem Felsgestein gehauen wurden. Ein weiterer Bestandteil dieser Umstrukturierung war es, daß sämtliche Geräte und Materialien der Kontrolle einer bestimmten Gruppe von Schreibern unterstellt wurden, die außerdem täglich über den Fortgang der Arbeiten an den Königsgräbern zu berichten hatten. Zuvor hatten untergeordnete Schreiber derartige Aufgaben übernommen; nun aber übertrug Paser sie höhergestellten Schreibern, die unmittelbar dem Büro des Wesirs unterstanden und gleichen Rang besaßen wie die Vorarbeiter in den Nekropolen.

So kommt es, daß seit Pasers Amtszeit unter König Sethos über Leben und Wirken der Nekropolenarbeiter von Deir el-Medine regelmäßige und zahlreiche Berichte vorliegen, wogegen die Nachrichten aus der Zeit davor spärlich und unzusammenhängend sind. Eine Folge von Pasers Reform war, daß König Sethos in einer weitläufigen, prachtvollen Grabanlage bestattet werden konnte, die mehr an Kunstwerken birgt als alle älteren Gräber am Großen Platz zusammen. Und ein weiteres Ergebnis: Ramose wurde von seinen Pflichten im »Hause« Thutmoses IV. sowie im Tempel des Amenophis-Hapu entbunden und an den Großen Platz versetzt, wo er nun zusammen mit anderen Zunftgenossen die Arbeiten an den Königsgräbern zu beaufsichtigen hatte.

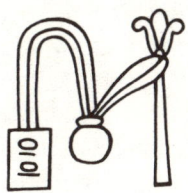

Der Große Platz

Etwa 40 Jahre lang arbeitete Ramose im Tal der Könige, einem ausgedörrten, menschenfeindlichen, ungastlichen Stück Land, wo nie eine Pflanze gedeiht. Und doch säte Ramose hier Samen aus – Samen, die mannigfache Frucht bringen sollten. Denn sein Wirken galt Ägyptens toten Herrschern, die den Kern des Abkommens zwischen den Ägyptern und ihren Göttern bildeten, eines Vertrags zwischen geordneter Hochkultur und Naturgewalten. Inmitten aller Zeremonien, die sich um Leben und Tod rankten, waren Ägyptens Könige die irdischen Repräsentanten der göttlichen Weltordnung. Sie schufen den wunderbaren Ausgleich zwischen den das Land befruchtenden Rhythmen der Natur und der durch Recht und Gesetz geregelten Ordnung der Menschenwelt. Starb ein König, so konnte das für den Staat Zerstörung bedeuten; daher galt es, dieses brutale, unberechenbare Ereignis methodisch und mit Bedacht in den Griff zu bekommen, damit es sich heilstiftend in die Naturordnung einbringen ließe.

Tod und Verfall wurden demzufolge zum Ritual erhoben. Man machte den toten König zur Mumie; sein von Natur aus der Verwesung preisgegebener Körper wurde ein von Menschenhand zu gestaltendes Werkstück. Zuerst entfernte man die Eingeweide, nachdem man den Leichnam mit einem Feuersteinmesser aufgeschnitten hatte, und der Priester, der diese zeremonielle »Tötung« durchgeführt hatte, floh nach vollbrachter Tat, um der Verfolgung durch die Staatsmacht zu entgehen. Dann aber wurde nach langen Ritualen des Einhüllens und Einsargens der Leichnam des Herrschers, nun ausgetrocknet, erneut verschlossen und umgeformt, halb Mensch, halb Statue, zum Großen Platz gebracht, wo die Nekropolenarbeiter das sorgfältig ersonnene Szenarium für den letzten Akt des Dramas aus dem Felsen gehauen hatten: den Eingang des Königs in die Unterwelt.

Die Bestattung eines Königs bedingte eine Vielzahl von

Riten, die so alt, so befrachtet waren mit Sinnbildern der Weltordnung und der dem König darin zukommenden Rolle, daß nicht einmal die Priester, die diese Riten zelebrierten, ihren vollen Sinn verstanden. Eines jedoch war klar: Dieses gesamte so bedeutungsträchtige, komplizierte Ritual brachte zum Ausdruck, daß der verstorbene Herrscher, der seiner irdischen Macht entsagt hatte, nun Gott unter Göttern war. Darauf allein kam es an, und allein davon hing die Legitimation des neu inthronisierten Herrschers als Gottessohn ab. So begab sich der tote König auf seine Reise, um sich zu den unsterblichen Göttern zu gesellen und seine Macht in das Spiel der Naturkräfte einzubringen, über die die Götter geboten. Seine Individualität verblaßte im Tod hinter seinem Amt, seiner staatstragenden Funktion; der Gedanke, daß der einzelne seine Identität im Staatsgefüge verliere, äußerte sich darin in hervorragender Weise. Nicht anders verhielt es sich mit den zahlreichen tiergestaltigen Göttern. Auch sie verkörperten eher Arten als Einzelwesen, und gleich dem König überbrückten sie die Kluft zwischen Natur und Staat, zwischen den Menschen und der zeitlosen Macht der Götter. Eine falkenköpfige, ansonsten aber menschengestaltige Gottheit, Horus, flog auf der Sonnenbahn, und die verstorbenen Könige begleiteten sie. Thot, in seiner Verkörperung als Ibis seinerseits ein Vogel und des Fliegens kundig, war der Gott des Schreibens, des Wissens und der Rechenkunst. Osiris, der in Mumiengestalt abgebildete König der Unterwelt, mit dem der tote Herrscher eins wurde, war Herr über ganze Scharen schreckenerregender fleischfressender Tiere, und Morgen für Morgen rollte ein weiteres Tier, ein Käfer, den toten Herrscher zusammen mit der Sonne zu dem Horizont, damit er seine Mumie wie eine Muschelschale in der Unterwelt des Königsgrabes hinter sich lasse.

So bestand für die Bewohner des alten Ägyptens eine enge Beziehung zwischen Sterben und Wiedergeburt, zwischen Abend und Morgen, zwischen Winter und Frühling, zwischen dem Tod und den Mächten, die Fruchtbarkeit spendeten. Und so wenig die Königsgräber, die Ramose und seinesgleichen schufen, an Nachrichten über die Persönlichkeiten der Herrscher enthalten, die in ihnen ruhen, so voll sind sie von Darstellungen aller nur erdenklichen Arten von Lebewesen. An ihren Wänden drängen sich geradezu Menschen, Tiere und Ungeheuer. Hier, tief in den Eingeweiden der Erde, im »Inneren«, wie die Gräbermacher den Großen Platz bisweilen nannten, stellten die toten Könige ihre Macht in den Dienst der Welt, nahmen sie an aller Neuschöpfung, an jeglicher Erneuerung teil. Die Gewölbe, die die Arbeiter aus dem Felsen gehauen hatten, waren dafür bestimmt, das Geheimnis der Schöpfung schlechthin zu beherbergen. Da aber Lebenskraft in diesen Gräbern wohnte, bestand unvermeidlicherweise auch eine Beziehung zum Bereich der Sexualität, der Erotik. Das Königsgrab war auch Mutterschoß, eingebettet in den Leib der Mutter aller Mütter, Hathors, der Göttin der Westberge Thebens. Der tote König war ihr rituell als Liebhaber verbunden, und sein Sarkophag war die Liege, auf der beide den Zeugungsakt vollzogen. Da lagen sie nun, die toten Könige, rings um den Talkopf des Großen Platzes. In schweigender Versammlung ruhten sie unter den ragenden Felswänden der Westberge in stockdunklen Kammern voller Bilder ganzer Götterscharen.

Priester hatten vor diesen Bildern althergebrachte Rituale zelebriert und den Darstellungen damit Leben eingeflößt. Selbst für die Künstler, die diese Abbildungen geschaffen hatten, waren die dargestellten Götter wirklich vorhanden, so daß sie zu ihnen beteten. Ein Holzschnitzer, der zu den Arbeitskolonnen aus Deir el-Medine gehörte und hölzerne Götterfiguren schuf, nannte sich selbst »Hersteller von Götterbildern«, und die in Relief an den Wänden der Königsgräber dargestellten Gottheiten bezeichnete man als »Götter und Göttinnen des Grabes«. Und wie sogar die Werkleute, die diese von mystischer Gottesgegenwart erfüllten Ikonen geschaffen hatten, von deren Durchdrungensein mit geheimnisvollem Leben überzeugt waren, so waren für sie auch die Königsgräber, die sie am westlichen Horizont Thebens aus den Felsen gehauen hatten, die Unterwelt, die sie »Horizonte der Ewigkeit« nannten.

Als der Schreiber Ramose seine Arbeit am Großen Platz antrat, lag der Boden des Tals der Könige viel tiefer als heute. Er war durchfurcht von einem Netz V-förmig eingeschnittener Rinnen, die, vom Regenwasser herausgewaschen, teilweise verstopft waren durch Feuersteine und anderes Steingeröll, das von den nahen Felshängen zu Tal gestürzt war. An den Seiten dieser Rinnen lagen die Eingänge zu den Königsgräbern der neuen Dynastie, und ringsherum türmten sich frische Haufen weißer Steinsplitter, die sich wie Sahneklecke vom sonstigen Goldton der Patina dieses Wüstentals abhoben. Ebenfalls weiß vom Felsgestein abstechende Trampelpfade verbanden die Grabpforten miteinander. Sie führten kreuz und quer durch die trockenen Geländerinnen, bergauf, bergab und mitten durch Schutthalden. In regelmäßigen Abständen hatte man Wasserkrüge aufgestellt. An ihren tönernen Wandungen glänzten Tropfen, denn ein Teil ihres Inhalts sickerte durch den porösen Ton, verdunstete und hielt so den Rest der Flüssigkeit im Gefäßinneren kühl. Mitten im Tal duckte sich eine kleine Gruppe primitiver Hütten und Magazine für die Nekropolenarbeiter, die hier alles fanden, was sie während ihrer Arbeitszeit brauchten. Abgesehen von gelegentlich auftauchenden Kommissionen von Adligen, die mitunter von einem der beiden Wesire oder gar dem König selbst angeführt wurden, hielten sich im Tal für gewöhnlich 100 Arbeiter auf, die hier nicht nur tätig waren, sondern auch wohnten und schliefen, so daß es in dieser abgelegenen Siedlung wohl nicht wesentlich anders zuging als in jedem anderen Dorf auch. Das Besondere an dem Ort war jedoch, daß hier ausschließlich Steinbrucharbeiter, Steinmetzen und Künstler wohnten; mitunter kam ein gelehrter Priester hinzu, um die heiligen Texte für die »Unterwelt« der toten Herrscher vorzuschreiben oder zu korrigieren. Alle aber taten ihr Werk mit der ruhigen Überlegenheit wahrer Könner.

Das Grab Ramses' II. liegt, wie die Grabstätten seiner Vorgänger, tief unten im Tal. Sein Eingang öffnet sich zum Hauptbett des alten Wasserlaufes hin. Die Gänge im Grabesinneren waren dermaßen steil, daß die Schar der

Arbeiter, die die beim Aushauen der Grabräume abgefallenen Steinsplitter in Lederkörben nach außen trugen, sich sehr schwer damit taten, ihre Last ins Freie zu bringen. Bei diesem Grab begann Ramoses Arbeit am Großen Platz, und hier sollte der Schreiber den größten Teil seines Berufslebens verbringen – hier, tief unten im Dunkel der Gänge des langgestreckten Grabes, wo es nach frischbehauenem Felsgestein roch. Als Ramose im fünften Regierungsjahr des neuen Herrschers seine Arbeit antrat, hatte sich die erste Hektik des Grabbaues bereits gelegt und einem bedächtigeren Tempo Platz gemacht. Schließlich war der König noch jung und in guter gesundheitlicher Verfassung. Zweifellos würde er noch lange regieren. Jahrzehnte vergingen, und während der König über ein Land herrschte, dessen Bewohner in Wohlstand und Frieden lebten, ging sein riesiges Grab ganz allmählich der Vollendung entgegen.

Der Naturfels, in den dieses Grab hineingetrieben war, wurde in mächtigen Platten von den Wänden geschlagen, wie es der Struktur des Gesteins entsprach. Das Kalkgestein des Großen Platzes ist, frisch gebrochen, so weich, daß man es mit dem Fingernagel ritzen kann. Setzt man es jedoch eine Weile der Wüstenluft aus, schrumpft es ein wenig und wird hart und spröde wie Backstein. Davon abgesehen, daß es mit Salz durchtränkt ist, das beim Trocknen die Gesteinsoberfläche rissig macht, läßt sich dieses Material leicht bearbeiten, ja es ist geradezu ein idealer Werkstoff für einen Bildhauer. Die Steinbrecher schlugen dieses Material Stufe um Stufe aus dem Fels. Dabei benutzten sie Kupfermeißel, die freilich immer wieder unbrauchbar wurden, weil sie abstumpften, splitterten oder sich an den harten Feuersteinknollen verbogen, die in schnurgeraden Adern den gewachsenen Felsen durchziehen. Infolgedessen gab es hier im Tal eine regelrechte Kupferindustrie, die die Steinbrecher oder, wenn die Arbeiten an einem Grab schon weiter fortgeschritten waren, die Reliefbildhauer immer wieder mit neuen, scharfen Werkzeugen versorgte. Kupferschmiede schmolzen die verbrauchten Geräte ein und gaben ihnen erneut die Form, die ihrem Verwendungszweck entsprach: einfache, spitze Meißel für die Steinbrecher sowie eine große Anzahl kleinerer, unterschiedlich geformter Meißel und Stichel mit Holzgriffen für die Bildhauer.

Die aus dem Felsen geschnittenen Blöcke waren oft ziemlich groß und mußten erst zerkleinert werden, bevor man sie aus dem Grabesinneren ins Freie befördern und dort lagern konnte. Vor dem Grab legte man zwei Mauern an. Sie flankierten einen Gang, den die Nekropolenarbeiter, frei übersetzt, als »Freiluftkorridor« bezeichneten. Diese Mauern erhoben sich nur wenig über den Talboden und führten bis zum Grabeingang. Sie sollten verhindern, daß Bruchsteine in das Grab fielen. Diese beiden äußeren Mauern waren etwas gänzlich Neues. Die Könige der alten Dynastie ruhten alle in versteckten Gräbern, deren Eingänge sich in natürlichen Felsklüften verbargen. Sogar die verräterischen Abraumhaufen beseitigte man von diesen geheimgehaltenen Grabeingängen, die man, nachdem der tote Herrscher begraben war, mit Sand und Steinen zuschüttete. Wenn es, was selten vorkam, einmal regnete und die Talsohle zum Bett eines Gießbaches wurde, tat das Wasser ein Übriges, um diese versteckten Grabeingänge unsichtbar zu machen. Doch die Könige des neuen Herrscherhauses ließen ihre Gräber an gut sichtbaren Stellen mitten im Tal anlegen, und zu Ramoses Zeit gab es in dieser Landschaft honiggoldener Felsen bereits vier gut sichtbare Königsgräber, deren Zugangsmauern und deren weißschimmernde, mächtige Abraumhalden nicht zu übersehen waren.

Diesen riesigen Abraumhaufen überall am Großen Platz entnahmen der Schreiber Ramose und seine Zunftkollegen die Kalksteintäfelchen, auf denen sie ihre Notizen, ihre Prüflisten sowie ihre Berichte über den täglichen Fortgang der Arbeiten am Königsgrab niederschrieben. Einige dieser Steintafeln, oval wie eine Handfläche, waren kleiner als eine Postkarte. Andere hatten zwar ähnliche Form, waren jedoch mehr als 60 Zentimeter lang und wogen 3,5 bis 4 Kilogramm. Ihre Oberfläche war glatt, milchweiß, und sie waren so hart, daß sie wie Dachziegel klangen, wenn man auf sie schlug. In dieser rauhen Wüstenlandschaft waren sie das ideale Material für die »vor Ort« gemachten Aufzeichnungen der Schreiber, und noch heute berichten sie uns von den vielen kleinen Begebenheiten, die sich beim Grabbau ereigneten. »[Heute] war außer Psarpot kein Torwächter da, denn Sanehem schlief, und der Torwächter Sunero kam erst am Mittag«, vermerkt ein Schreiber auf seiner steinernen Anwesenheitsliste. Eine Geringfügigkeit vielleicht – aber er hielt sie für festhaltenswert. Denn die Torwächter, die Wächter des Grabes, in dem die Arbeitskolonnen am Werk waren, waren Teil des wohldurchdachten Systems, das im Tal der Könige für Sicherheit sorgte. Die Schätze der am Großen Platz begrabenen Herrscher machten es nötig, daß man sich immer wieder den Kopf darüber zerbrach, wie man Unbefugte fernhalten konnte.

Wie bei den meisten Königsgräbern, von Westminster Abbey bis zu den Grabstätten der chinesischen Ming-Dynastie, bot auch am Großen Platz die Ehrfurcht, die das Volk seinen toten Herrschern entgegenbrachte, mehr Gewähr für die Sicherheit der Grabstätten und ihrer Schätze als jede noch so ausgeklügelte architektonische Raffinesse oder ein ganzes Heer ständig diensthabender Wächter. Doch wie dem auch sei – der Große Platz war gut gewählt, was den Sicherheitsaspekt anging. Zwar liegt er nicht allzu weit vom Nil entfernt, doch war er nur auf zwei Wegen leichter zu erreichen. Einen davon – er führt über die Felsschroffen am Rand des Steilabbruchs von Theben-West – benutzten regelmäßig die Arbeiter. Und auf der Gefällstrecke vom Westrand Thebens hinab ins Tal der Könige markierten drei steinerne Stufen die genaue Grenze des Großen Platzes. An der einen Seite flankierte eine Mauer diese Stufen, auf der anderen Seite befand sich ein ständiger Wachtposten. Aller Wahrscheinlichkeit nach war dies der Haupt-Wachtposten, die »Festung«, von der Berichte der Schreiber sprechen. Der andere Zugang führte bergauf durch das gewundene Wadi, das in alter Zeit Regenfluten auf ihrem Weg hinab zum Nil ausgehöhlt hatten. Der Große Platz lag am oberen Ende dieses Wadis, also in einer höheren Schicht des Kalkgesteins als das Wadi selbst. Heute führt eine asphaltierte

Straße dorthin; einst aber konnte man den Großen Platz nur durch eine enge Spalte in der Terrasse zwischen Wadi und Talkopf erreichen. In diesem Felskamin wurde der Pfad dermaßen eng, daß nur ein oder zwei Fußgänger nebeneinander Platz hatten. Dicht daneben stand eine kleine Wachhütte. Auch vom höhergelegenen Wüstenplateau führten noch ein paar schmalere Pfade zum Großen Platz hinab; doch diese Zugänge waren leicht einsehbar und ließen sich ohne weiteres von dem Ring der kleinen Wachhütten aus kontrollieren, die auf den Felsen über den Königsgräbern standen.

Die Königsgräber waren nicht die einzigen Objekte, die man durch diese Wachhäuschen zu schützen suchte. Denn im Tal gab es auch Magazine voll mit hochwertigen Gütern: Nahrungsmittelvorräten für die Arbeiter, Materialien und Farbstoffen, deren die Maler und Bildhauer für ihre Arbeit bedurften, desgleichen großen Mengen von Öl und Dochten, die man benötigte, um das Innere der tief in den Felsen geschnittenen Gräber zu erleuchten. Außerdem lagerten dort Kupfermeißel, die besten damals hergestellten Geräte dieser Art, von denen die Steinbrecher eine Vielzahl brauchten. Auf dem Markt waren zehn kupferne Spitzmeißel soviel wert wie die gesamte Getreidemenge, mit der ein Arbeiter und seine Familie ein Jahr lang auskommen mußten. Diese Magazine und ihr wertvoller Inhalt unterstanden der Verantwortlichkeit von Magazinaufsehern, die ihrerseits wiederum an die Weisungen von Schreibern gebunden waren.

Letztlich aber wurde alles, was das Tal der Könige enthielt, von einer eigenen Polizeitruppe bewacht, die sich aus den Reihen jener Männer rekrutierte, die herkömmlicherweise in Theben Polizeidienst versahen. Sie waren unterschiedlicher Nationalität – ein Erbe des Brauchs der alten Dynastie, in den Streitkräften ausländische Söldner zu beschäftigen. Unter der alten Dynastie hatten vor allem Nubier aus dem Land jenseits der Südgrenze Ägyptens in dieser Polizeitruppe Dienst getan, und einige ihrer wohlklingenden Namen – Psuro, Psaro, Karoja, Kasaja – deuten auf ihre fremdländische Herkunft. Beim Großen Platz stellten sie die Besatzung der »Festung« am Zugangsweg für die Arbeiter sowie des

Rings der Wachhäuser. Von ihren Beobachtungspunkten aus konnten sie nicht nur alles sehen, was im Tal vorging, sondern auch das geringste Geräusch hören, das durch das Echo der Felswände ringsum verstärkt wurde. Hier hörten sie die Arbeiter murmeln, wenn diese sich in ihren Hütten inmitten des Tals ausruhten. Sie vernahmen, was sich die Werkleute beim Bau der Gräber zuriefen und was sie mit Schreibern und Magazinvorstehern besprachen. Sie hörten das Geräusch der Tritte ankommender Besucher – etwa einer Gruppe von Beamten, die sich vom Fortgang der Arbeiten im Tal überzeugen wollten, an ihrer Spitze ein Hoherpriester, der Oberaufseher der königlichen Bauverwaltung oder der zuständige Wesir persönlich – oder einer Eselskarawane, die neue Nahrungsvorräte für die Arbeiter herbeibrachte; die Tiere schrien, wenn die Treiber sie den Weg durch das lange Wadi vorwärtstrieben. Und sie hörten das Tanzen und Singen, wenn die Gräbermacher ihre Feste feierten und die Statue ihres königlichen Schutzherrn den üblichen Pfad entlang hinab ins Tal trugen. Und vielleicht drangen sogar die hastig herausgestoßenen Worte und das Meißelgeklirr von Grabräubern an ihr Ohr. Denn am Großen Platz wird jedes Geräusch verstärkt und dringt zur Höhe empor wie das ehrfurchtsvolle Flüstern von Gläubigen zur Kuppel einer Kathedrale.

Das Dorf

Die Nekropolenarbeiter und ihre Familien wohnten in einem einsamen Wüstendorf westlich des Nils. Um vom Großen Platz nach Hause zu gelangen, mußten sie den Pfad, der an der Polizeistation der »Festung« mit ihren drei Stufen vorbeiführte, hinauf auf den Rand der Steilwände klettern, von wo aus der Blick weit hinein ins Niltal reichte, und ein gutes Stück südwärts an der Felsenkante entlanggehen, die das Blickfeld der Thebaner nach Westen hin begrenzte. Isoliert vom übrigen Theben lag ihr Dorf am Fuß der steilen Felsen. Die Stadt selbst erreichte man auf einem Fußmarsch von mehr als drei Kilometern. Der Pfad wand sich um die hügeligen Ausläufer der Westberge, die das Dorf gegen das Niltal hin abschirmten, schlängelte sich zwischen den weißen Mauern der Königstempel hindurch und zog sich dann schnurgerade durch die Felder der Talebene, und schließlich gelangte man auf einem hochaufgeschütteten Damm aus Sand und Schlick zur Landestelle der Fährboote, in denen man über den Nil setzte, denn die eigentliche Stadt Theben lag auf dem Ostufer.

Als der Schreiber Ramose seinen Wohnsitz von Theben in dieses einzigartige Dorf verlegte, um seine Arbeit bei den Königsgräbern anzutreten, bedeutete dies eine nachhaltige Veränderung seiner Alltagsumstände. Aus dem geräuschvollen, quirligen Großstadtleben, das sich weitgehend auf der Straße abspielte, kam er in ein abgelegenes Dorf, in dessen eng zueinandergedrängten Häusern ausschließlich Künstler-Handwerker wohnten: Leute, die etwas Besonderes darstellten, die aus der Masse herausragten, Menschen, die über bestimmte Kenntnisse verfügten und ausgeprägte Wertvorstellungen hatten – Männer, die Götterfiguren herstellten. Die meisten Thebaner lebten in einfachen, staubigen Häusern mit weißgetünchten Wänden und knappem, primitivem Mobiliar, in einer Welt mit wenig Farbe und Kontur. Von Ramoses Besitz war nur sein Schreibzeug, das

Wahrzeichen seines Berufs, vorzüglich gearbeitet und von eleganten Proportionen. Die luxuriöse Ausstattung der Paläste und Tempel mit geschmackvollen, erlesenen Gegenständen diente der magischen Repräsentation von Status und Rang. Die Objekte, die die Wohnungen der Götter und Herrscher zierten, waren unerreichbare Machtsymbole. Und jeder dieser seltsamen Gegenstände war einzig in seiner Art und zeugte von der Könnerschaft seiner Urheber, deren Talent gänzlich der Religion diente. Ramose hatte sich einer Gruppe solcher Leute angeschlossen. Nun lebte er in einem Treibhaus schöpferischer Geister, weitab vom geschäftigen Tun und Treiben der Bauern und Pächter, die die Mehrheit der ägyptischen Bevölkerung bildeten.

Er bezog ein Haus im ältesten Teil des Dorfes. Es lag nahe der Wohnung des Vorarbeiters Kaha und an derselben Straßenseite wie diese. Herkömmlicherweise verteilte sich die Arbeit an den Königsgräbern auf zwei Kolonnen, von denen jede ihren eigenen Vorarbeiter hatte, und dementsprechend war auch das Dorf in zwei Hälften unterteilt, eine Ost- und eine Westhälfte. Die Gasse, die beide voneinander trennte, war so schmal, daß man auf beiden Seiten die Mauern berühren konnte, wenn man auf ihr entlangging und die Arme ausstreckte. Als Ramose einzog, bestand das Dorf aus etwa 70 Häusern. Sie alle waren sich in ihrem Plan sehr ähnlich. Das Erdgeschoß bildeten vier hintereinander liegende, schlecht beleuchtete Räume, und zwar zwei Aufenthalts- und Schlafräume von etwa 5 mal 4 Metern für die Familie sowie eine kleinere Küche und eine Vorratskammer. Über eine Treppe gelangte man auf das Dach, wo die Familie in heißen Sommernächten zu schlafen pflegte. Obwohl nach heutigen Maßstäben bescheiden, verfügte das Haus, in dem Ramose nun wohnte, wohl über größere Räumlichkeiten, als Ramose sie bisher je besessen hatte. Sämtliche Häuser des Dorfes waren von sehr viel regelmäßigerem, kompakterem Zuschnitt als die Häuser, die es sonst in Theben gab, und manche von ihnen hatten Backöfen sowie aus dem Felsen gehauene Vorratskeller. Dunkel, doch mit weißgetünchten Wänden, die das durch kleine Dachöffnungen einfallende

Sonnenlicht reflektierten, enthielten ihre für Besucher zugänglichen Räume mit Kissen gepolsterte Liegen, ordentlich gearbeitete Stühle von schlichter Eleganz sowie Schränkchen aus Binsenwerk und Holz. Das gesamte Mobiliar stand auf einfachen Matten. An einer der Wände gab es eine Art »Herrgottswinkel«, ein Familienaltärchen mit einer kleinen Stele, in die ein Gebet eingraviert war, sowie einigen Büsten, wahrscheinlich Darstellungen der Ahnen. Im größten Raum empfing man vermutlich seine Freunde; jedenfalls gab es in oder bei dem Dorf keinen Platz, kein offenes Gelände, wo man sich am Abend treffen konnte. So hat man sich abendliche Geselligkeit im Dorf wohl dergestalt vorzustellen, daß man in »Besuchszimmern« beisammensaß, wo in den hellen Strahlen der Lichter der Rauch der Backöfen sich kräuselte und mit den Schwaden des allgegenwärtigen Staubes tanzte, von dem die Luft geschwängert war. Die weißgekalkte Holztür stand nach der Straße hin offen, alte Freunde musizierten gemeinsam, waren in ein Spiel vertieft oder saßen einfach beieinander und schwatzten. Und überall rannten Kinder umher.

Als Ramose hier Einzug hielt, war das Dorf vollständig von einem Mauergeviert umschlossen. Dessen einziges Tor, an der Nordseite der Ansiedlung, öffnete sich zu der ebenfalls einzigen Gasse, die das Dorf durchschnitt. Der Dorfplan gemahnte an ein Fischgerippe: Die Gräten waren die Trennwände der Häuser, das Rückgrat die schmale Dorfgasse; das Maul des Fisches, das Tor, wies talaufwärts nach Norden, der Fischschwanz dagegen lag etwa 140 Meter weiter im Süden am tiefsten Punkt der Siedlung. Da die Dorfgasse vermutlich überdacht war, muß der Ort aus der Ferne wie ein einziges Gebäude gewirkt haben, das den gesamten Grund des Wüstentals einnahm und im Norden ein kleines Tor besaß.

Vor der Nordmauer erhob sich auf hochgelegenem Gelände eine Gruppe von Tempeln, kleinere »Ausgaben« der riesigen, steinernen Reichstempel, manche von ihnen zu Ramoses Lebzeiten bereits Hunderte von Jahren alt. Vor die Südmauer warf man die Abfälle des Dorfes, die so talwärts rollten. Die Berghänge rings um das Dorf waren geradezu gespickt mit Grabschächten, mit Kapellchen und Kleinstpyramiden aus Schlammziegeln sowie langen Reihen kleiner weißer Bauwerke mit hellbemalten Portalen. Der Hauptfriedhof lag an der Bergflanke im Westen und erstreckte sich von den hier nicht sehr hohen Felswänden fast bis zur Umfassungsmauer des Dorfes hinab. Über ein Netz von Pfaden und Rampen brachte man die Toten zu Grabe und gelangte auch zu den Kapellen, die dem Totenkult der verstorbenen Ahnen dienten. An Festtagen zogen die Dorfbewohner zu diesen Familienheiligtümern, um mit den Toten ihre Mahlzeit zu teilen und ihnen an den Familienaltären Opfer darzubringen. Statuen und andere Abbildungen der Toten standen sowohl in diesen Kapellen als auch in den Häusern der Lebenden. Überall waren in dem kleinen Dorf die Geister der Toten gegenwärtig. Hier weilten sie mitten unter den Lebenden: Der Schreiber Ramose begann, sein eigenes Grab und eine Kapelle anlegen zu lassen, noch ehe er eine Frau gefunden hatte.

Das gedrungene, krumme Mäuerchen, das die ältesten Häuser des Dorfes umgab, war schon unter der alten Dynastie erbaut worden, und zwar unter Thutmose I. Der Überlieferung nach soll allerdings bereits Thutmoses Vater, Amenophis I., die Ansiedlung gegründet haben. Etwas mehr als zweieinhalb Jahrhunderte später betrachtete Wesir Paser den inzwischen unter die Götter entrückten Amenophis als den Eigentümer des Dorfes und seiner Häuser. Zusammen mit seiner Gemahlin, der Königin Nefertari, wurde der tote König als Dorfpatron verehrt. Sein Heiligtum nahm unter den zum Dorf gehörenden Tempeln eine zentrale Stellung ein. An Festtagen holte man die Statue des Königs aus ihrem Kultraum und trug sie durch den Ort; außerdem diente sie als beliebtes Orakel. Aus Ehrfurcht vor dem Siedlungsgründer gaben die Dorfbewohner ihren Söhnen nur ganz selten den Namen Amenophis beziehungsweise Amunhotpe, obwohl er in Theben sonst recht verbreitet war.

Tatsächlich aber hatte es sogar vor der Regierungszeit Amenophis' I. im Tal von Deir el-Medine eine Gruppe von

Häusern gegeben. Diese kleine, gleichsam natürlich gewachsene Ansiedlung lag beiderseits des Wüstenpfades, der dann später zur Dorfgasse wurde. Der nach Plan angelegte Ort, den Thutmose I. mit der Mauer umfrieden ließ, war über einigen dieser in ihrem Plan weniger einheitlichen Häuser errichtet und bestand aus etwa einem Dutzend Wohnbauten zu beiden Seiten des Pfades, die bereits in Anzahl und Größe der Räume sowie ihrer Einrichtung nach genau dem gleichen Muster entsprachen wie die späteren Häuser des Dorfes. Aller Wahrscheinlichkeit nach wohnten auch in den ursprünglichen Häusern schon Gräbermacher und Handwerker, denn sie lagen ja mitten im Bereich von Thebens Friedhöfen. Allerdings scheinen die frühen Dorfbewohner auch an Tempeln und anderen königlichen Bauvorhaben gearbeitet zu haben, und auch Beamtengräber waren wohl ihr Werk. Jede Berufsgruppe, von den Steinmetzen bis hin zu Malern und Architekten, war wohl unter ihnen vertreten. Auf jeden Fall war ihr kleines Gemeinwesen so aufgeblüht, daß es, als es mit der alten Dynastie zu Ende ging, ein weiteres Dutzend Häuser umfaßte, die außerhalb der alten Westmauer lagen.

Die Unruhen, die das Ende der alten Dynastie begleiteten, erreichten auch unser Dorf. Allem Anschein nach wurden die Nekropolenarbeiter aus Theben in die neue Stadt Achetaton – heute Tell el-Amarna – in Mittelägypten umquartiert, die der »Ketzerkönig« Echnaton als Zentrum seines neuen Staates erbauen ließ. Dort hatten sie die gleichen Aufgaben wie vorher in Theben, und dabei eigneten sie sich viel von dem künstlerischen Manierismus der exzentrischen Amarna-Kunst sowie bestimmte Techniken für Stein- und Gipsreliefs an. In ihr altes, nun in Trümmern liegendes Dorf kehrten sie zurück, als unter Haremhab, dem letzten Herrscher der alten Dynastie, faktisch der Übergang zur neuen Dynastie stattfand. Ihre Rückkehr erfolgte im Zuge der Wiedereinsetzung der alten Staatsreligion in Theben. Nun begann der Bürgermeister von Theben dem Dorf eine neue Struktur zu geben und den Arbeitern neue Aufgaben zu übertragen, eine Reform, die dann von Wesir Paser so glänzend zu Ende geführt wurde. Aus der damaligen Zeit existieren schriftliche Berichte über das Dorf so gut wie gar nicht. Zum Glück beruft sich eine Partei in einem sehr viel späteren Rechtsstreit ganz unerwartet auf die beginnende Vergrößerung der Arbeitskolonnen und die anschließende Erweiterung des Dorfes. Es geht in dem Schriftstück um den Besitz eines Grabes im Dorffriedhof: »[Im] siebenten Jahr des Königs Haremhab [d. i. 1313 v. Chr.], am Tag der Einführung meines Vaters Hai [d. h. an dem Tag, an dem Hai im Dorf einzog], teilte der Bürgermeister von Theben, Thutmose, die Grabplätze im Dorffriedhof den Arbeitern zu ——— und er gab das Grab Amenmoses meinem Vater Hai ——— da meine Mutter, Hel, ——— [Amenmoses] Tochter war und er keine männlichen Erben hinterließ.«

Wesir Pasers Neuordnung des Dorfes ging sehr viel weiter als die des Bürgermeisters Thutmose. Als Ramose in das Dorf zog, hatte dieses mehr als doppelt so viele Häuser wie einst. Auf beiden Seiten der Gasse waren etwas mehr als 20 hinzugekommen, weitere lagen nun jenseits des Nordtors. Im Süden wurde die Dorfgasse verlängert auf ein Gelände, wo sich bisher die Stallungen für die Rinder und Esel befunden hatten; zu diesem Zweck durchbrach man die unter Thutmose I. errichtete Mauer. Die neuen Häuserblocks lagen beiderseits der Gasse und waren in der Regel größer als die alten. Hier zogen alteingesessene Familien ein, die später ihren Grundbesitz noch weiter nach Süden hin erweiterten, denn sie hatten ja Nachkommen, die ihrerseits Wohnraum benötigten. Damals erhielten auch viele Häuser des Dorfes Türpfosten aus Kalkstein, in die der Name des Besitzers eingraviert war. Wie in unzähligen Dörfern in aller Welt wurden zahlreiche Gebäude des Orts später unter solchen »Hausnamen« bekannt, die von den längst verblichenen Bewohnern zeugten.

Über die Vorgänge im Dorf mußte der Kanzlei des Wesirs ständig Bericht erstattet werden. Einer der untergeordneten Schreiber, dessen Aufgabe darin bestand, die Wandtexte in den Gräbern vorzuzeichnen, meldet voller Glück: »Der Schreiber Nebre grüßt seinen Herrn, den

Fächerträger zur Rechten des Königs, Leiter der Arbeitskolonnen am Platz der Wahrheit [gemeint ist das Tal der Könige], Siegelbewahrer, Oberpriester der Götter, den Herrn Oberägyptens, Aufseher der Stadt [d. h. Thebens] und Wesir, der Gerechtigkeit walten läßt, Paser. Er lebe in Wohlergehen und Gesundheit! Dieser Brief soll meinem Herrn davon Kunde bringen, daß das Dorf ——— das der Gewalt Eurer Herrlichkeit untersteht, in ausgezeichneter Verfassung ist. Sämtliche Umfassungsmauern sind unversehrt, die Diener des Königs wohnen dort ———. «

Die Vorarbeiter der beiden Arbeitskolonnen hatten sich in dem hinzugekommenen neuen Südteil des Orts niedergelassen. Doch der eine von ihnen, Neferhotpe, hatte so viele Söhne, daß er nicht für alle Wohnraum und einen Arbeitsplatz bei den Gräbermachern zu beschaffen vermochte. Wohl trat der älteste, Nebnefer, die Nachfolge des Vaters bei den Nekropolenarbeitern an; einer seiner Brüder indessen verließ das Dorf und wurde als Armeeschreiber »Beamter Seiner Majestät«, ein weiterer machte in der Zivilverwaltung Karriere, während ein anderer Bruder in dem mächtigen Totentempel Ramses' II. in Theben-West das Amt eines Torwächters übernahm. Dieser auch Ramesseum genannte Tempel, erbaut unter der Leitung Pasers, liegt nicht weit von Deir el-Medine entfernt in der Ebene, zwischen dem Dorf und dem Nil. Die beiden Vorarbeiter Neferhotpe und Baki beaufsichtigten abwechselnd den Bau und die künstlerische Gestaltung der letzten Ruhestätte Sethos' I. Dieses Prachtgrab ist eine der herrlichsten Schöpfungen der Gräbermacher aus unserem Dorf. Eine kleine Rundstele zeigt Baki in ehrfurchtsvoller Haltung vor Amun; die mit großer Sorgfalt ausgeführte Inschrift enthält ein Gebet, in dem Baki darum fleht, gleich dem Wesir Paser in seinem Grab dereinst »die Wahrheit im Munde« zu haben und in alle Ewigkeit die Feste der Götter zu schauen. Neferhotpe wurde noch alt genug, um die Arbeiten in den oberen Gängen des Grabes zu beaufsichtigen, das der junge König Ramses II. für sich anlegen ließ. Baki jedoch starb im besten Alter und wurde auf dem Dorffriedhof in einer schönen, gewölbten Grabkammer beigesetzt, die er selbst und seine Freunde geschaffen hatten, einem kleinen Raum, dessen in leuchtenden Farben ausgeführte Malereien von den besten Malern stammen, die in den Königsgräbern tätig waren.

Einige Dorfbewohner schufen außer ihren eigenen Gräbern weiterhin Grabkapellen und -gewölbe auf den Friedhöfen Thebens. Und der gleichfalls im Dorf wohnende Zeichner Poi, ein außerordentlich erfahrener Künstler, der an der Gestaltung sämtlicher Königsgräber für die neue Dynastie bis hin zum Grab Ramses' II. beteiligt war, bemalte nebenher Särge von Edelleuten mit den überlieferten Szenen und Symbolen. Andere Dörfler kannten sich besonders gut in den Ritualen aus, die durchgeführt werden mußten, damit derartige Särge lebendig wurden – lebendige Behältnisse für die Mumien, denen sie so knapp angepaßt waren. Und viele Nekropolenarbeiter stellten in einträglicher Heimarbeit Gegenstände für die Grabausstattungen wohlhabender Thebaner her. So blühte das Dorf, das eine solche Vielfalt außergewöhnlicher Begabungen hervorbrachte und dessen Bewohner unter den Massen der Priester und Beamten in der nahen Hauptstadt stets Abnehmer für ihre Erzeugnisse fanden. Nach Pasers Neuordnung wohnten in der Siedlung, die auf dem Höhepunkt ihrer Entwicklung rund 80 Häuser umfaßten, etwa 25 untereinander verwandte Familien, von denen manches Mitglied, so etwa Poi, für mehrere Generationen an und in den Königsgräbern arbeiteten. All diese Menschen, die Familien der Schreiber, der Vorarbeiter und der Künstler-Handwerker, verband ein starkes Gefühl der Solidarität und des Stolzes auf die gemeinsame Aufgabe.

Ramose war etwa 35 Jahre alt, als er in diese exklusive Gesellschaft aufgenommen wurde. In seiner klaren Handschrift hielt er auf einer Kalksteintafel das genaue Datum fest: »Zum Schreiber am Platz der Wahrheit ernannt im Jahr fünf, im dritten Monat der Nilschwelle, Tag zehn [der Regierung] des Königs von Ober- und Unterägypten Userma'at-Re Sotpe-en-Re Ramses, geliebt von Amun [d. i. am 13. September 1275 v. Chr.].« In einem Land, in dem öffentliche Ämter üblicherweise vom Vater an den Sohn weitergegeben wurden, ist dies ein ganz ungewöhnlicher Vermerk, denn im Normalfall hätte eine solche Ernennung bedeutet, daß der Vater gestorben war, und hätte daher kaum Anlaß zur Freude gegeben. Ramoses Notiz spiegelt jedoch den Stolz auf seine Beförderung wider, für ihn gewiß das wichtigste Ereignis seines Lebens. Tatsächlich war Ramose auf die neue Stellung so stolz, daß er seiner Genugtuung sogar hoch oben an einer Felswand in einem benachbarten Wüstental Ausdruck gab, am »Platz der Schönheit« (heute: Tal der Königinnen, arabisch Biban el-Harim), wo zahlreiche Königinnen und Prinzen begraben liegen. Am dortigen oberen Talende kletterte er über dem Eingang eines unfertigen Grabes an der Steilwand empor, zeichnete mit dem roten Ocker seiner Schreiberpalette ein Bild, das ihn kniend in betender Haltung zeigt, und schrieb daneben abermals seinen Namen, seinen neuen Titel und das Datum seiner Ernennung.

In seiner neuen Position hatte Ramose zu prüfen, Listen anzulegen, zu messen und zu registrieren – genau wie zuvor in den Magazinen des Tempels, der dem königlichen Schreiber Amenophis-Hapu geweiht war. Bei alledem ging es keineswegs nur um die Arbeiten am Grab selbst, sondern es galt auch, über den ins Dorf gelangten Nachschub an Lebensmitteln und anderen Gütern Buch zu führen. Denn da es in Deir el-Medine weder anbaufähigen Boden noch Wasser gab, mußte alles, was man brauchte, von außerhalb bezogen werden. Man erhielt es entweder aus den Magazinen der

königlichen Tempel oder von Angestellten, die unmittelbar
für die Gräbermacher und ihre Familien arbeiteten. Lohn-
treiber unterhielten einen ständigen Pendelverkehr mit Esels-
karawanen, die aus dem Niltal irdene Wasserkrüge in das
knochentrockene Tal schleppten, und auch alles Getreide,
alles Gemüse, alles Fleisch und aller Fisch kamen auf demsel-
ben Weg ins Dorf. Tatsächlich mußte so gut wie alles aus
dem fruchtbaren Niltal heraufgebracht werden, mit Ausnah-
me des Honigs, den die Dörfler hier in der Wüste selbst
gewannen. Und Ramose, der Schreiber, beaufsichtige die
Lieferungen und berichtete über sie der Kanzlei des Wesirs:
»Die [in Lebensmitteln ausbezahlten] Löhne für die Nekropole sind eingetroffen. Sie sind rundum vollständig. Keinerlei
Beanstandungen.«

Die Lebensmittel wurden für das Dorf im Ganzen geliefert. Dort teilten dann die Schreiber sie in Rationen ein,
deren Größe von der Rolle abhing, die der einzelne Haus-
haltsvorstand bei den Arbeiten in den Gräbern spielte. Als
Schreiber erhielt Ramose gleich viel Weizen und Emmer –
eine Weizenart – zum Brotbacken sowie Gerste zum Bierbrauen wie die Vorarbeiter; es war um ein Drittel mehr, als
die Familien gewöhnlicher Arbeiter bekamen. In Zahlen
ausgedrückt bedeutete dies etwa 4 Zentner Korn im Monat,
eine Menge, mit der ein Haushalt von 12 bis 14 Personen gut
auskommen konnte. Nach der im Dorf gültigen »Währung«
entsprach das etwa 1,5 Pfund Kupfer oder 8 *Deben;* das
abstrakte Maß *Deben* war die Verrechnungseinheit für Güter im Austausch gegen Dienstleistungen. Diese direkt aus
den Magazinen der Königstempel gesandte Kornration war
das Kernstück des dörflichen Wirtschaftslebens. Manches
andere, das man im Dorf benötigte, zum Beispiel Frischfisch
und Gemüse, erhielt man von dienstbaren Geistern, die den
Dorfbewohnern zuarbeiteten. So gab es Nilfischer, die auf
dorfeigenen Booten ausfuhren und ihren Fang am Ufer sofort
ablieferten, dorfeigene Gärtner und Landleute brachten
Bündel frischen Gemüses aus der fruchtbaren Talebene herauf, Töpfer versahen die Haushalte des Dorfes mit dem
nötigen Hausrat, Holzfäller lieferten Brennholz zum Kochen

und Heizen. Wenn man bisweilen zusätzliche Arbeitskräfte beim Bau eines Königsgrabes benötigte, zog man diese Leute auch dazu heran.

Im fünften Regierungsjahr Ramses' II., als Ramose seine Arbeit am Großen Platz antrat, war der obere Gang des Ramses-Grabes bereits fertig; Reliefs mit den überlieferten Szenen und Texten bedeckten die Wände. So rasch »aus dem Stand« hatte man nach dem Regierungsantritt des neuen Herrschers hier gearbeitet, daß die Schreiber, die die religiösen Texte an der Grabwand vorzeichneten, den Namen des Herrschers falsch buchstabiert hatten und der Reliefbildhauer den Schreibfehler regelrecht überkleistern mußte. Als Ramose kam, war man bereits im Begriff, die unteren Abteilungen des Grabes aus dem Felsen zu schlagen, und eine seiner Aufgaben bestand darin, die stumpf gewordenen Meißel aufzusammeln und sicherzustellen, daß das wertvolle Metall zum Neuguß zurück in die königlichen Kupfergießereien gelangte.

Ramoses Vorgesetzter bei der Arbeit am Großen Platz war der Schreiber Hui, der einer alten Familie angehörte. Sein Vater Thotmaktef hatte sowohl am Grab Sethos' I. als auch beim Tempelbau in Theben als Steinhauer gearbeitet und die Sandsteinblock-Rohlinge behauen, die aus Steinbrüchen weiter nilaufwärts zu Schiff nach Theben kamen. Die Steinhauer waren Facharbeiter, und der Name Thotmaktef – »Thot beschützt ihn« – verband Huis Vater mit dem Gott des Ordnens und Berechnens, eine Beziehung, die zu einem Mann paßte, der sein Leben lang mit Berechnungen zu tun und Präzisionsarbeiten auszuführen hatte. Hui hatte keine eigenen Kinder, die die Familientradition fortsetzen konnten, und dies war wohl der Grund für Ramoses Versetzung in das Dorf. Zum Glück entwickelte sich die Beziehung zwischen den beiden Schreibern gut, und Hui nahm Ramose faktisch an Sohnes Statt an. Normalerweise hätten Darstellungen in Huis Grabkapelle auf dem Dorffriedhof zeigen müssen, wie der älteste Sohn den Geistern der im Grab Bestatteten opfert; doch statt dessen erblickt man den jungen Ramose, der dem Schreiber Hui und dessen Ehefrau Nofretke, die vor dem Opfertisch sitzen, duftende Spezereien und Gebäck darbringt. Auch andere Mitglieder von Huis Familie waren Ramose gewogen und betrauten ihn mit dem Auftrag, einen Teil des Mobiliars zu dekorieren, das sie ins Grab mitzunehmen wünschten. So malte Ramose für Huis Bruder und dessen Gattin Szenen auf eine Truhe, die dafür bestimmt war, *Uschebti*-Figürchen aufzunehmen, die anstelle der Toten im Jenseits Arbeiten verrichten sollten. Man zahlte ihm dafür Naturalien im Gegenwert von 2 *Deben* Kupfer, was der Kornzuteilung für eine Woche entsprach.

Offensichtlich war Ramose als Junggeselle ins Dorf gekommen, denn er heiratete dort ein Mädchen namens Mutemwija, das er zärtlich abgekürzt »Wija« nannte. In der gemeinsamen Wohnung lebten auch mehrere Verwandte Wijas, ferner, wie in jedem Haushalt, einige Dienerinnen, die unter anderem das Korn zu mahlen, Brot zu backen und Bier zu brauen hatten. Für gewöhnlich arbeiteten solche Haushaltshilfen in mehreren Häusern abwechselnd, und gegen entsprechende Gegenleistungen in Naturalien konnte man sie auch mieten. Einer der nächsten Nachbarn Ramoses hat genaue Aufzeichnungen über einen derartigen Handel gemacht: »Dritter Sommermonat, einundzwanzigster Tag, der Tag, an dem die Hausherrin – – – ihre Dienerin für einen Tag an den Arbeiter Ani abtrat. Bei zehn Tagen im Monat macht dies 120 Tage im Jahr, [und in vier Jahren] 480 Tage. [Nachstehend folgt] das Verzeichnis des Silbers, das Ani ihr gab.« Aus diesem Verzeichnis geht hervor, daß solche Aushilfsarbeiten sehr niedrig entlohnt wurden; ein anderer Nachbar Ramoses etwa fand eine Frau, die in seinem Haus gearbeitet hatte, mit einem Sieb aus Weidengeflecht und einem Körbchen ab.

Meistens waren es die wenigen Schreiber im Dorf, denen wir diese bescheidenen Aufzeichnungen verdanken. Denn sie amtierten nicht nur bei den Königsgräbern und für die Dorfverwaltung, sondern waren als Schreiber auch privat für die Dorfbewohner tätig. Gelegentlich verfaßten sie Bittschriften für sie: Gebete an die Götter oder Eingaben an die Dienststelle des Wesirs, wenn es Unregelmäßigkeiten zu beheben

galt. »Ich bin betagter Diener meines Herrn seit dem siebenten Jahr des Königs Haremhab – – – ich diente als Wächter
in Theben-West, wo ich die Mauern des Großen Platzes
bewachte, und wurde zum Obersten der Wache ernannt,
eine besondere Anerkennung für meine gute Führung – – –«
Mit diesen Worten beginnt eine Bittschrift, die einer von
Huis Schreibern im Auftrag eines gewissen Mininuij, der seit
mehr als 50 Jahren den Großen Platz und die dort tätigen
Arbeiter bewacht hatte, an den Wesir richtete.

Indem sie das gesprochene Wort der Dörfler in formelle
Urkunden umsetzten, gaben die Schreiber den schlichten
Äußerungen dieser Leute ein Gewicht, das über das Gesagte
und Sagbare hinausreichte. Eindrucksvolle Bekräftigung
fand dieser Vorgang durch die Fülle der Ostraka genannten
Steinplatten und Tonscherben, auf denen ein großer Teil der
Dorfgeschäfte aufgezeichnet wurde. Man kann sich leicht
vorstellen, daß solche im Doppelsinn »gewichtige« Dokumente für die Menschen im Dorf eine Art Eigenleben annahmen und schon durch ihr bloßes Vorhandensein geheimnisvolle Autorität ausstrahlten. Als Schöpfer solcher Gegenstände, die den Alltag in dem kleinen Gemeinwesen auf
wundersame Weise verklärten, müssen Hui, Ramose und
alle anderen Schreiber im Dorf hohes Ansehen genossen
haben.

Auf dem Höhepunkt der Regierungszeit Ramses' II. ging
es den Dorfbewohnern so gut wie nie zuvor. Ihr Wohlstand
äußerte sich nicht nur in den farbenfreudiger und prächtiger
denn je gestalteten Gräbern, sondern auch in den Kapellen
und Tempeln der Siedlung, von denen viele vergrößert und
reicher ausgestattet wurden. Mit Beteiligung von Wesir
Paser, dem wahrscheinlich größten Wohltäter des Gräbermacherdorfes, wurden neue Tempel neben den alten errichtet, und Ramose überwachte den Bau einiger von ihnen. »Ich
schuf ein Heiligtum [für die Gottheit] – – – und diese Statue
meines Herrn [d. h. des Königs] fand darin Aufstellung«,
verkündet er stolz in einer Inschrift, die in die Basis eines
grandiosen Portals im neuen Hathortempel eingehauen ist; es
ist einer von zahlreichen Texten dieser Art in den Tempeln

des Dorfes, die den Schreiber, den Wesir und den König in einem Atemzug erwähnen. Trotz ihrer eher bescheidenen Bauweise – sie wurden wie die Wohnhäuser aus Rohsteinen errichtet, wobei Lehm als Bindemittel diente, und hatten Portale sowie Böden aus Stein – dienten einige dieser Tempel ein ganzes Jahrtausend und länger als Kultstätten. Hier verehrte man die Götter des Dorfes und die toten Könige, an deren Gräbern die Dorfbewohner gearbeitet hatten; sie brachten zahllose kleine Bildwerke hierher, eine Unmenge von Stelen und wohlgestalten Statuen aus poliertem Holz und feinem weißem Stein, in denen sie sich porträtierten.

Besonders häufig abgebildet waren Ramose und Wija. Als gute Thebaner verehrten sie den König der Götter, Amun, seine Gattin Mut und beider Sohn, den Mondgott Chons. Ihre Gebete ließen sie in Stelen graben, die sie in den kleinen Tempeln aufstellten. Mut, der Muttergottheit, wird auf den Darstellungen oft mit Gesang und Tanz und mit dem Rasseln des Sistrums gehuldigt, eines einfachen Instruments mit Metallplättchen wie bei einem Tamburin, deren helles Klimpern wie Weihrauch zu den Göttern emporsteigt und die Verbindung mit ihnen fördert. »Preis sei Mut, der Herrscherin des Himmels, der Herrin im Hause Amuns, die in ihren schönen Händen das Sistrum schwingt und deren Stimme süß ist. Sänger, seid zufrieden mit allem, was sie sagt, [denn es ist] angenehm für eure Herzen.« So lautet ein Lobspruch des Schreibers auf einer kleinen Stele, die er in einem der Dorftempel hinterließ.

Die ansehnliche Schar der Götter, an die das Paar auf seinen Stelen Gebete richtet, stellt eine sorgfältige Auswahl aus den unzähligen Gottheiten der Antike dar und beweist eine Urteilsfähigkeit und eine Bildung, wie sie auch aus einem der Gebete Ramoses an Amun-Re sprechen. Diese Verbindung des Amun von Theben mit dem Sonnengott Re von Heliopolis diente bereits seit über einem Jahrhundert als Reichsgott, als der Schreiber sein Gebet verfaßte. »Anbetung dem Amun-Re ––– dem obersten aller Götter, dem guten, geliebten Gott, der allen warmblütigen Geschöpfen und allen schönen Tieren Leben gibt. Heil dir, Amun-Re,

Herr der Throne beider Länder [d. h. Ober- und Unter-
ägyptens], Erster in Theben, Stier seiner Mutter, Erster
seiner Felder, Weitausschreitender, Erster in Nubien, Herr
der Sicherheitskräfte, Herrscher von Punt, Ältester im Himmel und auf Erden, der in allen Dingen wohnt.«

Ramose und Wija, die »Hausherrin, die er liebte«, beteten auch um Kinder, denn die Götter blickten wohlgefällig
auf jene, die große Familien gründeten. Tatsächlich war es
Pflicht aller, dies zu tun, um das Dorfleben mit der Kraft der
Fruchtbarkeit und dem rechten Rhythmus der Generationenfolge zu erfüllen. Ein kinderloses Haus galt als sicheres
Zeichen der Minderwertigkeit seiner Bewohner, vor allem
wenn die Kinderlosen anstelle der ihnen versagten eigenen
Kinder nicht wenigstens Adoptivkinder annahmen. Leider
aber war Kinderlosigkeit im Dorf gar nicht selten. In ihrem
Anliegen errichteten Ramose und Wija Statuen und Stelen
für die verschiedensten Götter. Sie beteten zu Hathor, der
Göttin der Westberge, der Mutter, die die toten Könige in
ihren Steilwänden barg und sie für ihre tägliche Wiedergeburt mit der aufgehenden Sonne vorbereitete. Ramose hatte
den Bau des beim Dorf gelegenen Tempels der »Goldenen
Herrin« überwacht, die als Mutter aller Könige eine der
wichtigsten Gottheiten der Fruchtbarkeit und des Kinderse-
gens war. In diesem Heiligtum weihte der Schreiber der
Göttin einen Phallus aus Kalkstein — ein einzigartiges und
höchst intimes Bekenntnis, das uns diesen Mann näher bringt
als all seine sonstigen Äußerungen. Auf der Seite des eher
plump gearbeiteten Bildwerks brachte er eine rührende Bitte
um Kinder an; inständig beschwört er die Göttin, sie möge
ihm zum Lohn für die frommen Werke, die er ihr geweiht
habe, Nachwuchs schenken. »Hathor, gedenke des Mannes
in seinem Grabe. Gewähre [seiner Familie] Fortdauer in
deinem Hause zum Lohn des Schreibers Ramose. O du
Goldene ——— laß mich deines Hauses Belohnung empfangen, wie ich sie verdient habe.« Doch die Goldene Herrin
erhörte seine Bitten nicht. Daher errichtete Ramose Stelen
für ausländische Gottheiten, so für Reschef und Kadesch aus
Palästina; gleichzeitig huldigte und opferte das Ehepaar aber

auch den in Ägyptens Haushalten seit alters verehrten Göttern, so Thoeris und Min, den Gottheiten des Gebärens und der Fruchtbarkeit, ferner Sched, dem Retter und Helfer der Menschheit. Doch keines dieser weiblichen und männlichen Götterwesen erbarmte sich der beiden.

Ramose und Wija wohnten in ihrer nach ortsüblichen Maßstäben komfortablen Behausung und bereiteten sich auf das Jenseits vor. Künstler-Handwerker aus dem Dorf schufen für sie alles, was zu einem vornehmen Begräbnis gehörte: gediegene Särge, in leuchtenden Farben bemaltes Grabmobiliar und dekorative Texte aus dem »Totenbuch«, die ihnen auf dem Weg durch die Unterwelt als Paß und Talisman dienen sollten. Außerdem gaben Ramose und Wija *Uscheb-ti*-Figürchen in Auftrag, die an ihrer Statt antworten sollten, wenn sie im Jenseits zur Arbeit aufgerufen würden. So hatten es auch der Bruder des Schreibers Hui und seine Gattin getan.

Die kleine Grabkapelle, die Ramose noch vor seiner Hochzeit hatte erbauen lassen, lag hoch oben in einer Felsnische im oberen Teil des westlichen Friedhofs. Über dieser bescheidenen Anlage errichtete man nun eine weitere Kapelle, die reich geschmückt und inschriftlich mit den Namen Ramoses und Mutemwijas versehen war. Der großzügige Schreiber ließ auch ein Grab für neun Frauen seines Haushalts anlegen, einen großen, geräumigen Bau in der Nähe der Dorfmauer mit drei getrennten Kapellen über Grabkammern, die groß genug waren, eine ganze Anzahl von Särgen in Dreiergruppen aufzunehmen. Fünf dieser Frauen waren Verwandte Wijas, die anderen wahrscheinlich Dienerinnen und Ramoses Konkubinen. Gemalte Szenen an der Wand der mittleren Kapelle zeigen die Frauen beim Totenmahl, bei dem die Lebenden sie bedienen. Auf anderen Malereien erkennt man Begräbnisdarstellungen. Die Särge sind senkrecht vor der Kapelle aufgereiht, und Priester vollziehen die uralten Riten der Wiederbelebung und der Reinigung. Hinter einem der Priester steht ein Opfertisch, und daneben prüft ein Schreiber anhand eines Papyrus, ob Ramose auch für genügend Opfergaben gesorgt hat.

Der Schreiber Ramose wurde einer der reichsten Bewohner des Dorfes, nicht nur aufgrund harter Arbeit und der Protektion durch Paser, sondern auch deshalb, weil er einige Felder behalten hatte, die er bereits besaß, ehe er ins Dorf kam. Während die anderen Dorfbewohner jegliche Verbindung zu ihrer bäuerlichen Heimat aufgegeben hatten, ließ Ramose sein Ackerland weiterhin von einem Bauern namens Ptahsanch bestellen. Dieser ist in einer der Grabkapellen des Schreibers abgebildet, wie er mit seinen fetten Kühen »Westen« und »Schöne [Nil-]Flut« die Felder seines toten Herrn im Jenseits pflügt. Zum Dank für seine über das Grab hinausreichende Treue ist er in der Begleitinschrift namentlich erwähnt. Er ist damit einer der wenigen Bauern aus dem Altertum, deren Namen wir kennen. In einer Art Sprechblase über dieser Pflügerszene erklärt Ptahsanch seinem Herrn: »Die Felder sind in gutem Zustand, und das Korn wird ausgezeichnet sein.« Für die örtlichen Verhältnisse war Ramose also, von seiner Kinderlosigkeit abgesehen, ein Mann, dem es glänzend ging. So viel persönliches Ansehen und eine solche Menge baulich-künstlerischer Zeugnisse hatte in diesem kleinen Gemeinwesen kein zweiter mehr vorzuweisen. Der »zugereiste« Schreiber war zu einer Persönlichkeit geworden, zu der man aufsah, und in den Wandmalereien der Kapellen des Dorfes erscheint er mit seiner Frau Wija oft neben dem König und dem Wesir. Mit gebührender Bescheidenheit bezeichnet sich Ramose selbst jedoch als »ehrlichen Schreiber«, und genau dies mußte ein Steinmetz auch in den eleganten pyramidenförmigen Deckstein meißeln, der eine von Ramoses Grabkapellen krönte. Diese Kapelle wurde zu einem weithin sichtbaren Blickfang des Dorffriedhofs — ein Mahnmal für künftige Generationen, die öffentliche Zurschaustellung eines reichen Zeitalters.

Gegen Ende der Laufbahn Ramoses am Großen Platz, im 40. Regierungsjahr Ramses' II., zeigen die erhaltenen Anwesenheitslisten, daß die Gräbermacher nicht selten nur noch einen von vier Tagen an ihrer eigentlichen Arbeitsstätte zubrachten. Der Bau des Königsgrabes ging recht schleppend voran. Jahrzehnt um Jahrzehnt war der Nachschub an

Lebensmitteln und anderen Gütern pünktlich eingegangen, und die erfahrenen Künstler-Handwerker, die an dem Königsgrab wirkten, hatten nun Muße, sich um ihre eigenen Angelegenheiten zu kümmern. Ramses II. hatte, wie dies für manche langen Herrschaftsepochen der Geschichte zutrifft, seinem Land kulturelle Stabilität verschafft, die seine Regierungszeit bis heute auszeichnet. Ägypten war ein wohlgeordnetes Staatswesen, sicher gelenkt von einem altersweisen König.

Die Nekropolenarbeiter und mit ihnen der Schreiber Ramose hatten ihr Werk am Großen Platz begonnen und fortgeführt; jetzt waren sie gealtert, ohne je an einem weiteren Königsgrab gearbeitet zu haben. Nebnefer, Sohn des altgedienten Vorarbeiters Neferhotpe, war seinerseits 30 Jahre lang Vorarbeiter am Königsgrab, und als er starb, ging sein Amt auf den Sohn über, der nach dem Großvater wiederum Neferhotpe hieß. Zeit seines Wirkens als Vorarbeiter hatte Nebnefer am Großen Platz nichts Neues gesehen, außer daß die beiden Arbeitskolonnen allmählich auf ein Drittel ihrer früheren Stärke schrumpften. Einige der Männer wurden nach Theben geschickt, um dort am Tempelbau mitzuwirken, wie schon ihre Väter es vor ihnen getan hatten; andere hatten Gräber für bevorzugte Mitglieder der Königsfamilie aus den Felsen zu schlagen: für Prinzen und Königinnen, die dem so lange lebenden König im Tod vorausgingen. Einige dieser Gräber, große, mit aller Sorgfalt aus dem Grabstein gemeißelte Gewölbe, befanden sich am Platz der Schönheit, jenem alten Königsfriedhof hinter dem Dorf der Nekropolenarbeiter, wo in einer frühen Phase von Ramses' Regierungszeit der Schreiber Ramose so stolz an die Felsen geschrieben hatte, daß er zu den Nekropolen-Schreibern versetzt worden sei. Nun kehrten die Gräbermacher in dieses Felsental zurück, einen traditionellen Bestattungsort für Königinnen und Prinzen, und hoben ein halbes Dutzend neuer Gräber für die Frauen und Töchter Ramses' II. aus. Eines von ihnen, das Grab der Königin Nefertari, gestalteten sie zu einem kleinen Meisterwerk.

Ramses hatte diese als Königin so berühmt gewordene

Frau in jungen Jahren geheiratet und schätzte sie so hoch, daß er, als er in seinen frühen Regierungsjahren in Nubien unter anderem einen Tempel für die Göttin Hathor errichtete, diesen mit Bildwerken seiner geliebten Frau füllte; die Tempelfassade zeigt eine Schar freundlicher Gottheiten und rundplastische Darstellungen der Königin. Tatsächlich ist dieser Tempel Teil einer ganzen Tempel-Reihe, die Ramses damals in Nubien erbauen ließ, um den unterworfenen Nubiern Ägyptens Präsenz vor Augen zu führen; der Hathortempel sollte dabei einen Ausgleich zu den eher drohend wirkenden übrigen Baulichkeiten herstellen. Am Platz der Schönheit ließ Ramses für Nefertari ein großes Grab anlegen, und die Künstler des Dorfes, von ihrer Schönheit wohl ebenso fasziniert wie Ramses selbst, malten sie dort mit leicht zitternden Konturen. Von leisem Rot überhaucht und mit ruhigem Ausdruck geheimnisvollen Wissens hebt sich ihr goldgetöntes Antlitz von den bleichschimmernden Grabwänden ab. Der König stiftete Nefertari auch einen herrlichen Sarkophag aus rosa Granit und versah ihren Leichnam mit allen erdenklichen Götter-, *Uschebti*- und Dienerfiguren, die ihr im Jenseits zu Hilfe kommen sollten. Sie starb jung, als Ramses dreißig Jahre regiert hatte, weniger als die Hälfte seiner Regierungszeit. Einer der Texte an ihrem Sarkophag bittet die Göttin Isis, die bei jedem Begräbnis als Klagefrau zugegen war, ihr zur Wiedergeburt zu verhelfen: »Mögen deine Arme die mit Osiris eins gewordene Königin Nefertari umfangen. Laß ihr Antlitz hell erstrahlen und öffne ihre Augen.«

Der ägyptische Staat lief wie eine gutgeölte Maschine, und zu seiten der von ruhmreicher Vergangenheit zeugenden Tempel, Statuen, Obelisken und Götterbilder wuchsen im ganzen Land Jahr für Jahr ähnlich glanzvolle neue Monumente aus dem Boden. In diesen Jahren glückhaften Gedeihens entstanden auf dem Friedhof unseres Dorfes einige der schönsten Gräber, die je dort geschaffen wurden. In den niedrigen Felswänden auf der Anhöhe westlich der Siedlung, unter dem Pfad, der zum Großen Platz hinführte, wurden für die Familien der Vorarbeiter, Schreiber und Kolonnenältesten ganze Reihen von Grabkapellen ausgehauen und angemessen ausgeschmückt. Unter dem nördlichen Ende dieser imponierenden Reihe ließ der Schreiber Ramose die zweite Grabkapelle für sich und seine Frau Mutemwija anlegen, während der Vorarbeiter Nebnefer einen Teil der Kapelle seines Vaters Neferhotpe übernahm und so für beide samt Familie ein großes Doppelgrab schuf. Daneben ließ Nebnefers Sohn Neferhotpe eine weitere Grabkapelle ausheben, die die größte dieses Friedhofs bleiben sollte; sie umfaßte zwei offene Höfe und eine lange Rampe, die von der halben Höhe des Berges bis hinauf zu ihren leuchtendhellen Holzportalen führte.

Der junge Neferhotpe brachte in seiner Grabkapelle eine eindrucksvolle Schar von Persönlichkeiten zusammen, die ihm und seiner Familie nach dem Tod Ehre erweisen sollten. An einer Wand erblicken wir hintereinander Neferhotpe zusammen mit seinem Vater und seinem Großvater, hinter ihnen Neferhotpes Bruder Amunnacht sowie Freunde der Familie. Der offene Hof im Freien enthielt glänzende Beispiele des üppigen skulpturalen Stils, in dem auch die Wände im Grab von Ramses selbst verziert waren. Hier allerdings handelte es sich um Rundplastiken – um lebensgroße Statuen einiger Mitglieder der Familie Neferhotpes sowie der seines Vorarbeiterkollegen Kaha. Alle waren mit großer Sorgfalt und in leicht archaisierendem Stil aus riesigen Kalksteinblökken gehauen, die Frauen recht beleibt und rundhüftig nach Art der Amarna-Kunst, in der Endphase der alten Dynastie, ausgesprochen verführerisch in ihren jeweils unter der rechten Brust geknoteten, wallenden Plisseegewändern, die ihre Figur besonders gut zur Geltung kommen ließen. Der Vorarbeiter Neferhotpe begegnet uns hier als junger Mann in der kräftig gestärkten Kleidung, wie man sie bei Festen und Feierlichkeiten trug. Unter seinem Stuhl sitzen ein Äffchen und ein kleiner Junge, Dienstbote im Haus des Vorarbeiters, der das Schoßtier der Familie mit Weinbeeren füttert.

Der Vorarbeiter Anhirkaui, Kahas Nachfolger, erbaute sich eine große Grabanlage am südlichen Ende des Hauptfriedhofs. Ebenso wie sein Kollege Neferhotpe von der Vergangenheit und ihren stilistischen Ausdrucksmöglichkeiten fasziniert, gab er für sein Grab eine seltsame Stele in Auftrag, die ein Gebet an Amun sowie eine Darstellung Thutmoses IV. enthielt, der seinerzeit bereits 159 Jahre tot war. Sowohl die Figur des Königs als auch das Gebet waren von alten Grabmälern auf dem Dorffriedhof kopiert worden, so, wie es auch Ramose für seine Kapelle getan hatte. Doch Anhirkaui ging weiter – so weit, daß er in den Text ein geistreiches Wortspiel mit seinem eigenen Namen und dem Namen eines Architekten aus dem Dorf einflocht, der zur Zeit der alten Dynastie gelebt hatte. Solches Hängen am Althergebrachten und die Fähigkeit, mehrere unterschiedliche Stilarten anzuwenden, war typisch für das Raffinement, das die Künstler-Handwerker in diesem nunmehr reich gewordenen Dorf entwickelt hatten. Die Männer in den beiden Arbeitskolonnen waren nicht mehr bloße Gräberschaufler unter der Aufsicht von Schreibern, die heilige Texte an die getünchten Wände der Königsgräber kritzelten, sondern eine Körperschaft hochqualifizierter Werkleute, zu denen einige der hervorragendsten Künstler Ägyptens gehörten.

Schreiber Kenhirchopschef

Im vierten Jahrzehnt der Regierungszeit Ramses' II. gab Wesir Paser seinen Posten in der Zivilverwaltung auf und wurde, wie einst schon sein Vater, Hoherpriester Amuns. Etwa zur gleichen Zeit kam ein neuer Schreiber ins Dorf, denn Ramose war nun ein Mann mittleren Alters und hatte keine Söhne, die sein Amt übernehmen konnten. Ebenso, wie der Schreiber Hui und seine Frau ein Vierteljahrhundert zuvor den jungen Ramose adoptiert hatten, nahmen nun Ramose und Wija den fünfzehnjährigen Nachwuchsschreiber an Kindes Statt an. Er hieß Kenhirchopschef. Mit dem jungen Mann hatten sie einen guten Griff getan. Er erwies sich als ein äußerst fähiger Schreiber und übernahm alle Pflichten, deren Erfüllung in diesem Dorf Eltern von einem Sohn erwarteten. Allerdings war Kenhirchopschef aus ganz anderem Stoff als seine Vorgänger, und die ihm eigene, mit Energie gepaarte Neugier hinterließ sehr charakteristische Spuren.

Kenhirchopschef war von der Vergangenheit fasziniert und hatte ein feines Gespür für die Kultur und die Geschichte seines Landes. In seiner flotten Handschrift kopierte er einen berühmten, Jahrzehnte vor seiner Geburt verfaßten Text, der von einer Schlacht berichtete, die der junge Ramses II. in Syrien geschlagen hatte. Kenhirchopschef besaß Listen der Söhne des großen Königs sowie Verzeichnisse jener Herrscher, deren Totentempel in einer langen Reihe das fruchtbare Land in Theben-West säumten; die Namen der angeseheneren von ihnen faßte er in einer Gedächtnisinschrift zusammen, die er in seiner eigenen Grabkapelle anbringen ließ. Auch andere Texte sammelte er: medizinische Diagnosen und Rezepte, Zaubersprüche, Hymnen, Briefe, Gedichte, Ratschläge für den Haushalt, ja sogar Traumdeutungen. Vielleicht mehr als alles andere führen uns diese Überbleibsel der Bibliothek und der persönlichen Aufzeichnungen Kenhirchopschefs die Vielfalt seiner geistigen Interessen vor, denn die von ihm erstellten offiziellen Dokumente zeigen ihn uns von einer anderen, weniger anziehenden Seite.

Sehr wenig nur wissen wir aus den Anfangsjahren seiner Tätigkeit im Dorf. Zweifellos empfand Ramose starke Zuneigung zu ihm, denn beim Betrachten der ersten beruflichen Schritte des jungen Kenhirchopschef muß ihm vieles aus seiner eigenen Jugend vor Augen gestanden haben. Wie Ramose entstammte Kenhirchopschef keiner Schreiberfamilie; außer auf seinen Inschriften werden seine Eltern nirgendwo erwähnt. Auch war er gleich Ramose nicht in der Gräbermachersiedlung geboren. Zehn Jahre lang arbeiteten beide zusammen am Großen Platz. Dann erst wurde Kenhirchopschef Vollmitglied der Schreiberzunft, und als Ramose einige Jahre darauf starb, übernahm der Adoptivsohn dessen Position als Oberschreiber des Königsgrabes. Mehr als 35 Jahre lang übte er sein Amt mit großer Autorität aus.

Bei Ramoses Tod hatte Kenhirchopschef die gleiche Pflicht zu erfüllen, die auch einem neuen König auferlegt war: Zusammen mit der gesamten Dienerschaft, den Freunden und den übrigen Familienmitgliedern geleitete er den Sarg seines Adoptivvaters, der auf einem Schlitten durch das Steingeröll des Gräberfeldes gezogen wurde, hinauf zur Grabkapelle. Dort stellte man die eng in ihre drei schimmernden Särge aus Zedernholz eingeschachtelte Mumie im Sonnenlicht aufrecht hin, um die Riten zu vollziehen, ohne die kein Dorfbewohner in seiner Gruft bestattet wurde. Sobald Kenhirchopschef das Opferzeremoniell beendet hatte, wurde Ramoses Leichnam in den tiefen Schacht gesenkt, der zur Grabkammer hinabführte. Dort hatte Kenhirchopschef liebevoll und nach bester Schreiberart all jene frommen Werke verzeichnet, die sein Adoptivvater zu Lebzeiten angesammelt hatte und die man ihm nun als magische Hilfen für das Jenseits ins warme Dunkel seiner Grabkammer mitgab. Ob Mutemwija schon vor ihrem Gatten gestorben war und bereits dort unten in der Tiefe lag, wissen wir nicht; sicher jedoch wurde sie, falls sie erst später starb, an der Seite ihres Mannes beigesetzt. Als schließlich alles getan war, um Ramose eine möglichst gefahrlose Reise durch die Unterwelt zu sichern, kehrte Kenhirchopschef durch das Gräberfeld zurück ins Dorf, wo sein Haus stand. Und als am Großen Platz wieder die Arbeit begann, trug er die Akten, die Aufzeichnungen und Berechnungen seines toten Adoptivvaters, soweit er sie benötigte, durch das Halbdunkel der überdachten Dorfgasse, trat mit seinem Bündel durch das Nordtor ins Sonnenlicht, ging an den Grabkapellen des Dorffriedhofs vorbei und weiter auf gleißendhellen Wüstenpfaden hoch hinauf zu der Felsenkante, die Thebens westlichen Horizont bildet, und stieg dann hinunter zum Großen Platz, um das Werk seines Adoptivvaters, des »ehrbaren Schreibers« Ramose, fortzusetzen.

Als Kenhirchopschef Ramoses Nachfolger wurde, scheint ein untergeordneter, jüngerer Schreiber namens Anupemheb viele seiner bisherigen Routineaufgaben übernommen zu haben. Diese bestanden unter anderem in der Entgegennahme und der Verteilung der Korn-, Fisch- und Holzrationen; außerdem hatte Anupemheb die unbrauchbar gewordenen Meißel zum Einschmelzen an die Kupferschmiede zurückzuschicken. Wenn von nun an die Kollegen melden müssen, daß Kenhirchopschef nicht an seinem Arbeitsplatz erschienen ist, geschieht dies mit ehrerbietiger Schonung. Keineswegs gehen sie dabei so ins Detail, wie sie es tun, wenn sie über die Bummelei von Arbeitern berichten. Als Oberschreiber besaß Kenhirchopschef nunmehr einen gehobenen Status in ihrer Gemeinschaft. Leider aber scheint sich trotz seiner langen Anwärterzeit auch seine Einstellung gegenüber den Gräbermachern geändert zu haben, wie aus dem folgenden hervorgeht: »Der Zeichner Prahotpe grüßt seinen Vorgesetzten, den Schreiber am Platz der Wahrheit Kenhirchopschef, [und wünscht ihm] Wohlergehen und Gesundheit! Was hat das zu bedeuten, daß du mich so schlecht behandelst? Ich bin wie ein Esel für dich. Gibt es Arbeit, hole den Esel, gibt es Futter, hole den Ochsen. Wenn es Bier gibt, bin ich für dich nicht vorhanden. Gibt es aber Arbeit, bin ich für dich da. Bei meinem Kopf, wenn ich mich beim Bier schlecht benehme, dann übersieh mich! ——— Es ist gut, wenn du das vernommen hast. «

Bei Staatsbeamten war es allgemein üblich, Untergebene während ihrer Arbeitszeit auch zu privaten Dienstleistungen heranzuziehen. Tatsächlich waren die Nekropolenarbeiter es gewohnt, ebenso für ihre Vorarbeiter und Schreiber dazusein wie für den König, ihren obersten Dienstherrn und Arbeitgeber. Sie empfanden eine starke Bindung an ihre Vorgesetzten, und derartige private Sonderaufgaben festigten ihren Status als Mitarbeiter einer einflußreichen Persönlichkeit. Doch als Gegenleistung für solche Treue erwartete man umgekehrt von den Vorarbeitern und Schreibern, daß sie sich ihrer Untergebenen annahmen. Die beiden Vorarbeiter vertraten sie in Behördenangelegenheiten, und die Schreiber versahen sie mit allen Schriftstücken, die sie bei Rechtshändeln und in Geschäftsdingen benötigten. Prahotpes Brief zeugt von Verstimmung, denn nach Ansicht des Beschwerdeführers hatte man ihm Bier, das ihm zustand, nicht zugeteilt. Da aber Bier nicht nur in geselliger Runde getrunken wurde, sondern wichtiges Volksnahrungsmittel war, klagt der Brief Kenhirchopschef an, nicht auf das Wohlergehen seiner Untergebenen bedacht zu sein. So sicher ist Prahotpe, Gehör zu finden, daß die Worte, die er dem Schreiber diktierte, durchaus gewählt und frei von Polemik sind. Er konnte sich gelassen geben, weil der Oberschreiber offensichtlich gegen die Dorfordnung verstoßen hatte; schließlich war hier jeder einzelne der Gemeinschaft verantwortlich und verpflichtet.

Wie die Mitglieder der beiden Arbeitskolonnen durch gegenseitige Loyalität mit ihren jeweiligen Vorarbeitern und Schreibern verbunden waren, so waren sämtliche Dorfbewohner für die Qualität und den Fortgang der Arbeit am Großen Platz verantwortlich, und die Behörden in Theben kümmerten sich sehr eingehend um ihr Verhalten. »Sei sehr, sehr wachsam, daß alles am Großen Platz des Herrschers auftragsgemäß ausgeführt wird«, warnt ein Brief des Wesirs den Vorarbeiter Nebnefer, und da der Vorarbeiter seinerseits die Arbeiten im und am Grab kontrollierte, die Schreiber aber wiederum dem Wesir über die erzielten Fortschritte Bericht erstatteten, kann man sich leicht vorstellen, daß es ein beträchtliches Reibungspotential zwischen den verschiedenen Aufsichtsbeamten gab. Dennoch kam es nur selten zu ernsthaftem Streit, obwohl die Kompetenzen zwischen Vorarbeitern und Schreibern nie genau abgegrenzt waren. Ja so freundschaftlich waren die Beziehungen zwischen dem jungen Vorarbeiter Neferhotpe und Kenhirchopschef, die beide zur gleichen Zeit ihr Amt angetreten hatten, daß Neferhotpe den Schreiber sogar auf einer Szene an der Wand seiner riesigen Grabkapelle abbilden ließ. Dies ist allerdings das einzige Mal, daß der sonst recht zänkische Oberschreiber in der Grabkapelle eines anderen Dorfbewohners dargestellt wurde! Doch damals, als Neferhotpe ihn auf diese Weise ehrte, hatten beide Männer schon mehr als 40 Jahre am Großen Platz zusammengearbeitet und befanden sich am Ende ihrer Berufslaufbahn.

Bei den Dörflern ging es nicht anders zu als bei den Göttern oder bei Hofe. Ebenso, wie alternde Herrscher ihre Kronprinzen zu Mitregenten ernannten, zogen auch Dorfälteste und Schreiber jüngere Nachwuchskräfte zur Mitarbeit mit der Aussicht auf spätere Nachfolge heran. Und wie zwischen den Göttern Auseinandersetzungen entbrannten, Fehden kosmischen Ausmaßes, bei denen es um Leben und Tod ging und ein Tribunal unparteiischer Götter über Gute und Böse befand, so gab es auch unter den Dorfbewohnern Rechtsstreitigkeiten; ihre Schuldprozesse und Beleidigungsklagen sowie sonstige Anschuldigungen wurden vor einem Gericht verhandelt, bei dem Schreiber, Vorarbeiter und Kolonnenälteste als Richter fungierten. Trotz aller Reformen des Wesirs Paser änderte sich das alte Muster von Verantwortung und Autorität im Dorf nicht. Man betrachtete es vielmehr als Teil der natürlichen Ordnung des Weltalls und des Staates in seinem Zentrum.

Auch nach Ramoses Tod regierte Ramses II. noch viele Jahre. Die Arbeiten an seinem Grab schleppten sich hin, und die Künstler-Handwerker sannen auf Mittel und Wege, um sich im Tal der Könige wohnlicher einzurichten. Zu Anfang von Ramses' Regierungszeit hatten sie in ein paar durcheinandergewürfelten winzigen Hütten gehaust, die in denkbar primitiver Bauweise aus kunstlos übereinandergeschichteten Steinen errichtet waren. Doch diese stallähnlichen Verschläge waren, vorsichtig ausgedrückt, alles andere als bequem, und wenn man an den Temperaturunterschied zwischen den mondhellen Januarnächten, in denen sich auf den Wasserkrügen schon einmal eine dünne Eishaut bilden konnte, und den brennendheißen Sommertagen denkt, an denen das Tal unter der sengenden Sonne glühte, müssen sie einen beträchtlichen Teil des Jahres so gut wie unbenutzbar gewesen sein. Daher bauten sich die Gräbermacher neue Unterkünfte oben bei der »Festung« an den drei Stufen. An dem Pfad, der den Großen Platz mit ihrem Dorf verband, bildeten diese Behausungen – es waren drei Gruppen zu je drei Hütten – einen kleinen Weiler. Er lag mitten im Sattel des Passes, dort, wo der vom Dorf herbeiführende Pfad das Niltal hinter sich läßt und sich zum Großen Platz hinabzusenken beginnt. Von hier aus hatte man einen weiten Blick über das vom Nil bewässerte, grüne Land, über den Strom, die große Stadt Theben am Ostufer, die Tempel Amuns und seiner göttlichen Familie, ja bis auf die Berge fern im Osten, am anderen Rand des breiten Niltals. Über der neuen Ansiedlung ragte jene Bergspitze in Ägyptens blauen Himmel, die als riesige Naturpyramide auch das Tal der Könige beherrscht. Für die Einwohner war der Berg – heute auf arabisch el-Qurn genannt – ein »Tor des Himmels«. Da oben wohnte Meretseger, die Geiergöttin, »die Stille liebt«, »die das Antlitz ihres Herrn schaut«, Amuns, des Königs der Götter, dessen Tempel in Karnak weit unter der Paßhöhe und ihren Hütten am jenseitigen Nilufer stand. Auf der einen Seite des Weilers erbauten die Männer einen kleinen Tempel für den Schutzpatron ihres Dorfes, König Amenophis, und dicht daneben kratzte Kenhirchopschef einen Text in den Felsen, der Amun als »Gott der guten Begegnung« feierte, denn der Tempel stand genau an der Stelle des Pfads, von wo aus die Gräbermacher zum erstenmal den gewaltigen Amunstempel am Ostufer erblickten, wenn sie vom Großen Platz emporgestiegen waren. Noch weiter oben an den Hängen des Meretseger-Berges errichteten einige der Arbeiter kleine Privatheiligtümer für die thebanischen Götter, deren Tempel mit ihren Obelisken und den Bannern an ihren Pylonen man gerade noch fern im Dunst der staubgeschwängerten Luft erkennen konnte. Wie das Dorf selbst war auch der Weiler durch einen Weg in zwei Hälften geteilt, und zwar durch den Pfad, der das Dorf mit dem Großen Platz verband. Wenn die Arbeiter nach vollbrachtem Tagewerk vom Großen Platz heraufkamen, gelangten sie zuerst durch die niedrigen Mauern der Polizeistation, der »Festung«, mit ihren drei Stufen und dann erst zu ihrer kleinen Ansiedlung, wo sie sich erholen konnten.

Es war eine seltsame Siedlung, die die Nekropolenarbeiter hier oben in den Westbergen errichtet hatten. Unterkünfte für Familienmitglieder oder Bedienstete waren nicht vorgesehen. Dies scheint um so merkwürdiger, wenn man sich vergegenwärtigt, daß die Männer oft ihre gesamte, bis zu acht Tage zählende Arbeitswoche hier oben verbrachten, ohne in ihr eigentliches Dorf – also das heutige Deir el-Medine – zurückzukehren. Und doch fand man hier oben weder Asche noch verkohltes Holz – nichts, was davon zeugen könnte, daß hier je eine warme Mahlzeit zubereitet wurde. Den Weilerbewohnern brachte man wohl täglich ihr Essen aus dem Dorf herauf, und tatsächlich ist die schriftliche Mitteilung eines Arbeiters erhalten, der seine Tochter unten im Dorf aufforderte, Extraportionen Brot und Bohnen heraufzubringen, da ihre beiden Brüder dem Vater bei der Arbeit im Tal der Könige halfen. Für gewöhnlich bezogen solche jungen Leute eigene Rationen, wenn sie am Grab eines Königs Hilfsdienste leisteten, denn wer im Tal der Könige tätig war, wurde, wie wir wissen, aus den am Großen Platz vorhandenen Magazinen versorgt. In diesem besonderen Fall indessen scheint man nicht damit gerechnet zu haben, daß die beiden Brüder zu ihrem Vater stoßen würden.

Die kleine Siedlung auf der Paßhöhe war also offenkundig nur dafür bestimmt, den Gräbermachern während ihrer Arbeitstage Unterkunft zu bieten. Die Hütten besaßen lediglich zwei Räume: einen Innenraum, in dem man schlief, und einen Vorraum mit steinernen Sitzen an den Wänden, wo man in der Abenddämmerung zusammensitzen, miteinander schwatzen und die frische Brise genießen konnte, die aus dem Tal heraufwehte. Die aus Kalksteinblöcken gearbeiteten, U-förmigen Sitze ahmten die Holzstühle in den Häusern des Dorfes nach; ein solcher Sitz, den man in der Hütte fand, die vermutlich dem Vorarbeiter gehörte, trägt die Inschrift: »Vorarbeiter Neferhotpe«. Möglicherweise erhielt dieser auch gelegentlich Besuch von seiner Frau Wabchet, denn ein beschädigtes steinernes Schrifttäfelchen erwähnt eine Trägerin dieses Namens als »Frau aus der Siedlung«. Ein anderer Text legt die Vermutung nahe, daß hier oben auch Männer und Frauen gemeinsam zechten. Der Schreiber Kenhirchopschef verfügte ebenfalls über einen besonders gekennzeichneten Steinsitz, dessen Inschrift auch seinen Adoptivvater ehrend erwähnt: »Sohn des königlichen Schreibers Ramose am Platz der Wahrheit, Kenhirchopschef, der dessen Namen Leben gibt«. Er bewohnte die größte Hütte des Weilers. Sie lag ziemlich zentral und umfaßte im Gegensatz zu den anderen Behausungen drei Räume, die alle Fußböden aus Kalksteinplatten besaßen. Sehr wahrscheinlich befand sich hier das Dienstzimmer, wo der Oberschreiber die Berichte über die Arbeiten am Königsgrab entgegennahm und seine Schriftstücke an die vorgesetzten Stellen in Theben verfaßte. Da er von der Paßhöhe aus einen so hervorragenden Blick hinunter auf die Königstempel in der Ebene von Theben hatte, fertigte er hier oben zweifellos auch seine Liste jener Tempel an. Und an diesem Platz stellte er wohl auch das in seiner Handschrift erhaltene Wörterverzeichnis zusammen, das Ersatzbezeichnungen für Begriffe wie »Leiter« und »Aufseher« enthält und Kenhirchopschefs Sinn für gepflegten Stil und für lexikalische Zusammenhänge offenbart.

Die beiden stattlichsten Hüttengruppen im Weiler hatten gemeinsame Dächer, und wenn am Abend die Männer von der Arbeit heraufkamen, geschäftig und nicht gerade leise von Tür zu Tür wieselten und sich schließlich in Gruppen zusammensetzten, muß das Ganze einem Bienenstock geglichen haben. Ebenso wie unten im Dorf verbrachten die Arbeiter dann wohl ihre Freizeit damit, Geschäfte miteinander abzuschließen, zu musizieren, zu spielen oder einfach plaudernd beieinanderzusitzen.

Einige Arbeiter richteten sich auch hier oben kleine Werkstätten ein, wo sie Statuen anfertigten, insbesondere jene *Uschebti*-Figürchen, die man Toten mit ins Grab gab. Von Nebre, jenem Zeichner und Schreiber, der dem Wesir berichtet hatte, wie es dem Dorf und seinen Bewohnern während der vom Wesir durchgeführten Reform erging, ist ein Steinbrocken überliefert, auf den mit aller Sorgfalt die Stellvertretergestalt gezeichnet ist und der außer Namen und Titel des verstorbenen Besitzers und Urbildes den Text trägt, mit dem man solche Figürchen in der Regel beschriftete: »In Wahrheit bin ich hier und werde kommen, wann immer du mich rufst.« Auf der Rückseite des Steins befindet sich die Zeichnung jener Skarabäen, wie man sie auf das Herz des bei der Mumifizierung ausgeweideten Leichnams zu legen pflegte. Auch dieses Amulett war mit der üblichen Beischrift versehen, die ganz dem »Totenbuch« entsprach: »Möge beim Gericht vor dem Gerichtsherrn Osiris nichts gegen mich sprechen. Es sei gesagt von mir und dem, was ich getan: ›Seine Taten sind gerecht und wahrhaftig.‹ Möge mir vor dem großen Gott Osiris nichts Widriges begegnen.« Die Abfassung dieses Gebets schrieb man Thot zu, einem Gott, dessen Verehrung zu Nebres Zeit schon mindestens 2000 Jahre alt war, und damit es seine volle Kraft entfalten konnte, mußte es in Hieroglyphenschrift auf der flachen Unterseite eines großen, in Gold gefaßten Skarabäus aus Grünstein eingraviert werden.

Andere Gräbermacher verfertigten während ihrer Mußestunden im Weiler steinerne Stelen, auf denen zu den Göttern betende Dorfbewohner in Relief dargestellt waren. Bisweilen wurden sie dazu von Arbeitskollegen beauftragt, und man bezahlte sie für diese ihre Freizeitarbeit mit Naturalien. Einige solche kleinen Gedenksteine wurden auf Vorrat hergestellt, mit später auszufüllenden Leerstellen in der Inschrift. Wieder andere Bewohner des Weilers verschönerten ihre Hütten, indem sie die Türen mit steinernen Schwellen versahen und die Wände mit Strohlehm verputzten. Ein

Arbeiter namens Neb-en-Ma'at fügte in die Wand seiner Hütte einen Block aus weichem Gestein, in den er seinen Namen eingemeißelt hatte.

Neben den in die Steinsitze geritzten Namen und Titeln verraten derartige Texte keineswegs nur vordergründige Besitzansprüche. Vielmehr sollten sie künftigen Generationen zeigen, daß an der Stätte ihres Wirkens auch die Vorfahren gegenwärtig waren, im Dorf ebenso wie am Großen Platz. Und tatsächlich wurden die Hütten im Weiler gleich den Häusern drunten im Dorf über Jahrhunderte hinweg von denselben Familien bewohnt, Generation um Generation, obwohl sie stets nur den Namen ihres ersten Besitzers trugen.

Doch selbst in dieser so beständigen Welt gab es einige Ereignisse, die mitsamt den Persönlichkeiten einzelner Gräbermacher bis heute, mehr als 3000 Jahre später, eindrucksvoll hervortreten. Beispielsweise geschah am Abend eines heißen Frühlingstages gegen Ende der Regierungszeit Ramses' II., als die Nekropolenarbeiter in ihrem hochgelegenen Weiler beisammensaßen, etwas so Dramatisches und Verheerendes, daß es schien, als sei ein Kampf der Götter ausgebrochen. Die Sonne war untergegangen, und in ihrem letzten Schimmer begann sich die Wüste abzukühlen; aber noch immer lastete die Hitze des Tages schwer in der Luft. Da schießen plötzlich aus einer tiefdunklen Wolkenmasse wenige Kilometer südwärts Blitze auf die Wüste herab. Augenblicke später sind es schon ganze Bündel elektrischer Entladungen, die auf das dürre Land niedergehen.

Mitten in die furchterregende Stille hinein ertönt dumpfes Donnergrollen, und gischtend, Felsbrocken mit sich reißend, poltert eine ungeheure Flutwelle die Hänge des Meretseger-Berges herunter. Rasend schnell jagt das schwarze Wolkenmeer aus der Wüste herbei, und der Talkopf verschwindet in tiefer Düsternis. Über dem Großen Platz tobt ein Unwetter. Nur Blitze erhellen zuckend die finstere Nacht. In großen Tropfen prasselt Regen herab auf die Felsen, die das Naß begierig aufsaugen. Schließlich ist die Luft mit Wasser gesättigt, und das Erdreich verliert seinen Halt. Die Steilhänge über dem Großen Platz, von Blitz und Donner bereits erschüttert, werden zu Geröll- und Schlammlawinen, die sich wie flüssige Lava zu Tale wälzen. Dann hört der Wolkenbruch so jäh auf, wie er begonnen hat, und das Unwetter zieht nilabwärts weiter. Der Große Platz liegt erneut in Ruhe da, doch in unheimliches Zwielicht getaucht. Die alten Felsen wirken müde und schwer. Vielleicht zwanzig Minuten sind vergangen, seit das Toben der Naturgewalten begonnen hat.

Nachdem die Schleusen des Himmels versiegt sind, bedecken ganze Seen die Felder und fließen träge dem Nilstrom zu. Häuser werden zu glitschigen Lehmmassen und sinken in sich zusammen, da Ziegel und Wandbewurf, von der Nässe aufgelöst, sich wieder in den Nilschlamm verwandeln, aus dem sie genommen sind. Der erste Anprall der Wasserwoge hat auch viele Häuser einfach niedergerissen. Ihre Trümmer treiben nun zusammen mit den Leichen ihrer Bewohner und den Kadavern der Tiere, die bei der Katastrophe umgekommen sind, dem Nil entgegen. Tagelang ist für Tempelbeamte und Bauern kein Durchkommen in dem überschwemmten Land. Die Flut, die die Nilebene füllt, schwappt gegen die Fundamente der Tempel und ergießt sich in die Beamtengräber, wo sie alles durcheinanderwirbelt, durchtränkt und faulen läßt.

Als sich die Männer der beiden Arbeitskolonnen schließlich ins Tal der Könige hinabwagten, hatten sie eine völlig veränderte Landschaft vor sich. Am Talkopf waren die steilen Felshänge unterspült, und die Flut hatte gewaltige Gesteinsmassen fortgerissen. Rollsteine von drei und mehr Metern Durchmesser waren durch das Tal gewälzt worden und hatten dabei tiefe Rinnen in den Talboden geschrammt. Nicht nur die Magazine der Arbeitskolonnen, sondern auch die alten Hütten im Talgrund waren zu Bruch gegangen und unter riesigen Halden von Sand und Geröll verschwunden. Man errichtete sie neu an anderer Stelle, etwas weiter talabwärts.

Hoch oben auf dem frischen Schuttkegel der noch nassen Trümmer, die das Wasser von der Felsenhöhe ins Tal gespült hatte, standen nun die Schreiber sowie einige der Nekropolenarbeiter und meißelten ihre Namen und Titel sowie die ihres Königs Ramses in die Felswand, die vor der Flut unerreichbar über ihren Häuptern aufgeragt hatte. Manche der alten Gräber unten im Tal lagen ihrerseits unter der mächtigen Geröllhalde begraben, die sich zehn Meter tiefer zu Füßen der Männer auftürmte; bei anderen hatten sich die Wände voll Wasser gesogen und waren geborsten. Wieder andere, zur Hälfte von Schutt, Sand und Wasser bedeckte Gräber waren vom Einsturz bedroht, da der weiche Schiefer zunächst aufquoll und dann zerbröselte. Von ihrer kunstvollen Architektur blieb dann nichts mehr übrig; lediglich Höhlen im Gestein waren der traurige Rest. In einigen dieser Gräber stand das Wasser jahrhundertelang; nur unendlich langsam verdunstete es durch die Spalten und Risse, die überall den Fels durchzogen. Am meisten litten die einfacheren Beamtengräber aus der alten Dynastie, die weiter unten aus dem Talboden gehauen waren; aber auch einige Königsgräber, darunter das Grab Ramses' II., befanden sich genau auf dem Weg, den die hinabstürzende Flut sich gebahnt hatte. Als das Wüstental endlich ausgetrocknet war und die Gräbermacher sich wieder an die Arbeit begeben konnten, lag die dicke Schwemmschicht hart wie Zement über den verschütteten Gräbern. Manche von ihnen, so das behelfsmäßige Grab Tutanchamuns aus der alten Dynastie, waren den Männern für immer unzugänglich geworden. Allerdings merkte man sich den Standort mancher anderer, bedeutenderer Gräber; und als man sie später wieder freilegte, stellte man fest, daß ihre Türen erstaunlicherweise der Flut getrotzt hatten.

Was aber war mit dem Grab Ramses' II., das offengestanden hatte, als der Wolkenbruch kam? Mit Sicherheit muß dieses riesige Monument, an dem der Schreiber Ramose und die Künstler-Handwerker ein Leben lang gearbeitet hatten, zumindest ein wenig Wasser abbekommen haben, als die Flut ins Tal schoß; möglicherweise wurde es sogar bis zum Eingang mit Felsbrocken und nassem Sand gefüllt. Heute ist Ramses' Grab jedoch durch mehrere spätere Überschwemmungen dermaßen zerstört, daß nur sorgfältigste Grabungen

Aufschluß über die möglichen Folgen jener Wassersnot geben könnten. Wenn das Königsgrab aber vernichtet wurde, bevor Ramses II. starb, können wir uns vorstellen, daß die beiden Arbeitskolonnen von einem Tag auf den anderen fieberhaft darangingen, ein anderes Grab für den König auszuheben, und genau darauf deuten die erhaltenen Aufzeichnungen hin. Zumindest ein weiteres Grab von enormen Ausmaßen wurde damals im Tal ausgehoben und dekoriert, und es trägt gleichfalls den Namen Ramses' II.; doch auch dieses Grab hat derart schwere Schäden davongetragen und ist so voll angespülten Gerölls, daß noch kein Archäologe es je betreten hat. Wir wissen nur: Eines Tages wurde der alt gewordene König am Großen Platz zur letzten Ruhe gebettet.

Das Königsgrab

Im Jahr 1212 v. Chr. starb der große König Ramses an den Beschwerden eines wahrhaft ehrwürdigen Alters im 67. Jahr seiner Regierungszeit. Nicht weniger als dreizehn Kronprinzen waren ihrem Vater im Tod vorausgegangen. Nun trat Prinz Merneptah, auch er schon in den mittleren Jahren, die Nachfolge an. Der hochbetagte Herrscher, der die Tatkraft seines Sprößlings bemängelte, hatte den seit langen Jahren in der Staatsverwaltung Tätigen nur widerstrebend als Thronerben anerkannt.

Während man Ramses' Leichnam den Riten der Mumifizierung unterwarf, halfen die Nekropolenarbeiter, in genau vorgeschriebener Reihenfolge die enormen Mengen von Grabbeigaben zusammenzustellen, die samt den im Trauerzug mitgeführten Gegenständen dem toten König mit ins Grab gegeben wurden. Als die Beisetzungsfeierlichkeiten dann vorbei waren, Merneptah die Regierung angetreten hatte und das ägyptische Volk seinem neuen Gottkönig huldigte, kam der Wesir in Begleitung einer Kommission hoher Hofbeamter zum Großen Platz, um sich nach einer geeigneten Stelle umzusehen, wo man – wie ein späterer Text es nennt – das Grab für den neuen Herrscher »aushöhlen« konnte.

Es war naturgemäß die erste Expedition dieser Art zu Lebzeiten der Kommissionsmitglieder, die sich nach der Überschwemmungskatastrophe einer nachhaltig veränderten Landschaft gegenübersahen, in der die Gräber aus der alten Dynastie tief unter Schutt und Geröll begraben lagen. Deshalb fanden die Mitglieder von Merneptahs Kommission nur eine begrenzte Anzahl von Plätzen, die für die Anlage eines neuen Königsgrabes in Frage kamen. Ein großer Teil des Talgrundes war immer wieder in Gefahr, überschwemmt zu werden, und daher gänzlich ungeeignet. Außerdem war der Talkopf eher schmal und schon weitgehend belegt mit alten Gräbern.

So verfiel die Kommission schließlich auf ein bescheidenes Gelände, wo noch niemand begraben lag, ein kleines Nebental hinter dem Grab des großen Ramses. Hier konnte man die Grabpforte und den Eingangskorridor durch eine mächtige Kalksteinplatte hindurchführen, die vom Wüstenplateau abgestürzt war und nun als niedriger Hügel auf dem Talgrund lag. Zwischen dem Eingang des Grabes und der Talmitte hob man einen tiefen Graben aus, der etwaige Regenfluten ableiten sollte. Auch wenn dieser Entwässerungsgraben sich nach und nach mit Steingeröll und Sand füllte, so schützte er doch Merneptahs Grab während des gesamten Altertums vor Überschwemmungen.

Zuerst meißelten die Steinbrecher den Grabeingang aus dem Felsen. Danach legten sie den Eingangskorridor an. Sie arbeiteten sich dabei in einer Reihe von Stufen, die wie eine Riesentreppe von der Decke zum Boden hinabführten, geradewegs durch den gewaltigen Kalksteinblock. Steinmetzen glätteten dann die rohbehauenen Wände und verschlossen Spalten und Risse mit Mörtel. Zum Schluß versah man die Wände mit einem Bewurf, um Zeichnungen und Reliefs anbringen zu können.

So brach man nacheinander das Grabportal, den Eingangskorridor und schließlich sämtliche »Gänge der Sonnenbahn«, die zur Grabkammer führten, aus dem Kalkgestein des Großen Platzes. Zum erstenmal nach langen Jahren hoben die Dorfbewohner ein neues Königsgrab aus, das bald auch ausgeschmückt werden sollte. Allerdings war der König bereits in den Fünfzigern und steif vor Arthritis, so daß die verantwortlichen Beamten alles daransetzen mußten, damit die Grabanlage rechtzeitig fertig wurde, falls der Herrscher früher als erwartet starb.

Das Felsgestein von Merneptahs Grab war von parallelen Flintadern durchzogen; sie bestanden aus Knollen, die wie Perlen auf einer Schnur aufgereiht waren und in schräg abfallenden Reihen der Faltung des Kalkgesteins folgten. Da die Steinbrecher nichts als ihre weichen Kupfermeißel hatten, um mit diesem Feuergestein fertig zu werden, gab es manche Verzögerung. Eine typische Eintragung in den Journalen der Schreiber lautet wie folgt: »Jahr eins, am zwölften Tag des ersten Sommermonats. Die Flintknolle wurde rechts gefunden.«

Schreiber Kenhirchopschef war letztlich dafür verantwortlich, daß über die Arbeiten sorgfältig Tagebuch geführt wurde. Er, der am Großen Platz eine Lehrzeit von mehr als 35 Jahren absolviert hatte, war der geeignete Mann für diese Aufgabe. Auf große und kleine Ostraka kritzelten er und sein Stab zahllose Notizen, aus denen schließlich ein fortlaufender Bericht über die Arbeiten zusammengestellt wurde. Für seine eigenen Aufzeichnungen bevorzugte Kenhirchopschef größere Kalksteinplatten, und bevor er auf ihnen zu schreiben begann, schlug er ihre Kanten sorgfältig ab, damit nichts von seinem Text dadurch verlorenginge, daß der Stein splitterte. Bisweilen verwendeten die Schreiber diese Ostraka als Vergleichsgewichte für andere Dinge, beispielsweise Kupfergegenstände oder gar Nahrungsmittel. Man liest dann etwa auf ihnen: »Gewicht des Meißels, der [dem Arbeiter] Ini entzweigegangen ist. Er ist neu zu gießen. Von der Hand des Schreibers Kenhirchopschef [geschrieben].« Doch was für eine Hand! Nichts von dem eleganten Schwung und den sattschwarzen Zeichen der Schrift Ramoses! Kenhirchopschef schreibt fahrig und unausgeglichen, ja er hastet geradezu über die Steinplatten, in kurzen Bewegungen, die den Eindruck vermitteln, als habe er sich kaum Zeit gelassen, das leergeschriebene Rohr wieder in die Tinte zu tauchen. Und die Buchstaben sind so groß, daß selbst die kurzsichtigsten Schreiber, die Kenhirchopschef unterstanden, sie mit Leichtigkeit lesen konnten. Immer wieder prüfend und registrierend, ließ Kenhirchopschef so manche Steintafel von ausgewaschener Tinte grau werden, denn er zeichnete unermüdlich auf, wie weit man am Tag mit den Arbeiten vorangekommen war, wer gefehlt hatte und wer nicht – und wie viele Dochte man in den Lampen verbraucht hatte, die den Arbeitern im Grabesinneren Licht spendeten. Alles wurde sorgfältig überprüft, mit eiligem Schreibrohr festgehalten und gelegentlich durch flüchtig hingetupfte rote Punkte hervorgehoben.

»Das große Grab des Ba-en-Re, des von Amun Geliebten, des Sohnes des Re, Merneptah, des in der Wahrhaftigkeit Zufriedenen« – so lautete die glanzvolle Bezeichnung Kenhirchopschefs für das Königsgrab, an dem er im Alter von 51 Jahren zu arbeiten begann. Diese Arbeit sollte 13 Jahre dauern. Oberhalb des Grabes war am Fuß der Felswand, die das Tal überragt, eine Nische ausgehauen. Hier konnte er bequem im Schatten sitzen und das Kommen und Gehen beobachten. In seiner unnachahmlichen Handschrift kritzelte er hier in die Felswand: »Sitzplatz des Schreibers Kenhirchopschef«. Im Inneren des Grabes beaufsichtigten die Vorarbeiter Neferhotpe und Anhirkaui Arbeitskolonnen, die man auf die Stärke von je 50 Mann erweitert hatte. Trotz der nahezu hektischen Eile, mit der man stets die Arbeit an einem neuen Grab begann, wäre es indessen sinnlos gewesen, mehr Arbeiter einzusetzen, da den Umständen entsprechend nur jeweils zwei bis drei Mann gleichzeitig nebeneinander tätig sein konnten. Auch war die Arbeitszeit der Künstler und Steinmetzen begrenzt, und zwar nicht nur wegen der Enge des Raumes, sondern weil es faktisch ausgeschlossen war, die oberen Gänge zu dekorieren, solange tiefer im Grabesinneren noch Gänge und Räume aus dem Gestein gebrochen wurden. Zeichner, Steinmetzen und Maler konnten unmöglich in engen Korridoren ihr Werk tun, wenn sich an ihnen ständig Träger vorbeidrängten, die körbeweise den Abraum ins Freie schleppten und aus der Tiefe in dichten Wolken Staub nach oben quoll. So mußten Steinbrecher und Künstler in Wechselschichten antreten, damit sichergestellt war, daß beim Tod des Königs wenigstens ein teilweise fertiges Grab zur Verfügung stand.

Verantwortlich für Arbeitseinteilung und -ablauf waren die beiden Vorarbeiter Neferhotpe und Anhirkaui. Sie hatten gleichzeitig die Arbeit der Steinbrecher, Reliefbildhauer und Gipser sowie der diesen zuarbeitenden Mörtelrührer, Gerüstbauer und Hilfskräfte zu beaufsichtigen und bürgten für die Qualität der Arbeiten am Grab, von der gewissenhaften Ausführung des Bauplans bis hin zu der delikaten Bemalung der Wandreliefs, dem letzten Arbeitsgang, sobald ein Raum vollendet war. Daß man sich haargenau an den Bauplan hielt, war das erste Problem, mit dem sich die Vorarbeiter auseinanderzusetzen hatten, wenn ein neues Grab in Angriff genommen wurde. Während man beim Bau eines Tempels den Grundriß absteckte, indem man Pfosten in den Boden rammte und sie mit Seilen verband, war ein solches Vorgehen im Inneren der Felsen nicht möglich. Doch es fand sich eine brauchbare Lösung. Nachdem man zunächst das Portal roh ausgehauen hatte, legte man eine Reihe sorgfältig plazierter Schnitte. Von den so erhaltenen Fixpunkten ausgehend berechnete man die Abmessungen des nächsten Grababschnitts. Bei weiterem Vordringen in die Tiefe wiederholte man das Verfahren. Diese besonders präzisen Ecken und Kanten bildeten das Geheimnis der Genauigkeit der Grabarchitektur; man benutzte sie auch als Bezugspunkte für die Aufteilung der Grabdekoration. Mit einfachsten Steinbrecherwerkzeugen – holzgeschäfteten Hämmern aus Hartstein, kupfernen Dechseln und Spitzhacken – vermochten die Dorfbewohner so Gräber zu schaffen, die Wunder an Exaktheit darstellen. Beim Grab Ramses' II. beispielsweise stimmt architektonisch alles auf den Hundertstelzoll genau, und fast ebenso verhält es sich beim Grab Sethos' I. – absolute Präzision, für die Ewigkeit bestimmt.

Unter jedem neuen Herrscher vollbrachte man architektonische Leistungen dieser Art. Tradition bestimmte bis ins einzelne Größe, Reihenfolge und Anzahl der Räume, Pfeiler und Gänge sowie den Ort, wo die heiligen Texte anzubringen waren, die an den Grabwänden die Reise des toten Königs durch die Unterwelt schilderten. Der Ritus – und um einen solchen handelte es sich beim Bau eines Königsgrabes –

erlaubte wenig Abweichungen von einem vorgeschriebenen Ur-Grundmuster. Doch trotz dieser ungemein belastenden Vorgabe bestand ein gewisser Spielraum für Verbesserungen, ja sogar für manche Experimente. Denn ägyptische Architekten liebten nichts so sehr wie die Fortentwicklung und Vereinfachung der überkommenen Vorlagen. Eine kleine, aber bezeichnende Veränderung dieser Art war es, daß man bestimmten Szenen, die sich traditionsgemäß unmittelbar hinter dem Grabeingang befanden, einen anderen Platz zuwies. Es war nicht unbemerkt geblieben, daß die beiden hölzernen Türflügel im Grab Ramses' II., wenn sie geöffnet waren, jene prächtigen Wandreliefs verdeckten, die den König zeigen, wie er beim Eintritt in die Unterwelt den Göttern opfert. Dies konnte nichts Gutes bedeuten — wurde doch so die Gegenwart des Herrschers gleich zu Beginn seiner Unterweltfahrt verhindert. Man korrigierte den Fehler daher in Merneptahs Grab, indem man die beiden Szenen ein kleines Stück weiter ins Ganginnere verlegte, so daß sie auch dann sichtbar blieben, wenn die Türflügel offenstanden. Derartige Verbesserungen trugen dazu bei, daß der Gräberbau nicht im Rituellen erstarrte, und indem man von Mal zu Mal weitere solche kleinen Schritte hin zu noch mehr Genauigkeit unternahm, unterstützte man auch den toten König auf seiner Wanderschaft durch das Totenreich. Die bei weitem einschneidendste Änderung, die man bei Merneptahs Grab einführte, brach mit uralten Überlieferungen: Man schnitt das Grab so in den Felsen, daß ein schnurgerader Weg vom Eingang zur Grabkammer führte. Nun gab es keine plötzlichen Wegbiegungen mehr, die den Leichenzug zwangen, sich in verwirrenden Schlangenlinien durch die königliche Unterwelt zu tasten, und keine rechtwinklige Abweichung von der geraden Linie hielt fortan das Tageslicht von der Grabkammer fern. Der neue Schachbrett-Plan sollte sämtlichen späteren Königsgräbern am Großen Platz zugrunde liegen.

Im zweiten Regierungsjahr Merneptahs kamen beide Arbeitskolonnen mit dem Grabbau gut voran. Kenhirchopschef konnte dem Wesir einen optimistischen Lagebericht senden:

»Zusammenfassung der am Großen Platz des Pharaos geleisteten Arbeiten«. Fertig war die Zugangstreppe mit ihren weiten, flachen Stufen, fertig waren die oberen Gänge des Grabes mit ihren Texten und bemalten Wandreliefs. Tief unten im Herzen der Felsen meißelten nunmehr die Steinbrecher die Grabkammer aus. Außerdem berichtete der Schreiber, daß einige Gipser, Zimmerleute und andere Handwerker zu den Arbeitskolonnen hinzugekommen seien und man die stumpf gewordenen Kupfermeißel zum Wiedereinschmelzen und Neuschmieden an die königlichen Kupfergießereien gesandt habe.

In den folgenden Jahren geht es in den Berichten Kenhirchopschefs meistens um die Dochte für die Lampen, die man in den tiefer im Felsen gelegenen Teilen des Grabes brauchte. Die Arbeiter verwendeten kleine Tonlampen, die warmes, gelbes Flackerlicht verbreiteten. Wenn der König und sein Gefolge der Baustelle einen Besuch abstatteten, schritten sie durch ein geheimnisvolles System von Gängen, deren Zusammenhang sie zwar wohl begriffen, aber niemals sahen. Nur hier und da tauchte im magischen Schummerlicht die eine oder andere Einzelheit der Architektur oder der Dekoration aus dem tiefen Dunkel auf. Die Dochte, die Kenhirchopschef so viel Kopfzerbrechen bereiteten, bestanden aus miteinander verflochtenen, mit Talg getränkten Stoffetzen, die man in den schräg zulaufenden Teil der mit Öl gefüllten Lampenschalen legte. Noch heute kann man solche Öllämpchen in den zahllosen Marienheiligtümern überall in den christlichen Mittelmeerländern sehen. Wenn man reines Öl verwendet, braucht man nicht zu befürchten, daß die Lampen den Raum zu sehr verrußen.

Das Lampenöl bezogen die Nekropolenarbeiter wie alles andere, das sie benötigten, aus den Magazinen der Königstempel, und die Magazinverwalter am Großen Platz gaben es stündlich an die Vorarbeiter weiter, damit in den Gräbern das Licht nicht ausging. Auch im Dorf war das Öl sehr wichtig, denn man brauchte es zum Kochen und für die abendliche Beleuchtung der Häuser. Es bildete somit einen wesentlichen Bestandteil des Naturalienlohns, den die Arbeiter empfingen. Und über die Dochte sowie den zugehörigen Brennstoff war genauestens Buch zu führen. »Erster Wintermonat, fünfter Tag. Heutiger Verbrauch an Dochten: rechts sechs, links sechs, ergibt zwölf [am Vormittag]; rechts sechs, links fünf, ergibt elf [am Nachmittag]. Gesamtsumme: dreiundzwanzig«, vermerkt ein fleißiger Schreiber. Kenhirchopschefs wortreiche Berichte über die Anzahl der von den Magazinen ausgelieferten Dochte lassen vermuten, daß Früh- und Spätschicht jeweils gleich viele Stunden arbeiteten, nämlich vier. Außerdem lassen die Berichte den Schluß zu, daß die Reliefbildhauer und Maler auch nach dreijähriger Arbeit im Grab noch immer nicht bis in die tiefsten, dunkelsten Abschnitte der Grabanlage vorgedrungen waren, denn sonst hätte man fraglos das Doppelte der von Kenhirchopschef erwähnten Anzahl von Dochten verbraucht.

Gelegentlich gab es quälende Verzögerungen in der Auslieferung der Versorgungsgüter. Schuld daran war die Bürokratie. In einem Brief, den er direkt an den Wesir Panhesi sandte, führt Kenhirchopschef Klage darüber, daß durch die Abwesenheit des Hofes Thebens gesamte Verwaltungsmaschinerie ins Stocken geraten sei und weder die Verwalter der königlichen Magazine noch die der Vorratshäuser am Großen Platz selbst die Zuteilungen ausfolgten, die den Arbeitern zustanden. Deshalb richtet er an den Wesir die dringende Bitte, ihm neue Meißel, neuen Mörtel und neue Lederkörbe zu schicken, die man benötigte, um den Abraum aus dem Grabesinneren ins Freie zu schaffen. Doch trotz dieses Engpasses versichert der Schreiber: »Der Große Platz [d. h. in diesem Fall: das Grab] des Pharaos — — — befindet sich in gutem Zustand. Seine Wände blieben unversehrt, und kein Schaden wurde ihnen zugefügt. Überdies arbeiten wir alle, wie es sich gebührt, am Großen Platz des Pharaos — — — wir tun den Willen des Pharaos, unseres guten Herrn, und haben wirkungsvolle Arbeit geleistet, so daß unser Werk ewigen Bestand hat.« Eine Wendung im letzten Abschnitt des Schreibens läßt etwas von dem persönlichen Verhältnis Kenhirchopschefs zum Wesir durchblicken; der Oberschreiber berichtet da über einige persönliche Aufträge, die der Wesir den Arbeitern erteilt hatte. Es seien »für die Dame Heret, deine Schwester« fünf Körbe geflochten worden; ferner werde Kenhirchopschef dem Wesir bald ein Bett schicken, dazu einige Spezialwerkzeuge, die der Wesir von den Nekropolenarbeitern angefordert hatte. Im Ton ist der Brief keineswegs unterwürfig; Kenhirchopschef drückt sich zwar ehrerbietig aus, verhandelt jedoch mit dem Wesir sozusagen »von Mann zu Mann«.

Im Mai des Jahres 1205 v. Chr., im siebenten Jahr der Regierung Merneptahs also, wurden auf Panhesis Befehl die Statuen jener Gottheiten aufgestellt, die rings um den Sarkophag des Königs zu stehen hatten. Es waren prachtvolle Figuren, teilweise dick mit Blattgold überzogen und oft mit glänzenden schwarzen Harzen bestrichen, so daß ihr Zedernholz wie polierter Stein aussah. Die Werkstätten, in denen diese Götterbilder angefertigt worden waren, befanden sich neben den Königstempeln, und das Eintreffen der Kunstwerke am Großen Platz war für die Gräbermacher Anlaß zum Feiern. Wie Sonne und Sterne am Himmel ihre Bahn zogen, wanderten die Götter durchs Land, und so, wie die toten Könige die sinkende Sonne auf ihrer Bahn begleiteten, kamen die Götter wieder zum Großen Platz. Es war der Beginn einer Unterweltfahrt, die dem verstorbenen Herrscher Auferstehung, Ägypten insgesamt aber Wiedergeburt und Fruchtbarkeit brachte. An die beiden Arbeitskolonnen wurden Speisen und Getränke ausgegeben, und man feierte, sang und tanzte. Für eine dieser Festlichkeiten wurde ein Nahrungsmittelmagazin am Großen Platz geöffnet, und die Arbeiter erhielten Töpfe voller Weißkäse. Bei einem anderen Anlaß dieser Art bekam jedes Mitglied der beiden Kolonnen feinen Leinenstoff – ein geradezu königlicher Luxus.

Am Tag nach der Feier besuchte Wesir Panhesi das Tal und befahl, der äußere, für gewöhnlich hölzerne Sarg des Herrschers solle, wie ungefähr 80 Jahre früher bei Sethos I., aus einem Alabasterblock gearbeitet werden. Dieser wie eine Mumie geformte und mit Texten bedeckte Steinsarg sollte die zwei aus Pinienholz gefertigten inneren Särge aufnehmen. In dieses dreifache Behältnis wurde dann der mit Binden umwickelte und einbalsamierte Leichnam des Königs zur letzten Ruhe gebettet. Einfallsreich, wie er war, hatte Panhesi auch beschlossen, den Sarkophag des Königs anders zu gestalten als bei den meisten früheren Herrschern. Während deren Särge meistens in einem einzigen steinernen Schrein standen, sollte Merneptahs Mumie drei massige Granit-»Deckel« erhalten, die übereinandergestülpt und mit ihren Seitenwänden in eine Reihe konzentrischer Vertiefungen eingefügt wurden, die man im Boden der Grabkammer anbrachte. Die innerste dieser Vertiefungen war für den Alabastersarg bestimmt. Von nun an behielten die Behörden in Theben die Vorkehrungen, die für die Bestattung des Königs und dessen Wohlergehen im Jenseits getroffen wurden, fest im Auge.

Einen Tag nach Erlassen dieses Edikts erschien Wesir Panhesi abermals am Großen Platz, nun in Begleitung eines Hofschreibers und eines Kämmerers. Sie überwachten die Einbringung zweier dieser Deckel in die Grabkammer. Die schweren Steine, aus denen die Sarkophage gehauen waren, hatte man zu Schiff von den beim ersten Katarakt – nahe Assuan –, südlich von Theben, gelegenen Steinbrüchen nilabwärts gebracht. Wie das Grab selbst waren auch sie von Texten und Götterdarstellungen bedeckt. Schöpfer des Dekors waren Steinmetzen aus Elephantine, der Stadt am Katarakt und damit an der Südgrenze Ägyptens. Die Handschrift dieser Künstler unterschied sich erheblich von dem Stil, den die Nekropolenarbeiter unseres Dorfes entwickelt hatten, und dieser Unterschied verlieh den dunkel glosenden Steinsarkophagen einen seltsam fremdartigen Reiz. Sowohl die Gräbermacher als auch die Begleiter des Wesirs müssen sehr erleichtert gewesen sein, als man die schweren Steinobjekte, von denen jedes mehrere Tonnen wog, an all den Götterbildern und heiligen Texten, die die Grabwände bedeckten, ohne Beschädigungen vorbeimanövriert hatte. Erst danach konnten die Männer der Arbeitskolonnen wieder ihrer gewohnten Beschäftigung am Königsgrab nachgehen.

Überraschenderweise dekorierte und beschriftete man einen Teil der mobilen Grabausstattung – Merneptahs Särge, die Götterfiguren und dergleichen mehr – am Großen Platz dicht neben dem Grab. Beispielsweise wurden die Szenen, die Merneptahs Alabastersarg bedeckten, hier unter Aufsicht eines Schreibers namens Hui ausgeführt, der eigens für diese Aufgabe von seiner Arbeit in einem der königlichen Tempel-Schatzhäuser entbunden und hierher versetzt worden war. Sämtliche Texte und das Bilderprogramm der beweglichen Grabausstattung wie auch des Grabes selbst entstanden unter Aufsicht gelehrter Schreiber, die über die denkbar genauesten Kopien älterer Grabdekorationen und Grabbeschriftungen – der »alten Schriften des Grabes«, wie man sie nannte – verfügten. Die betreffenden Dokumente, Urkunden auf Leder und Papyrus, hatten sie den Tempelarchiven entnommen. Die Texte schilderten, was dem toten König in der Unterwelt widerfuhr, und enthielten somit wichtige Auskünfte, die man sorgfältig hütete.

König Merneptah »vereinigte sich mit dem Gott, der ihn erschaffen hatte« und »wurde eins mit der Sonnenscheibe« am Beginn seines siebenten Lebensjahrzehnts – er starb in seinem 13. Regierungsjahr. Leider waren die tiefer gelegenen Abschnitte seines Grabes noch immer unvollendet. So errichteten die Zimmerleute rasch Gerüste aus mächtigen Balken einheimischen Holzes, die durch festgeschnürte Taue miteinander verbunden wurden, und während man den Leichnam des Königs dem langwierigen Prozeß der Mumifizierung unterwarf, verputzte man die Wände der Grabkammer und bemalte sie sowie das Deckengewölbe in leuchtenden Farben mit den üblichen Szenen. Jede Szene hatte ihren ganz bestimmten Platz. In dieser königlosen Zeit, als Ägypten keinen Herrscher hatte und das Universum den Atem anhielt, müssen die mit der Beaufsichtigung des Grab-Baues beauftragten Beamten einen gravierenden Fehler in ihren Berechnungen festgestellt haben: Der oberste, aus schwarzem Granit gefertigte Deckel der königlichen Sarkophage war zu groß und ließ sich nicht ins Grabesinnere schaffen. So erweiterte man in größter Hast sämtliche Tore der oberen Gänge und schlug die Jahre zuvor in mühevoller Kleinarbeit

geschaffenen farbigen Portalreliefs einfach ab. Die farbenprächtigen Bruchstücke beförderte man ins Freie und kippte
sie als Abraum in die Felsenbucht hinter dem Grab. Dann
zeichnete man neue Entwürfe, wie man den König in seinen
Särgen unter den massiven drei Granit-Deckeln beisetzen
könne, und versuchte, den riesigen schwarzen Steinblock
endlich doch in die Grabkammer zu schaffen. In den engen
Gängen im unteren Teil der Grabanlage war jedoch zuwenig
Platz für den mächtigen Monolithen, und so ließ man den
Block einfach mitten im Grab liegen – und dort liegt er noch
heute, dunkel schimmernd wie ein gestrandeter Wal.

Nach 70 Tagen schließlich war der König entdärmt und in
seinem Bett aus Natronlauge zur Mumie geworden. Mit
Harzen und Gummi einbalsamiert und in seine Mumienbinden gehüllt, war er nun gerüstet für die ewige Reise durch die
Unterwelt. Leicht wie ein ausgeblasenes Ei und hart wie eine
Statue, fest bandagiert von den dafür zuständigen Priestern,
lag Merneptah nun in den Pinienholz-Särgen, die seit fünf
Jahren bereitstanden, ihn aufzunehmen. Die Nekropolenarbeiter gerieten in Zeitdruck, denn man konnte mit der Bestattung des Königs, deren Zeitpunkt vom Stand der Sterne
und der Planeten abhing, nicht länger warten. So trug man
den toten Herrscher am Abend eines Sommertags, als die
Sonne hinter den Westbergen versank und die Wüste auszu-
glühen begann, über die Hügel hinauf zu seinem Grab und
ließ ihn in die Unterwelt hinab. Unter den Blicken der
Götter und Göttinnen an den Grabwänden suchten sich die
Mitglieder der königlichen Familie und die Höflinge, die dem
König das letzte Geleit gaben, ihren Weg durch die aufge-
häuften Grabschätze, die man aus den Palästen ganz Ägyptens herbeigebracht hatte, und entlang einer Vielzahl von
Amuletten und Vasen, bei denen es sich größtenteils um
Kopien von Kultgegenständen des Tempelrituals handelte.
Nachdem man sich tief im Grabesinneren an dem dort liegen-
gelassenen riesigen schwarzen Steinblock vorbeigezwängt
hatte, erreichte man schließlich die Grabkammer. Dort ließen die Männer aus dem Gräbermacherdorf die beiden
kleineren Stein-Deckel auf den in seinen Särgen liegenden

König herab; sie tönten wie Glocken, als sie auf den Steinboden stießen. Und dann ließ man alles zurück, was man im Leichenzug mitgeführt hatte: den kostbaren Schmuck der Priester, die Prozessionsstatue des Anubis, des Schakalgottes, der den Kondukt in die Totenstadt geführt hatte, schließlich die einbalsamierten Eingeweide des Königs, die in Krügen in einem besonderen Kästchen beigesetzt wurden. Dann stellten die Priester die Schutzgottheiten an die Ecken des Sarkophags, legten die zauberkräftigen Amulette dort nieder, wo sie hingehörten, und entzündeten die goldenen Fakkeln, die der Grabkammer noch immer Licht spendeten, nachdem alle außer dem toten König sie wieder verlassen hatten. Im Zurückgehen fegten die Priester alle Fußspuren aus, schlossen sämtliche Pforten des Grabes und versiegelten sie. König Merneptah ruhte nun in seiner Unterwelt, und der Bund zwischen Ägypten und seinen Göttern war erneuert.

Festtage

Als Roma, der Leiter der königlichen Werkstätten, im achten Regierungsjahr Merneptahs das im Entstehen begriffene Grab des Königs besichtigte, muß er von den Leistungen der Handwerker und Künstler aufs höchste beeindruckt gewesen sein. Er konnte sich nur wünschen, ähnlich begabte, ebenso fähige Leute wie diese Gräbermacher in seinen eigenen Ateliers zu beschäftigen. Denn Merneptahs Grab war das edelste Baudenkmal der damaligen Zeit. Die bereits fertigen Skulpturen in seinen oberen Gängen hielten jeden Vergleich mit sämtlichen Kunstwerken jener Epoche aus, und die Architektur mit all ihren Neuerungen zeugte von Aufgeschlossenheit. Sogar der in den Grabgängen liegengebliebene Sarkophag-Deckel sprach nach Auffassung der Nachfolger Merneptahs eher für Experimentierfreude als für Unfähigkeit.

Seit den Reformen des Wesirs Paser hatten sich die Fähigkeiten der Gräbermacher zu voller Reife entfaltet, und die Behörden kargten nun nicht mit der gebührenden Anerkennung. Die Zuteilungen lebenswichtiger Güter für das Dorf waren reich bemessen und wurden prompt geliefert. Die Künstler-Handwerker aus den Arbeitskolonnen waren wohlhabender als alle anderen Handwerker Ägyptens, ihre Häuser hatten eine solide Ausstattung, ihre Gräber entsprachen denen hoher Beamter. Von Wohlstand zeugten auch die zum Dorf gehörenden Tempel, und für die Götterfeste hatte man reichlich Vorsorge getroffen. Tatsächlich spielten derartige Feste im Jahresablauf der Dorfbewohner eine bedeutende Rolle: Nicht weniger als ein Drittel jedes Jahres verbrachten die Nekropolenarbeiter mit Feiern. Zwei- bis dreitägige »Wochenenden« – insgesamt mehr als 60 Tage im Jahr – unterbrachen den Rhythmus der achttägigen Arbeitswochen. Hinzu kamen über das ganze Jahr verteilte Feste, insgesamt 65 an der Zahl, die man zusammen mit Thebens anderen Bewohnern beging und von deren Feier man sich allem Anschein nach selbst dann nicht abbringen ließ, wenn beim Bau eines Königsgrabes Eile geboten war.

Zu diesen staatlichen Feiertagen zählten die meisten Vollmondstage sowie Frühlings-, Erntedank- und Nilflutfeste. Das früheste Fest des thebanischen Feierkalenders war das Opetfest. Zur Zeit Merneptahs begann es am 18. Tag des zweiten Monats und dauerte 24 Tage (bis zum 12. des Monats darauf). Dies entspricht nach unserer heutigen Jahreseinteilung der Zeit von Mitte August bis hinein in die erste Septemberhälfte. Eröffnet wurde das Fest damit, daß man das Kultbild des Gottes Amun aus seiner dunklen Kapelle im riesigen Reichsheiligtum von Karnak hinaus in das strahlende Sonnenlicht Thebens trug und zum »Tempel des südlichen Harems« brachte (Opet heißt soviel wie Harem); gemeint ist der Tempel im heutigen Luxor. Priester mit kahlgeschorenen Köpfen trugen den mit Leinen verhüllten Gott in einem goldenen Schrein auf der Prozessionsstraße durch den Tempel von Karnak und hinunter zur Schiffsanlegestelle am Nil. Hier stellte man das Amunsbildnis auf einen großen Altar inmitten einer Barke aus Zedernholz, und der Gott fuhr nun zu Schiff zu seinem »südlichen Harem«. Die gesamte Bevölkerung Thebens strömte ebenfalls zum Nilufer und schloß sich dem langen Festzug an, der den Männern, die das Gottesboot an dicken Tauen stromaufwärts treidelten, das Geleit gab. Auf der riesigen, mit Gold überzogenen Barke opferten der König und der Hohepriester dem Gott Weihrauch und Nahrungsmittel, und die ganze Stadt sah zu. Am Ufer aber entfaltete sich das ganze verwirrend-bunte Gepränge der Reichshauptstadt mit federgeschmückten afrikanischen Trommlern, Gruppen lautenspielender junger Thebanerinnen, nackten Tänzerinnen, die rhythmisch rückwärts Purzelbäume schlugen, blinden Harfenspielern, singenden Priestern, die zu Ehren des Gottes ihre Hymnen anstimmten, Sondereinheiten des Heeres, Ringkämpfern und königlichen Wagenlenkern sowie Tausenden und aber Tausenden von Amunsverehrern, die aus den Tempeln herbeiströmten ...

Auch heute noch gibt es in Ägypten, wenn Feste gefeiert werden, ein großes, geräuschvolles Gedränge in den Straßen. In Altägypten aber muß dies alles noch ganz andere Ausmaße gehabt und sehr viel exotischer gewirkt haben.

Acht Monate nach dem Opetfest, am Vollmondstag des zehnten Monats, beging man in Theben das zweite der großen Jahresfeste: das Talfest. Amun überquerte dabei den Nil und besuchte die Tempel in Theben-West. Selbst die Toten, so glaubte man, eilten herbei, um der Landung der Gottesbarke und dem Eintreffen des Gottes beizuwohnen: Gebete an den Wänden der Kapellen in Beamtengräbern enthalten die Bitte, den Geistern der Verstorbenen möge es stets vergönnt sein, die Rufe der Bootsbesatzungen zu hören und den Gott zu sehen, wenn der König mit ihm zum West-ufer komme. Reihen von Ruderern trieben das Staatsschiff an, das Amuns schwimmende Barke über den Nil zog. Abermals befanden sich der König und der Hohepriester auf der heiligen Barke und brachten auf den Altären vor dem in seinem Schrein thronenden Gott Opfer dar. Während der nächsten zwei Tage bezog Amun Wohnung in den meisten königlichen Totentempeln und gesellte sich unter feierlichem Zeremoniell den dort residierenden Göttern zu. Entlang der Prozessionsstraße hatte man kleine steinerne Sanktuarien errichtet. Amun, der nun in seinem Schrein auf der Nachbil-dung seiner Barke mit langen Tragstangen von Priestern über Land getragen wurde, machte dort wohl samt seinen Trägern Rast. In den Tempelbäckereien buk man während dieses Festes besondere Brote, und die Tempelbrauereien stellten ein besonders starkes Bier her. Die Priester, die den Gott trugen, waren daher mit Vorräten wohlversehen, um sich während der für sie höchst mühseligen Prozession zu stärken.

In der Morgendämmerung des ersten Tal-Festtages hiel-ten junge Priester aus den königlichen Totentempeln hoch oben in den Felsen der Westberge Ausschau. Sie warteten darauf, daß Amuns Barke durch den kleinen Kanal von der Tempel-Schifflände in den Nil gezogen wurde. Während sie dort oben vor Kälte und Müdigkeit zitternd im rosigen Zwielicht saßen und der ersten wärmenden Strahlen der aufgehenden Sonne harrten, die die grauen Nebelschwaden drunten in der Ebene zerteilten, kritzelten einige von ihnen ihre Namen ins Felsgestein. Wenn dann das Sonnenlicht die Wipfel der Palmen und Sykomoren erreichte, sich über die Felder breitete und den Dunst über dem Strom vertrieb, schimmerte es golden herauf. Die Barke des Gottes war auf dem Kanal! So schnell sie konnten, rannten nun die jungen Priester den schmalen Felspfad hinunter und hasteten, vorbei an ihren Tempeln und über die Dämme, zum Strom, um Amun am Westufer willkommen zu heißen. Langsam bewegte sich dann der riesige Festzug Lebender und Toter durch Felder, Friedhöfe und Priestersiedlungen hin zum Dorf der Gräbermacher. Auch diesmal begleiteten den Gott Musikanten, Tänzerinnen, Soldaten und Sänger – eine stampfende, lärmende, Staub aufwirbelnde Gläubigenschar. So feierten die Thebaner ihre Götter, und die Götter spendeten mit vollen Händen ihren Segen.

Nicht alle Feste, die die Dorfbewohner begingen, feierte man so ausgiebig wie diese beiden Hauptfeste des Jahres. Am anderen Ende der Feier-Skala befanden sich Feste, die nur von einzelnen Personen oder Familien begangen wurden. Die Anwesenheitslisten der Dorfschreiber enthalten immer wieder die Eintragung, daß dieser oder jener Nekropolenarbeiter nicht erschienen war, weil er »sein Fest« feierte oder für irgendeine Feier Bier brauen mußte. Es gab auch Feste, an denen die Arbeitskolonnen geschlossen teilnahmen; sie galten freudigen Ereignissen im Zusammenhang mit der Arbeit am Großen Platz, beispielsweise dem Eintreffen der Götterstatuen, die dafür bestimmt waren, rings um den Sarkophag des Königs in der Grabkammer aufgestellt zu werden. Und es gab Feste zu Ehren der Götter in den Dorftempeln, insbesondere des Königs Amenophis, dessen Statue, verhüllt wie die Amuns, von den Arbeitern, die gleichzeitig als Priester fungierten, feierlich um das Dorf getragen wurde. Bisweilen trug man das Kultbild des toten Königs auch in festlicher Prozession über den Wüsten- und Felsenpfad zum Großen Platz. »Einundzwanzigster Tag des siebenten Monats. Der Tag, an dem König Amenophis das Tal besucht und die Arbeiter vor ihm tanzen. Es wurde angeordnet, daß sie zum Magazin gehen und vier Gefäße mit Weißkäse öffnen« – so lautet eine Eintragung.

Ein weiteres Fest der Dorfbewohner verband Lebende und Tote. Alle Familien gingen zu ihren Grabkapellen, entzündeten Lampen, brachten die Blumenbeete in Ordnung, die manche auf dem Friedhof angelegt hatten, und feierten in den Kapellen ihre Ahnen, die in den Grüften unter ihnen ruhten. An diesem Tag begab sich auch Kenhirchop-schef zum Grab Ramoses, der im Dorf an ihm Vaterstelle vertreten hatte, und brachte ihm Opfer dar. Die Grabanlage besaß zu diesem Zweck einen steinernen Opfertisch, der die Namen des verstorbenen Schreibers und seines Adoptiv-sohns trug. Eine ganze Anzahl solcher Opfertische hat man im Dorf gefunden, einige noch mit Flecken vom angebrannten Fett des Opferfleisches. Nachdem sie die Toten mit ihrem Anteil an der Mahlzeit versehen hatten, verzehrten die leben-den Dorfbewohner den Rest der mitgebrachten Delikatessen in den Grabkapellen.

Daneben gab es noch andere Totenfeste, Feste für die Toten selbst, so die alljährliche Reise der Verstorbenen in die heilige Stadt Abydos, wo man das Grab des Unterweltherr-schers Osiris verehrte. An diesem »Allerseelenfest« des ägyptischen Altertums stellte man segelfertig aufgetakelte Bootsmodelle auf, so daß ihr Bug nach Norden wies, hin zum Ziel der Wallfahrt. Die kleinen Seelenfahrzeuge trugen alsdann die Geister der Toten auf mystische Weise nach Abydos, und zahllose andere Totengeister aus ganz Ägypten gesellten sich unterwegs hinzu – die Seelen all derer, die je in Ägypten gelebt hatten und gestorben waren. An der Spitze dieser Geisterschar trugen Osirispriester den Gott in einem Schrein hinaus in das strahlende Weiß der Wüste zu seinem heiligen Grab. Tags darauf hißte man auf den Modellbooten die Segel für die Rückfahrt stromaufwärts und drehte ent-sprechend den Bug nach Süden. So kehrten die Toten auf magische Weise heim. Abends zündete man in den Grabka-pellen Lichter an, damit die Verstorbenen in ihre Gräber zurückfanden, und abermals opferten die Lebenden den Toten und den Göttern, bei denen jene nun wohnten.

Im achten Jahr des Königs Merneptah, als Roma als Mitglied der Kommission zum Großen Platz gekommen war, die das Tal der Könige besichtigte, ließ der Wesir an die Nekropolenarbeiter Sonderrationen ausgeben – so beglückt war er darüber, wie weit man mit dem Grabbau vorangekommen war. »Der König ließ die Werkleute für die getane Arbeit belohnen«, vermerkt der Schreiber Anupemheb, einer der Helfer Kenhirchopschefs, bevor er auf einem besonders großen Kalkstein-Ostrakon in aller Ausführlichkeit schildert, was der Herrscher in seiner Großzügigkeit den Gräbermachern spendierte. Tatsächlich erwarteten die Dorfleute zu der Zeit ohnedies ihre Sonderzuwendungen zum Opetfest; so fiel in diesem Jahr die Zuteilung besonders reichlich aus. Die ersten Lieferungen trafen einen Tag nach Ergehen der Verfügung des Wesirs ein, unmittelbar vor dem Fest. 150 Eselsladungen mit Lebensmitteln wurden ins Dorf geschickt, und Anupemheb registrierte sie alle. Ein Teil der Nahrungsmittel stammte von den Opferaltären der Götter, doch der größere Anteil kam aus den Vorrats- und Handelshäusern der Tempel. Unter anderem erhielten die Dörfler 9000 Fische. Fisch diente nie als Opfergabe für die Götter, war aber ein Hauptbestandteil der Nahrung im Dorf. Und nun kamen nicht weniger als 25 Eselslasten Fischfleisch an, zusammen mit einer beträchtlichen Menge Salz! Es fällt nicht schwer, sich auszumalen, wie man in größter Eile die Fische auf den Hausdächern ausnahm und einsalzte. Danach ließ man sie einfach an der frischen Luft in der heißen Sonne trocknen, so daß sich in den Häusern kein Fischgeruch fing. Dafür muß das Dorf einen Tag lang in eine sehr charakteristische Duftwolke gehüllt gewesen sein. Möglicherweise fühlten sich die Ägypter durch dieses Konservieren der Fische so sehr an die Mumifizierung menschlicher Leichname erinnert, daß sie Fisch als Opfergabe für die Götter verschmähten.

Im Dorf verwendete man eine besondere Art von Salz. Man bezog es in kleinen, harten Kegeln, von denen sich jeder etwas abschabte, um seinem Essen Geschmack zu geben. Im Rahmen der Zuteilungen zum Fest kamen 400 solche Salzhüte ins Dorf, und wenn wir davon ausgehen, daß ohne die

Diener zu jedem Haushalt 6 bis 7 Personen gehörten, können wir uns gut vorstellen, daß jeder Einwohner mit seiner Salzration während der Festtage auskam. Und was für Festtage sich die Gräbermacher mit dem Salz machen konnten! Man hatte ihnen 10 schlachtreife Rinder geschickt, genug für mehrere schmackhafte Fleischmahlzeiten je Person. Nicht jeden Tag gab es Fleisch, denn Rinderhaltung war teuer, da die Tiere große Mengen Futter benötigten. Die Festtags-Rinder waren in den Tempeln gemästet worden und trugen das Brandzeichen der Götter. Beim Schlachten schnitt man ihnen die Kehle durch und fing das Blut auf, das gleichfalls als Nahrungsmittel diente. Fleisch, von Rindern bis hin zu Enten, wurde meistens im Ganzen am Spieß gebraten. Andererseits verstand man sich auf das Zerlegen von Tieren und kochte auch kleinere Fleischportionen; als besonders gutes Stück galt die Hesse, das untere Bein vom Rind.

Zusätzlich zum Fleisch erhielten die Dörfler 4 Eselslasten Bohnen und süßes Öl zum Würzen der Soßen sowie 8 Eselsladungen Gerstenmalz; von dem daraus gebrauten Bier bekam jeder im Dorf etwa 2 Liter. Auch Brote von den Opfertischen der Tempel wurden außergewöhnlich viele geliefert; nicht weniger als 9000 traten auf Eselsrücken die kurze Reise in die Wüste an. Die meisten davon waren offensichtlich dafür bestimmt, gelagert zu werden — man weichte sie dann mit Wasser wieder auf, bevor man sie verzehrte —, doch aß man sicherlich auch während des Festes größere Mengen Brot. Wenn jeder Haushalt 150 Brote erhielt, müssen die Keller unter den rückwärtigen Räumen bis oben mit Brot vollgestopft gewesen sein. Der Wesir hatte den Arbeitern reichen Lohn geschickt. Seine Beamten hatten sogar wohlweislich 8 Eselslasten Natron hinzugefügt, das man damals als Seife benutzte. Die Familien konnten sich also nach dem Fest auch ausgiebig waschen.

Durch derart enorme Lebensmittel- und Getränkezuteilungen war sichergestellt, daß das Opetfest im achten Jahr der Regierung Merneptahs gebührend gefeiert werden konnte. Ansonsten feierte man auch bescheidenere, private Feste in den größeren Räumen der Häuser des Dorfes. Allerdings hatten dort nicht allzu viele Gäste Platz, doch gab es rings um die Siedlung genügend offenes Gelände, wo die Dorfbewohner ihre gemeinsamen Feste unter freiem Himmel feiern konnten. Vielleicht errichteten sie auf dem Festplatz sogar mit Girlanden geschmückte Pavillons, um sich vor der glühenden Sonne zu schützen. Dort saß man dann wohl bei Musik und Tanz beisammen und trank Rotwein – ein ganz besonderer Luxus. Die meisten Festbesucher hielten Blumen in der Hand. Zum Klang von Trommeln und Rasseln, zum Stakkato saitenbespannter Schlaginstrumente, in das sich die sanfteren, fließenden Töne von Lauten und Flöten mischten, wiegten sich nackte Tänzerinnen, tätowiert mit blauen Punkten und Abbildungen des Gottes Bes – eines häßlichen, aber gutartigen Zwergs, der gern Tamburin spielte – und vollführten im Rhythmus akrobatische Kunststücke.

Neben jeder Gruppe von Festmahl-Teilnehmern standen nackte Dienerinnen. Man hatte für die Gäste die besten Sitzgelegenheiten aus den Häusern geholt, und die Frauen feierten zusammen mit den Männern. Wahrscheinlich halfen im Dorf, anders als in den Haushalten hoher Hofbeamter, die Kinder mit, das Essen aufzutragen. Die Mädchen brachten den Gästen das Festmahl: etwa Rindfleisch, dazu Wildbraten von Oryxantilope oder Gazelle, das Ganze übergossen mit dem aromatischen Honig, den die Bienen des Dorfes in den heiligen Perseabäumen der Tempelgärten oder von den Blüten wilder Balsamsträucher gesammelt hatten. Die meisten Speisen aß man einfach mit den Händen, und die Knochen nagte man gründlich ab. Beliebt waren ferner mit Kreuzkümmel und Rettichsaft gewürzte fette Klöße, serviert mit einer Soße, in der Wacholderbeeren schwammen, die man aus nördlicheren Ländern einführte. Außerdem aß man *Ful*, braune Bohnen – nach wie vor ein ägyptisches Leibgericht –, leuchtende Kichererbsen und milde Lotossamen, alles gewürzt mit Majoran, Koriander und Dillkraut. Gern gegessen wurden außerdem scharf schmeckende Korianderblätter und die Wurzeln bestimmter Wildgräser, desgleichen, wie auch heute noch, Olivenöl. Ölbäume wuchsen in Theben, aber zusätzlich importierte man Olivenöl und Oliven aus Kreta und Syrien. In blumengeschmückten Ständern standen schwere Vorratskrüge mit Wein, und die Diener mischten helle und dunkle Kreszenzen in den kleineren Gefäßen, aus denen sie einschenkten. Man trank aber auch frischen Traubensaft, denn dicht beim Dorf gab es Weinberge, und zu den Festen wurde Bier gebraut, das man mit Granatäpfeln, Feigen, Minze, Honig oder Traubensaft würzte, Zutaten, die einen schweren Kopf verursacht haben müssen. An Zukost aß man Granatäpfel, Weinbeeren, Jujubenfrüchte, Honigkuchen, Knoblauchzwiebeln und die köstlich schmeckenden Feigen der Sykomore. Und nach alledem wurde vielleicht erneut Fleisch aufgetragen, Schweinefleisch, Nilenten oder sogar Fisch. Sellerie, Petersilie, Porree und Salat bezog man frisch aus Gärten und Feldern.

Üblicherweise ermutigte bei Festen ein Harfner die Zechenden, sich ihres Lebens zu freuen. Noch immer war ein bereits 300 Jahre altes Lied sehr beliebt:

»Dein Herz fasse Mut, zu vergessen,
Auf daß deine Wünsche dich angenehm leiten...
Kleide dich mit feinem Linnen...
Füge hinzu zu deinen Freuden,
Laß dein Herz nicht trauern.
Folge deinen Wünschen und deinem Wohlergehen,
Ordne deine irdischen Angelegenheiten
Nach den Forderungen deines eigenen Herzens...
Feiere den frohen Tag,
Ermüde nicht dabei.
Siehe, kein Mann nimmt seine Güter mit sich.
Siehe, keiner, der hinüberging, kehrt wieder.«

Solche Feierlichkeiten dauerten mehrere Tage, an denen Essen und Singen, Trinken und Tanzen in zwangloser Folge sich abwechselten. Die Dorfbewohner saßen beieinander, plauderten, wiegten sich im Takt der Musik, aßen und tranken – wie es eben bei Festen üblich ist. Die Gäste trugen schwere braune Perücken und feinste Leinengewänder, die lose gerafft, aber auch kunstvoll plissiert waren. Besonders üppig waren die Perücken der Frauen; ihre Haarpracht reichte hinab bis zu den Schultern und hob als dunkler,

breiter Rahmen vornehmlich die Schönheit der äußerst raffi-
niert geschminkten Gesichter hervor. Die Augenbrauen waren ausrasiert, so daß sie nur noch schmale Bogen bildeten,
und große Sorgfalt hatte man auf die Bemalung der Augen-
lider verwendet. Sowohl Männer wie Frauen trugen
Schmuck: zarte Fayencearmbänder und Ringe, die bei jeder
Berührung zu zerbrechen drohten, dazu Ohrringe und Hals-
bänder, bei besonderen Gelegenheiten breite Halskränze
aus frischen Blumen und aromatischen Kräutern, die mit
Schmuckgliedern und Quasten aus feinem Leinen verflochten
waren. Auch duftende Essenzen spielten eine wichtige Rolle.
Parfüm war ein besonderes Attribut der Götter und galt
ebenso wie Lattichkeime als erotisch anregend. Besonders
bevorzugt war gelbes, würziges Safranöl, doch aus dem
Ausland bezog man auch exotischere Duftstoffe, desgleichen
bestimmte Schönheitsmittel. Archäologen haben im Dorf
zahlreiche aus dem Ausland stammende Parfümgefäße gefunden; ein ungeöffnetes, versiegeltes Parfümfläschchen aus
Glas kam sogar am Großen Platz zum Vorschein. »Ich werde Girlanden für dich pflücken«, sagt ein Mädchen zu seinem
Liebhaber, als es vor ihm ein Fest verläßt. Und weiter:

»Wenn du trunken nach Hause kommst
Und dich auf dein Bett wirfst,
Werde ich deine Füße reiben,
Und die Kinder
Sollen sich hinter dem Tor verstecken———«

Der Wirkungskreis

Vier Herrscher

König Merneptahs Tod beendete eine so reiche, so dauerhaft
scheinende Ära, daß man hätte meinen können, ihr werde nie
ein Ende beschieden sein. Doch die Glanzzeit der neuen
Dynastie war vorüber. Die riesigen Tempel mit ihren monumentalen Kunstwerken und ihrem blendenden Dekor, die
unter Ramses II. wie Palmen aus der Erde geschossen waren, stammten alle aus Merneptahs Jugend. Merneptah war
damals in der Staatsverwaltung seines königlichen Vaters
tätig gewesen. Als er dann selbst den Thron bestiegen hatte,
erwies er sich als außerstande, derartige landesweite Bauvorhaben durchzuführen, und nun war es mit der allgemeinen
Unternehmungslust vorbei. Während seiner Regierungsjahre hatte dieses Zeitalter des Wohlstandes freilich schon länger Bestand, als Menschen sich erinnern konnten. In der Tat
blühte an den Ufern des Nils ein an Kultur und Machtfülle so
reiches Staatswesen, daß man meinte, es werde jeglichen
Fährnissen gewachsen sein.

Die Lebenskraft des Reiches hielt auch noch vor, als sich
in den 20 Jahren nach Merneptahs Tod vier Könige ablösten,
die zwei miteinander verfeindeten Lagern angehörten, und
zwei weitere Bewerber im Kampf um die Macht, eine Königin und ein Kanzler, bei Hofe immerhin so einflußreich
waren, daß sie für sich selbst am Großen Platz Gräber
anlegen ließen, die es mit jenen der von ihnen gegängelten
Könige aufnehmen konnten. In Ägypten herrschte Bürgerkrieg. Heute besteht über die Geschichte jener Jahrzehnte
große Unklarheit, und man streitet sich über die Einzelheiten. Die Identität der damaligen Machtrivalen erschloß man
lediglich daraus, welche Namen am Großen Platz getilgt und
dann wieder angebracht wurden; minuziöse Untersuchungen
beschäftigten sich mit dieser Frage. Und welchen Verlauf die
Fehden nahmen, spiegelt sich nur in recht unklaren und
umstrittenen Texten sowie in den Überresten mutwillig ver-
stümmelter Statuen in heutigen Museums-Magazinen.

Das eine der beiden gegnerischen Lager gruppierte sich um die zahlreichen Nachkommen König Ramses' II., das andere um die Kinder seines Sohnes Merneptah. Denn nach Merneptahs Tod hatte nicht dessen Sohn, sondern sein Halbbruder Amenmesses, ein anderer Sohn Ramses' II., die Thronfolge angetreten. Doch nur vier Jahre später wurde dieser von Sethos II. und Siptah abgelöst, die jeweils sechs Jahre regierten. Nur Sethos II., möglicherweise ein Sohn Ramses' II., wurde später als rechtmäßiger Herrscher anerkannt. Die graue Eminenz im Hintergrund war seine »Große Gemahlin« Tewosre, die alle Fäden in der Hand hielt. Zusammen mit ihrem »Großkanzler« Bija führte sie die Geschäfte für ihren jungen, behinderten Sohn Siptah, und als Siptah starb, nahm sie auch auf dessen Nachfolger Sethnacht Einfluß. Heute weiß niemand mehr, wessen Sohn dieser letztgenannte König war, der lediglich zwei Jahre regierte. Und wahrscheinlich hätte man Sethnacht auch längst vergessen, wäre er nicht der Vater Ramses' III., der in seiner 30jährigen Regierungszeit dem Land wieder ein gewisses Maß an Sicherheit und Stabilität brachte.

Das Reich überlebte die Krise dank seiner ureigenen Kraftquellen. Dabei war Ägypten nicht nur durch innere Thronwirren erschüttert, sondern wurde auch durch äußere Feinde im Norden bedroht. Aus dem, was die Bibel von den Israeliten berichtet, schimmert immer wieder durch, wie fremde Staaten und Völker – Stadtstaaten, Nomadenstämme, sogar wandernde Hirten – sich von Ägypten, diesem reichen Land im Süden ihrer Welt, angezogen und abgewiesen fühlten. Auch unter Merneptah mußte sich Ägypten gegen Eindringlinge ebenso zur Wehr setzen, wie etwa 50 Jahre zuvor Ramses II. in Syrien und im heutigen Libanon gekämpft hatte, um die nördliche Machtsphäre des Reiches zu sichern. Doch trotz dieses ständig wachsenden Drucks hatte sich Ägypten nie abgeschottet. Jahrhundertelang lebten Fremde am Nil, doch die Ägypter hatten stets die Tüchtigsten an sich gezogen. Wie es bei einem schon so alten Staatswesen zu erwarten war, rekrutierte sich Ägyptens Armee nun weitgehend aus ausländischen Söldnern, von denen viele am Nil auch ihren Wohnsitz hatten. Sogar bei Hofe gab es nichtägyptische Beamte. Selbst der Königsmacher Bija, »Großkanzler im ganzen Lande«, wurde später von einem Schreiber als Ausländer hingestellt, und es ist durchaus möglich, daß entweder Bija selbst – als Anhänger des Gottes Seth wahrlich ein »Bringer des Chaos« – oder einer seiner Vorfahren mit einer der Einwanderungswellen, die immer wieder in das reichste Land der damaligen Welt strömten, nach Ägypten gekommen war. Ebenjener Schreiber blickt auf die von Wirren erfüllten Jahrzehnte nach dem Tod Merneptahs zurück und schildert die Verhältnisse wie folgt: »Das Land Ägypten war aus der Bahn geworfen. Jeder machte sich seine eigenen Gesetze, und viele Jahre lang gab es niemanden, der die Menschen führte – – – jene leeren Jahre, als Irsu, ein Syrer [d. i. der Großkanzler Bija], die Macht in der Hand hatte und das ganze Land zu seinen Füßen lag; jeder tat sich mit seinem Nachbarn zusammen, um zu plündern, man achtete die Götter nicht höher als die Menschen, und niemand brachte in den Tempeln mehr Opfer dar ... Doch die Götter erstrebten Frieden, um dem Lande die Ordnung wiederzugeben, die es brauchte ... sie verhalfen ihrem Sohn Sethnacht ... auf den Erhabenen Thron ... [und] er brachte dem ganzen Lande Ordnung – – – er schlug die Rebellen – – – er reinigte Ägyptens Erhabenen Thron – – – Er führte die Götteropfer in den Tempeln wieder ein ... [und dann] begab er sich in sein Grab, um dort wie die Götter zu ruhen. Man tat für ihn, was man für Osiris getan hatte: In seiner königlichen Barke wurde er über den Strom gerudert, und im Westen von Theben ruhte er in seinem Grab.«

Für die königlichen Gräbermacher war dies eine Zeit harter Arbeit. In achtzehn Jahren begannen sie am Großen Platz mit dem Bau von nicht weniger als sieben Gräbern, und bevor das zweite Jahrzehnt vergangen war, nahmen sie ein achtes in Angriff. Während dieser Zeit stand und fiel die Macht der Wesire mit dem wechselnden Einfluß der um den Thron ringenden Parteien; es kam ganz darauf an, auf wessen Seite der Wesir stand. Erstaunlicherweise war dennoch ein großer Teil dessen, was die Arbeitskolonnen damals zustande brachten, von hervorragender Qualität. Andererseits überrascht es auch nicht sehr, daß einige der von ihnen im Eingangsbereich mit Meisterwerken geschmückten Gräber lediglich kleine, hastig bemalte und nur teilweise fertige Grabkammern aufwiesen.

Es mutet wie Ironie an, daß wir über das Leben, das sich damals im Dorf der Nekropolenarbeiter abspielte, weit besser Bescheid wissen als über die Marionettenkönige, an deren Gräbern die Künstler-Handwerker beschäftigt waren. Diese Eintagsherrscher, von denen jeder ein Königsgrab beanspruchte, scheinen zu keiner Zeit die Zuteilungen an die Männer vernachlässigt oder gar deren Arbeit zum Erliegen gebracht zu haben. Gleichzeitig gab es damals im Dorf eine Reihe aufsehenerregender Skandale, die verblüffend an die Vorgänge bei Hofe erinnern. Denn ebenso, wie das Reich geteilt war, zerfiel auch die Siedlung in zwei rivalisierende Lager, die untereinander ebenso erbitterte Kämpfe austrugen wie auf einer höheren Ebene die Thronanwärter. Um so bemerkenswerter ist es, daß die Dorfbewohner sich über die Konfrontationen hinwegsetzten und allen Widrigkeiten zum Trotz so herrliche Königsgräber schufen.

Vorarbeiter Paneb

Es war eine sehr erfahrene Mannschaft, die nach dem Begräbnis des Königs Merneptah daranging, das Grab des neuen Königs Amenmesses aus dem Felsen zu hauen. Schreiber Kenhirchopschef, nun schon hoch in den Siebzigern, begab sich an das dritte Königsgrab seiner Berufslaufbahn, und eine der beiden Arbeitskolonnen führte der Vorarbeiter Neferhotpe an, der beinahe ebenso alt war wie Kenhirchopschef selbst. Und da der Vorarbeiter Anhirkaui im selben Jahr gestorben war wie Merneptah, leitete sein Sohn Hai die andere Mannschaft. Seit seiner Kindheit hatte Hai an den Königsgräbern gearbeitet. Er war wohl ein etwas »gehobener« Bildhauer, der die Wandreliefs in den Grabkammern ausmeißelte – ein »Gestalter der Bildnisse all der Götter im Hause des Goldes«. Als er nun seinerseits Vorarbeiter wurde, war er etwa 35 Jahre alt, und er behielt seine neue Würde 40 Jahre, ohne daß er im Auf und Ab des Dorflebens unangenehm aufgefallen wäre.

Amenmesses' Grab entsprach in seinem Plan bis ins kleinste der Grabanlage Merneptahs. Kaum hatten die Steinbrecher den ersten Gang angelegt, meißelten sie schon die viersäulige Halle und die dahinterliegenden Gänge aus dem Gestein. Die Reliefbildhauer arbeiteten im ersten Regierungsjahr an den eingangsnahen Partien des Grabes und schufen dort ebenso hervorragende Reliefs wie einst ihre Väter. Doch noch ehe man begonnen hatte, die in Relief dargestellten Szenen zu bemalen, starb der unglückselige König. Eine einzige Textzeile auf einem Ostrakon spricht davon, daß man den mumifizierten Leichnam des Königs aus Nordägypten nach Theben brachte, um ihn dort zu bestatten. »Jahr eins [seines Nachfolgers Sethos II.], zehnter Tag des zweiten Monats, [d. i. 28. Juli 1195 v. Chr.], der Tag der Landung des Pharaos – – – in der Südlichen Stadt, wo er den elften und den zwölften Tag verbrachte. Am dreizehnten Tage kam er in den Westen [d. h. er wurde begraben]

———Alabaster... Gold...« Obwohl später als unrecht-
mäßiger Throninhaber betrachtet, erhielt Amenmesses doch
von seinem Stiefneffen Sethos II. eine Bestattung, wie sie
einem König gebührte, und dadurch legitimiert, bestieg Sethos nun selber den Thron.

»Jahr eins, erster Wintermonat, sechzehnter Tag. Der
Schreiber Paser brachte gute Nachricht. Er sagte: ›Sethos II. hat als unser neuer Herrscher den Thron bestiegen.‹« Dies war die Botschaft, die der Wesir den Arbeitskolonnen am Großen Platz übermitteln ließ. Sie war gleichzeitig der Befehl für die Nekropolenarbeiter, mit der Pla-
nung des Grabes für den neuen König zu beginnen. Nur 25
Tage später arbeiteten sie bereits hoch oben in einem Seiten-
tal, in dem man seit den Tagen der alten Dynastie keinen
Herrscher mehr begraben hatte. Obwohl dort am Talkopf
der Kalkstein härter und weißer als am Großen Platz ist, wo
die Gräbermacher sonst zu arbeiten pflegten, hatte man
innerhalb eines Jahres einige äußerst feine Reliefs rings um
den Grabeingang fertiggestellt; die Künstler hatten dabei
eine Feinarbeit geleistet, wie sonst nur Gemmenschneider sie
zu vollbringen pflegen. Während die Reliefbildhauer noch an
diesen großartigen Kunstwerken arbeiteten, wurde der alte
Vorarbeiter Neferhotpe krank und ließ sich manchmal mehrere Wochen lang nicht am Großen Platz sehen. Er war nun
ein verehrungswürdiger Greis, um den sich eine große Familie scharte; von seinen Brüdern und deren Söhnen arbeiteten
viele am Großen Platz. Sein riesiges Grab, das den Kamm
der Felsen westlich des Tals beherrschte, hatte ein Vierteljahrhundert lang leergestanden. Wie vor ihm der Schreiber
Ramose hatte auch Neferhotpe keine eigenen Kinder, die
sein Amt übernehmen konnten, und so adoptierte er in seinen
mittleren Lebensjahren einen jungen Steinmetzen namens Paneb, der zuvor in seiner Arbeitskolonne gearbeitet hatte und
nun sein Nachfolger werden sollte. Paneb stammte aus einer
Familie im Dorf, die ebenso alt war wie die Familie Neferhotpes; sein Vater, Nefersenet, hatte zusammen mit anderen
Arbeitern in dem Weiler auf der Anhöhe über dem Großen
Platz kleine Götterstelen angefertigt und eines der kleinen

Sanktuarien hoch oben in den Bergen erbaut. Auf Nefersenets jungen Sohn richtete der Vorarbeiter sein Augenmerk, und so verließ Paneb seine Familie und tauschte sie gegen ein neues Heim und neue Verwandte ein.

Der Haushalt, in den Paneb als »Thronerbe« Einzug hielt, lag am Ende der Gasse im Südteil des Dorfes. Es war ein recht großer Haushalt, da die Familie des Vorarbeiters mehrere benachbarte Häuser bewohnte. Neferhotpes Buchführung beweist, daß der Vorarbeiter gut für seine Angehörigen sorgte. Einmal erwarb er von einem Arbeiter seiner Kolonne Krüge mit Tierfett, außerhalb der Festzeit ein ausgesprochener Luxus in der Küche eines Privatmanns. Ein andermal kaufte er sogar ein lebendes Rind, was für die örtlichen Verhältnisse ein gewaltiger Kostenaufwand war. Außerdem mochte der Vorarbeiter Wein, und für den mußte er doppelt soviel zahlen wie für das Gerstenbier, das man sonst im Dorf trank.

Ganz beiläufig verraten uns diese Haushaltsbücher auch, was man damals in den wohlhabenderen Haushalten des Dorfes zur Verfügung hatte und was auch andere Familien erhoffen durften, ohne den Boden der Realität unter den Füßen zu verlieren. Beispielsweise erfahren wir, wie sich der Vorarbeiter und seine Frau Wabchet kleideten. Wenn Neferhotpe an einem kalten Januarmorgen über den zugigen Felsenpfad zur Arbeit ging, wickelte er sich in einen wollenen Umhang von gut und gern 14 Metern Länge, und unter diesem reichlich bemessenen Obergewand trug er schwere, aber seinen Körper locker umgebende Untergewänder aus Wolle und Leinen, alle mit farbigen Webkanten und Stickereien gesäumt. Arbeitete er jedoch im Grab, in dessen Innerem fast immer nahezu gleichbleibende Temperaturen herrschten, trug er nur den üblichen einfachen Rock aus grobem Leinen und schwere Ledersandalen, die seine Füße vor den scharfkantigen Steinsplittern auf dem Boden schützten. Zu Hause im Dorf trugen Neferhotpe und Wabchet feines Linnen, lange, locker am Körper herabfallende, hemdartige Gewänder, die hervorragend zugeschnitten und genäht waren; am Hals band man sie mit zierlichen Quasten zusammen. Manche Dorfbewohner trugen rote Lederpantoffeln ähnlich jenen, die man bis heute in orientalischen Basaren angeboten erhält, im Sommer vorzugsweise elegante Papyrussandalen, für die die Schilfdickichte am Ufer des Nils das Material lieferten. Wie bei den Leinengewändern gab es auch bei den Sandalen unterschiedliche Moden, die nach Form und Flechtart voneinander abwichen. Ein besonders extravagantes Modell, an der Spitze hochgezogen wie ein Schiffsbug, nannte man »Sandalen des Pharao«; in Neferhotpes mittleren Lebensjahren war es bei öffentlichen Anlässen sehr beliebt.

Ebenso wie Sandalen bestanden auch viele Gebrauchsgegenstände im Haus des Vorarbeiters aus Schilf und Binsen: Körbe, Wedel, Fußschemel, Vorratsbehälter sowie die elastischen Schlafmatten, die man auf den aus getrocknetem Nilschlamm geformten Bänken der vorderen Räume ausbreitete, auf denen man im Winter schlief. Die Pflanzen, aus denen man all dies anfertigte, wuchsen wild am Ufer des Nils; die Handwerker bogen sich die frisch geschnittenen Rohre so zurecht, daß diese beim Eintrocknen die gewünschte Form annahmen. Noch heute stellt man in Theben derartiges Mobiliar her, und es ist höchst interessant, daß man noch immer wie einst zur Zeit Neferhotpes nicht das Fertigprodukt bezahlt, sondern die Schilfrohre und die Arbeit der Handwerker. Außer solchen Möbeln aus Flechtwerk besaß Neferhotpe aber auch teure hölzerne Stühle und Bettgestelle sowie Kopfstützen, die, wenngleich härter als wollene Kopfkissen, erheblich kühler waren als diese. Die Form der hölzernen Betten beruhte auf jahrtausendealten Vorlagen; das Kopfende lag stets höher als das Fußende, und der Boden war aus Rohr geflochten. Sitze aus Rohrgeflecht hatten auch die hölzernen Stühle; im Winter pflegte man sie mit wollenen Kissen zu polstern. In Neferhotpes Haushalt benutzte man sicher die Bettlaken aus feinem Leinen, die massenweise in Theben hergestellt wurden, und im Winter hatte man wohl auch Bettdecken, die ganz nach Art von Flokati-Teppichen einen langhaarigen Flausch aufwiesen, der den Körper warm hielt. All diese Dinge waren gut und solide gearbeitet. In den wohlhabenderen Haushalten zeichneten sich die meisten Gebrauchsgegenstände darüber hinaus durch eine gewisse Eleganz aus; selbst Töpfe und Pfannen zeigten zwar althergebrachte Formen, waren aber doch mit außerordentlicher Sorgfalt hergestellt. Und da man am Landeplatz der Nilfähre ausländische Sklaven kaufen konnte, dürfte im Haushalt des Vorarbeiters kaum etwas gefehlt haben, das man zum Leben brauchte.

Dieses wohlbestellte Hauswesen sollte Paneb eines Tages erben. Zweifellos hatte Neferhotpe vor den Dorfältesten eine entsprechende Willenserklärung abgegeben. Um die Bindungen zwischen den Vorarbeitern der beiden Kolonnen und ihren Nachfolgern noch zu festigen, wurde Paneb mit einer Verwandten des Vorarbeiters Hai verheiratet. Ihr Name lautete Wa'bet. In Anbetracht der Belastungen, denen sie ausgesetzt war, erwies sich diese Ehe als äußerst stabil. Zwar waren Ehescheidungen im Dorf gang und gäbe, doch das Paar blieb lange zusammen, und Wa'bet gebar ihrem Mann mehrere Kinder.

Im zweiten Regierungsjahr Merneptahs ließ Paneb in einem der Häuser des Dorfes eine zusätzliche Ziegelwand einziehen, die den ursprünglichen Raum in einen Werkstatt- und einen Wohnbereich unterteilte. Daß er nicht nur diese Trennwand mauern ließ, sondern auch Haushaltsgüter — Truhen, Körbe, ein Frauenbett — erwarb, legt die Vermutung nahe, daß er damals zusammen mit Wa'bet das Haus des Vorarbeiters verließ und seinen eigenen Hausstand gründete. Möglicherweise hatten die beiden auch schon Kinder, für die sie sorgen mußten. Obwohl die Familien im Dorf in engster Nachbarschaft miteinander lebten, war es nicht üblich, ja nicht einmal möglich, daß mehrere Generationen und verschiedene Zweige einer Familie ein und dasselbe Haus bewohnten.

Als Paneb auszog, dürfte man in Neferhotpes Umgebung erleichtert aufgeatmet haben, denn der junge Mann war wild und undiszipliniert, raufte gern und trank noch viel lieber. Nach seinem Weggang muß es im Haus des alten Vorarbeiters still geworden sein. Vielleicht konnte Neferhotpe diese

Stille nicht ertragen. Jedenfalls adoptierte er einen anderen Knaben, Hesisenebef, der zum Hausgesinde gehörte. Künstler aus dem Dorf haben den kleinen Jungen auf den Skulpturen von Neferhotpes Grabkapelle abgebildet; man sieht ihn dort, wie er, unter dem Stuhl des Vorarbeiters sitzend, einen kleinen Affen, das Schoßtier der Familie, mit Weintrauben füttert. Nun wurde dieser kleine Junge in den Familienkreis Neferhotpes aufgenommen und der Arbeitskolonne seines Adoptivvaters zugeteilt. Im Gegensatz zu Paneb erwies Hesisenebef seinem neuen Vater, den er im Dorf gewonnen hatte, jegliche Ehre, und als er verheiratet war und Kinder bekam, gab er seinem ältesten Sohn und seiner ersten Tochter die Namen seiner Adoptiveltern. Doch trotz dieses neuen Adoptivsohns – und sicherlich zum Mißfallen der vielköpfigen Verwandtschaft des Vorarbeiters – betrachtete Neferhotpe weiterhin den ungebärdigen Paneb als seinen Nachfolger. Eine kurze Inschrift, die in einen der Felsen hinter dem Dorf gekratzt ist, gibt zu verstehen, daß Paneb diese Zuneigung erwiderte und Neferhotpe vor den Göttern als seinen »Vater« bezeichnete. Wie Hesisenebef nannte auch er eines seiner Kinder, ein Mädchen, nach einem Mitglied der Familie des Vorarbeiters – ein zwar von Pietät zeugender Brauch im Dorf, der indessen, wie man sich leicht vorstellen kann, heutige Genealogen zur Verzweiflung treibt.

Erhaltene Haushaltsbücher Panebs zeigen, daß der junge Nekropolenarbeiter rasch all die Dinge erwarb, die man für gewöhnlich in den reicheren Haushalten fand: Holzmöbel, gute Sandalen, feine Leinenstoffe und kupferne Kochkessel, die man in Notzeiten gegen Getreide tauschen konnte. Um die täglichen Mahlzeiten aufzubessern, kaufte Paneb Sesamöl, das man wohl schon damals, wie auch heute noch im Mittleren Osten, mit Gewürzen und Wasser zu einem dikken, wohlschmeckenden Brei verrieb, den man mit Brot aus einer Schüssel tunkte. Schon als junger Mann traf der angehende Vorarbeiter, den Gepflogenheiten im Dorf folgend, ebenso Vorsorge für sein Grab wie für sein Haus. Erhalten sind Bestellungen für einen Sarg und die Grabausstattung; außerdem baute Paneb ein Grab, eine gewölbte, in leuchtendem Gelb und Weiß ausgemalte Gruft, die heute allerdings halb zerstört ist. Über dem Gewölbe befand sich eine Kapelle, deren Dach eine kleine, spitze Pyramide bildete. Zu ihr führte ein Damm hinauf, eine kleinere Version des Hochwegs zum Eingang des unmittelbar darüber liegenden Grabes Neferhotpes. Trotz dieser räumlichen Unterordnung auf dem Friedhof, die jener in der Hierarchie des Dorfes entsprach, war Neferhotpes Adoptivsohn und Erbe dennoch recht gut etabliert.

So erfolgreich und tüchtig Paneb indessen war – sein Leben als Erwachsener spielte sich gewissermaßen im Zentrum eines Unwetters ab. Wir wissen nicht, wodurch die nicht enden wollende Fehde provoziert wurde, die er mit den Angehörigen seines Adoptivvaters ausfocht. War es die lieblose Art, mit der er Neferhotpe behandelte? Oder hatten eifersüchtige Verwandte des Vorarbeiters, die es dem Außenseiter neideten, daß er Neferhotpes Stellung übernehmen und dessen Besitz erben sollte, seine Beziehung zu diesem vergiftet? Wir wissen auch nicht, warum irgendwann in Amenmesses' letzten Regierungsjahren Paneb wutentbrannt Neferhotpe die Dorfstraße hinunterjagte. Der betagte Vorarbeiter entkam seinem Adoptivsohn nur dadurch, daß er die Holztür seines Hauses verriegelte. Vor der verrammelten Tür des Hauses, aus dem er selbst gut zwölf Jahre zuvor ausgezogen war, bedrohte Paneb seinen Adoptivvater. »Heute nacht noch bringe ich ihn um«, schrie er zornerfüllt. Er brach die hölzerne Türverriegelung auf und wäre wohl über Neferhotpe hergefallen, hätten sich ihm nicht andere Dorfbewohner in den Weg gestellt. Später hieß es dann: »Paneb schlug neun Mann in dieser Nacht.« Ja, Paneb war ein gewalttätiger Mann, und es brauchte Stunden, bis sein Zorn verraucht war.

Neferhotpe überlebte zwar diese lange, unerfreuliche Nacht; er war aber nun zu der Überzeugung gelangt, sein Adoptivsohn sei von allen guten Geistern verlassen, und berichtete den Vorfall direkt der Kanzlei des Wesirs, unter Umgehung der Dorfversammlung, die normalerweise für derartige Verstöße zuständig war. Wahrscheinlich wollte

Neferhotpe auf diese Weise sicherstellen, daß Paneb seine Strafe erhielt, sei es, daß er Prügel bezog, sei es, daß man ihn gar zum Steinbrecher degradierte. Tatsächlich wurde auch eine Strafe verhängt, doch zur allgemeinen Überraschung legte Paneb Beschwerde ein und brachte seinerseits eine Klage vor, und zwar gegen die Behörde, die verfügt hatte, daß man ihn bestrafen solle. Kurz nach dem Tod des Königs Amenmesses wurde der Wesir, bei dem Neferhotpe Paneb angezeigt hatte, seines Amtes enthoben.

Wie war dies möglich? Wie konnte ein Arbeiter, der gegen Recht und Gesetz verstoßen hatte, Ägyptens höchsten Würdenträger nach dem König zu Fall bringen? Man muß sich dabei vor Augen halten, daß nun allen Ernstes eine Zeit der Thronwirren und der Marionettenkönige begonnen hatte. Amenmesses war nach nur zweijähriger Regierungszeit gestorben und wurde fortan als Usurpator betrachtet. Wahrscheinlich versuchte man dem Wesir, der Merneptahs Begräbnis geleitet und König Amenmesses unterstützt hatte, etwas am Zeug zu flicken. Ohne Zweifel war seine Stellung erheblich erschüttert. Vermutlich waren die Beamten des neuen Herrschers froh, irgendeinen Vorwand zu finden, um den alten Wesir loszuwerden. Ein weiterer Rechtsfall, in den einer von Panebs Söhnen verwickelt war, läßt erkennen, daß Nekropolenarbeiter nicht nur einen Wesir, sondern jeden beliebigen Staatsbeamten in gewisser Weise in der Hand hatten: Sie brauchten ihn nur zu beschuldigen, er habe wissentlich »Unregelmäßigkeiten« am Großen Platz geduldet.

In einer so geschlossenen Gesellschaft wie jener der Gräbermacher, denen Bau und Ausstattung der königlichen Grablegen anvertraut waren, hing die Sicherheit der Gräber samt ihren Kostbarkeiten letztlich davon ab, daß jeder – die Mitglieder der beiden Arbeitskolonnen, die Magazinverwalter, die Polizisten, die den Großen Platz bewachten, die Priester und sogar der Wesir – jeden beobachtete. Tag für Tag kamen mehr als 100 Mann durch das kleine Tal, und man kann sich kaum vorstellen, daß »Unregelmäßigkeiten«, die den Verdacht der Grabräuberei erweckten, nicht wenigstens einem von ihnen aufgefallen wären: etwa eine Veränderung des Füllmaterials, mit dem ein Grabeingang zugeschüttet war, eine geborstene hölzerne Tür, die versiegelt gewesen war, das Abhandenkommen von Rohstoffen und Arbeitsgeräten, das Fehlen von Gegenständen, die man für ein bevorstehendes Begräbniszeremoniell hergestellt oder herbeigeschafft hatte. Die Künstler-Handwerker mußten sich unter Eid verpflichten, jeden außergewöhnlichen Vorfall, der sich im Tal der Könige ereignete, sofort zu melden, und wenn es zur Untersuchung derartiger »Unregelmäßigkeiten« kam, galt ein Arbeiter, der stillschweigend zugesehen hatte, daß man in ein Grab eindrang und es ausplünderte, als ebenso schuldig wie die Grabräuber selbst.

Vielleicht meldete Paneb also ganz einfach – ebenso wie später sein Sohn, der hierin dem Vorbild des Vaters gefolgt sein mag – den Hofbeamten, der Wesir habe »Unregelmäßigkeiten« durchgehen lassen, die sich am Großen Platz ereignet hatten. Wenn dies zutrifft, dann brauchte Paneb starke Nerven, denn er mußte seine Behauptungen beschwören, und die Strafen für Meineid reichten von Verstümmelung bis hin zur Todesstrafe. Doch die Höflinge suchten wohl einen Grund, um den Wesir loszuwerden, und benutzten daher Panebs Anzeige möglicherweise als Hebel, um den hohen Würdenträger zu stürzen. Was auch immer im einzelnen geschehen war – jedenfalls zeigt sich deutlich, welche Wirkungen die üble Nachrede hatte, die ein Mensch wie Paneb verbreitete: Der Wesir des Usurpators verlor sein Amt, kurz nachdem der neue König den Thron bestiegen hatte.

Daß Paneb so entschlossen die Situation nutzte, muß auf die Mitbewohner im Dorf einen nachhaltigen Eindruck gemacht haben. In so außerordentlicher Weise gerechtfertigt, trat er nun energisch gegen den Vorarbeiter Neferhotpe und dessen große Familie auf. Genau zu diesem Zeitpunkt, im ersten Regierungsjahr Sethos' II., wurde der Vorarbeiter Neferhotpe krank und konnte nicht mehr am Bau des Königsgrabes mitarbeiten. Doch sofern Paneb gedacht hatte, er könne schon bald Neferhotpes Erbe antreten, täuschte er sich, denn der alte Mann erholte sich wieder und war noch weitere vier Jahre am Grab tätig. Dann, so berichtet ein Papyrus, trat Paneb seine Nachfolge an – Neferhotpe war plötzlich gestorben: Man hatte ihn ermordet. Wer der Mörder war, erfahren wir nicht; in dem Papyrus ist lediglich von »dem Feind« die Rede. Vielleicht kam Neferhotpe in den politischen Wirren um, die damals Theben erschütterten. Vielleicht wurde er sogar von Paneb umgebracht; das ist allerdings wenig wahrscheinlich, haben ihn doch selbst seine erbittertsten Gegner nicht des Mordes bezichtigt. Fest steht nur: Der neue Wesir Sethos' II., dem Paneb ein paar Jahre zuvor durch die Denunziation seines Vorgängers unverhofft in den Sattel verholfen hatte, ernannte Paneb nunmehr zum Vorarbeiter.

In einem später abgefaßten Bericht über diese Ereignisse behauptet Neferhotpes jüngerer Bruder, Paneb habe das Amt des Vorarbeiters nur deshalb erhalten, weil er den neuen Wesir bestochen habe, indem er ihm fünf Sklaven aus Neferhotpes Haushalt zum Geschenk machte. Diese Behauptung verdient indes wenig Glauben, denn es ist kaum anzunehmen, daß ein Wesir, dem alles im Staat zu Gebote stand, sich in seinen Entschlüssen dadurch beeinflussen ließ, daß man ihm fünf Sklaven schenkte. Vielleicht brauchte Paneb in seinem neuen Haushalt die fraglichen fünf Sklaven gar nicht und suchte eine Gelegenheit, sie loszuwerden. Auf jeden Fall läßt diese Schilderung erkennen, daß Paneb schon vor seiner Ernennung zum Vorarbeiter über Neferhotpes Haushalt verfügen konnte. Er war nie enterbt worden; unmittelbar nach dem Tod des Adoptivvaters hatte er sein Erbe angetreten. Sicher ist im übrigen, daß Panebs Aufstieg das Dorf in zwei Lager spaltete. Die einen standen auf der Seite des toten Neferhotpe und hätten es gern gesehen, wenn einer von dessen Blutsverwandten die Nachfolge angetreten hätte; die anderen dagegen hielten zu Paneb, einem nach Macht und Ansehen lechzenden Mann von aufbrausendem Temperament, aber auch einem hochqualifizierten Vorarbeiter, der hohe Ansprüche stellte und den Männern seiner Kolonne Bestleistungen abverlangte. Sein rüdes, brutales Auftreten, das er als Vorarbeiter noch stärker denn zuvor an den Tag legte, war für die Dorfbewohner durchaus nichts Ungewohntes. Ein Text aus der Bibliothek des Schreibers Kenhirchopschef beschreibt sogar eine ähnlich rücksichtslose, draufgängerische Person. Zwar ist dieses Schriftstück nur schlecht erhalten; dennoch stellt es ein bemerkenswertes Dokument dar, über das wir nur staunen können: Es ist die älteste objektive Charakterschilderung, die wir besitzen, die bislang beste Beschreibung eines lebenden Menschen, die uns aus dem Altertum überkommen ist. Es geht um einen Mann, den Kenhirchopschefs Papyrus als »Sethianer« bezeichnet. Seth, der Bruder und Mörder des Osiris, verkörperte als Gott die Mächte des Chaotischen, Ungeordneten, das Fremde. Unwetter, Invasionen und alles Durcheinander waren sein Bereich; damit stand er für all das, was der Wohlgeordnetheit des ägyptischen Staatswesens entgegengesetzt war. Seth kämpfte gegen Horus, der ausgezogen war, um den Mord an seinem Vater Osiris zu rächen und sein Recht der göttlichen Geburt zu verteidigen. Horus vertrat somit das altägyptische Ideal der Liebe zur Familie und suchte Gerechtigkeit für die Rechtschaffenen; Seth repräsentierte demgegenüber die Gewalt der Macht über das Recht. Die Mitglieder der Familie Neferhotpes mochten ihre Auseinandersetzung mit Paneb als irdisches Gegenstück zu dem kosmischen Drama sehen, das sich zwischen Horus und seinem göttlichen Vaterbruder Seth abspielte.

»Sethianer«, so der Papyrus Kenhirchopschefs, seien leicht an ihrem Äußeren und ihrem Verhalten zu erkennen. In der Regel hätten sie ein rotes Gesicht und rotes Haar, seien gewalttätig, häufig einsam und neigten zur Trunksucht. Im Rausch konnten selbst Gefolgsleute des Gottes Horus zeitweilig unter den Einfluß Seths geraten. Schon sehr früh war Paneb im Dorf durch seine Wutanfälle aufgefallen, die er immer bekam, wenn er trank, und all seine Gewalttaten dürfte er in der Trunkenheit begangen haben. Obwohl es bei Festen üblich war, daß man sich betrank, ja gewisse Zeremonien geradezu im Trunkensein begangen werden mußten, das dann als ein den Göttern wohlgefälliger Zustand galt, betrachtete man Trunkenheit sonst als etwas Schlechtes.

Zusammen mit anderen Zöglingen der Schreiberschule hatte Kenhirchopschef beim Kopieren von Texten eine Fülle von Moralgeboten verinnerlicht, die sich auf das Trinken bezogen; bestimmte Textvorlagen sollten den Schreiber-Schülern dazu verhelfen, nicht nur Grammatik und Stil zu üben, sondern auch solide, nicht dem Dämon Alkohol verfallene Staatsbürger zu werden. So heißt es an einer Stelle: »Ergib dich nicht dem Biergenuß, weil du sonst befürchten mußt, schlimme Reden zu führen — — — Wenn du fällst — — — wird niemand die Hand nach dir ausstrecken — — — deine Gefährten werden sagen: ›Hinaus mit dem Trunkenbold‹ — — — du wirst am Boden liegen wie ein kleines Kind.«

In außergewöhnlicher Selbsterkenntnis leugnete Paneb das Sethhafte seines Wesens keineswegs, denn als um die Mitte der Regierungszeit Merneptahs sein ältester Sohn geboren wurde, nannte er ihn Apachte; dies bedeutet »groß an Stärke« und ist der häufigste Name des Gottes Seth. So, wie Paneb auf seltsame Weise Brutalität und Kreativität in sich vereinigte, besaß auch Seth nicht nur eine destruktive Seite. Sein mythischer Streit mit Horus führte alle sozialen Auseinandersetzungen und Spannungen im alten Ägypten auf ein einfaches Kampfgeschehen zurück. In manchen Götterhymnen verteidigt Seth sogar die Ordnung des Universums gegen feindliche Mächte, denn man betrachtete die Verkörperung des Bösen als wesentlichen Bestandteil der allgemeinen Weltordnung, als Gott der Schattenseite der ägyptischen Gesellschaft, als einen Teil also, ohne den das Ganze nicht vollständig war.

Die Vorstellung wäre daher falsch, Kenhirchopschefs gründliche Beschreibung des »Sethianers« gebe lediglich ein altägyptisches Vorurteil wieder. Sie liefert uns vielmehr das klare Charakterbild eines Menschen, dem man nach wie vor begegnen kann: eines Menschen, in dessen Wesen Größe und Verrücktheit, Genie und Wahnsinn untrennbar miteinander vermischt sind. Unter der Überschrift »Die Merkmale des Sethianers« heißt es da unter anderem: »Der Gott in ihm ist Seth... er ist ein Mann aus dem Volke — — — Er stirbt den Tod... der ausgezehrten... Sehnen... Am Tage des

Gerichtes ist sein Herz zerrissen ... unzufrieden in seinem Herzen. Wenn er Bier trinkt, trinkt er es, um Streit und Unruhe zu stiften. Dieser Gott rötet das Weiße in seinen Augen. Er trinkt, was er verabscheut. Frauen lieben ihn wegen seiner Größe——— wegen der Größe seiner Liebe zu ihnen. Selbst wenn er mit dem König verwandt ist, hat er den Charakter eines Mannes aus dem Volke ... Er wird nicht in den Westen hinabsteigen, sondern man wirft ihn in der Wüste den Raubvögeln als Beute vor ... Er trinkt Bier, um Unruhe und Streit zu entfesseln ... Er ergreift Kriegswaffen——— Verheiratete Frauen unterscheidet er nicht von ... Wie er jeden Mann, der sich ihm in den Weg stellt, stößt ... Mord erhebt sich in ihm, und er geht in die Unterwelt ein ...«

Träume

Die Skulpturen, deren Entstehen Paneb überwachte, verraten uns, daß der Vorarbeiter einen scharfen Blick für die Feinheiten der Bildhauerei besessen haben muß. Die Texte aus dem Dorf berichten uns, daß er aufbrausend und jähzornig war. Ob er jedoch unsicher war oder von Ehrgeiz geplagt wurde, ist sehr viel schwieriger auszumachen. Allerdings haben wir allen Grund zu bezweifeln, daß wir angesichts der vielen Jahrhunderte, die uns von ihm trennen, noch erkennen könnten, wie sich solche Gefühle bei ihm äußerten. Schließlich kennen wir auch von all den Pharaonen fast nur ihre offiziellen Bildnisse und die Namen, und von den meisten ihrer Untertanen kennen wir noch nicht einmal das. Nur im Dorf der Nekropolenarbeiter, und dies ist einzigartig, finden wir Belege dafür, daß auch die Menschen damals über eine breite Palette von Gefühlen verfügten.

Unter den vielen Schriften in der Bibliothek des Schreibers Kenhirchopschef fand sich ein »Traumbuch«. Sogar zu Kenhirchopschefs Zeit war dieser Text schon alt – etwa ein halbes Jahrtausend –, doch offensichtlich bedeutete er seinem Besitzer noch etwas; sonst hätte er, wie bei anderen Papyri auch, den Text einfach ausgewaschen und durch einen neuen ersetzt. Tatsächlich waren die Träume, um die es in dem Buch geht, in einer Welt angesiedelt, die jener unseres Dorfes ziemlich nahestand; es sind Träume voller Angst vor dem Eingeengtwerden, vor dem Abgeschlossensein von der Außenwelt, wie sie für dergleichen kleine Lebensgemeinschaften charakteristisch sind. Zweifellos schildert Kenhirchopschefs »Traumbuch« so manches, was die Dorfbewohner zwar tagsüber vielleicht verdrängten, was sie aber des Nachts in ihren Träumen quälte.

Der Papyrus des Schreibers schildert an die 108 Träume. Es geht dabei um rund 78 verschiedene Aktivitäten und Empfindungen, vom Segeln, Weben und Bierbrauen bis zum Zerstampfen, Einpökeln und zum Geschlechtsverkehr, vom

Verputzen, Besichtigen und Stehlen bis hin zum Schnitzen, Winken und Teigrühren. Die größte Gruppe, insgesamt 17 Prozent der Träume, hat mit dem Sehen zu tun; als nächstes, mit jeweils 15 Prozent, kommen Träume, in denen es um Essen oder um Trinken geht; Empfangen und Geschlechtsverkehr folgen mit je 5 Prozent. Der Text ist in Spalten geordnet, so daß der Leser rasch seinen Traum und auch die zugehörige Deutung ausfindig machen kann. Jede Seite enthält eine Zeile, deren senkrecht untereinander angebrachte Zeichen den Satz ergeben: »Sieht jemand sich im Traume.« Von dieser senkrechten Zeile ausgehende waagerechte Textzeilen enthalten eine kurze Benennung der einzelnen Träume sowie, nach einem kleinen Zwischenraum, deren gleichfalls knappe Deutung.

Eine typische Abfolge derartiger Träume und ihrer Deutungen nimmt sich so aus:

Sieht jemand sich im Traume	tot	gut; es bedeutet, daß er noch lange zu leben hat
	Krokodilfleisch essend	gut; es bedeutet, daß er bei seinem Volk als Beamter [d. h. Steuereinnehmer] tätig sein wird
	mit dem Gesicht im Spiegel	schlecht; es bedeutet ein neues Leben
	sein Gesäß entblößend	schlecht; es bedeutet, daß er später Waise werden wird

Vorab sei darauf hingewiesen, daß es in diesen Träumen und ihren Deutungen einige rein sprachliche Übereinstimmungen gibt, die in der Übersetzung nicht herauskommen. So ergeben im Altägyptischen »Gesäß« und »später Waise« ein Wortspiel, das in der Sehweise des Altertums der Deutung großen Nachdruck verleiht. Solche Wortspiele, die gleichsam auf magische Weise Dinge verbinden, die an sich gar nichts miteinander zu tun haben, findet man in vielen alten Schriften. Eine andere, noch einfachere Deutungsmethode besteht in der schlichten Umkehrung des Geträumten; danach gilt beispielsweise ein Glückstraum als unheilverkündend, während geträumter Überfluß Entbehrung, geträumter Verlust Gewinn verheißt. Auch in heutigen Traumbüchern verfährt man oftmals nicht anders. Zwar muten viele jener altägyptischen Träume recht freudianisch an, nicht zuletzt die obengenannten Wortspiele und Umkehrungen; andererseits gibt es einen grundsätzlichen Unterschied zwischen Freud und Kenhirchopschef, der 3000 Jahre vor dem »Vater der Psychoanalyse« lebte: Freud betrachtete die von Wienern seiner Zeit geträumten Träume letztlich als Ausdruck dessen, was die Träumenden sich wünschten, während man die Träume der Thebaner im alten Ägypten als göttliche Hinweise auf deren Zukunft ansah. Im wichtigsten Punkt allerdings stimmen das alte und das neue System überein: Sie haben eine therapeutische Wirkung, denn beide helfen dem Träumenden, im Einklang mit seinem Weltverständnis die Bedeutung des Geträumten zu erkennen.

Im Gegensatz zu Freuds sokratischen Fragen ist es gerade der Mangel an Präzision des altägyptischen Textes, der dem Deuter breiten Spielraum gewährt. Sowohl die Schilderungen der Träume, die nie mehr als einen einzigen Satz umfassen, wie auch die Tatsache, daß ähnliche Träume häufig eine völlig unterschiedliche Deutung erfahren, lassen dem Träumenden die Wahl, dem Geträumten verschiedene Bedeutungen beizulegen. Und um dem Träumenden weiter entgegenzukommen, ist der Papyrus in zwei Teile gegliedert, die den Kategorien »gut« und »schlecht« entsprechen, wobei das Wort »schlecht« stets mit roter Tinte geschrieben ist. So führt der Papyrus den Träumenden an die zu ziehenden Schlußfolgerungen heran, indem er ihm eine Vielfalt suggestiver Alternativen anbietet, was wiederum in gewisser Weise der Freudschen Methode ähnelt, die ja dem Ratsuchenden nahelegt, selber herauszufinden, was seine Träume ihm sagen wollen. Insofern verhelfen beide Methoden dem, der sie anwendet, zum besseren Innewerden seiner selbst und beeinflussen dadurch das Verhalten des Träumenden, sind also zukunftgerichtet. Anders als die Psychotherapie macht Kenhirchopschefs »Traumbuch« jedoch Aussagen über die Zukunft des Träumenden, und diese sind nicht weniger aufschlußreich als die Träume selbst, erlauben sie doch manche

Rückschlüsse auf das Leben in einem altägyptischen Dorf mit all seinen Licht- und Schattenseiten.

Bei mehr als 35 Prozent der Vorhersagen des »Traumbuches« geht es um Gewinn oder Verlust, sei es, daß der Träumende ein Haus gewinnen, eine Erbschaft machen oder eine neue Frau heimführen wird, sei es, daß ihm Diebstahl oder zu hohe Besteuerung drohen oder er gar seine Eltern verliert. 25 Prozent der Träume beziehen sich auf die physische Existenz des Träumenden und sagen ihm beispielsweise einen durch Überfüllung verdorbenen Magen, Hunger, Schmerzen oder die Genesung von einer Krankheit voraus. 15 Prozent handeln von Gefühlen, vom Vergnügen des »Zusammensitzens mit den Dorfbewohnern« bis zum »Aufhören des Klatsches, der über einen im Umlauf ist«, ja bis hin zu Erbitterung, Zorn und Arglist, die man zu erdulden hat. Weitere 15 Prozent kündigen dem Träumenden an, sein Tun und Lassen in einer bestimmten Lage werde dem Urteil der Götter unterworfen sein, die entweder seine Schuld vergeben oder ihn bestrafen würden. 10 Prozent der Träume betreffen die gesellschaftliche Stellung und das Ansehen des Träumenden in der Dorfgemeinschaft, sei es, daß ihm die Übertragung eines hohen Amtes oder die Berufung in eine leitende Position geweissagt wird, sei es, daß man ihm einfach prophezeit, die Mitbewohner im Dorf würden seinen Rang erkennen und auf das hören, was er sagt. Bisweilen hängt die »gute« oder »schlechte« Bedeutung eines Traums davon ab, welches Gewicht der betreffende Traum für den Träumenden besitzt und wie dessen eigene Deutung sich auf seine gesellschaftliche Stellung auswirkt. Die »schlechte« Vorhersage, daß die Toten irgendwelche Wünsche an den Träumenden hätten – ausgedrückt in dem Umstand, daß er sich »mit dem Gesicht auf der Erde liegend« sieht –, sollte vielleicht nur bewirken, daß der Träumende sich mehr um die Gräber und Grabkapellen des Dorffriedhofs kümmerte, wogegen die »gute« Verheißung, jemand, der vom Vieheintrieb geträumt hatte, werde »durch seinen Gott« Menschen um sich sammeln, darauf hinzudeuten scheint, daß es in der kleinen Gemeinschaft des Dorfes so etwas wie Prediger gab.

Alles in allem erlauben uns diese Träume und ihre Deutungen nicht nur einen Blick darauf, welche Zukunftsängste einen Teil der Dorfbewohner plagten und wie sie verarbeitet wurden, sondern geben uns auch einen Eindruck vom Leben des einzelnen in der Gemeinschaft der Dorfbewohner. Wenn beispielsweise jemand träumte, er schriebe, konnte dies als »schlecht« angesehen werden, kündigte es doch an, sein persönlicher Schutzgott – die Gottheit, die er am meisten verehrte – zeichne alle seine Missetaten auf; hier kommen ganz klar Schuldgefühle zum Ausdruck. Träumte man davon, am hellichten Tag mit seiner Frau Geschlechtsverkehr zu haben, war auch dieses »schlecht«, denn es bedeutete, der Schutzgott werde »alle bösen Taten aufdecken«, die man begangen hatte. Die für unsere Begriffe eigenartige Auslegung sexueller Träume fordert zu einer näheren Betrachtung auf. Zunächst erscheint das Spektrum der sexuellen Verhaltensweisen, von denen die Dorfbewohner träumten, recht ungewöhnlich, und zwar sowohl hinsichtlich der geschilderten Details als auch in bezug auf deren Deutung. Während Träume von sodomitischem Verkehr mit Wüstenratten, Milanen und Schweinen als »schlechte« Vorzeichen galten, betrachtete man geträumten Geschlechtsverkehr mit der Mutter und mit den Schwestern als »gut«. Andererseits galt die geträumte sexuelle Vereinigung »mit einer [beliebigen] Frau« als »schlecht«, weil selbst ein flüchtiger Blick auf die weiblichen Geschlechtsteile zumindest im Traum »das äußerste Unglück« signalisierte. Wenn man Glück hatte, konnte dieses üble Omen allerdings dadurch abgemildert werden, daß man davon träumte, ins kalte Wasser eines Flusses zu fallen, weil dies »Befreiung von allem Übel« verhieß. Vielleicht lag diesen Traumdeutungen der Gedanke an die Bindungen zerstörende Wirkung der Promiskuität zugrunde; mit einer solchen Vermutung könnte man dem »Traumbuch« jedoch eine unangebrachte moralisierende Absicht unterstellen. Jedenfalls gibt es keinerlei Beweis dafür, daß im Dorf der Nekropolenarbeiter von der Norm abweichende sexuelle Verhaltensweisen häufiger vorkamen als in einem Gemeinwesen unserer Tage. Ganz abgesehen davon verrät uns das

»Traumbuch«, daß Paneb, Kenhirchopschef und die übrigen Dorfbewohner die gleichen Schuldgefühle hegten, sich genauso davor fürchteten, ihr Ansehen einzubüßen, und ihr Leben sowie ihre Familiengemeinschaft ebenso genossen wie die Menschen von heute. Die ständige Berufung auf einen festumrissenen Sittenkodex und der immer wieder zutage tretende Glaube daran, daß die Götter den Lebenswandel der Menschen beobachteten und in deren Herz zu schauen vermochten, beweist eine verblüffende Übereinstimmung mit zeitgenössischem religiösem Denken.

Den krassesten Gegensatz zwischen den Erfahrungen von damals und denen von heute offenbart das Buch darin, wie oft die Traumdeutungen – also Zukunftsweissagungen – Lebensmittelknappheit, gewaltsamen Tod oder Verstümmelung zum Gegenstand haben. Wie düster es auch in der Vorstellungswelt von Freuds Analysanden aussehen mochte – nur wenige von ihnen waren derart existentiellen Bedrohungen ausgesetzt. Außerdem geht es bei einem Viertel der in dem Buch aufgeführten Träume, ob als »gut« oder als »schlecht« kategorisiert, um Handarbeit. Grundsätzliche Unterschiede gibt es auch dort, wo von wirtschaftlichen Verhältnissen die Rede ist; beispielsweise hebt der Text des »Traumbuches« hervor, daß das Dorf im letzten vom königlichen Hof abhängig war, aus dessen Pforten Gutes wie Böses kam. Ferner befaßt sich ein Fünftel der Traumdeutungen mit Geschenken, die man entweder gab oder empfing; die weitverbreitete Sitte des Schenkens und Beschenktwerdens stellte ein wesentliches Element der Wirtschaft des Dorfes dar und war gleichzeitig ein wichtiger Bestandteil des Systems der Verbindlichkeiten, Verwandtschaftsbeziehungen und Freundschaften, das dieses kleine Gemeinwesen trug.

Doch was sollte Kenhirchopschef tun, wenn er erregt in seinem Bett erwachte, beunruhigt durch seine Träume und geängstigt durch deren Deutungen, die ihm einfallen mochten? Zum Glück enthielt das »Traumbuch« auch einen besonderen Zauberspruch, den man beim Erwachen zu rezitieren hatte und der alle bösen Geister und ihre üblen Verheißungen verscheuchte. Wenn man diesen Spruch aufsagte, mußte man frisches Brot und in Bier eingeweichte grüne Kräuter essen. In den warmen Nächten Thebens mochte also wohl der betagte Schreiber unruhig durch sein Haus wandeln und dabei vor sich hin murmeln: »Komm zu mir, komm zu mir, meine Mutter Isis; siehe, ich erblicke, was meiner Stadt fern ist«, ehe er sich zur Speisekammer begab, wo er das für einen solchen Notfall Erforderliche aufbewahrte.

Kenhirchopschefs Vermächtnis

Zur Zeit der vier Könige, als alle paar Jahre ein neuer
Pharao und neue Wesire kamen und die beiden Arbeitskolonnen beim Bau der Gräber kaum Schritt halten konnten mit
dem dynastischen Auf und Ab, ließ man die Zügel ein wenig
schleifen. Die zuvor lückenlose Überwachung des königli-
chen Begräbnisplatzes wurde nun lockerer betrieben, und die
Gräbermacher gingen allmählich daran, sich auf der heiligen
Erde im Tal der Könige eigene Denkmäler zu errichten. Auf
den mächtigen Geröllblöcken, die die große Flut oberhalb
der alten Arbeiterhütten zurückgelassen hatte, stellten der
Vorarbeiter Hai und einige seiner Leute Stelen auf, die mit
Gebeten beschriftet waren und deren Darstellungen ihre
Stifter bei der Anbetung der Götter zeigten. Der Schreiber
Kenhirchopschef ging noch weiter und ließ sich in den Steilfelsen oben im Talkopf eine kleine Kapelle erbauen, eine mit
vorzüglichen Darstellungen der Gottheiten Osiris, Hathor
und Isis ausgemalte Felsnische, beiderseits flankiert von
Steinfassungen, deren Inschriften Kenhirchopschefs Namen
und Titel angeben. Vermutlich besaß das kleine Heiligtum
eine zweiflügelige Tür. Heute ist es völlig zerstört; vielleicht
zertrümmerte man es bereits im Altertum wegen der großen
Anmaßung, von der es zeugte. Seinerzeit war es nichtsdestoweniger ein einzigartiges Monument und bewies, was sich die
Gräbermacher in der kurzen Zeit der vier Pharaonen an der
geheiligten Begräbnisstätte ihrer Herrscher herausnehmen
konnten.

Wir verfügen über weitere Hinweise auf den alten Kenhirchopschef, den an Jahren und Weisheit reichen Schreiber,
dem es aber auch nicht an einer gewissen Durchtriebenheit
mangelte – doch ohne sie kam man wohl in einer Zeit ständig
wechselnder Regierungen und gewalttätiger junger Vorarbeiter nicht aus. Ein zerbrochenes Ostrakon enthält eine
erbitterte Anklage gegen ihn. Irgend jemand, dessen Name
nicht überliefert ist, beschuldigt ihn da voller Zorn, mit einem

gewissen Rahotpe, der mit dem Dorfgericht Ärger hatte und ein angesehenes Mitglied der Dorfgemeinschaft als Bundesgenossen brauchte, gemeinsame Sache gemacht zu haben. Rahotpe habe »das Haar des Schreibers geschoren«, berichtet der aufgebrachte Ankläger, und seinen Gönner Kenhirchopschef dazu überredet, ihm gegen bedeutende Mengen von Tuch und Garn bei der »Vertuschung seiner Missetaten« behilflich zu sein; Kenhirchopschef sei sofort auf dieses Ansinnen eingegangen. Derartige »zweckgebundene Geschenke« waren unter den Dorfbewohnern nichts Ungewöhnliches; es gehörte durchaus zum »guten Ton«, daß man sich auf diese Weise gegenseitig verpflichtete. Und da Kenhirchopschef ein Kind seiner Zeit war, sollte man über ihn nicht voreilig den Stab brechen. Aber auch wegen einer anderen Sache hätte Kenhirchopschef wohl die meisten zivilisierten Menschen unserer Tage gegen sich aufgebracht. Denn nur wenige Jahre vor den Wirren, die Amenmesses' Thronbesteigung begleiteten, und der Ermordung Neferhotpes nahm er sich eine Frau. Mit fast siebzig Jahren heiratete er Naunacht, ein Mädchen aus dem Dorf, das nur wenig über zwölf Jahre alt war. Doch diese Verbindung erwies sich als keineswegs so katastrophal, wie man es im ersten Augenblick erwarten möchte. Auf jeden Fall war Naunacht ihrem ersten Mann so zugetan, daß sie, als sie nach dessen Tod ein zweites Mal heiratete, ihren ersten Sohn – mit dem alten Schreiber hatte sie keine Kinder – ebenfalls Kenhirchopschef nannte. Und er war und blieb ihr Lieblingssohn.

Eine Heirat unter den Dorfbewohnern war ein Vertrag zwischen zwei Rechtspersonen; in der Regel brachte der Mann zwei Drittel des gemeinsamen Vermögens auf, die Frau den Rest. Eine religiöse Trauungszeremonie gab es nicht. Dennoch betrachtete man Ehen im Dorf als die erstrebenswerte Norm des Zusammenlebens, wobei Mann und Frau als unabhängige Staatsbürger galten, die zwar innerhalb der Gemeinschaft bestimmte Rollen einzunehmen hatten, jedoch beide die gleiche Verantwortung trugen. Auch Scheidung war nicht ungewöhnlich; dies galt ganz besonders für die Arbeiterfamilien. Manche Dorfbewohner heirateten

sogar mehrmals; für gewöhnlich wurde dann eine zufrieden-
stellende Übereinkunft darüber erzielt, was die Aufteilung
des Besitzes der auseinandergehenden Ehepartner anging.
Als junge Braut hatte Naunacht nach ortsüblichen Begriffen
eine gute Partie gemacht. Durch ihre Heirat mit dem alten
Schreiber gewann sie Besitz und Ansehen; später dann, als
betagte, stattliche Matrone, vererbte sie ihren Besitz aus
erster Ehe den Kindern ihres zweiten Mannes.

Kenhirchopschefs Heirat mit Naunacht nimmt sich wie
das Unternehmen eines in die Jahre gekommenen Junggesel-
len aus, der sich Gedanken über die Verwendung seines
Vermögens gemacht hat und Vorkehrungen dafür treffen
will, daß es nach seinem Tod in die richtigen Hände gerate.
Die Tatsache, daß Naunacht einen Teil des Vermögens ihres
kinderlos gebliebenen Mannes den Kindern aus zweiter Ehe
hinterließ, zeigt, daß Kenhirchopschef besondere Anweisungen erlassen hatte, aufgrund deren sie über mehr als das eine
Drittel des gemeinsamen Besitzes verfügen konnte, das nach
einer Scheidung oder nach dem Tod des Ehemanns an die
Ehefrau fiel. Es ist möglich, daß Kenhirchopschef Naunacht
nicht nur heiratete, sondern sie gleichzeitig adoptierte, so daß
sie seine rechtmäßige Erbin wurde; unter ähnlichen Umständen wurden auch andere Ehefrauen von ihren Gatten adoptiert. Derart komplizierte und sorgfältig ausgeklügelte Abmachungen waren typisch für eine Gesellschaft, die Ehe und
Familie hochschätzte. Mit dem, was man sich heute unter
einer »Kinderehe« vorstellt, hatten sie nichts zu tun, ge-
schweige daß sie auf einen zynischen Mißbrauch von Kindern im Dorf schließen ließen.

Eine ähnliche Kluft zwischen altägyptischen und heutigen
Auffassungen besteht in der Einstellung zum Altwerden und
zum Ruhestand. Das Leben im Dorf war zu bunt, zu rituali-
siert, aber auch zu reich an Zufälligkeiten und »Wundern«,
um die monotone Regelmäßigkeit moderner Industriearbeit
aufkommen zu lassen; auch gab es keinen Jahres-Zeitplan für
die Arbeit an den Königsgräbern, und ein festgesetztes
»Ruhestandsalter« war unbekannt. Als Hochbetagter blieb
Kenhirchopschef aus Gesundheitsgründen oft seiner Arbeit

fern. Wenn er dann aber wieder am Großen Platz weilte, saß er wohl warm eingemummt im Schatten und beaufsichtigte die Arbeit am Grab des gerade regierenden Herrschers — eine ehrwürdige Gestalt am Ende einer langen Berufslaufbahn. Daß seine sonstigen Amtsgeschäfte weiterliefen, wie es sich gehörte, dafür sorgten die Schreiber Anupemheb und Paser, die ihm bereits seit langem zur Seite standen.

In den Jahren der kurzen Regierungszeiten der vier Könige war Kenhirchopschef wirklich schon recht alt. Unter Merneptah zeichnen sich erste Veränderungen seiner Handschrift ab. Seine vormals großen und kraftvollen Schriftzeichen weichen nach und nach einer unregelmäßigen, schwerer lesbaren Kursive, die keinen Zweifel daran läßt, daß Kenhirchopschef mit Siebzig nicht mehr so gut sehen konnte wie zuvor. Freilich tat er wohl alles, was in seiner Macht stand, um gegen das Alter anzukämpfen; einige Papyri aus seiner Zeit enthalten Rezepte gegen das Ergrauen des Haares (es sollte mit natürlichen Färbemitteln und Balsamen verhindert werden), gegen Kahlköpfigkeit (Tierfett, Gebete) sowie Impotenz (Salben, weitere Gebete). Auf der Rückseite eines alten Briefes aus der Kanzlei des Wesirs notierte Kenhirchopschef sich einen Spruch gegen die bösen Einflüsse fremder Dämonen, die sich »von Exkrementen ernähren — und auf Dünger wohnen«; es heißt darin: »Zurück, Schehakek, der du aus dem Himmel und der Erde stammst ... Nedrachsemem ist der Name deiner Mutter, Dschubeset der Name deines Vaters. Wenn er den Schreiber Kenhirchopschef angreift, den Sohn der Sentnefer, werde ich rufen zu ...« Den Feind zu kennen und beim Namen zu nennen ist fast schon eine gewonnene Schlacht. Der Schreiber rollte den Papyrus zu einem kleinen Bausch zusammen, verschnürte ihn mit Flachs und hängte ihn sich um den Hals. Andere Dorfbewohner schrieben denselben Spruch auf Tonscherben oder Steintäfelchen, die sie dann durchbohrten, so daß man auch sie an einer Schnur um den Hals tragen konnte; der Spruch mußte »viermal über einem Flachshalm, aus dessen Stengel man einen Pfeil gemacht hatte«, wiederholt werden. Krankheit betrachtete man als Angriff böser Mächte. Man suchte sie zu heilen, indem man das gestörte innere Gleichgewicht des Patienten, das es dem bösen Geist ermöglicht hatte, in diesem Menschen Fuß zu fassen, wieder ins Lot zu bringen trachtete. So sehr war Kenhirchopschef auf seine Gesundheit bedacht, daß er, um die Wirkung des Zauberspruchs zu verstärken, den Namen seiner leiblichen Mutter, Sentnefer, angab und nicht den Namen Mutemwijas, der Gattin Ramoses, die im Dorf seine Ziehmutter gewesen war.

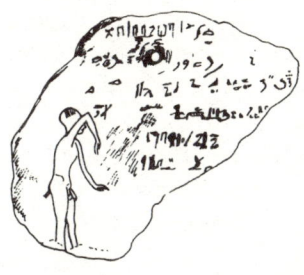

Zweifellos benutzte Kenhirchopschef an den Tagen, an denen er noch arbeitete, auch einen Stock, wenn er vom Dorf zum Tal der Könige ging, und möglicherweise trug auch dieser Stock eine ähnliche Inschrift wie der Stab eines anderen Dorfbewohners; sie lautet: »Komm, mein Stock, damit ich mich auf dich stütze und dir in den schönen Westen folge, auf daß mein Herz am Platz der Wahrheit wandere.« Und eines Tages vermochte er dann wohl nicht einmal mehr mit dem Stock den beschwerlichen Weg zum Arbeitsplatz zurückzulegen, sondern umrundete nur noch mühsam das Dorf, während seine junge Frau die Hausarbeit erledigte. Nun konnte er mit den anderen Alten auf dem freien Gelände am Dorftor sitzen, es sich im Schatten einer Mauer bequem machen, während im Abendlicht goldene Staubkörnchen in der Luft tanzten, und nach Herzenslust schwatzen. Seine Gesprächspartner und er hatten mehr als ein halbes Jahrhundert zusammen gearbeitet und waren miteinander alt geworden; dennoch erwiesen die Altersgenossen dem Schreiber als ihrem ehemaligen Vorgesetzten nach wie vor besondere Ehrerbietung. Vielleicht daß damals Kenhirchopschef auch gelegentlich am Fuß der Felswände spazierenging, die sich hinter den Grabkapellen der Dorfbewohner entlangzogen, und eines Tages seinen Namen und seinen Titel in das Gestein ritzte. Im Gedenken an jenen Mann, der sein Vater gewesen war, ehe Ramose ihn an Kindes Statt angenommen hatte, schrieb er: »Schreiber am Platz der Wahrheit Kenhirchopschef, sein Vater [war] Panachte«.

Der alte Schreiber muß weit über Achtzig gewesen sein, als Paneb Vorarbeiter wurde, und er dürfte den Aufstieg des jungen Mannes mit einer gewissen Belustigung verfolgt haben, kannte er doch die »Sethianer« besser als jeder andere in der Siedlung; außerdem verwandte auch er kaum Zeit auf die feineren Gepflogenheiten des Dorflebens. Es ist naheliegend, daß er als Dorfältester in die zahllosen Beschuldigungen und Gegenbeschuldigungen hineingezogen wurde, die die Familie Neferhotpes gegen Paneb vorbrachte; allem Anschein nach stand er in dieser Auseinandersetzung auf Panebs Seite. Neferhotpes Familie behauptete, er habe, ebenso wie der bestechliche Wesir, von dem neuen Vorarbeiter Geschenke angenommen, die ihn dazu stimmen sollten, Panebs »Übeltaten zu verschleiern«. Wir können uns daher gut vorstellen, wie er die Angelegenheit mit den anderen Dorfältesten durchdiskutierte, denn dieser Streitfall scheint sogar die Alten im Dorf aufgebracht zu haben. Da mochte er dann mit Freunden in der Sonne sitzen, voll Genugtuung darüber, daß sein Grab vollendet war und an den im Entstehen begriffenen Gräbern am Großen Platz Künstler-Handwerker arbeiteten, die denen, die er aus seinen Jugendjahren kannte, in nichts nachstanden, und konnte in aller Gelassenheit, wie es in einem alten Gebet hieß, auf »ein stattliches Begräbnis nach hohem Alter« hoffen.

Kenhirchopschef schuf nur wenige Monumente für das Dorf. Nicht einmal seine eigene Grabkapelle wies Dekoration auf, und da sie aus nicht besonders gutem Gestein, am Ende der Gräberterrasse des Dorfes, gehauen ist, liegt sie heute in Trümmern. Seinerzeit jedoch besaß dieses Grab einen geräumigen Kultraum, zu dem eine eindrucksvolle Treppe emporführte, über die dereinst der Schlitten mit dem eingesargten Leichnam des Schreibers gezogen wurde. Nur weil man bei dem Grab eine Statue Kenhirchopschefs und seiner Frau Naunacht fand, konnte man es überhaupt dem Schreiber zuweisen; dadurch, daß dieser sich so massiv gegen die Austilgung seines Namens versicherte, erwies er sich keinen guten Dienst. Überraschenderweise sind es die bescheidene Bibliothek und die auf Stein hinterlassenen Notizen des Schreibers, die seinen Namen unvergänglich machten, wie er dies wohl gewünscht haben mag. Eine seiner Handschriften trägt den Vermerk, sie sei später in den Besitz der Kinder Naunachts übergegangen; manche von ihnen scheinen in der Folgezeit in die Hände einer anderen Schreiberfamilie im Dorf gelangt zu sein.

Doch Kenhirchopschef machte sich nicht nur Gedanken über die Verteilung seines Besitzes und die Auflösung seines Haushalts nach seinem Tod. Denn ebenso, wie ein König für seinen Vorgänger die Bestattungsriten zu vollziehen hatte, um voll für die Thronfolge legitimiert zu sein, mußten auch im Dorf die Kinder für das Begräbnis ihrer Eltern sorgen, um das Erbe antreten zu können. Es war sogar im Gesetz verankert, daß jeder, der einem anderen das Begräbnis ausrichtete, einen erheblichen Teil von dessen Besitz erbte. Da Kenhirchopschef kinderlos war, muß er besondere Anordnungen für den Todesfall getroffen haben. Er starb mit ungefähr 86 Jahren, woran, wissen wir nicht; nicht einmal sein Todesort ist überliefert. Wir erfahren von einem alten Mann, der im Haus eines Freundes starb. Doch es ist wohl eher anzunehmen, daß unser Schreiber, der ja über einen wohlbestellten Haushalt verfügte und dessen junge Frau ihn versorgte, daheim seinen letzten Atemzug tat. Auf jeden Fall waren danach sofort Spezialisten aus den Reihen der Arbeitskolonnen zur Stelle, die seinen Leichnam einbalsamierten, und aller Wahrscheinlichkeit nach wurde ein bestimmter Tag für die Trauerfeierlichkeiten festgesetzt. Dann wurde der mumifizierte und in Zedernholzsärge gebettete Leichnam, wie vorher die sterbliche Hülle Ramoses, den langen Damm hinauf zum Grab gezogen. »In Frieden, in Frieden zum Westen, zum Platz der Wahrheit, der Stätte der Ruhe unter den Gerechten«, rief die Menge, während Naunacht und die anderen Frauen, die zum Haus des Verstorbenen gehört hatten, am Sarg weinten, der aufrecht außen an der Grabkapelle lehnte. In feierlichem Zeremoniell wurde sodann der Geist des Toten mit dem Körper wiedervereinigt, Naunacht umfing dem Ritual gemäß noch einmal das Fußende des Sargs, um so gleichsam den unwiderruflichen Abstieg ihres Gatten ins Grab zu verhindern, und schließlich geleitete die Trauergemeinde den verewigten Schreiber aus der lichtdurchfluteten Kapelle in seine Gruft, wo er inmitten des Grabmobiliars, das er in einer langen Lebenszeit angesammelt hatte, zur letzten Ruhe gelegt wurde.

Später im Jahr, an den Dorffesten, opferte Naunacht ihrem toten Lebensgefährten im Hof seiner Grabkapelle. Doch es dauerte nicht lange, bis sie wieder heiratete. In die neue Ehe brachte sie einen Teil des Besitztums ihres verstorbenen ersten Gatten mit, und manches Stück aus dessen Besitz war gewiß noch vom Schreiber Ramose ererbt. Mehr als 30 Jahre lang lebte Naunacht mit Chaemnum, ihrem zweiten Ehemann, zusammen, und in dieser Zeit bekam das Ehepaar acht Kinder. Ihr Leben lang behielt Naunacht den Titel »Dame des Hauses«, obwohl ihr zweiter Ehemann einen vergleichsweise niedrigen Rang in einer der Arbeitskolonnen einnahm. Wie seine Mutter bewahrte auch Kenhirchopschef junior, Naunachts ältester Sohn, dem toten Schreiber stets ein ehrendes Andenken, denn als er seinerseits den eigenen Namen und die Namen seiner Kinder am Großen Platz verewigen wollte, wählte er dafür dieselbe Felswand, in die Kenhirchopschef senior lange vorher seinen Text gegraben und seine Abstammung von Panachte der Nachwelt überliefert hatte, und setzte seine Angaben darüber. Damit gab er dem »postumen Stiefvater« Nachkommen und sicherte so die Kontinuität der Familientradition am Großen Platz.

Etwa 50 Jahre nach Kenhirchopschefs Tod setzte Naunacht ein schriftliches Testament auf, das detaillierte Verfügungen bezüglich der Verteilung ihres bedeutenden Besitzes enthält und uns ein kennzeichnendes Bild der resoluten alten

Dame vermittelt. In einer Erklärung gegenüber dem Dorfgericht umreißt sie zunächst ihren Status: »Ich bin eine freie Frau.« Dann kommt sie auf ihre Familie zu sprechen: »Ich zog diese eure acht Diener auf [eine gegenüber den Richtern respektvolle Umschreibung für ›Kinder‹] und gab ihnen alles, was ihrem Stande entsprach. Doch ich bin alt geworden, und sie kümmern sich nicht um mich. Wer immer mir [von ihnen] geholfen hat, dem gebe ich von meinem Eigentum; wer mich im Stich gelassen hat, dem gebe ich nichts von meinem Besitz.« Vier ihrer Kinder erhielten keinerlei Erbteil, weder aus Naunachts eigenem Besitz noch aus dem des Schreibers Kenhirchopschef, den sie in dem Text als »mein Gatte« bezeichnet. Ihrem Sohn Kenhirchopschef aber, dem stets ihre besondere Zuneigung gegolten hatte, vermachte sie ein wertvolles Erbstück: »als besondere Anerkennung vor und über all seinen Brüdern eine Waschschüssel aus Bronze«.

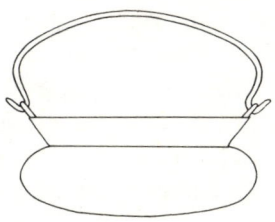

Dorfzwist

Angesichts des Zwistes zwischen Paneb und der Familie Neferhotpes, der das Dorf in zwei Lager spaltete, und der fast alljährlichen Ausrufung eines neuen Herrschers mochte Kenhirchopschef ruhigere Altersjahre herbeisehnen. Tatsächlich kämpfte man damals bisweilen in Theben dermaßen erbittert, daß spätere Generationen von einem »Krieg« sprachen. Just in einer Zeit solcher Kämpfe war der Vorarbeiter Neferhotpe ums Leben gekommen. Manchmal fühlten sich die Nekropolenarbeiter in ihrer abgelegenen Siedlung so unsicher, daß sie flohen, nach Theben-Ost die einen, die anderen nach Theben-West. Derartige Krisen ereigneten sich in den darauffolgenden 100 Jahren immer häufiger; Gesetz und Recht brachen zusammen, und Plünderer zogen umher, Söldner ebenso wie Beduinen, die Thebens Wehrlosigkeit entdeckt hatten. Besonders schlecht geschützt waren die Tempel und Gräber am Westufer, nach deren Schätzen es nicht nur die Banden von Marodeuren gelüstete, sondern auch Thebaner selbst, denen die allgemeine Gesetzlosigkeit höchst gelegen kam. In ruhigeren Zeiten achteten nicht nur die Polizeistreitkräfte auf die Sicherheit der geweihten Erde und der als heilige Stätten verehrten Königsgräber; vielmehr sah jeder einzelne Bürger darauf, daß die Heiligkeit des Großen Platzes nicht gestört wurde. Im Dorf der Gräbermacher konnte ja niemand plötzlich mit Reichtümern oder kostbarem Besitz prunken, ohne daß dies den Nachbarn aufgefallen wäre. Die Dorfbewohner lebten und wohnten so dicht beieinander, daß man es bereits bemerkte, wenn der Nachbar seinen täglichen Tempelgang machte, eine der Kultkapellen des Dorfes aufsuchte oder einfach ein anderes Haus im Dorf betrat. Auch die Lagerung von Diebesgut in einem der Wohnhäuser wäre zweifellos aufgefallen. Und eine entsprechende Beobachtung zu verschweigen hätte das ganze Dorf in Gefahr gebracht.

Im 6. Regierungsjahr König Sethos' II. stand Heria, eine

Frau aus dem Dorf, vor dem Tribunal der Dorfältesten. Man hatte bei ihr Gegenstände gefunden, die aus einem Tempel entwendet worden waren. Ursprünglich war Heria nur angeklagt, einen Kupfermeißel gestohlen zu haben. Ein Arbeiter gab an, er habe diesen Meißel im Boden seines Hauses vergraben, und Heria habe das Werkzeug in seiner Abwesenheit an sich genommen. Heria schwor vor aller Augen, sie habe das Werkzeug nicht. Doch eine andere Frau aus dem Dorf sagte aus: »Ich habe Heria gesehen, wie sie deinen Meißel fortnahm.« Daraufhin durchsuchte man Herias Haus und fand nicht nur das gesuchte Gerät, sondern – und dies war weitaus schwerwiegender – auch Kultgegenstände aus den Tempeln des Dorfes, die unbewacht zurückgeblieben waren, als die Nekropolenarbeiter flohen. Diese Gelegenheit hatte Heria, die möglicherweise nicht allein »arbeitete«, sondern einer Räuberbande angehörte, genutzt und nicht nur den kupfernen Meißel, sondern auch die Tempelschätze an sich gebracht. Herias Diebstähle und ihr Meineid empörten die Richter, die die Angeklagte des Todes schuldig befanden. Mit dem Ende des Prozesses verschwindet Heria aus den überlieferten Akten; höchstwahrscheinlich überstellte man die Unglückliche dem Gerichtshof von Amuns Hohempriester in Theben, der neben dem Pharao und dem Wesir die Vollmacht besaß, in solch schwerwiegenden Fällen Recht zu sprechen.

Daß es sich bei den Kleinkriegen der Zeit Herias um Thronkämpfe handelte und nicht etwa um die Abwehr ausländischer Plünderer durch die geeinte Bürgerschaft Thebens, geht aus einem Bericht über einen anderen Fall hervor, der ein Jahr vor Herias Prozeß vor dem Dorfgericht verhandelt wurde. Damals war kein Geringerer als der Vorarbeiter Hai selbst angeklagt, »gegen den König gesprochen« zu haben. Angezeigt hatten ihn vier Mitglieder seiner Arbeitskolonne, und offenkundig wirkte sich der Parteienzwist, der die Thebaner entzweite, auch auf das Arbeiterdorf aus. Hai gehörte selbst zu den Dorfältesten und besaß Sitz und Stimme im Dorfgericht; sein Prozeß muß daher für das Dorf ein Ereignis ersten Ranges gewesen sein. Seinen Anklägern gegenübergestellt, bestritt der Vorarbeiter kaltblütig, von den ihm zur Last gelegten Äußerungen auch nur das geringste zu wissen; zu der Zeit, als er die angeblichen Bemerkungen getan haben sollte, »habe ich geschlafen«. Daraufhin stellte man die vier, die die Anzeige erstattet hatten, selbst vor Gericht. Und obwohl nun der Vorarbeiter Paneb sie aufforderte, zu wiederholen, was sie gegen Hai vorgebracht hatten, widerriefen sie ihre frühere Aussage und zogen die Anzeige gegen Paneb zurück. »Sagt doch, was ihr gehört habt«, rief Paneb ihnen zu. Doch sie wollten nichts mehr gehört oder gesagt haben. Begreiflicherweise erboste dies die Dorfältesten gewaltig, und ihr Sprecher hielt den vier Denunzianten, denen der Mut abhanden gekommen war, eine mächtige Standpauke: »So wahr Amun und der Pharao leben, an eurer Geschichte über die Äußerungen gegen den König ist kein wahres Wort . . . und wenn ihr morgen wieder damit anfangt, derartige Behauptungen in die Welt zu setzen, werden euch Nasen und Ohren abgeschnitten!«

Man drohte den Anklägern Hais damit jene Art von Verstümmelung, mit der man bisweilen Meineid zu ahnden pflegte, für den Fall an, daß sie ihre üble Nachrede gegen Hai fortsetzten, ohne ihre Beschuldigungen vor Gericht beweisen zu können. Außerdem wurde jeder von ihnen zu zehn kräftigen Stockschlägen verurteilt. Ein solches Urteil für bloßen Klatsch scheint hart, doch man kann sich vorstellen, wie hinterhältige Gerüchtemacherei das politische Klima in Theben ebenso wie in unserem Dorf anheizte. Allem Anschein nach waren sich auch die beiden Vorarbeiter, Paneb und Hai, nicht grün. »Ich werde mitten in der Wüste über dich kommen und dich umbringen«, hatte Paneb dem beklagenswerten Hai gedroht. Verständlicherweise betrachteten die meisten Ägypter die Wüste als menschenfeindlich und bedrohlich – und durch sie führte der Pfad vom Arbeiterdorf hin zum Großen Platz.

Doch schon nach kurzer Amtszeit schloß Paneb Frieden mit Hai, und bald beaufsichtigten beide einträchtig die rasche Vollendung des Grabes für Sethos II. »Im sechsten Jahr des Königs Sethos II., im zehnten Monat, am sechzehnten

Tag [d. i. Mitte Mai 1189 v. Chr.] kam der Oberste der Polizeistreitkräfte, Nachtmin, zu den Arbeitskolonnen im Königsgrab und sprach: ›Der [Horus-]Falke, User-cheperu-Re-meri-Imen [d. i. Sethos II.], ist zum Himmel entflogen, und ein anderer nimmt seinen Platz ein.‹ « Drei Monate später arbeiteten die Kolonnen bereits am Grab des neuen Herrschers, und die beiden einst verfeindeten Vorarbeiter waren nun so eng befreundet, daß einer der tüchtigsten Maler Hais zeitweilig von seiner Arbeit am Königsgrab entbunden wurde, um Panebs eigene Grabanlage ausgestalten zu helfen.

Nichtsdestoweniger litt die Familie des Vorarbeiters Neferhotpe noch immer unter der Ernennung Panebs, die sie als schreiende Ungerechtigkeit empfand. Als nun Sethos II. gestorben war, ergriffen Neferhotpes Verwandte die Gelegenheit und zeigten Paneb an. Er habe, so behaupteten sie, einen Teil der königlichen Grabausstattung gestohlen, während die Arbeiter sie bei den Bestattungsfeierlichkeiten in die Grabkammer des Königs brachten. In dieser unruhigen Zeit hatte man Sethos II. vermutlich in aller Hast beigesetzt, und vielleicht war der Grabinhalt tatsächlich durcheinandergebracht oder gar geplündert worden. Der Umstand, daß Neferhotpes Familie eine detaillierte Liste der geraubten Gegenstände vorlegen konnte, läßt darauf schließen, daß jedermann von einer solchen Plünderung wußte; anderenfalls hätte niemand im Dorf es wagen können, ein solches Verzeichnis anzulegen, ohne sich selbst dem Verdacht der Komplizenschaft auszusetzen. Die Aufzählung des Raubguts ist beachtlich: Teile der Grabtüren, der Goldbelag eines Streitwagens, Weihrauch, Wein, Statuen mit dem Namen des Königs. All dies sollte Paneb an sich genommen haben, und um ihrer Anzeige noch ein Pointe aufzusetzen, ließ Neferhotpes Familie durchblicken, Paneb habe betrunken auf dem Sarkophag gesessen, in dem man den toten König zur letzten Ruhe gebettet hatte. Und der Bruder Neferhotpes, Amunnacht, der die Verbrechensliste zusammenstellte, erinnert in seinem weitschweifigen Bericht auch an einen früheren Fall von Grabräuberei. Damals sei einem Schreiber wegen eines

133

solchen Vergehens die Hand abgehauen worden – einen Augenblick lang hält man es für möglich, daß sogar der hochbetagte Kenhirchopschef in diese Angelegenheit hineingezogen werden sollte.

Panebs Antwort bestand schlicht darin, daß er seinen Eid wiederholte, »keinen Stein in der Umgebung eines Pharaonengrabes zu verändern«. Zwei Jahre vorher hatte sich der Vorarbeiter Hai einer ganz ähnlichen Formulierung bedient, um seinen Namen reinzuwaschen. So groß war die Überzeugungskraft dieser Eide und so streng die Strafen für Meineid, daß dadurch die Anklagen einfach zunichte wurden. Man schenkte den Worten des Vorarbeiters Glauben, doch die Rachsucht der klageführenden Familie scheint, was nicht überrascht, Paneb ziemlich geärgert zu haben, der nun gegen Neferhotpes Leute eine feindselige Haltung einnahm. Später berichtet Amunnacht, Paneb habe ihm sogar untersagt, zu Neferhotpes Grabkapelle zu gehen, um dem *Ka* des Verstorbenen die üblichen Opfer darzubringen. Laut Amunnachts Darstellung sandte Paneb nicht nur ein Mitglied seiner Arbeitskolonne aus, um sich zu vergewissern, daß diese seine harte Anordnung befolgt wurde, sondern hatte von sämtlichen Dorfbewohnern verlangt: »Laßt es nicht zu, daß man irgendein Mitglied der Familie Neferhotpes hingehen sieht, um ihrem Gott Amun zu opfern!« Wenn man es indessen unterließ, den Ahnen oder den Göttern zu opfern, konnte dies schlimme Folgen haben, und so mancher Verwandte Neferhotpes wagte es, unter Mißachtung der Befehle Panebs seinen religiösen Pflichten gegenüber den Verstorbenen nachzukommen, wobei er zweifellos darauf achtete, daß Paneb ihn nicht sah. Doch Paneb erwischte einige von ihnen und bewarf sie, folgt man Amunnachts Schilderung, mit Steinen. Man kann sich vorstellen, daß angesichts des erbosten Vorarbeiters der Wunsch beträchtlich abkühlte, Neferhotpes *Ka* im Jenseits Hilfe zu leisten.

Bei dieser unguten Stimmung im Dorf war es vielleicht ganz gut, daß plötzlich sehr viel mehr Arbeit am Großen Platz anfiel. Denn der neue König, Siptah, gab gleich drei Gräber in Auftrag: eines für sich selbst sowie je eines für seine

beiden Gönner und Förderer, die Königin Tewosre und den
»Großkanzler« Bija. Trotz aller Hektik zeigen die Monumente, die die beiden Arbeitskolonnen schufen, keinerlei
Zeichen flüchtiger Arbeit. Die Gräber waren wie immer:
von vollendeter Eleganz in den Eingangspartien, die zuerst
fertig wurden, während die zuletzt angelegten Grabkammern
unfertig blieben. Doch wie dem auch sei – es war eine
Riesenarbeit, gleich drei Gräber auf einmal aus den Felsen
zu hauen. Ihre drei Eingänge liegen dicht beim Grab Sethos' II. Die beiden Gräber Siptahs und Tewosres entsprechen dem üblichen Muster, nur daß Tewosres Grab ein
wenig kleiner ist als das Siptahs. Das Grab des »Großkanzlers« ist noch kleiner, weist aber eine Besonderheit auf, die es
von allen anderen Gräbern am Großen Platz unterscheidet.
Denn statt mit den sonst üblichen Texten sind die Seitenwän-
de des Eingangskorridors mit Reliefs geschmückt, die Bija
bei der Anbetung der Götter zeigen. Wie es dahinter aussah,
ist uns allerdings bis heute nicht bekannt, denn das Grab
stand lange unter Wasser und ist noch immer mit Sand und
Felsgeröll gefüllt.

Wie die Arbeitskolonnen mit den drei Gräbern vorankam-
men, schildern eine Reihe von Berichten. Es handelt sich um
die Befunde von Inspektionen, die während der frühen Regierungszeit Siptahs stattfanden, vom zwölften Tag des zweiten Monats im ersten Jahr, als der Wesir sich davon über-
zeugte, daß man mit der Arbeit begonnen hatte, bis zum
zweiten Jahr, in dem die Kontrollbeamten berichteten, man
sei tiefer in den Felsen eingedrungen. Die Hast, mit der an
den Gräbern gearbeitet wurde, äußert sich besonders sinn-
fällig in den rasch hingekritzelten Angaben eines Schreibers
über die Lieferungen neuer Meißel durch die Magazine. Mit
massiven Hämmern aus Zedernholz, wie sie auch heute noch
Bildhauer bevorzugen, trieben die Steinbrecher die kupfernen Meißel in das Gestein, um Grabgänge und -räume
zunächst im Groben aus dem Felsen zu hauen. Noch heute
liegen im Tal der Könige zahlreiche Kalksteinabschläge her-
um, die die glitzernden Schlagspuren dieser Meißel tragen.
Gemäß den Aufzeichnungen hatten die beiden Kolonnen

Hais und Panebs jeweils 37 Meißel aus den Magazinen erhalten. Nur ein einziger verblieb im Lager, dazu zwei weitere, die stumpf geworden waren, sowie ein vierter und ein fünfter, die als »alt« bezeichnet wurden; dies sollte wohl heißen, daß ihr Kopf infolge langen Gebrauchs pilzförmig breit geschlagen war und man sie, da zu kurz geworden, nun nicht mehr benutzen konnte. Laut dieser Lagerliste hatte man einen weiteren Meißel bereits eingeschmolzen und aus seiner Kupfermasse 16 kleine Meißel hergestellt, die wie heutige Geräte zum Stahlgravieren aussahen, gut in der Hand des Künstlers lagen und für das Herausarbeiten der Reliefs auf den Grabwänden dienten.

Die Männer hatten wirklich Knochenarbeit zu leisten. Die meisten waren beim Steinebrechen beschäftigt, wobei je drei nebeneinander die Gänge und Kammern aus dem Felsen holten, etwa sechs die noch roh behauenen Wände glätteten und die übrigen den Abraum hinausschleppten. Üblicherweise fielen je Arbeitskolonne stets ein oder zwei Männer durch Krankheit aus, und weitere zwei oder drei sorgten für den Verputzrohstoff; dazu brannten und siebten sie den Gips, der in kleinen Taschen in der Wüste rings um den Großen Platz vorkommt. Mit dem angerührten Gips verfugte man zunächst die Löcher und Risse, die sich nach dem Aushauen in den Wänden und der Decke des Grabes zeigten; später bestrich man damit die Wände, bis eine glatte, ebene Oberfläche entstanden war, auf der sich die Vorzeichnungen anbringen ließen. Erst wenn die ersten, obersten Gänge auf diese Art geglättet und geweißt worden waren, konnten die Reliefbildhauer und Maler an die Arbeit gehen. Sowohl Hai als auch Paneb zogen daraus ihren Vorteil und setzten diese hochspezialisierten Künstler während der ersten Phasen des Gräberbaues auf dem Dorffriedhof ein, um sich ihre eigenen Gräber von ihnen ausgestalten zu lassen. Paneb baute für sich und seine Frau ein neues Grabmonument; es sollte das alte Grab ersetzen, das er schon früher angelegt hatte, als er noch einfacher Steinmetz war. Hai dagegen ließ durch besonders qualifizierte Arbeitskräfte sein Grabgewölbe verbessern.

Dies alles verzeichneten die buchführenden Schreiber getreulich in ihren Listen. Beispielsweise erfahren wir, daß am dreiundzwanzigsten Tag des vierten Monats im ersten Regierungsjahr des Königs Siptah zwei Männer aus Panebs Kolonne nicht zur Arbeit erschienen waren; der eine war von einem Skorpion gestochen worden, der andere, der Maler Neferhotpe, arbeitete für den Vorarbeiter privat. In den Aufzeichnungen des folgenden Tags finden wir abermals, daß »der Obere«, Paneb, zusammen mit dem Maler an Panebs Sarg arbeitet, und dies zieht sich sporadisch durch das ganze folgende Jahr. Derartige Särge waren in leuchtenden Farben prangende Kunstwerke ersten Ranges, und Neferhotpe war einer der besten Maler. Er hatte schon für mehrere Mitglieder der Arbeitskolonnen Särge geschaffen, ferner für einen Polizisten, der, wie der Schreiber sorgfältig vermerkt, für die Beschaffung des teuren Holzes, aus dem der Sarg bestand, selbst sorgen mußte. Und Neferhotpe war auch beileibe nicht nur Handwerker, sondern er beherrschte auch das Ritual, das erforderlich war, um den von ihm geschaffenen Werken Leben einzuflößen, so daß sie gleichsam ein lebender Teil des Körpers wurden, den man in ihnen zur letzten Ruhe bettete. Beispielsweise heißt es in einer Notiz über einen anderen seiner Särge: »Ich öffnete die Augen des Sarges für Ramses, den Torwächter.« Daß er durch solche Arbeiten ein wohlhabender Mann wurde, ergibt sich aus anderen Abmachungen, die noch erhalten sind. In einer von ihnen erklärt er sich mit dem Gegenwert eines lebenden Rindes einverstanden; nur die reichsten Haushalte im Dorf konnten sich ein solches Tier leisten.

Zwar betrachtete man es, wie wir bereits sahen, als normal, daß die Künstler-Handwerker auch für den Vorarbeiter und die Schreiber tätig waren. Ganz mit rechten Dingen ging es bei Panebs Grab dennoch nicht zu, und es konnte nicht ausbleiben, daß die Familie des ehemaligen Vorarbeiters Neferhotpe davon Wind bekam und Paneb anzeigte. Dieser habe, so lautete die gegen ihn erhobene Beschuldigung, am Großen Platz Steine entwendet, um daraus in seiner Grabkapelle auf dem Dorffriedhof vier

Säulen anzufertigen. Beim ersten Hinsehen erscheint eine derartige Anklage absurd. Warum sollte sich einer in einer Landschaft voller Steine damit abrackern, Steine kilometerweit über einen beschwerlichen Felsenpfad vom Großen Platz zum Dorffriedhof zu schleppen, nur um sie in einem Grab aufzustellen, das aus dem gleichen Kalkstein gehauen war wie die Gräber am Großen Platz selbst? Man muß indes nicht lange nach dem Grund dafür suchen: Paneb hatte sorgfältig behauene Steine an sich gebracht, die auf allen Seiten so hervorragend geglättet waren, daß jeder von ihnen sich bündig an den anderen fügte. In einer Zeit, da Steinmetzen lediglich auf weiche Kupfermeißel angewiesen waren, hatte die Bearbeitung jedes einzelnen dieser Steine beträchtliche Mühe und erhebliche Zeit erfordert, zumal jeder Steinmetz Kupfergießer und Schmiede als Zulieferer benötigte. Am Grab Sethos' II. bestanden die beiden zum Eingang hinaufführenden Mauern und die Steinfassung des Grabeingangs aus solchen Blöcken. Heute sind sie zur Hälfte abgetragen. Wir können nur vermuten, daß nach der Bestattung des Pharaos, als man den Grabeingang mit Steinsplittern zugeschüttet hatte, die Kronen dieser Mauern noch immer vorstanden und von Panebs Arbeitskolonne niedergerissen wurden, die die Steine, wie Neferhotpes Bruder detailliert berichtet, »jeden Tag mitnahm und zu seinem Grabe brachte, und er errichtete aus diesen Steinen vier Säulen in seinem Grab... und er plünderte die [Grab-]Stätte des Pharaos... und die Leute, die vorbeigingen, sahen die Steinhauer oben auf dem [Bau-]Werk des Pharaos stehen und hörten ihre Stimmen.« Von so vielen Menschen umgeben, die ihn scharf beobachteten und nur auf einen Ausrutscher von ihm warteten, konnte Paneb seinem Schicksal nicht entgehen. Hatte er doch geschworen: »Sollte der Wesir je wieder meinen Namen vernehmen, soll man mich aus meinem Amt entlassen und wieder zum Steinmetzen degradieren.« Wir haben Grund zu der Annahme, daß für ihn nunmehr die Zeit der Rechenschaft gekommen war.

Paneb war nicht der einzige, der in Ungnade fiel, denn zur gleichen Zeit – »Jahr eins des Siptah, fünfzehnter Tag des

zehnten Monats« – wurde sein ältester Sohn, Apachte, im
Namen des Wesirs zu Schlägen verurteilt, vielleicht deshalb,
weil er in irgendwelche Aktivitäten seines Vaters verwickelt
war. Im großen und ganzen aber hatte Apachte von der
Karriere seines Vaters nur Vorteile. Stellvertretender Vorarbeiter in der Mannschaft seines Vaters, bekleidete er eine
Position, deren Inhaber in der Regel später selbst Vorarbeiter wurden. So hatte er Aussicht auf ein gutes Leben unter
den Nekropolenarbeitern am Großen Platz.

Zwar hatte Paneb seinen Sohn, wohl zu Ehren des Gottes, dem er anhing, Apachte – »groß an Stärke« – genannt,
doch die meiste Zeit lag Apachte mit anderen Dorfbewohnern und mit seinem Vater im Streit. Abermals ist es Amunnacht, der die Spannungen in der Familie seines Widersa-
chers mit schadenfrohem Scharfblick registriert und detailliert weitergibt. Beispielsweise erfahren wir, daß Apachte
eines Tages aus dem Haus seines Vaters stürzte, zum Torwächter rannte und dort schwor: »Ich kann ihn nicht ertragen. Mein Vater hat es mit der Tuju getrieben, als sie mit
dem Arbeiter Kenna verheiratet war. Er hat es mit der
Hunro getrieben, als sie bei Pendua und bei Hesisenebef
war! Und danach hat er sich auch noch an ihrer Tochter
vergangen!« Und ein wenig säuerlich fügt Amunnacht hinzu,
Apachte habe die in der obigen Aufzählung zuletzt Genann-

te ebenfalls verführt. Tatsächlich hatte Paneb mit vielen Dorfschönen ein Verhältnis, während er große Denkmäler für sich selbst schuf und gleichzeitig, zusammen mit seinem Kollegen Hai, die Arbeit an nicht weniger als drei großartigen Gräbern am Großen Platz beaufsichtigte.

Bald wurden es sogar vier Gräber, denn der bedauernswerte junge König Siptah, durch Kinderlähmung behindert und nur mit Billigung der Königin Tewosre sowie des »Großkanzlers« Bija auf dem Thron, regierte nur sechs Jahre und starb mit etwa Zwanzig. Als man ihn in seinem schönen Grab beigesetzt hatte, das sogar bis hinab zu der riesigen Grabkammer vollendet war, erschienen erneut Abgesandte des Hofes am Großen Platz und suchten eine Grabstelle für den neuen König Sethnacht. Während der letzten Jahre hatte die Kommission den Großen Platz des öfteren aufgesucht, um die Arbeiten an den Gräbern Siptahs, der Königin Tewosre und des »Großkanzlers« Bija zu überwachen. Nun suchte sie für das neue Grab einen ganz anderen Platz. Er lag genau in der Talmitte, nahe bei älteren Gräbern der Dynastie, und hier setzten nun Paneb und Hai ihre Arbeitskolonnen an. Innerhalb eines Jahres waren im obersten, ersten Gang auch schon Reliefbildhauer am Werk, und sobald die Reliefs fertig ausgehauen und bemalt waren, begaben sich am Ende des frisch dekorierten Gangs wieder die Steinbrecher an ihre Arbeit. Doch plötzlich mußte man aufhören, denn als man noch gar nicht sonderlich tief ins Felseninnere vorgedrungen war, ging es einfach nicht weiter. Die Kalksteinstufen, die man aus dem Gestein schlug, polterten mit hallendem Echo tief in eine weit gähnende Höhlung. Man schlug ein Loch, groß genug, daß ein Mensch hindurchkonnte, und ließ dann einige Arbeiter in die Dunkelheit hinab. Sie bemerkten im flackernden Lampenlicht zunächst einen ebenen Boden, dann ein Portal und schließlich eine nur roh aus dem Felsen gehauene, aber regelmäßige Kammer. Die beiden Vorarbeiter sowie die Erfahreneren unter ihren Leuten müssen sofort bemerkt haben, was geschehen war, und als sie durch das Portal in eine andere roh ausgehauene Kammer gelangt waren und durch eine zweite Tür eine weite

Halle mit vier quadratischen Pfeilern erreicht hatten, sahen sie ihre Befürchtungen bestätigt: Zumindest der zuletzt von ihnen betretene Raum war leicht als Bestandteil eines Königsgrabes erkennbar. Wer Hieroglyphen zu lesen verstand, erkannte an der Wand den Namen Amenmesses', des Usurpators, der erst vor dreizehn Jahren hier begraben worden war. Die Steinbrecher standen in der Streitwagen-Halle seines Grabes. Diese Kollision zweier Gräber läßt erkennen, unter welchem Druck die beiden Kolonnen arbeiteten. Der Eingang zum Grab Amenmesses', eine weiße Narbe im Goldton der Tallandschaft, muß deutlich genug gewesen sein; doch in der Hast, zu der sie gezwungen waren, hatten die Steinbrecher die Entfernung zwischen ihrer Baustelle und dem bereits verschlossenen und versiegelten Grab daneben falsch eingeschätzt und waren nun durch die Decke einer kleinen Grabkammer gestolpert, die rechtwinklig vom Mittelgang dieses Grabes abzweigte.

Als die Männer der Arbeitskolonnen durch das klaffende Loch in das Grabesdunkel unter ihnen eindrangen, betraten sie eine seltene »Unterwelt«, in der einige der älteren Bildhauer und Maler ihrer Gruppen manche ihrer besten Werke geschaffen hatten. Wie enttäuschend muß es für sie gewesen sein, als sie nun auf Anordnung des Wesirs oder vielleicht auch eines Hohenpriesters abermals mit Hämmern und Meißeln in die Tiefe geschickt wurden, um die Götterbilder von den Wänden des Usurpatorengrabes zu tilgen. Vielleicht geschah dies unter Leitung eines Tempelpriesters, der sich bestens in der Ikonographie königlicher Gräber auskannte. Gewiß war auch ein ranghöherer Schreiber aus dem Dorf anwesend – vielleicht Paser, der Jahre zuvor der Kolonne Amenmesses' Tod verkündet hatte. Auch die Vorarbeiter Paneb und Hai waren mit von der Partie und beaufsichtigten ihre Werkleute, während die von den Wänden geschlagenen Steinsplitter in weitem Bogen durch den unterirdischen Raum spritzten und prasselnd zu Boden fielen. Heute ist dieses Grab zur Hälfte mit angeschwemmtem Geröll gefüllt, und wir können nicht sagen, ob der tote König oder die Sarkophage seiner Mutter und seiner Großen Gemahlin damals geplündert wurden. Doch ist anzunehmen, daß man beim Zerschlagen der Götterbilder auch die schimmernden Statuen der Schutzgottheiten entfernte, die jeden Königssarkophag umstanden. Deutlicher als durch diese pietätlose Attacke auf das Grab hätte der neue Herrscher, Sethnacht, gar nicht zeigen können, wie er zu seinem Vorgänger stand, der sich in seinen Augen den Thron nur angemaßt hatte. Und nirgendwo erkennt man wohl auch so deutlich die Kluft zwischen den Zielen altägyptischer und heutiger Künstler wie in diesem Grab, in dem einige der bedeutendsten Bildhauer des alten Ägyptens ihre eigenen Meisterwerke kurz und klein schlugen. Fortan ruhte der Usurpator in keiner »Unterwelt« mehr, wie sie einem König zustand. Die Werkleute hatten nicht nur Kunstwerke zerschlagen, sondern dem König seine Götter genommen.

Nach der Zerstörung von Amenmesses' Grab gab man den unfertigen Gang darüber auf. Da aber die Zeit drängte, für eine standesgemäße Bestattung des Königs Sethnacht zu sorgen, um dessen Gesundheit es nicht zum besten stand, drangen die Arbeitskolonnen noch einmal in das frisch versiegelte Grab der Königin Tewosre ein, erweiterten dessen Portale und trieben dessen Korridore tiefer in den Felsen hinein. So meißelten sie hinter der Grabkammer der Königin eine zweite Folge von Räumen aus dem Gestein, die für König Sethnacht bestimmt waren – ein Grab in einem Grab! Hier und da änderten sie im Grab der Königin rasch die eine oder andere Szene an der Wand, ersetzten einige Namen durch neue und »frisierten« einige Abbildungen. Schließlich starb Sethnacht nach nur zwei Regierungsjahren. Die Granitsteinmetzen aus Assuan hatten seinen Sarkophag schon fertig, und so bettete man den Gründer der 20. Dynastie in seinem frisch ausgemalten Grab zur letzten Ruhe.

Auf den Thron kam nun Sethnachts Sohn, Ramses III., und wie sein berühmter Namensvetter brachte er Ägypten, Theben und dem Dorf der Gräbermacher wieder ein größeres Maß an Sicherheit und Stabilität. Während seiner ersten Regierungsjahre leiteten Paneb und Hai weiterhin ihre Arbeitskolonnen. Ein ganzes Jahrzehnt lang – für Paneb ein qualvolles Jahrzehnt der üblen Nachrede und Kritik – hatten die beiden Vorarbeiter die Arbeiten an nicht weniger als fünf riesigen und prachtvoll dekorierten Königsgräbern beaufsichtigt, während in Theben die Könige kamen und gingen. Für das Dorf war dies eine Zeit hektischer, nie zuvor dagewesener Betriebsamkeit. Hai blieb auch weiterhin und noch jahrzehntelang Vorarbeiter; schließlich überließ er im 22. Regierungsjahr Ramses' III. sein Amt seinem Sohn. Paneb dagegen und seinem Sohn Apachte war kein ruhiges Schicksal beschieden. Nach nur sechs Regierungsjahren des neuen Herrschers verschwinden sie vollkommen aus den schriftlichen Zeugnissen des Dorfes.

Der Bruder des Vorarbeiters

Vieles von dem, was wir über Paneb wissen, stammt aus schriftlichen Mitteilungen seiner Gegner – Gegner, von denen die meisten unversöhnliche Feinde von ihm waren. Sogar die Schreiber, die am Großen Platz die Anwesenheitslisten führten, berichten ungewöhnlich detailreich und meistens in unfreundlichem Ton von dem, was Paneb tat und trieb. Beispielsweise erfahren wir, daß er einen Mann vom Arbeitsplatz am Königsgrab wegschickte, damit er ihm zu Hause das Rind füttere. Und wir wundern uns nicht, wenn wir vernehmen, daß der fragliche Rinderfütterer zur Familie des verstorbenen Vorarbeiters Neferhotpe gehörte.

Unsere ausführlichste Informationsquelle in Sachen Paneb stammt von Neferhotpes Bruder Amunnacht. Es handelt sich um einen Papyrus, dessen Text Amunnacht im hohen Alter diktierte, um sich einmal all die Ungerechtigkeiten von der Seele zu reden, die er im Lauf seines langen Lebens erduldet hatte. Amunnacht dürfte damit gerechnet haben, von seinem kinderlos gestorbenen Bruder das Amt des Vorarbeiters zu erben, doch Paneb, der Eindringling, trat an seine Stelle und brachte ihn nicht nur um sein Erbe, sondern nahm ihm wohl auch die Zuneigung des Bruders. Amunnacht ist seinem Adoptivneffen daher spinnefeind, und der einzige Zweck des Dokuments ist es, Paneb bei den Behörden anzuschwärzen. Man tut jedoch gut daran, seinen Bericht, laut dem Panebs Leben eine einzige Folge von Schandtaten gewesen sein müßte, nicht für bare Münze zu nehmen. Schließlich behielt Paneb seinen Posten volle fünfzehn Jahre unter erschwerten Bedingungen, und es gelang ihm, eine leistungsfähige und loyale Mannschaft zusammenzuhalten zu einer Zeit, in der es seinen Auftraggebern offensichtlich mehr auf die Anzahl der Gräber als auf die Qualität ihrer künstlerischen Ausgestaltung ankam. Außerdem ernährte er eine große Familie, und selbst seine erbittertsten Feinde mußten es ihm lassen, daß er nicht nur bei den Männern seiner

Arbeitskolonne beliebt war, sondern auch große Chancen bei den Frauen im Dorf hatte.

Amunnacht ist gleich am Anfang seines Schriftstücks sehr direkt, indem er sich zunächst vorstellt und dann sogleich auf sein Anliegen zu sprechen kommt. »Ich bin der Sohn des Vorarbeiters Nebnefer. Mein Vater starb, und die Stellung des Vorarbeiters erbte Neferhotpe, mein Bruder.« Dann berichtet er, wie Paneb zum Vorarbeiter ernannt wurde, »obwohl ihm diese Stelle nicht zustand«, und schildert dann auf 67 Zeilen wortreich sein Leben. Gelegentlich weist der Text Lücken auf; in den drei Jahrtausenden seit seinem Entstehen wurde er abgegriffen und beschädigt. Die letzten Zeilen deuten darauf hin, daß Amunnacht ihn noch zu Panebs Lebzeiten abfaßte, denn nach der Aufzählung sämtlicher Übeltaten Panebs heißt es: »Ein solches Betragen ist seines Amtes in der Tat unwürdig. Doch noch immer geht es ihm gut, obwohl er wahnsinnig ist, und dennoch hat er den Tod dieser Männer verschuldet.« Obwohl der Text weitere Enthüllungen ankündigt, bricht er hier unvermittelt ab. Die Klage über Panebs eiserne Gesundheit läßt vermuten, daß Amunnachts Angaben im Zusammenhang standen mit einer Untersuchung von Panebs Taten durch Hori, den ersten Wesir Ramses' III.; daß eine solche Untersuchung stattfand, bezeugt auch ein später entstandenes Dokument, das eine Rede eines der jüngeren Söhne Panebs enthält.

Im wesentlichen ist Amunnachts Papyrus eine Aufzählung von Verbrechen; die Beschuldigungen sprudeln nur so aus dem Verfasser heraus. Das Schriftstück strotzt von Haß gegen Paneb und schwelgt förmlich in den Emotionen eines kleinkarierten Dörfler-Streits. Es gibt nichts, was Paneb nicht angekreidet wird: Launenhaftigkeit, Plünderung eines Königsgrabes, Bestechung hoher Staatsbeamter, die Sache mit Amunnachts Adoptivbruder, den er zum Rinderfüttern abkommandierte, ohne ihn dafür zu bezahlen, »und dies«, wie es wörtlich heißt, »zwei volle Monate lang«. Der Inhalt von Amunnachts Erklärung steht in krassem Gegensatz zu der eher weichen Handschrift des Schreibers, der drei Papyrusbogen vierspaltig mit sanft gerundeten Schriftzeichen bedeckte. Wenn wir dem Text irgendwelche Fakten entnehmen wollen, müssen wir uns gleichsam durch den Wust der Erregung hindurcharbeiten, in der Amunnacht das Schreiben diktierte.

Insgesamt wirft Amunnacht Paneb sechzehn Verfehlungen vor, von denen nach unserer Kenntnis des altägyptischen Rechts vier als Staatsverbrechen einzustufen sind. Drei davon – Paneb habe die Entlassung eines Wesirs betrieben, einen zweiten Wesir bestochen, um Vorarbeiter zu werden, und ein Königsgrab ausgeraubt – waren sozusagen »Schnee von gestern«, Anschuldigungen, die keinerlei Strafverfolgung nach sich gezogen hatten, und dies mehr als ein volles Jahrzehnt lang; nur die vierte dieser Anklagen, Paneb habe auch das Grab einer Königin ausgeplündert, war neu, und sie brachte den Vorarbeiter zu Fall.

Von den übrigen zwölf Beschuldigungen, die sein Adoptivonkel gegen ihn erhob, beziehen sich sechs auf Familienmitglieder, so den Ziehbruder, der um seinen Lohn für das Rinderfüttern geprellt wurde, und eine angeblich verführte Verwandte; die sechs restlichen betreffen Dorfskandale ähnlicher Art. Wie soll man hinter dem Gewebe so vielen Übelwollens die Wahrheit erkennen? Zunächst haben wir wohl einzuräumen, daß all dieses Gerede, wie jedes Geschwätz, einen Kern von Wahrheit enthält. Schließlich konnte im Dorf nichts verborgen bleiben, und auch die Regierungsbeamten müssen mitbekommen haben, was in der Siedlung der Gräbermacher vor sich ging. Es hätte also wenig Sinn gehabt, wenn Amunnacht seine Anwürfe aus der Luft gegriffen hätte. Daher dürfte es stimmen, wenn Amunnacht behauptet, ein Wesir sei fristlos entlassen worden; allerdings ist wohl Skepsis angebracht, was Panebs Beitrag zu diesem Sturz angeht. Die Vorwürfe, Paneb habe den Hinterbliebenen Neferhotpes das Opfern in dessen Grabkapelle verboten, habe solche, die es dennoch versuchten, mit Steinen beworfen, und sich bei Dorffesten sinnlos betrunken, müssen dementsprechend ebenfalls auf Wahrheit beruht haben, denn all diese Dinge hatten sich ja in der Öffentlichkeit abgespielt, und es gab genügend Zeugen dafür. Auch daß Paneb bereits einmal vor Gericht beeidet hatte, er habe kein Königsgrab ausgeraubt, war im Dorf allgemein bekannt, und jeder hatte auch die Auslassungen seines Sohnes Apachte über ihn gehört.

Doch Amunnacht spricht auch noch von anderen, geheimeren Verfehlungen. Beispielsweise soll Paneb vom Großen Platz Werkzeuge entwendet und den Schreiber Kenhirchopfschef bestochen haben (der damals, als Wesir Hori diese Untersuchung durchführte, längst tot war). Da solche Vorkommnisse, falls sie stattfanden, sich fern der Öffentlichkeit abgespielt hatten, fehlten Zeugenaussagen, die den Verdacht zu erhärten vermochten. Ebenso schwer ließ sich die Behauptung beweisen, Paneb habe der Jemjemwah die Kleider vom Leib gerissen und sich auf der Höhe einer Mauer an ihr vergangen. Jemjemwah, die Schwester Amunnachts und Neferhotpes, war zusammen mit Paneb im Haushalt des Vorarbeiters aufgewachsen. Der Wortlaut der betreffenden Textstelle ist mehrdeutig; es ist indessen kaum wahrscheinlich, daß Paneb seine Adoptivtante wirklich vergewaltigte, ist doch nirgends davon die Rede, daß er dafür bestraft worden wäre, obwohl Vergewaltigung auch in Altägypten als Verbrechen galt. Statt dessen kann man sich eher vorstellen, daß eine sexuelle Beziehung, die Paneb zu seiner Adoptivverwandten, mit oder ohne deren Einwilligung, unterhalten haben mochte, von deren Bruder, ohnehin eifersüchtig auf den Eindringling, besonders scheel angesehen wurde. Ähnliches gilt wohl auch für die Liste der Frauen im Dorf, mit denen es Paneb, wie sein Sohn Apachte ihm vorwarf, getrieben haben soll. In anderen Dokumenten aus jener Zeit werden dieselben Ausschweifungen angeprangert, und stets werden, wie auch im Fall Panebs, die Namen von drei Frauen genannt. Im Gegensatz zur Vergewaltigung sah man die Verführung einer Frau gewiß nicht als Verbrechen an. Daß Amunnacht diese Dinge dennoch erwähnt, kann nur den Zweck haben, Paneb als einen »Sethianer« zu brandmarken, der Zwietracht sät und die Gesellschaftsordnung auf den Kopf stellt. Doch auch die Auswahl der Frauen, die Amunnacht in seiner Klageschrift anführt, zeugt von einer besonderen Fähigkeit, Unruhe zu stiften. Denn eine dieser Frauen war mit einem der besten Freunde Panebs verheiratet, und eine andere war die Gattin eines angesehenen Mannes im Dorf, eines ungewöhnlich gebildeten Malers. Diese Dame, Hunro mit Namen (»Kleine Hathor«), ließ sich später von ihrem Gatten scheiden und ging eine neue Ehe ein; laut Amunnachts Bericht war sie auch dann noch Panebs Geliebte. Interessanterweise war ihr zweiter Mann jener Hesisenebef, den der Vorarbeiter Neferhotpe einst als zweiten Sohn adoptiert hatte, nachdem Paneb aus dem Haus war (es war jener Knabe, der auf der Statue Neferhotpes das Äffchen mit Weinbeeren fütterte). Hunro hatte aus ihrer Ehe mit Hesisenebef zwei Kinder, denen sie die Namen des alten Vorarbeiters und seiner Frau, Neferhotpe und Wabchet, gab. Und Amunnacht behauptet, auch ihre Tochter habe etwas mit Paneb gehabt, desgleichen mit Panebs Sohn Apachte.

Vielleicht sollten wir diese Unterstellungen als absurd abtun, denn Hunro und Hesisenebef waren nur ganze drei Jahre verheiratet, und als der Prozeß gegen Paneb stattfand, war Hunros Tochter noch ein kleines Mädchen. Die Dauer der Ehe ist nämlich überliefert, und zwar auf einer großen Kalksteintafel, deren Inschrift die bei Hunros Scheidung getroffenen Abmachungen enthält. Es heißt da: »Jahr zwei, dreiundzwanzigster Tag im zwölften Monat des Königs Sethnacht. Der Tag, an dem Hesisenebef Hunro entließ. ›Ich gab ihr drei Jahre lang in jedem einzelnen Monat achtundzwanzig Pfund Weizen, dies macht neun Säcke.‹ « Hunro wiederum hatte einen Ballen Tuch in die Ehe eingebracht. Als Weberin hatte sie vermutlich in einer Werkstatt gearbeitet, die zum Tempel Ramses' II. gehörte, denn dort fand man ihren Ehevertrag. Um jenen Ballen Tuch gab es Streit, sowohl über die Qualität der Ware (die ein Händler als schlecht bezeichnet hatte) als auch über deren Wert. Doch schließlich war alles geregelt, und das Paar ging auseinander. Während ihrer kurzen Ehe errichteten Hunro und Hesisenebef, der damals ein wohlhabendes Mitglied der Dorfgemeinschaft war und in der Kolonne des Vorarbeiters

Hai arbeitete, eine schöne Stele im Tempel Ramses' II., auf der man die Angehörigen beider Familien erblickt, die den *Ka* des Vorarbeiters Neferhotpe verehren. Der Bildhauer stellte Neferhotpe in feinstes, plissiertes Leinen gekleidet dar, und man sieht den toten Vorarbeiter auf einem mit Opfergaben beladenen Himmelsboot stehen. Nichts erinnert hier an Dorfzwistigkeiten und an aufgebrochene Gräber von Thron-Usurpatoren.

In Hunros und Hesisenebefs Scheidungs-Denkmal taucht auch der Name eines gewissen Hai auf, der in der Mannschaft des gleichnamigen Vorarbeiters arbeitete und zum Unterschied von diesem als »Sohn des Siwadsch« bezeichnet wird. Ein weiterer »Sohn des Siwadsch« taucht im Zusammenhang mit einer anderen Beschuldigung in Amunnachts Papyrus auf. Von allen Vorwürfen, die Amunnacht gegen Paneb erhebt, ist dieser das beste Beispiel dafür, daß eine völlig harmlose Angelegenheit wie ein scheußliches Verbrechen aussehen kann, wenn man sie übelwollend betrachtet. Zweimal wirft Amunnacht Paneb vor, in Gräber von Dorfbewohnern eingedrungen zu sein und sie ausgeraubt zu haben. Doch aller Wahrscheinlichkeit nach entbehren diese Anschuldigungen jeder Grundlage. Hätten sich nämlich solch gravierende Verfehlungen beweisen lassen, wäre Paneb sicher schon Jahre früher dafür bestraft worden. Denn Amunnacht behauptet, der Schreiber Kenhirchopschef habe im Zusammenhang damit von Paneb »Schweigegelder« in Form von Naturalien erhalten, und dementsprechend müssen diese Grabräubereien, wenn überhaupt, während der ersten beiden Amtsjahre Panebs stattgefunden haben, als Kenhirchopschef noch lebte. Laut Amunnacht betrat Paneb »Gräber, die nicht ihm gehörten, und er spreizte die Beine. Der Arbeiter Kenna war bei ihm.« Es war pikanterweise derselbe Kenna, dem Paneb, nach einer anderen Stelle des Papyrus, Hörner aufgesetzt haben sollte! Der Ausdruck »die Beine spreizen« bezieht sich auf die Art und Weise, wie die Dorfbewohner durch die senkrechten Grabschächte in die Tiefe zu steigen pflegten. Sie stellten dabei die Füße in Schlitze, die beiderseits an den Schachtwänden angebracht waren. Amunnacht läßt durchblicken, Paneb habe sogar die Bahre gestohlen, auf der der Sarg lag, »sämtliche Gegenstände fortgetragen, die man einem Toten mit ins Grab gibt, und sie gestohlen«. Wir können vielleicht sogar das Grab lokalisieren, das Paneb ausgeraubt haben sollte, denn Kenna war zwar im Dorf ein häufiger Name, doch nur einer seiner Träger, ein Sohn des Siwadsch, besaß auf dem Dorffriedhof ein Familiengrab ganz nahe bei dem Grab Panebs. Zu Panebs Zeit war der Dorffriedhof sehr dicht belegt, und viele ältere Gräber waren eingestürzt. Gruppen von Dorfbewohnern kamen herbei und sahen nach den Grabstätten, meistens in der frommen Absicht, die entstandenen Schäden zu beheben. Es ist also durchaus möglich, daß Paneb lediglich einem Freund bei einem solchen Vorhaben half; vielleicht suchten die beiden auf dem Friedhof auch nur eine Stelle für ein neues Grab. Nach den Graffiti im Familiengrab des Siwadsch-Sohnes Kenna zu schließen, wurde dieses Grab tatsächlich mehrere Male geöffnet, und zwar genau aus dem angegebenen Grund. Und wir dürfen dessen sicher sein, daß Paneb und Kenna, hätten sie nur einen Steinwurf von der Dorfmauer entfernt am hellichten Tag Grabräuberei getrieben, mehr als nur ein paar unklare Andeutungen ausgelöst hätten, die zwölf Jahre später schriftlich niedergelegt wurden.

Wenn wir nun also in diesem Text die üble Nachrede von den Tatsachen zu trennen suchen, so können wir wohl mit Sicherheit feststellen: Der ungestüme Paneb war kein Ramose. Es stimmt, daß er unmäßig trank, daß er sich hochdramatische Wutausbrüche leistete, Frauen aus dem Dorf verführte und ein »Sethianer« war. Zwischen den Zeilen der Vorwürfe Amunnachts erkennen wir einen Menschen aus Fleisch und Blut: stürmisch, leidenschaftlich und aller Wahrscheinlichkeit nach einer der besten Vorarbeiter, die es am Großen Platz je gegeben hat. Niemand ist einfach schwarz oder weiß, böse oder gut. Der Mensch ist eher ein Bündel von Widersprüchen, und für Paneb galt dies mehr als für jeden anderen.

Was brachte diesen Mann schließlich vor das Tribunal des

Wesirs Hori, wo es um Kopf und Kragen ging? Die bloße Form des Papyrustextes gibt uns darüber Aufschluß. All diese weitschweifigen, anscheinend unzusammenhängenden Aussagen fügen sich zu einer Erzählung. Die Geschichte ist nicht literarisch geschliffen, hat keinen Anfang, keine Mitte und kein Ende. Vielmehr ist sie so, wie einfache Leute sich ausdrücken, die sprachlich weniger gewandt sind. Neferhotpes Bruder hatte manches Bittere erlebt, und die Erinnerungen daran übermannten ihn. Seine Beschuldigungen beginnen mit zwei schwerwiegenden Vorwürfen; daran schließt sich einiger Dorfklatsch an, gefolgt von Klagen über der Familie zugefügtes Unrecht, wonach der Verfasser wieder auf sein Hauptthema zurückkommt. Fast ganz am Ende seiner Aufzählung schildert er dann das Verbrechen, dessentwegen Paneb ergriffen wurde, und wie ein Nachwort voller Erbitterung schiebt er ganz zum Schluß noch einige unerquickliche Details der Familienfehde hinterher. Trotz aller rhetorischen Unzulänglichkeit aber läßt uns Neferhotpes Bruder Panebs letztes Verbrechen wissen: »Anklage, weil er [d. h. Paneb] zum Grab der Königin Henutmire gegangen ist und dort eine Gans entwendet hat. Und er schwor den Königseid und sagte: ›Sie ist nicht in meinem Besitz.‹ Doch sie fanden sie in seinem Haus.« Dies also war das Verbrechen, das Paneb begangen hatte und für das er mit Vertreibung aus dem Dorf und so gut wie sicher auch mit dem Tod bestraft wurde: der Diebstahl einer goldenen Gans, des heiligen Tieres Amuns, aus dem Grab einer Gemahlin Ramses' II., die eine Tochter Sethos' I. war.

Es ist die Kürze, die an Amunnachts Bericht überzeugt. Man kann sich vorstellen, daß kein Thebaner damals über das von Amunnacht Geschilderte hinaus etwas wissen wollte von einem Verbrechen, das die Dorfbewohner aufs schwerste bedrückte und von dem man besser nicht allzu viele Einzelheiten erfuhr. Daß ein Vorarbeiter am Großen Platz bei einer solchen Tat ertappt worden war, der Leiter einer Mannschaft, die täglich in den königlichen Gräbern aus und ein ging und deren gesamte Existenz auf Vertrauen oder zumindest gegenseitiger Kontrolle beruhte, mußte das Dorf in Alarmstimmung versetzen. Es ist ziemlich sicher, daß auch andere Dorfbewohner in den Fall verwickelt waren, etwa Panebs Sohn Apachte, der zusammen mit seinem Vater ganz plötzlich nicht mehr in den Annalen erwähnt wird. Der Papyrus schießt noch über sein Ziel hinaus, indem er die Namen der Freunde angibt, die Paneb in seiner Arbeitskolonne hatte, und sodann jene Männer benennt, die unter der Ausbeutung durch den Vorarbeiter litten. Von daher ist es durchaus möglich, daß Amunnacht nicht einfach nur Paneb denunzieren wollte, sondern als Bruder eines allgemein geachteten früheren Vorarbeiters die älteren Dorfbewohner aus der Paneb-Affäre herauszuhalten gedachte. Mag sein, daß wir Amunnacht von dem Vorwurf freisprechen müssen, nur seinen Gegner angeschwärzt zu haben. Vielleicht wollte er auch nur dem Wesir Hori beweisen, daß die meisten Leute im Dorf rechtschaffene Horusverehrer und keine »Sethianer« waren wie der zügellose Paneb.

Sicher ist eines: Die goldene Gans wurde dem Vorarbeiter zum Verhängnis. Durch seinen Grabraub und den Meineid, den er geschworen hatte, hatte Paneb sich zweier schändlicher Verbrechen schuldig gemacht. Aus dem Jahr 1175 v. Chr., als nach der Nilüberschwemmung der Winter gekommen war, berichtet eine einzige Zeile auf einem Ostrakon: »Jahr sechs, fünfter Monat, ›Hinrichtung des Vormanns‹.«

Fragmente

Was wir über Menschen wie Paneb und Kenhirchopschef wissen, verdanken wir größtenteils Aufzeichnungen, in denen es um ihre Beziehungen zu anderen Dorfbewohnern geht: Quittungen, Briefen, letztwilligen Verfügungen, sogar Denunziationen. Die meisten ihrer Zeitgenossen dagegen kennen wir nur aus winzigen Schriftfragmenten. Der Schreiber Nechenmut beispielsweise existiert lediglich als Name in einigen rohen Graffiti, die er in die Felsen bei Theben ritzte, in einer bruchstückhaften Denkschrift über die Arbeit am Großen Platz sowie als Empfänger eines einzigen Briefes, dessen Absender heute niemand mehr kennt.

Laut diesen Graffiti war Nechenmut Priester in einem der Tempel des Dorfes. Von seiner Arbeit am Königsgrab erfahren wir, daß er eines Tages, als die Männer der Arbeitskolonnen ihre Rationen erhielten, mit einigen von ihnen eine Auseinandersetzung hatte. Doch ein Stück seines Lebens erfassen wir nur in jenem Brief, den ihm ein erboster Arbeiter sandte. »An den Schreiber Nechenmut. Warum verhältst du dich jetzt so schlecht? Niemandes Worte dringen mehr an deine Ohren außer deinen eigenen selbstgefälligen Reden. Du bist kein Mensch. Du schwängerst deine Frau nicht wie andere Männer. Du bist zwar sehr, sehr reich, gibst aber niemandem etwas. Wer kein Kind hat, adoptiert ein Waisenkind, um es großzuziehen. Dieses wird später Wasser für seine Hände bringen [d. h. als sein Sohn handeln].«

Wir mögen Nechenmut bedauern; vielleicht war er einsam, vielleicht allzu ichbezogen. Bewundern müssen wir jedoch die Offenheit, mit der hier zwei Dorfbewohner miteinander umgingen, und wir können uns lebhaft vorstellen, daß ein Brief wie dieser sich vorzüglich dafür eignete, eine Streßsituation zu meistern und Dampf abzulassen. Man lebte im Dorf eng aufeinander, so drangvoll eng, daß es schwer gewesen sein muß, sich zurückzuziehen, und höchstwahrscheinlich galt Alleinsein auch als wenig erstrebenswerter Zustand, wie dies noch heute in zahlreichen nichtwestlichen Kulturen der Fall ist. Weitgehende Toleranz bestimmte das Verhalten der Dorfbewohner und ließ sie gegenseitig ihre Schwächen ertragen. Ebenso, wie das Vergnügen einer heiteren Gästerunde oder eines reichgedeckten Tischs nie das einzig Erstrebenswerte des Dörflers war, so gingen auch die meisten Sticheleien und Zwistigkeiten im Dorf der Gräbermacher kaum so tief wie der Konflikt zwischen Paneb und Neferhotpes Familie.

Wenn sich Ereignisse von landesweiter Tragweite auf den Alltag der Dorfbewohner auswirkten – wenn es beispielsweise in drei Jahren sechs Königsgräber zu erstellen galt oder die Dörfler um ihrer Sicherheit willen in Nachbarsiedlungen Zuflucht suchen mußten –, bemerken wir deutliche Krisenstimmungen, gelegentlich sogar Anzeichen von Hoffnungslosigkeit. Oft finden diese Empfindungen ihren Niederschlag in ironisch-satirischen Zeichnungen, die den beklagenswerten Abgrund zwischen dem geheiligten Amt des göttlichen Pharaos und den allzu menschlichen Unzulänglichkeiten der Thronbewerber unterstreichen. Mitunter bringen sie aber auch nicht minder verständliche Ansichten über die Welt im allgemeinen zum Ausdruck, die Welt, in der man lebte. Einer der Künstler im Dorf lieferte einen bissigen Kommentar zu den Rivalitäten bei Hofe, die für das Dorf so schwere Gefahren heraufbeschworen und den Gräbermachern so viele zusätzliche Mühe bereitet hatten. Mit roten Strichen zeichnete er zwei aufeinander zufahrende Streitwagen auf eine Kalksteinplatte. In dem rechten Wagen steht ein Wagenlenker, der die Rosse zum Halten bringt, neben ihm die beschädigte Gestalt eines Königs; beide nehmen Posen ein, die an die Schlachtenszenen an den Wänden thebanischer Tempel erinnern. Auf dem anderen Wagen steht, in durchsichtige Gewänder gekleidet, eine Königin, die gerade einen Pfeil in den Bogen einspannt. Ihr Gegenspieler auf der anderen Seite scheint dasselbe zu tun. Zwischen den beiden Wagen ist die Luft voller schwirrender Pfeile, die von beiden Gegnern aufeinander abgeschossen worden sind. Diese Szene ahmt ganz gewiß keine Darstellung an irgendwelchen Tempelwänden nach, denn dort wurden niemals zwei miteinander kämpfende Mitglieder königlicher Familien abgebildet. Aller Wahrscheinlichkeit nach soll die kriegerische Königin im linken Streitwagen Tewosre darstellen, die während der Regierungszeiten zweier Herrscher hinter dem Thron alle Fäden in der Hand hatte und ein eigenes Grab im Tal der Könige besaß. Ihr königlicher Widersacher ist zweifellos einer jener Herrscher, die nach Merneptahs Tod jeweils für kurze Zeit den Thron innehatten. Doch die Zeichnung ist so bezaubernd, die Pferde so voller Leben, die Gebärde des Bogenspannens so vorzüglich beobachtet, daß die Schärfe der politischen Aussage gar nicht recht zur Wirkung kommt. Denn hier hat einer der königlichen Nekropolenarbeiter Elemente herkömmlicher Triumphszenen übernommen und zu einem zeitkritischen Kommentar umgedeutet, der sich mit der Tatsache befaßt, daß damals Ägypter nicht gegen unzivilisierte Barbaren, sondern gegeneinander Krieg führten. Dabei ist schwer zu sagen, wie weit bei dieser Zeichnung die Satire ging. Wie Künstler anderer Zeiten bewegten sich auch die Zeichner im alten Ägypten innerhalb von Konventionen und bildeten gleichsam instinktiv immer wieder bestimmte Gesten und Haltungen ab. Die altägyptische Kunst vermittelte den Menschen ein ganz anderes Bild von sich selbst, ein Bild, das von dem der modernen Kunst sehr verschieden ist, zeigte sie doch eine gelassen in sich ruhende, festgefügte Gesellschaft, die ebenso unerschütterlich in die Zukunft blickte, wie sie der Vergangenheit gegenüberstand.

Das überdimensionale offizielle Bild eines starken, wohlgeordneten Staates, der alle Vorteile eines gutfunktionierenden Feudalsystems zu bieten hatte, spiegelte Verhältnisse wider, wie sie in Theben schon lange nicht mehr existiert hatten. Das Lebensgefühl der Menschen im Gräbermacherdorf hatte sich während der ersten 100 Jahre seines Bestehens allmählich geändert. Nach und nach tauchten individuelle Persönlichkeiten auf, Menschen, die sich Sorgen machten, die zu ihren persönlichen Gottheiten beteten, die eher auf persönliche Erfahrungen als auf Gefühle bauten und aufgrund ihrer Einblicke in den Bereich des Unbekannten vielleicht auch abergläubischer waren. Wenn sie zu den Gräbern gingen, dann taten sie dies wohl nicht nur als glückliche Diener einer Staatsmaschinerie, die aufgrund ihrer Stellung im diesseitigen Leben ein festes Anrecht auf einen guten Platz im Jenseits zu haben wähnten, sondern als Individuen, die sich mit ihren eigenen magischen »Reisepässen« und Amuletten für die Reise durch das Totenreich versehen hatten und die schließlich, wenn sie bei den Göttern eingetroffen waren, als Einzelwesen vor deren Gericht hintraten. Die unschuldige kleine Zeichnung der Königin und des Königs, die gegeneinander kämpfen, ist nur ein winziges Indiz für diesen allmählichen Gesinnungswandel.

Ebenso, wie die Künstler über ein weites Repertoire von Standardposen verfügten, auf denen auch ihre originellsten Schöpfungen beruhten, so fußte auch das Verständnis, das die Dorfbewohner von ihrer Rolle innerhalb der Gesellschaft hatten, auf einer Reihe großartiger Bilder und Gleichnisse, die in Mythen wie dem von der Auseinandersetzung zwischen Horus und seinem Vaterbruder Seth deutlich zum Ausdruck kamen. Und dieses Selbstverständnis befähigte sie, Tag für Tag erneut ihre Rolle zu übernehmen. Die Spielregeln und Schliche, denen die Götter in den Mythen folgten, schlugen sich im sozialen Verhalten der Nekropolenarbeiter nieder. Kenhirchopschefs Studie über die »Sethianer« beweist eine sorgfältige Charakteranalyse und deutet darauf hin, zu welchem Einfühlungsvermögen man in dieser Welt fähig war. Eine ähnlich subtile Komplexität verraten die Gestalten der weiblichen Gottheiten mit ihren recht unterschiedlichen Eigenschaften als furchterregende Löwinnen,

Mütter, Unheilbringerinnen, aber auch als Verkörperungen des Gesangs und alles Schönen.

Wie um dieses subtile Verständnis vom einzelnen und von der sozialen Ordnung zu unterstreichen, weisen die Zeichnungen, die die Dorfbewohner zum Scherz anfertigten, absichtliche Umkehrungen der herrschenden Konventionen auf. So führt in einem Streitwagen eine Maus eine Armee an, blickt dabei aber in die falsche Richtung. In anderen Zeichnungen führen Mäuse in Streitwagen Krieg gegen Katzen, die ständig den kürzeren ziehen. Auch andere Karikaturen stellen die Welt auf den Kopf. Krönungs- und Gelageszenen zeigen wie Menschen gekleidete Mäuse, die von Katzen bedient werden. Die Katzen fächeln ihnen Kühlung zu, tischen Speisen auf, bisweilen tragen sie auch warm eingewickelte Mäusebabies, deren winzige Köpfe neugierig aus ihrer Umhüllung hervorschauen. Offensichtlich wundern sich diese Mäuse über die unerwartete Zuwendung, die ihnen von ihren sonstigen Freßfeinden zuteil wird. Auch andere Tiere nehmen an den Gelagen teil. Füchse und Esel spielen Doppelflöte, grinsende Krokodile klimpern um die Wette auf der Laute, während draußen weitere Katzen Gänse zum Markt treiben, Amseln auf Leitern klettern, um Feigen zu pflücken, und Flußpferde sich hoch oben in den Baumkronen von Ast zu Ast schwingen.

Dies alles gehört zu einem bäurischen Märchenland, das es gab, seit Menschen Ackerbau und Viehzucht trieben und ihren Tieren menschliche Rollen beilegten. Doch in Ägypten, wo die Götter selbst nicht selten Tiergestalt hatten – so war Horus ein Falke, Seth ein Tier, dessen zoologische Zuordnung nicht sicher ist –, besaßen Katzen, die von Mäusen besiegt wurden, vielleicht auch noch eine tiefere

Bedeutung. Denn oft wurde Seth als Flußpferd oder Esel dargestellt, Amseln galten allgemein als Träger bösen Vorzeichens, und Krokodile fraßen schließlich Menschen. Diese Szenen, die einem Kaspertheater entsprungen scheinen, sind Alpträume im Märchengewand. Alles Schlechte dieser Welt, die Umkehrung der Weltordnung, ist hier auf die Formel eines Krieges zwischen Katzen und Mäusen gebracht. Mickey Mouse erfüllt in unserem Jahrhundert eine ähnliche Funktion.

Interessant ist, wie langlebig diese einfachen Geschichten waren, denn die Tierkampf-Darstellungen der alten Ägypter fanden ihren Weg schnurgerade bis nach Rom, wo sie Tavernen zierten, und sie waren damals so populär wie gedruckte Reproduktionen von Jagdszenen in heutigen Kneipen. Der flötespielende Fuchs kommt in einem Dutzend volkstümlicher Geschichten in ganz Europa vor; nicht zuletzt begegnet er uns wohl in der Erzählung vom Rattenfänger von Hameln. So sind die drei Papyri und Dutzende einschlägiger Ostraka mit Tierszenen, die noch immer existieren, Beweise einer reichen Volkstradition, die, wenn auch bruchstückhaft, noch immer fortlebt. Innerhalb der an Zahl so reichen altägyptischen Kunstwerke sind sie allerdings ziemlich selten, und die meisten der uns bekannten stammen aus dem Dorf der Gräbermacher; sie sind Teil einer verschollenen künstlerischen Tradition, die abseits der offiziellen Tempel- und Gräberkunst stand.

Auch die wohl berühmteste altägyptische Tierzeichnung stammt aus dem Dorf der Nekropolenarbeiter. Sie zeigt eine Schlacht zwischen Raubkatzen, während als Priester gekleidete Esel den Göttern Opfer darbringen und eine schreckeneinflößende Gruppe von harfespielenden Eseln, lauteschlagenden Löwen und flötenden Affen ein ohrenbetäubendes Ständchen aufführt. Eine Reihe hochgestochener Titel auf der Rückseite des Papyrus erwecken den Eindruck, als begänne hier ein Brief an einen Wesir. Wie im Fall des Zauberspruchs, den Kenhirchopschef auf einen bereits beschrifteten Papyrus schrieb, scheint man auch hier ein regierungsamtliches Schriftstück wiederverwendet zu haben.

Den Rest des Blattes, etwa zwei Drittel davon, bedecken
gänzlich andersgeartete Szenen; sie befassen sich nicht mit
der Beziehung des einzelnen zum Staat, sondern haben mit
seinem Verhältnis zur Sexualität zu tun. Einige Motive sind
von Dekorationen der Königsgräber abgewandelt, wahrscheinlich aber nicht in satirischer Absicht, sondern deshalb,
weil der Künstler die in der offiziellen Kunst üblichen Posen
der Einfachheit halber übernahm. Abgebildet sind zwölf
verschiedene Positionen des Geschlechtsverkehrs, jedesmal
mit den gleichen Partnern: einer Hathor-Priesterin und einem halb kahlen, gnomengesichtigen Mann, wie er uns auch
auf Ostraka begegnet, die im Dorf gefunden wurden. Die
meisten Darstellungen zeigen als Dritten im Bunde einen
riesigen Phallus, der zwischen dem Paar hängt und gelegentlich sogar von Dienerinnen gestützt wird. Nach unseren
Begriffen sind diese Sexdarstellungen eindeutig pornogra-
phisch. Sie sind jedoch so lebensvoll gezeichnet, daß die
Schalheit, die man üblicherweise bei der Betrachtung derartiger Szenen empfindet, nicht aufkommt. Die flüchtig an den
Rand gekritzelten Kommentare drücken Freude und Lust
aus. »Komm hinter mich mit deiner Liebe«, heißt es da.
Oder: »O Sonne, du hast mein Herz getroffen, es ist eine
angenehme Beschäftigung.«
Die Priesterin ist es, die so offen spricht, und sowohl die
Bilder als auch die Texte lassen erkennen, daß sie sich mit
sichtlichem Vergnügen dem Genuß hingibt, den ihr die Situa-

tion bereitet. Wenn der Mann ihr Gesäß tätschelt, ihr zärtlich den Kopf streichelt, ja an ihrem Busen fast zu vergehen scheint, zieht sie ihn an sich, hält seinen Kopf wie den eines Kindes und hört nicht auf, den alten Taugenichts zu verwöhnen, selbst wenn er, volltrunken, aus ihrem Bett gefallen ist. Sämtliche diesem erotischen Dorfspiegel beigefügten Bemerkungen sprechen von Freude. Kein Wort von Gewalt oder abnormen Praktiken – alles zeugt von einer Welt ohne die geringsten Belastungen. Und doch sollten wir das furchterregende Tierorchester nicht vergessen, diese Ausgeburten des Unterbewußten, diese Symbolgestalten uralter Ängste, die ein Drittel des Papyrus füllen. Sie nehmen sich fast wie eine ausdrückliche Bestätigung dafür aus, daß es damals im tiefsten Inneren des einzelnen, entgegen den glatten Vorspiegelungen der offiziellen Kunst, auch derartige Schichten des Irrationalen gab, wie wir sie überall finden: halb wahrgenommene Ängste und abergläubische Vorstellungen, die auf die Beziehungen zwischen den Menschen untereinander, aber auch zwischen den Menschen und ihren Göttern abfärbten. Die Generation, die Paneb folgte, erlebte wohl eine Zunahme dieser dunklen Zwischentöne sowohl im Dorf der Gräbermacher als auch in der Stadt Theben und ihren Tempeln.

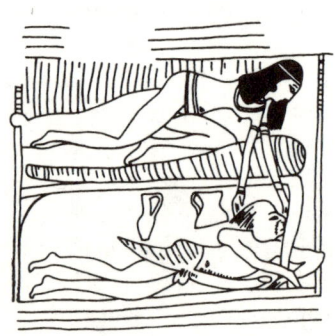

Orakel

Der Zermürbungskampf zwischen der Familie Neferhotpes und Paneb steht in der Geschichte unseres Dorfes einzig da. Im allgemeinen wandten sich die Dorfbewohner, wenn sie sich untereinander nicht einigen konnten, an das Dorfgericht. Bei den meisten dort verhandelten Prozessen ging es um einfache Streitigkeiten, und hier läßt sich mehr als anderswo beobachten, daß man nicht nur eine gewisse Freude am Prozessieren hatte, sondern auch über einen beinahe modern anmutenden Sinn für Fair play verfügte.

Drei verschiedene Male brachte beispielsweise der Arbeiter Menna den Polizeihauptmann Mentmose vor das Gericht der Dorfältesten, weil dieser ihm angeblich einen großen Krug mit Schmalz nicht bezahlt hatte. Dabei hätte Menna es besser wissen sollen: Die beduinischen Polizisten waren dafür berüchtigt, daß sie ihre Schulden nicht bezahlten, und 1 Pfund Fett war immerhin 2½ *Deben* Kupfer wert; es war also sehr teuer, und ein ganzer Krug hatte den Gegenwert eines kleinen Schafes. Die Verhandlungen zogen sich achtzehn Jahre hin. Schließlich verstand sich Mentmose zu einem komplizierten Gütertausch; dieser schloß einen Jungstier ein, der genügend groß wäre, um am Spieß gebraten zu werden, und so im Austausch gegen den Krug, den Menna dem Polizisten seinerzeit überlassen hatte, einen neuen Krug Schmalz erbrächte. Durch sein langes Warten auf die Begleichung der Schuld keineswegs abgeschreckt, hatte sich Menna während der Zeit, in der der Prozeß anhängig war, gleichwohl mit Mentmose auf weitere Geschäfte eingelassen und auch einen seiner Arbeitskollegen wegen einer anderen Affäre vor Gericht gebracht. Mennas Vorgehen zeigt, daß man solche Tauschgeschäfte nicht professionell trieb, ja nicht einmal in der Absicht, sich zu bereichern, sondern einfach als Teil der Dynamik einer funktionierenden, intakten Gesellschaft.

Hätte der widerspenstige Polizist nicht schließlich doch

bezahlt, wäre der Gerichtsdiener bei ihm erschienen, um ihn dem Gericht vorzuführen. Danach wäre der Beamte in seine Wohnung gekommen, um entweder die umstrittenen Güter oder wenigstens deren Gegenwert einzuziehen. Als Gerichtsdiener, also Vollstreckungsbeamte, amtierten die Torwächter des Königsgrabes. In der Regel den beiden Arbeitskolonnen zugeteilt, hatten sie die Magazine am Großen Platz unter sich und standen ihrerseits unter der Kontrolle höherrangiger Schreiber. Neben den Polizisten wurden sie auch dazu herangezogen, überall in Ägypten die den Bauern auferlegten Naturalabgaben einzutreiben. Sie waren gewissermaßen das spitze Ende des Gesetzes. Da das Eintreiben der in Weizen zu zahlenden Steuern für die Bauern oft mit Schlägen verbunden war und man nicht selten die Häuser nach verborgenen Vorräten durchsuchte, waren diese Torwächter im allgemeinen bei der Bevölkerung nicht gerade beliebt. Einer von ihnen war Chaemwese, ein schon bejahrter Mann. Er waltete seines Torwächteramtes am Großen Platz und war zur Zeit Mennas und Mentmoses auch regelmäßig als Vollzugsbeamter des Dorfgerichts tätig; laut den Aufzeichnungen der Schreiber zog er einmal an Geldes Statt einen Esel ein und schleppte ein andermal eine säumige Zahlerin vor den Gerichtshof, der im Bereich des Tempels Ramses' II. tagte. Ein Schuldner jedoch hatte offensichtlich keinerlei Respekt vor der Strenge des Gesetzes und vor Chaemweses Person. »Der Magistrat sandte den Torwächter Chaemwese und sprach: ›Geh zu ihm [d.h. dem Schuldner] in sein Haus und bringe, was du dort findest.‹« Also machte sich Chaemwese auf den Weg. Da er das Haus des Schuldners leer vorfand, drang er ein und nahm die Kleidungsstücke fort, um die es bei dem Streit ging. Doch in der Folge kam der Schuldner zurück, und ohne den mindesten Respekt vor dem Gesetzeshüter »verprügelte er Chaemwese, ergriff die Kleider, die dieser aus seinem Haus genommen hatte, und nahm sie ihm wieder ab«. »Ich habe bis heute kein Geld erhalten«, beklagte sich der geprellte Gerichtsvollzieher.

Wenn jemand seine Schulden nicht bezahlte, konnte er

ziemlich hart bestraft werden. Manchmal mußte der säumige Schuldner das Doppelte oder gar Dreifache dessen zahlen, was er schuldig war. Der menschenfreundliche Vorarbeiter Hai freilich begnügte sich in einem Verfahren, das er angestrengt hatte, mit dem Geldwert eines Esels, den er einem Arbeiter geliehen hatte und der aus Mangel an Fürsorge eingegangen war. Derartige Auseinandersetzungen kamen häufig vor, denn die verhältnismäßig wohlhabenden Nekropolenarbeiter überließen ihre Tiere oft den Polizisten, aber auch den Dienern, die Wasser und Proviant ins Dorf brachten.

Es gab indessen auch andere Wege, um rascher zu seinem Recht zu kommen, als langwierige Gerichtsverfahren. Beispielsweise wandte sich ein gewisser Nechenmut, seines Zeichens Vorarbeiter, unmittelbar an einen Gott, um einige Gegenstände wiederzubekommen, die man ihm gestohlen hatte. Nach seiner Darstellung waren beim Fest des Königs Amenophis, als er zu Hause im Dorf war, Diebe in einen Vorratsraum eingebrochen, den er unten am Nilufer besaß, und hatten Brot, Kuchen und Bier gestohlen. Anscheinend wollten auch die Diebe das Fest mitfeiern. In seiner Klageschrift ließ Nechenmut durchblicken, daß ihm aus seinem Haushalt auch sonst so mancherlei abhanden gekommen sei, und schließlich richtete er sich unmittelbar an den unter die Götter aufgenommenen König Amenophis mit den Worten: »Herr, mach, daß mir mein Verlust ersetzt werde!« Als Schutzpatron des Dorfes hatte König Amenophis den höchstgelegenen Kultschrein in der Gruppe kleiner Tempel am Nordende der Siedlung, oberhalb des Talkopfes. Obwohl klein und schon recht alt, war Amenophis' Kapelle eines der ehrwürdigsten dieser Heiligtümer. Sie stand voller Statuen von Dorfbewohnern, die sich auf diese Weise in den Schutz des zum Gott gewordenen Königs begeben hatten; in das Mauerwerk waren schöne Stelen mit Weihinschriften eingefügt.

Am Fest nahm man die Statue des Gottes aus dessen Tempel und trug sie durch das Dorf, gelegentlich sogar bis hin zum Großen Platz. Dort öffnete man die Vorratskammern, die Arbeiter erhielten Wein, Bier und Weißkäse, und man verbrachte den Tag tanzend und feiernd im Angesicht des Gottes. Anders als die Statue Amuns in Theben, die den Blicken entzogen blieb, konnte jeder die Statue Amenophis' sehen, die in einer Art Sänfte umhergetragen wurde, und zwar von sechs Nekropolenarbeitern, die sich vor dem Fest rituellen Reinigungszeremonien unterwerfen mußten. Andere Gräbermacher, die die Priesterwürde besaßen, schritten nebenher, Straußenfederwedel in den Händen und die Sänfte in Wolken von Weihrauch hüllend. Wenn Amenophis I. so in feierlicher Prozession durch die Siedlung geleitet wurde, schlichtete er oft Auseinandersetzungen zwischen den Dorfbewohnern, und dies taten auch andere Statuen des Königs, die in verschiedenen Kapellen in Theben-West aufgestellt waren. Wenn der Gott nämlich durch das Dorf zog, stellte man ihm Fragen, und die Statue beantwortete sie, indem sie entweder »mit dem Kopf nickte« oder sich vor- und rückwärts bewegte. Es wäre voreilig zu sagen, die Träger hätten diese Bewegungen herbeigeführt. Noch heute behaupten beispielsweise Leichenträger in Luxor, die Leichen auf hölzernen Bahren zu Grabe tragen, sie fühlten oft, daß der Geist des Toten sie drücke oder den Leichenzug antreibe, rascher zum Grab zu eilen. Gelegentlich veranlaßt der Geist die Träger auch, langsamer zu gehen, und ganz selten läßt er sie sogar außerhalb des Friedhofs innehalten; in solchen Fällen muß dann dort, wo der Geist des Toten es befahl, ein neues Grab ausgehoben werden. Man würde diesen Menschen nicht gerecht, wollte man ihnen unterstellen, sie selbst setzten derlei Dinge in Szene. Und ebensowenig handelte es sich wohl auch bei den Bewegungen der Statue Amenophis' um billige Tricks; vielmehr war man davon überzeugt, der Gott nicke oder bewege sich, und die Träger der Statue glaubten tatsächlich einen entsprechenden Druck zu verspüren.

Die Dorfbewohner appellierten unmittelbar an den Gott, der eine höhere Instanz darstellte als ihr irdischer Gerichtshof im Dorf. Oft sprechen persönliche Ängste aus den Fragen, die man an den Gott richtete:

»Ist er es, der meine Matte gestohlen hat?«

»Wird der Gott Seti zum Priester ernennen?«

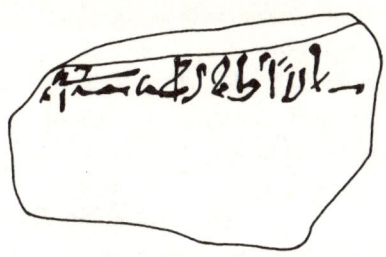

»Wird man mich beim Wesir anzeigen?«

»Bedeuten diese Träume etwas Schlimmes?«

»Wird man uns die Rationen zuweisen?«

Die Dorfschreiber hielten all diese Fragen auf kleinen Steinstücken fest. So wurden Anliegen, Fragen, Gedanken, Hoffnungen und Befürchtungen zu greifbaren Objekten.

Das System war eine Miniaturausgabe des Amunsorakels in Karnak, das in den Tagen der alten Dynastie mit der geballten mystischen Macht eines Staatsgottes die Ernennung der Könige bekräftigte. »Die Prozession zog um die Tempelhalle – – – und suchte überall nach Seiner Majestät. Als er [d. h. der Gott] meiner ansichtig wurde, siehe, da hielt er inne. Ich warf mich zu Boden – – – er stellte mich vor Seine Majestät – – – er war von mir überrascht. Die Geheimnisse in den Herzen der Götter wurden vor dem Volk offenbart.« So berichtet ein Schreiber aus der alten Dynastie, der Zeuge des erfolgreichen Kampfes eines Prinzen um den Thron wurde, den dieser aber erst erlangte, nachdem das Amunsorakel ihn als rechtmäßigen Herrscher bestätigt hatte.

Die Orakelgottheiten verfügten aber auch über die Macht, »den Menschen ins Herz zu schauen«, und forderten daher höhere Loyalität als die weniger anspruchsvollen herkömmlichen Gottheiten. Sie verbreiteten eine lähmende Angst vor ihrer Machtfülle und ihren verhängnisvollen Launen. Ebenso, wie alle, die sich an solche überirdischen Mächte wenden, um ihr künftiges Leben zu sichern, immer wieder zu ihnen zurückkehren, mußten auch in der Endphase der alten Dynastie, als die Könige in Nordägypten residierten, weit entfernt von dem Hohenpriester Amuns und seinen furchteinflößenden Götterstatuen, alle bedeutenderen Entscheidungen der Herrscher von den thebanischen Götterorakeln abgesegnet werden.

Zur Zeit des Vorarbeiters Nechenmut jedoch waren die Menschen schon so selbstbewußt geworden, daß sie einem irrenden Orakelgott widersprachen, ja sogar mit ihm feilschten wie mit einem fliegenden Händler. Beispielsweise hatte ein Arbeiter bei einer Prozession am Opetfest die Statue Amuns gebeten, ihm wieder zu seinem gestohlenen Eigentum zu verhelfen, »und der Gott hatte deutlich genickt«. Dann las der Bestohlene die Namen sämtlicher Dorfbewohner vor, und bei einem nickte der Gott wieder, als wollte er sagen: »Dieser ist der Dieb.« Doch der Beschuldigte fuhr hoch und rief: »Das ist nicht wahr, ich habe nichts gestohlen.« Der Gott, so wird berichtet, war darob bitterböse, doch der Angeschuldigte ließ sich nicht einschüchtern, sondern befragte nun seinerseits ein Orakel, von dem er meinte, es werde ihm größere Gerechtigkeit widerfahren lassen. Allein – auch dieser Gott beschuldigte ihn des Diebstahls. In seiner Bedrängnis suchte der Bedauernswerte nun Zuflucht bei einem dritten Orakel und rief: »O lieber Herr! Ich war es nicht, der die Kleider stahl!« Doch all seine Hoffnungen wurden schließlich zunichte, als auch dieser Gott ihn vor allem Volk für schuldig erklärte. Und was alle Götter nicht bewirkt hatten – Prügel, die er nun von den Priestern bezog, schafften es: Er gestand, die Kleider tatsächlich gestohlen zu haben, versprach, sie ihrem Eigentümer zurückzugeben, und schwor sogar einen Eid: »Wenn ich zu meiner früheren Aussage zurückkehre, soll man mich einem Krokodil vorwerfen!« Allem Anschein nach hatte der vom Pech verfolgte Appellant die gestohlenen Kleider als sein rechtmäßiges Eigentum betrachtet.

Allmählich jedoch gewannen die Götter auch über derart selbstbewußt auftretende Thebaner wieder die Oberhand. Neferabu beispielsweise, einen Maler am Königsgrab, schlugen sie mit Blindheit. »Ich bin ein Mann, der bei Ptah, dem Herrn der Wahrheit, falsch schwor, und er ließ mich am

Tage Finsternis schauen. Ich werde dem Ungläubigen und dem Gläubigen, dem Kleinen und dem Großen die Macht des Gottes verkünden: Hütet euch vor Ptah, dem Herrn der Wahrheit! – – – Er ließ mich so sein wie die Hunde in den Straßen. Ich bin in seiner Hand. Er machte, daß Menschen und Götter auf mich zeigen. Ich bin ein Mann, der wider seinen Herrn gesündigt hat. Gerecht war Ptah, der Herr der Wahrheit, gegen mich, als er mir diese Lehre erteilte! Sei mir gnädig, blicke mit Erbarmen auf mich!« Der erblindete Maler hatte diesen Text sehr sorgfältig auf eine eigene Stele schreiben lassen, auf der er im Gebet vor dem rächenden Gott abgebildet war. Dabei war er so auf die vollständige Wiedergabe seiner Komposition bedacht, daß er sie auf beiden Seiten des Gedenksteins anbrachte.

In der staubigen Beengtheit des Dorfes und der Königsgräber müssen Augenleiden sehr häufig gewesen sein. In der Tat kannten und behandelten thebanische Ärzte mehr als ein Dutzend schwerer Augenkrankheiten. Die Ursache derartiger Gesundheitsschäden suchte man im Verhalten der Menschen: Entweder hatten sie, wie Neferabu, einen Gott gekränkt, der sie nun mit Blindheit schlug, oder die Blindheit war eine Folge bösen Zaubers oder des Neides, des bösen Blicks. »Sei gnädig, denn du ließest mich wegen dieses Weibergeschwätzes am Tage Finsternis schauen«, betete die erblindete Frau eines anderen Malers aus dem Dorf zum Mondgott Thot, weil sie glaubte, ihre Krankheit sei durch Klatsch heraufbeschworen worden.

Aus einer Zeit mehr als 1000 Jahre vor der Gründung des Gräbermacherdorfes sind die Namen berühmter Augenärzte überliefert, und was immer man von ihren Heilverfahren halten mag – ihr damaliger Ruhm muß auf Erfolge zurückzuführen sein. Doch die von ihnen hinterlassenen Rezepte, mit Ingredienzen wie Schildkrötenhirn und kohlensaurem Natrium, die unmittelbar auf die Augen aufzutragen waren, nehmen sich eher wie Verzweiflungsakte denn sinnvolle Behandlungsmethoden aus. Man kann es kaum glauben, daß dieselben Ärzte, die eine so breit gefächerte Vielfalt von Augenleiden beschreiben, nicht zu erkennen vermochten, daß die von ihnen verordneten Heilmittel keinerlei Wirkung hatten. Wir können uns daher nur vorstellen, daß ihre Heilerfolge allein pflegerischen Maßnahmen wie der Spülung erkrankter Augen mit Wasser, der sorgfältigen Entfernung von Fremdkörpern sowie der Abschirmung gegen grelles Licht und gegen weitere Infektionen zu verdanken waren. Nach dem Glauben der Dorfbewohner war Krankheit von den Göttern über sie verhängt. Aus diesem Grund behandelte die antike Medizin die ganze Person, nicht nur den betroffenen Körper. Und nach diesem ganzheitlichen Gesichtspunkt beurteilte man Erfolg oder Mißerfolg eines Arztes.

Wahrscheinlich wurde Neferabus Blindheit mit Honig und Antimonpulver behandelt, einem traditionellen Schönheitsmittel, das eine leicht antiseptische Wirkung entfaltete. Gleichzeitig verordnete man dem verängstigten Maler Gebete, Zaubersprüche und andere magische Hilfsmittel. Schließlich war Neferabu in der Lage, mit seiner Situation umzugehen und deren Ursachen zu erkennen: Gotteslästerung und Meineid. »Ich war unwissend und töricht, ein Mann, der Gutes nicht von Bösem unterscheiden konnte. Ich rief nach meiner Herrin und bemerkte, daß sie mit süßem Lufthauch zu mir kam. Sie war gnädig mit mir und ließ mich ihre Hand sehen. Sie wandte sich mir wieder voll Erbarmen zu und ließ mich meine Krankheit vergessen. Denn die Westspitze ist gnädig, wenn man nach ihr ruft.« Die »Herrin« ist offensichtlich die Göttin Meretseger, die man mit der »Westspitze«, der höchsten Erhebung der Felsenberge westlich von Theben, in Verbindung brachte.

Vielleicht hatte Neferabu noch Glück im Unglück. Es ist denkbar, daß er nur vorübergehend an einem Blutgerinnsel erkrankt war, das sich spontan wieder auflöste. Möglicherweise haben wir seine Erblindung auch als hysterische Erkrankung anzusehen, die dadurch hervorgerufen wurde, daß er über seine eigenen Taten erschrak. Als er dann aber bereute, wurde auch die Strafe von ihm genommen: die Blindheit. Sie schwand einfach mit seiner Sünde dahin. Doch derartige Erklärungen waren für Neferabu ganz unerheblich. Sowohl er als auch seine Freunde hatten die Ursachen seiner

Krankheit erkannt, und der Erfolg der Behandlung hatte die Diagnose völlig gerechtfertigt. Neferabu, ein Dorfältester mit großer Familie, errichtete mehrere Stelen, die an diese wundersamen Ereignisse erinnern. Und da seine Gebete eines gewissen Pathos nicht entbehren, ist man den Göttern dankbar, daß sie den erblindeten Maler heilten.

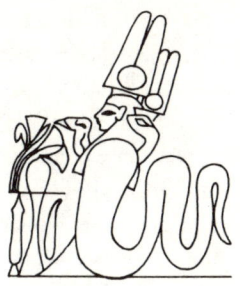

Schreiber Amunnacht

Nach Panebs Hinrichtung gab es im Dorf eine Art Macht-
vakuum. Zwar beaufsichtigte der Vorarbeiter Hai weiterhin
die eine der Arbeitskolonnen, doch bei der anderen wechselten innerhalb von nur zehn Jahren schon ziemlich bejahrte
Vorarbeiter in rascher Folge. Der zweite dieser nur kurz
amtierenden Kolonnenleiter hieß Amenemopet; man nannte
ihn aber nur Ipy. Er war ein Bruder Neferabus, den die
Götter mit Blindheit geschlagen hatten. Beider Familien
waren schon recht alt; ihre Mitglieder arbeiteten seit den
Tagen des Schreibers Ramose als Maler in den Königsgräbern und bemalten auch Särge im Dorf.

Ipy war bereits ein alter Mann, als er das Amt des
Vorarbeiters übernahm, und wahrscheinlich starb er schon
nach einer Amtsführung von nur wenigen Jahren. Sein ältester Sohn Amunnacht, Maler wie sein Vater, hätte dessen
Vorarbeiterposten übernehmen sollen, als Ipy starb, doch er
war damals ein junger Mann von erst 25 Jahren, und statt
seiner berief man Nechenmut, der seinerseits schon ziemlich
alt war, in dieses Amt. Nechenmut war ein Freund Panebs
und hatte dessen Mannschaft angehört. Auch Nechenmut
starb bereits nach kurzer Amtszeit, doch gelang es nun seiner
Familie, sich das Vorarbeiteramt zu sichern, und sie behielt
es auch mehrere Generationen lang. Eine Folge davon war,
daß sich Nechenmuts Familie nun auf die Seite jener Dorfbewohner schlug, die noch immer den Verwandten und Freunden Panebs nicht wohl wollten. Dies alles verdiente kaum
Interesse, wenn nicht Ipys Sohn Amunnacht rasch eine ganz
andere, neue Möglichkeit gefunden hätte, in der Dorfhierarchie aufzusteigen. Nur fünf Jahre nach seines Vaters Tod
verkündet er in einer Inschrift am Platz der Schönheit – im
Tal der Königinnen – voller Stolz seine Ernennung zum
Schreiber. Diese Inschrift befindet sich dicht neben der ganz
ähnlichen, nur 100 Jahre älteren Verlautbarung des Schreibers Ramose; sie ist beschädigt, läßt sich aber wohl durch

Vergleich mit einer anderen Inschrift, die Amunnacht an den Felswänden am Großen Platz anbrachte, wie folgt ergänzen: »Jahr sechzehn, dritter Monat. Der Aufseher der Stadt, Wesir To, kam, um den Schreiber Amunnacht, den Sohn Ipys, zum Schreiber des Grabes zu ernennen.«

Ramses III. hatte damals die Hälfte seiner Regierungsjahre hinter sich. Er hatte den dynastischen Streitigkeiten und dem Bürgerkrieg ein Ende bereitet, die das Land seit Generationen geplagt hatten, und er hatte auch zwei Schlachten geschlagen, um Ägypten vor der Bedrohung durch ausländische Siedler zu schützen. Seit seinen ersten Regierungsjahren waren in Theben beiderseits des Nils große Bauvorhaben im Gange. Eine ganz besondere Rolle spielte dabei die Tempelanlage von Medinet Habu in Sichtweite des Dorfes am südlichen Ende der Totentempel-Reihe auf dem Westufer des Nils. Ursprünglich sollte dieser Tempel eine anspruchsvolle Imitation des Totentempels Ramses' II. sein, der sich nur etwas mehr als einen Kilometer nördlich davon erhebt. Doch seit den Anfangsjahren Ramses' III. wurde der ursprüngliche Bauplan nachhaltig abgeändert. Bald umgaben den Tempel nicht mehr nur einfache weiße Umfassungsmauern, sondern, nach einer zweiten Bauphase, regelrechte Festungsmauern mit Zinnen und Wällen. Die Welt der Dorfbewohner war mithin im Begriff, sich zu ändern, wenn auch Amunnachts Anzeige seiner Ernennung zum Schreiber ebenso stolz und selbstbewußt klingt wie vor ihm der entsprechende Wortlaut Ramoses. Das mächtige alte Theben, satt und fromm, reich und verrucht, wie es war, spielte nicht mehr die gleiche Rolle als Zentrum Ägyptens wie in Ramoses Jugend. Allmählich wurde es zu einer heiligen Stadt, einer Verkörperung der ägyptischen Kultur, weit entfernt von den alltäglichen Regierungsgeschäften. Einer nun schon hundertjährigen Gewohnheit entsprechend residierte Ramses III. nunmehr im Nildelta. Diese Verlegung der Residenz brachte das Reich in engere Verbindung mit anderen Mächten des Mittelmeerraums und ermöglichte es Ägypten, den nomadischen Stämmen entgegenzutreten, die immer stärkeren Druck auf das Niltal ausübten. Sie entlastete den Herrscher auch von gewissen Zwängen und Rücksichtnahmen, denen er in der alten Hauptstadt ausgesetzt war.

Diese atmosphärische Veränderung spiegelt sich klar in den unterschiedlichen Monumenten, die die beiden Schreiber, Ramose und Amunnacht, hinterlassen haben. Ramose, der ehrbare Schreiber Ramses' II., errichtete bei dem Dorf ganze Tempel und stopfte sie sowie seine anderen Bauten förmlich voll mit Statuen, Stelen und steinernen Portalen, die alle seinen Namen sowie jene des jeweiligen Wesirs und des herrschenden Königs tragen. Amunnacht erlangte zwar die gleiche Berühmtheit wie sein Vorgänger, hinterließ jedoch lediglich fünf Stelen für die Ewigkeit; drei davon waren dem Gott Ptah geweiht, dem Gott des Schreibens und der Künste, dem göttlichen Schutzpatron seines Berufsstandes. Zur Zeit Amunnachts strotzten die Kultkapellen des Dorfes von Stelen und Statuen der Götter und verstorbener Dorfbewohner. Selbst die Häuser waren mit derartigen frommen Kunstwerken überladen, denn neben den überkommenen »Herrgottswinkeln« für die Hausgötter wurden nun in den wichtigsten Wohnräumen auch kleine Ahnenbüsten aufgestellt. Unter den Böden begrub man manchmal totgeborene Kinder. Amunnachts Stelen, die dem Gott Ptah geweiht sind, verraten das zentrale Anliegen sowohl des Schreibers als auch seiner vielköpfigen Familie. Denn diese Familie, deren Haupt er war, bildete während der schwersten Krise, die das Dorf heimsuchte, nicht nur den Kern der Dorfbewohnerschaft, sondern stellte auch einige der begabtesten Maler, die die Königsgräber ausschmückten. Amunnacht, der Sohn des Ipy, gründete eine wahre Dynastie von Schreibern, eine Familie geistig reger und unabhängiger Thebaner, die mehr als sechs Generationen überdauerte. Und es war ebendieser Schreiber Amunnacht, der jenes Lobgedicht auf Theben verfaßte, das im ersten Kapitel dieses Buches zitiert ist.

»Die fern von Theben sind,
Was reden sie täglich in ihren Herzen?
Sie verbringen den Tag damit, auf seinen Namen zu
    blicken
Und zu sagen: Ach hätten wir es doch nur – – –«

Wie lange vor ihm der Schreiber Ramose verdankte Amunnacht seine Berufung zum Schreiber des Königsgrabes dem unmittelbaren Eingreifen eines Wesirs. Und dieser hohe Würdenträger, To mit Namen, wurde zum Gönner und Förderer nicht nur der Familie Amunnachts, sondern des gesamten Dorfes. Voller Dankbarkeit gab Amunnacht einem seiner Söhne den Namen seines Wohltäters, und gegen Ende der Regierungsjahre Ramses' III. vermerkt er voller Freude in einer seiner Aufzeichnungen, daß To, nachdem er die Feiern des königlichen Regierungsjubiläums organisiert hatte, zum Wesir für Ober- und Unterägypten ernannt worden sei.

Seinen Hausstand mit seiner Frau, einer Tochter des Vorarbeiters Hai, hatte Amunnacht bereits vor seinem Aufstieg zum Schreiber gegründet. Die großzügigen Weizenzuteilungen, die die beiden Vorarbeiter und die Schreiber erhielten, ermöglichten es ihren Familien, das überschüssige Getreide, das sie nicht für den Eigenbedarf benötigten, gegen Luxusgüter einzutauschen. Und tatsächlich war Amunnachts Haus sehr reich eingerichtet, mit schweren Kupferkannen und -kesseln und erlesenem Mobiliar. Wie andere herausragende Mitglieder der Dorfgemeinschaft verfügte der Schreiber über eine reichhaltige Kleidung: feine Leinengewänder, Röcke, Mäntel, Umhänge, Sandalen. Sogar noch nach seiner Ernennung zum Schreiber war Amunnacht weiter als Maler tätig. Diese Kunst hatte er von seinem Vater erlernt, und er gestaltete einige Särge für Mitbewohner des Dorfes. Diese glückliche Verbindung der Tätigkeiten eines Schreibers und Malers scheint in seiner Familie weiterbestanden zu haben, denn einige seiner Söhne bezeichnen sich in ihren Inschriften ebenfalls als Schreiber, waren aber gleichzeitig einige der besten Maler, die je in den beiden Arbeitskolonnen tätig waren. Des Schreibers große Familie – Amunnacht hatte mindestens neun Söhne – scheint eine Häusergruppe am Südende der Dorfgasse bewohnt zu haben. Gewiß bot das kleine Haus, auf dessen Mauern Amunnacht seinen Namen schrieb, nicht genug Raum für seine gesamte Nachkommenschaft, ganz zu schweigen von seinen Dienern. Und da ein Nachbarhaus den Namen seines Sohnes Harschire trägt, dürfen wir wohl annehmen, daß das gesamte Gelände, das die Dorfstraße beherrscht, im Familienbesitz war.

Hier also muß es geschehen sein, daß während der feierlichen Prozession, in der sie im Dorf umhergetragen wurde, die Statue des Königs Amenophis anhielt. Wenige Minuten zuvor hatte ein Grabbildhauer namens Kaha das Orakel angerufen: »Mein Herr, komme mir heute zu Hilfe. Meine beiden Gewänder sind gestohlen worden.« Man ließ Amunmose kommen, einen rangniedrigen Schreiber, der aber zugleich Priester und Wahrsager war. Sein Großvater, ein Freund des Schreibers Ramose, war einst eine der herausragendsten Gestalten des Dorfes gewesen, ein Magier, Arzt und Skorpionenbeschwörer, der seine ungewöhnlichen Gaben seinen Nachkommen vererbt hatte. Amunmose schloß sich der Prozession an und las laut die Namen der Häuser vor, während man den Gott durch die Dorfstraße trug. Als man schließlich an der Ecke des Hauses Amunnachts vorbeikam, zeigte die Statue an, daß sich Kahas Kleider dort befänden, und zwar »im Haushalt seiner Tochter«. Entsetzt wegen dieser Anschuldigung wandte sich nun Amunnacht unmittelbar an den Gott: »Diese Kleider, von denen du sprichst, ist es die Tochter Amunnachts, die sie genommen hat?« Der Gott bestätigte es. Möglicherweise war der Besitz dieser Kleider umstritten. Aber es ist natürlich auch denkbar, daß der unglückliche Schreiber gar nicht wußte, was seine Tochter trieb. Daß der Schreiber selbst, dessen Truhen ja voll von feinstem Leinen waren, die Kleider eines Arbeiters gestohlen hatte, ist unwahrscheinlich. Doch so lautete ja die Anklage auch gar nicht. Mit Sicherheit jedoch dürfen wir annehmen, daß nach dem unzweideutigen Orakel des Gottes die beiden Gewänder rasch entdeckt und dem Bildhauer Kaha zurückerstattet wurden. Und zweifellos hatte der aufgebrachte Schreiber anschließend den Seinen allerhand zu sagen.

Die Statue Amenophis' gab Auskunft nicht nur über das Tun und Treiben der Lebenden, sondern auch über die

Toten, die auf dem nahen Friedhof westlich des Dorfes dicht
an dicht beieinander ruhten. Die Beaufsichtigung des Gräberfeldes war für das Dorfgericht und die Polizeistreitkräfte,
beide für die Aufrechterhaltung der Ordnung bei den Monumenten von Theben-West gleichermaßen zuständig, zu einem ernsten Problem geworden. Die gesamte Bergflanke
westlich des Dorfes war nun mit Grabkapellen bedeckt, und
das darunterliegende Felsgestein, ein lockerer, khakifarbener
Schiefer, war von zahllosen Grabgewölben durchlöchert wie
eine Honigwabe. Fast die halbe Bergflanke war bei der
Anlage dieser Grabstätten abgetragen worden. Lange Zeit
hatten die Kapellen und Grüfte prominenter Dorfbewohner
die beste Position, hoch oben in den festen Kalksteinfelsen,
eingenommen. Die Familien weniger gut gestellter Arbeiter
dagegen hatten ihre Gräber weiter unten, im schlechteren
Gestein nahe beim Dorf. Sogar der Schreiber Kenhirchopschef hatte sich gezwungen gesehen, seine Kapelle ganz im
Süden des Friedhofs anzulegen; sie lag zwar hoch auf der
Anhöhe, doch in äußerst brüchigem Gestein, das später
zusammenbrach. Und schon seit langem mußten die meisten
Dorfbewohner die Schächte und Stollen der Gräber ihrer
Vorfahren benutzen, um für sich Grabkammern anzulegen,
die dann jeweils von den Gängen der älteren Gräber ab-
zweigten. Die alten Kapellen über Bodenniveau waren Fa-
milienheiligtümer geworden, unter denen in der Tat ganze
Familien bestattet lagen, in einer Grabkammer hinter der
anderen, immer tiefer im Felsgestein und miteinander durch
kurze Treppen verbunden. Vielleicht weil es über Tage an
Platz fehlte, war man dazu übergegangen, einige dieser
dunklen Grabkammern in leuchtenden Farben auszumalen.
Im allgemeinen benutzte man dafür einfach Tünche sowie
roten und gelben Ocker, wie er in der Natur vorkommt. Der
Schiefer, in den die meisten dieser Grabgewölbe gehauen
waren, war dermaßen brüchig, daß die Nekropolenarbeiter
nur äußerst rohe Höhlungen zustande brachten. Im Inneren
dieser ovalen Kavernen errichtete man kleine rechteckige,
tonnengewölbte Räume aus Schlammziegeln, und diese an
Zelte gemahnenden Räumlichkeiten dekorierte man so

schwungvoll mit mythologischen Szenen und Unterweltdarstellungen, wie man es nur von tüchtigen Künstler-Handwerkern erwarten konnte, die sich von den ikonographischen Zwängen der Königsgräber befreit fühlten und hier nur für sich selbst und ihre Freunde malten.

Zu Lebzeiten des Schreibers Amunnacht kam es häufig vor, daß sich auf dem Friedhof der Boden senkte und Gräber einstürzten. Nicht selten stieß man auch bei der Anlage neuer Gräber auf alte, längst versiegelte Totengewölbe, in denen vielleicht schon jahrhundertealte Gebeine lagen. Dann begab sich eine Kommission aus Dorfältesten und Polizeibeamten zum Friedhof und inspizierte das wiederentdeckte Grab mit geradezu archäologischer Gründlichkeit. Etwas derartiges ereignete sich an einem Ruhetag, an dem die Arbeiter am Großen Platz freihatten, im 20. Jahr der Regierung König Ramses' III. Einer der Dorfbewohner, Chanun, arbeitete damals an seiner Grabkapelle. Ziemlich weit unten am Hügelabhang war er nur ein kleines Stück in das Gestein eingedrungen, als er in eine alte Grabkammer einbrach. Zusammen mit einem Aufseher, den er vorsichtigerweise benachrichtigt hatte, kletterte Chanun in die Grabkammer hinab, besichtigte kurz ihren Inhalt und erstattete anschließend den Dorfältesten Bericht. Tags darauf kam ein Ausschuß, bestehend aus drei Dorfältesten, Amunnacht, dem protokollführenden Schreiber und dem Distriktsbeamten, zum Friedhof, um das Grab in Augenschein zu nehmen. Zunächst waren alle äußerst verblüfft, denn weder der Sarg in dem abgeschnittenen Grab noch die spärlichen Grabbeigaben wiesen irgendeinen Namen auf. Außerdem war kein Grabeingang zu finden; dies war wichtig, denn das alte Grab war durch einen Schacht mit der Außenwelt verbunden, dessen Mündung dicht bei einer Familien-Grabkapelle lag, so daß man vielleicht feststellen konnte, auf wessen Vorfahren man hier gestoßen war. Der erfahrene Blick des Vorarbeiters Chonsu, eines Sohnes des alten Nechenmut, befreite die Suchenden schließlich aus ihrem Dilemma, denn, wie der darüber angefertigte Bericht etwas frostig bemerkt, »er machte, als er dasaß und trank, eine Entdeckung«. Chonsu bemerkte, daß der Eingang zu dem alten Grab sich in der Mauer einer ganz in der Nähe liegenden Kapelle befand, wo ein anderer Dorfbewohner, Amenemopet, zusammen mit zwei Freunden gerade arbeitete. Unten im Grab stehend, rief der Schreiber Amunnacht durch den Schacht Amenemopet zu: »Öffne [den Boden] nördlich vom Pfeiler in deiner Kapelle, wo ich die Schachtmündung erkennen kann.« So legten Amenemopet und seine Freunde das Mundloch des verborgenen Schachtes frei. Schreiber Amunnacht ließ Chonsu in Chanuns Grab sitzen, ging zur Grabkapelle Amenemopets hinüber und kletterte durch den frisch geöffneten Schacht wieder zu dem betrunkenen Vorarbeiter in die Gruft hinab. »Komm und sieh die Grabstätte, die nach dem Grab Chanuns hin offen ist«, rief der energische Schreiber wieder durch den Schacht Amenemopet zu. Und dies führte unversehens zur ersten Aufzeichnung über ein Vergnügen, das sich auch heutige Thebaner noch gönnen: sich durch finstere und staubige Tunnel zu quetschen, die so viele dieser alten Gräber miteinander verbinden, und einfach auf sich zukommen zu lassen, was sich schließlich dort unten findet.

Der bedauernswerte Amenemopet muß über diese Wendung der Dinge recht verärgert gewesen sein. Zwar bestritt er, von dem neuentdeckten Schacht auch nur das geringste gewußt zu haben, doch gehörte dieser einwandfrei zu dem Grab, in dem er und seine Freunde gearbeitet hatten, und dieses Grab, so behauptete er, war einem seiner Vorfahren bereits während der alten Dynastie von Thebens Bürgermeister zugewiesen worden. Doch daß er den fraglichen Schacht nicht gekannt und auch nicht gewußt haben wollte, wer der unbekannte Tote in der Grabkammer war, ließ erhebliche Zweifel an der Rechtmäßigkeit seiner Ansprüche auf diese Grabstätte aufkommen, und da man dringend Grabplätze auf dem Dorffriedhof benötigte, beanspruchten sogleich andere Dorfbewohner das Grab als ihr Eigentum. Einen Monat später wurde das Problem dem Orakel des Königs Amenophis unterbreitet. Amenemopet berichtet, er habe ergeben vor der Statue und ihren Trägern gestanden, und der König habe zu ihm geäußert: »Geh zu einem Grab unter den

Vorfahren.« Und Amenemopet fährt fort: »[Er] gab mir
das Grab ... durch schriftlichen Bescheid.« Wahrscheinlich
traf das Orakel die Wahl zwischen mehreren Alternativen,
die man ihm schriftlich vorgelegt hatte. Schließlich schwor
Amenemopet noch mehrere Eide, die er durch die Formel
bekräftigte, ihm sollten Nase und Ohren abgeschnitten werden, falls er einen Meineid geschworen habe; daraufhin
wurde er als wahrer Besitzer der Grabstätte anerkannt und
konnte mit seinen Freunden weiterarbeiten. Vermutlich plan-
ten er und seine Helfer nun, die Kammer, die sie entdeckt
hatten, für ihre eigene Bestattung zu nutzen. Doch damit war
die Angelegenheit noch nicht ausgestanden. Denn drei Jahre
später beklagte sich Amenemopet vor dem Gericht der Dorfältesten, ein anderer Dorfbewohner habe einen Toten seiner
Familie aus der Grabkammer entfernt. Die Sache zog sich
hin, und unterdessen setzten in dem Dorffriedhof, dessen
brüchiger Untergrund schon von so vielen Grabgewölben
unterminiert war, reich und arm weiterhin ihre Toten bei,
während die Dorfältesten sich verzweifelt bemühten, ein
wenig Ordnung zu schaffen.

Ein Jahr darauf kam dicht bei Amunnachts Grabmonument der Inhalt eines weiteren zerfallenen Grabes zum Vorschein. Abermals trat eine Kommission zusammen, und wiederum begaben sich der Vorarbeiter Chonsu (der berichter-
stattende Schreiber, in diesem Fall Amunnacht selbst, vermerkt diesmal nicht, ob der Vorarbeiter betrunken oder
nüchtern war) und die Aufseher hinaus zum Friedhof. Dort
fertigten die beiden Schreiber rasch ein Inventarverzeichnis
der Grabbeigaben an, bevor sie das Grab wieder versiegelten. Neben den beiden Mumien in ihren Särgen fanden sie
zwei luxuriöse Kosmetikbehälter, den einen für eine Frau,
den anderen für einen Mann. Das Schönheitsköfferchen des
Mannes enthielt Rasiermesser, Tücher und dergleichen, das
der Frau Pinzetten, Kosmetika, Parfüme und andere Duftstoffe sowie ein blauglasiertes Amulett – da wie dort Dinge,
wie man sie auch heute im Reisegepäck hat. Außerdem barg
das Grab Möbel und Stoffe, die vermutlich aus dem Hausstand des hier beigesetzten Paares stammten. Doch auch

in dieser Kammer suchte man vergeblich nach irgendeinem
Namen. Es handelte sich um eine reiche Grabausstattung,
aber das Gewölbe, in dem sie sich befand, war in der
zerbröselnden Bergflanke angelegt und hatte nachgegeben.

Amunnacht protokollierte jedoch nicht nur diese quasi
archäologischen Ausgrabungen im Dorffriedhof, sondern
beaufsichtigte auch »jegliche Arbeit am Platz des Pharaos«.
Von seiner dortigen Tätigkeit zeugen seine noch erhaltenen
Arbeitsprotokolle. Darüber hinaus hatte er Sitz und Stimme
im Gericht der Dorfältesten; beispielsweise war er es, der
jene Abmachung beurkundete, die das achtzehn Jahre wäh-
rende Rechtsverfahren gegen den Polizisten Mentmose beendete, bei dem es um einen nichtbezahlten Krug mit Schmalz

ging. Auch andere Verträge und Geschäfte, die in der
Dorfgemeinschaft abgeschlossen wurden, benennen ihn als
feder- und vorsitzführenden Richter. Ein kleines Gewicht
wurde, laut seiner Aufschrift, vom »Schreiber Amunnacht«
geprüft, und ein auf ihn zurückgehendes Ostrakon vermerkt,
als er eines Tages mit einer Schar von 32 Arbeitern am
Großen Platz eingetroffen war, habe er zu seinem Erstaunen
»einen Esel, der eingedrungen war, sowie einen alten Mann«
vorgefunden. Offenbar hatten die Wachen wieder einmal zu
lange geschlafen.

Als Kind seiner Zeit fürchtete Amunnacht, wie andere
Dorfbewohner auch, die unberechenbaren Launen der Götter, die Macht des Schicksals, und er besaß einen Kalender,

der glück- und unglückverheißende Tage angab. Solche Kalender gab es schon lange, aber zu Lebzeiten Amunnachts kamen sie allgemein in Gebrauch. Jeder einzelne Kalendertag war in drei Drittel unterteilt, und zu jedem dieser Drittel war angegeben, ob es Glück oder Unglück bringe. Im gesamten Zyklus von 365 Jahrestagen galt ein klein wenig mehr denn die Hälfte als »gut« zu jeder Tageszeit, ein Zehntel der Tage war von unterschiedlichster Vorbedeutung, und der Rest bestand aus in Bausch und Bogen unheilbringenden Tagen. Einige der Kalenderangaben beschäftigen sich auch mit dem Schicksal der an einem bestimmten Tag Geborenen. Da heißt es dann: »Wer immer an diesem Tag geboren wird, wird erst in hohem Alter sterben.« Oder: »Wer immer an diesem Tag geboren wird, stirbt an der Pest.« Wahrscheinlich ruhte an den als unglückbringend bezeichneten Tagen die Arbeit am Großen Platz. Manche Tage galten sogar als dermaßen gefährlich, daß der Kalender empfahl, die Wohnung nicht zu verlassen!

Doch solche Kalendertage waren lediglich ein kleiner Prozentsatz all der Unterbrechungen, die die Arbeit am Großen Platz erlitt. Daneben gab es Staatsfeiertage, Familien- und persönliche Feste, öffentliche Ruhetage und andere festlich zu begehende Ereignisse im Dorf. Wie die meisten anderen nichtindustriellen Staaten nutzte auch das pharaonische Ägypten sein Arbeitspotential in viel zu geringem Maße. In den späten Jahren der Regierungszeit Ramses' III. arbeiteten die Gräbermacher vermutlich nur jeden vierten Tag am Königsgrab. Und in den frühen Jahren desselben Herrschers verlängerte man das Talfest und das Opetfest um jeweils sechs Tage gegenüber der Zeit Ramoses, so daß die beiden Festzeiten nun elf Tage länger waren als während der alten Dynastie.

Entgegen altem Herkommen beschloß man, Ramses III. einfach im Grab seines Vaters Sethnacht zu bestatten, das man zu diesem Zweck erweiterte – in jenem Grab, bei dessen Anlage man in das Grab Amenmesses' durchgebrochen war. Vielleicht war man der Ansicht, am Platz der Königsgräber sei kein Raum für neue Grabstätten mehr. Immerhin drang man kurz vor dem Ende des ursprünglichen Grabgangs im rechten Winkel zu diesem tiefer in den Felsen ein und wandte sich nach einer kurzen Strecke wieder im rechten Winkel zurück, so daß die neue Erweiterung axial parallel zum ursprünglichen Korridor verlief und weitere Überschneidungen mit anderen Gräbern vermieden wurden. Während der gesamten langen Regierungszeit des Herrschers fraßen sich die Meißel der Arbeitskolonnen immer tiefer in das Gestein, und schließlich war ein riesiges, vollständig fertiges Grab ausgehauen. Es war das erste, das nach der Regierungszeit des Königs Merneptah fertiggestellt wurde.

Als ranghoher Schreiber amtierte Amunnacht auch, als Fachsteinmetzen am Großen Platz erschienen, um dort eine Sonderaufgabe zu erfüllen. »Der Kellermeister des Königs, Amunchu, brachte die vier obersten Alabasterschneider − − − zusammen mit zwei Männern [Arbeitern?]. Sie wurden den schrägen Gang [des Königsgrabes] hinabgeleitet, und der Schreiber Amunnacht schloß sie im Grab ein. Sie verbrachten die ganze Nacht bis zur Morgendämmerung im Grab und arbeiteten innen und außen am Alabasterschrein. Sie vollendeten ihn, und er wurde mit Figuren bemalt. « Der besagte Alabasterschrein war vermutlich als Behälter für die vier Kanopengefäße bestimmt, die die bei der Mumifizierung dem Leichnam entnommenen Eingeweide des toten Königs enthielten. Sofern der Sonderauftrag nicht mit den Bewegungen der Himmelskörper oder dergleichen zusammenhing, kann man sich nur schwer vorstellen, warum dafür eine Nachtschicht erforderlich war; aber wir wissen eben wenig von den Ritualen, die mit der Schaffung eines Königsgrabes verbunden waren. Trotz solcher gelegentlicher Sondereinsätze konnten die Gräbermacher dank der langen Regierungszeit Ramses' III. sich etwas von der Dauerbelastung während der beiden vorangegangenen Jahrzehnte erholen. Obwohl das Grab indes schon Jahre vor dem Tod des Königs vollendet war, drückte man im 29. Regierungsjahr des Herrschers den Zeichnern und Malern noch einmal Farbgefäße in die Hand. Die Arbeitskolonnen rückten erneut an, und man

durchbrach einfach die Wandtexte im Grab Sethnachts, um
an jeder Seite des Grabgangs vier kleine Zusatzkammern zu
schaffen. Diese kleinen Räume waren Warenhäuser im kleinen; ihre exotischen Wandmalereien erwecken den Eindruck,
als seien sie mit allem gefüllt, was zum Haushalt eines Königs
gehörte. Einer der Schreiber, vielleicht Amunnacht selbst,
brachte über den Türen der Kämmerchen kurze Inschriften
an: »Schatz«, »Vorsaal«, »Vorratshaus« und so fort. Diese
kleinen Räume haben in anderen Königsgräbern keinerlei
Gegenstück, und es ist ohne weiteres denkbar, daß sie dem
Einfall eines einzelnen, vielleicht sogar des Königs, ihre
Entstehung verdanken.

Darüber hinaus schufen die Nekropolenarbeiter Gräber
für mehrere Kronprinzen, eines davon am Großen Platz,
andere am Platz der Schönheit, wo die früheren Herrscher
meistens die Gräber ihrer Gattinnen und ihrer Mütter hatten
anlegen lassen. Die als Fragmente überlieferten Ostraka der
Dorfschreiber ermöglichen uns flüchtige Einblicke in den
Fortgang der Arbeiten. Da liest man dann: »Das Grab des
Königssohns – – – Arbeit in ihm [wurde] im Jahr vierundzwanzig beendet.« Oder: »Arbeiten im Grab des Wagen-
lenkers Ramses' III.« Im letztgenannten Fall handelt es sich
vielleicht um das Grab des Kronprinzen, dem die königlichen
Marställe unterstanden, des »ersten Königssohns Seiner
Majestät Prahirwenemef«. Der alte Nechenmut, Ipys
Nachfolger als Vorarbeiter der ehedem Paneb unterstellten
Arbeitskolonne, ließ für sich während der Arbeiten an
diesen Prinzengräbern am Platz der Schönheit eine Schutz-
hütte errichten, und gleiches taten vermutlich auch andere
Gräbermacher. Auch hier ließ Nechenmuts Sohn Chonsu
auf der Steilwand des Felsens eine Gedenkinschrift einmei-
ßeln; auf der zugehörigen Abbildung erblickt man ihn, eine
Gruppe von Nekropolenarbeitern und den Wesir To im
Gebet vor Meretseger, der Gottheit der »Westspitze« hoch
über ihnen.

Nechenmut und Chonsu beaufsichtigten die Arbeiten an
mindestens fünf Gräbern im Tal der Königinnen. All diese
Gräber waren für Kronprinzen König Ramses' bestimmt,

durchweg regelmäßig und freundlich, farbenprächtig ausge
malt und von gleicher Größe – beinahe so, als handle es
sich um Wohnräume. Die Wanddarstellungen zeigen Ramses III., der jeweils seinen verstorbenen Sohn den Göttern
zuführt; sie sind unbekümmert dahingezeichnet und vermitteln eine helle und heitere, beinahe festliche Stimmung. Doch
warum, so fragt man sich, benötigte man eine Gruppe derart
einheitlicher Gräber für fünf Kronprinzen auf einmal? Gewiß
ist es möglich, daß alle an einer Epidemie gestorben waren,
vielleicht als Opfer einer Virusinfektion. Allerdings hat man
auch die Vermutung geäußert, Ramses selbst habe sie umgebracht, sozusagen fünfe auf einen Streich. Seit den ersten
Tagen seiner Regierung war er fest entschlossen, die dynastischen Kämpfe zu vermeiden, die seinen Vorgängern das
Leben so schwer gemacht hatte. Und sind diese Prinzen,
deren Zug wir auf Wandreliefs in Ramses' Totentempel zu
Medinet Habu erblicken, dort nicht namenlos wiedergege-
ben, so daß wir nicht einmal ihre Reihenfolge bestimmen
können? Diese Deutung paßt besser zum Geist jener Zeit,
denn derartige Dinge lagen durchaus im Bereich des Möglichen. Einmal sah sich Ramses selbst einer hinterhältigen
Haremsverschwörung ausgesetzt, die man in seinem Palast
zu Theben ausgeheckt hatte. Schwarze Magie war dabei
ebenso im Spiel wie Gift und Bestechung. Einige der Verschwörer, Königinnen, Höflinge, Richter und Militärs,
wurden vor Gericht gestellt und entweder hingerichtet oder
zum Selbstmord genötigt. Vermutlich war dieses Komplott
der Versuch einiger thebanischer Edelleute, von denen viele
den Namen ihrer Stadt in ihrem eigenen Namen trugen, den
nicht mehr in Theben residierenden Herrscher zu beseitigen.
Wenn Ramses III. in Theben weilte, mußten strengste Sicherheitsvorkehrungen getroffen werden.

Während der späteren Phase der Regierung dieses Königs, als Theben aufhörte, das politische Zentrum der Nation zu sein, wurde die mächtige Tempelanlage auf dem
Westufer (Medinet Habu) mit ihren Festungsmauern zur
wichtigsten Stätte königlicher Präsenz in der »Südstadt«.
Zwei im syrischen Stil errichtete Festungstore gewährten

Einlaß in die von Menschen wimmelnde, mehr als 50 000 Quadratmeter Grundfläche bedeckende Tempelstadt dahinter. Die Gebäude der Tempelverwaltung und der Priester, sonst stets in kleineren Umfriedungen außerhalb der Tempelmauern, waren hier in den Bereich der Festung einbezogen. Das Tempelpersonal wohnte in regelmäßigen Reihen rechteckiger Häuser zwischen den Tempelmagazinen und der Wehrmauer. Neben dem Königstempel erhob sich ein Palast mit dem Schlafgemach und dem Harem des Herrschers; Loggien und andere Räume, die der König benutzte, waren in den wehrhaften Toren untergebracht. Statt seiner früheren Residenz in Theben-Ost bewohnte Ramses III. nun bei Aufenthalten in der alten, heiligen Stadt diese trutzige Tempelfestung. Doch die Bauten, die er in Auftrag gegeben hatte, waren größtenteils fertig, die Ernten fielen so reichlich wie immer aus, und der Reichtum der Stadt und ihrer Tempel nahm zu. Was machte es da schon, daß Theben politisch ins Abseits geriet und der König mit seinem Hof weit in der Ferne weilte? Was tat es, wenn im Vergleich mit den Leistungen der Mannschaften Panebs und Neferhotpes die Qualität der Arbeit in den Königsgräbern immer mehr nachließ, ja schlampig wurde? Gewiß, gemessen an den großartigen Szenen, die sehr viel weniger privilegierte Künstler an den Wänden des Totentempels in Medinet Habu schufen, trat das, was die Leute aus dem Dorf nun noch in den Königs- und Prinzengräbern fertigbrachten, deutlich in den Hintergrund. In seiner merkwürdigen Farbgebung und seinem eigenwilligen Stil hob sich das künstlerische Schaffen der Gräbermacher merklich von allem anderen ab, das sonst in Theben an Kunst entstand. Und dies kennzeichnet die mißliche Lage, in die unser Dorf geraten war. Denn der König hatte Theben verlassen. Die Nekropolenarbeiter aber waren Leute des Königs, die Königsgräber schufen und von den Zuteilungen aus den Vorratshäusern der Königstempel lebten. Jahrhundertelang hatte ihr kleines Gemeinwesen eine Sonderstellung eingenommen. Mit der Routine des Alltagslebens und der Nahrungsmittelproduktion hatten die Dorfbewohner fast nichts zu tun. Die Gräbermacher, die über außergewöhnliche Fähigkeiten verfügten und in Mysterien eingeweiht waren, die weit über das Vorstellungsvermögen ihrer meisten Zeitgenossen hinausgingen – sie blühten wie Orchideen in der Wüste. Doch Ägypten befand sich in einem Wandlungsprozeß. Nun kam es aufs Überleben an, nicht das des Staates, sondern das des einzelnen innerhalb der Staatsmaschinerie.

Streiks

Etwa im 25. Regierungsjahr Königs Ramses' III. schrieb einer der Untergebenen Amunnachts, ein gewisser Neferhotpe, einen Brief an die Kanzlei des Wesirs To. Gegenstand des Schriftstücks war der Fortschritt, den die Arbeitskolonnen am Platz der Schönheit erzielt hatten. »Ich arbeite an dem Prinzengrab, das mein Herr [d. h. der König] in Auftrag gegeben hat. Ich arbeite sehr gut. Möge mein Herr sich darüber keine Sorgen machen, denn die Arbeit ist hervorragend. Ich werde nicht im mindesten nachlässig.« So weit klingt alles gut. Doch dann fährt der Briefschreiber fort: »Wir sind verarmt. Sämtliche Zuwendungen, die wir aus dem Schatzhaus, dem Getreidespeicher und dem Magazin erhielten, hat man uns ausgehen lassen. Der Stein [am Platz der Schönheit] ist nicht leicht. Anderthalb Zentner Weizen hat man uns genommen [d. h. fehlen an unserer Ration]... triff Maßnahmen, um uns am Leben zu erhalten... wir sind im Begriff zu sterben, wir leben gar nicht mehr.«

Warum waren die Dorfbewohner plötzlich in eine dermaßen verzweifelte Lage gekommen? Die Nilüberschwemmungen kamen so regelmäßig wie stets. Sie waren auch so reich wie immer, und die Diener der Dorfbewohner brachten regelmäßig die gleichen Mengen gefangener Fische und anderer Nahrungsmittel. Es scheint kaum möglich, daß die königlichen Nekropolenarbeiter angesichts solcher Fülle tatsächlich Hunger litten, und wir können uns vorstellen, daß man dies in der Kanzlei des Wesirs ebensowenig glauben mochte. Allerdings war einzuräumen, daß man sich laut den Aufzeichnungen mit den Weizenlieferungen stets mindestens einen halben Monat im Rückstand befand. Doch selbst wenn die Nekropolenarbeiter infolge irgendeiner Schlamperei der Behörden ihre Lieferungen wirklich einmal nicht erhielten, waren sie wohlhabend genug, um sich auf dem Markt in Theben ihren Weizen kaufen zu können. Außerdem besaßen manche Dorfbewohner außerhalb der Siedlung eigene Vorratshäuser; wir vernahmen bereits, daß man aus einem solchen Magazin am Nilufer, das dem Vorarbeiter Nechenmut gehörte, Brot und andere Lebensmittel gestohlen hatte. Mithin brauchte man im Dorf eine wirkliche Hungersnot kaum zu befürchten, und die Unterbrechung der staatlichen Weizenlieferungen, von der jener Brief berichtet, dürfte schwerlich die geschilderten dramatischen Folgen gehabt haben.

Nichtsdestoweniger hat es den Anschein, daß ein großer Teil der monatlichen Weizenrationen im Dorf nicht mehr eintrafen, und da die nicht sehr geräumigen Häuser des Dorfes nur in sehr begrenztem Umfang Platz für Vorräte boten, war abzusehen, daß es binnen weniger Wochen tatsächlich zu einer Weizenknappheit kommen würde. Mit seinen rund 500 Einwohnern – den etwa 60 Nekropolenarbeitern mit ihren Familien und Dienern – verbrauchte das Dorf einen beträchtlichen Teil der vom Staat in Theben angelegten Vorräte. Und Weizen besaß einen beachtlich stabilen Marktwert: Ein Sack von etwa 1 Zentner, 1 *Char,* entsprach dem Wert von 1 Pfund oder 2 *Deben* Kupfer. Nach den Maßstäben des Dorfes reichte die monatliche Ration eines Arbeiters, 4 *Char,* hin, um ungefähr 16 Personen zu ernähren. Die Rationen für Vorarbeiter und Schreiber waren noch um mehr als ein Drittel reichlicher; jede ihrer Familien erhielt täglich insgesamt 11 Pfund Brot, und hinzu kamen vielfältige andere Nahrungsmittel. Rechnet man, daß eine Familie einschließlich des Hauspersonals im Durchschnitt 8 bis 10 Personen zählte, so war diese Ration recht großzügig bemessen. In anderen Ländern mußte man zu jener Zeit mit weit weniger Nahrungsmitteln auskommen – in manchen Ländern auch heute. Doch durch die Kürzung ihrer Getreidezuteilung wurden die Nekropolenarbeiter um ihr regelmäßiges, festes Einkommen gebracht. Die Bedrängnis, in die sie geraten waren, war also finanzieller Art. Was sich in Neferhotpes Brief wie ein verzweifelter Appell ausnimmt, den Dorfbewohnern nicht die Lebensgrundlage zu entziehen, ist daher in Wirklichkeit nichts als die beredte Klage eines Angehörigen der arbeitenden Mittelschicht, eingekleidet in die damals üblichen Übertreibungen.

Gegen Ende des zweiten Monats im 29. Regierungsjahr Ramses' III., im Juli 1152 v. Chr., wurde auch der Schreiber Amunnacht in diese Debatten über die Weizenration hineingezogen. »Heute«, so verkündete er den Arbeitskolonnen, »sind zwanzig Tage im laufenden Monat vergangen, und unsere Zuteilungen haben wir noch immer nicht erhalten.« In der drückenden Sommerhitze stapfte er vom Dorf hinab in die Ebene und weiter durch den Wüstensand zum Tempel des Königs Haremhab, der neben der breit hingelagerten Tempelfestung Ramses' III. stand. Dort brachten königliche Beamte 46 *Char* Weizen herbei, die zwei Tage später schon an die Dorfbewohner ausgeliefert wurden. Auf dem gleichen Ostrakon übrigens, auf dem Amunnacht seinem Protest Ausdruck gab, vermerkte er auch: »Die Regierung Seiner Majestät ernannte den Wesir To zum Wesir der Länder Ober- und Unterägypten.« Vielleicht deutet dies darauf hin, daß die Verwaltung im argen lag und durch die Verschmelzung beider Wesirate gestrafft werden sollte. Daß sich Amunnacht zu einem der Königstempel begab, um gegen das Ausbleiben der Rationen zu protestieren, hatte seinen Grund darin, daß zu dessen Vorratshäusern die Weizenlieferungen kamen. Vermutlich waren dort auch die Beamten tätig, die die Auslieferung der Zuteilungen überwachten. Bei vorsichtigster Schätzung faßten die Getreidespeicher des Haremhab-Tempels — dessen Umfriedung noch nicht vollständig ausgegraben ist — genügend Vorräte, um das Dorf zehn Jahre lang zu versorgen. Dabei waren die 120 Magazine dieses Tempels noch von recht bescheidenem Fassungsvermögen. Die 20 größten Bauwerke dieser Art in dem riesigen Kornspeicher-Komplex beim Tempel Ramses' II., langgestreckte, tonnengewölbte Lagerhallen aus Schlammziegeln, enthielten jeweils mehr als einen Zweijahresbedarf für das Dorf! Die aus ganz Ägypten zusammengetragenen Kornreserven in Theben waren kolossal. Warum also dieser plötzliche Engpaß?

Zunächst ist es wahrscheinlich, daß die aufwendigen Bauvorhaben Ramses' III. in Theben während der letzten zehn Jahre seiner Regierungszeit die Vorräte erheblich angegriffen hatten. Zwar vermochten die Tempel-Vorratshäuser leicht die Wirkung mehrerer Mißernten hintereinander aufzufangen – ein Ruf, den die Bibel den »Kornhäusern des Pharaos« eintrug –, doch nach so vielen Jahren ständiger Versorgung ganzer Armeen von Steinmetzen und anderen Arbeitskräften waren die Vorräte fast verbraucht. Als »offene Flanke« der königlichen Wirtschaftspolitik reagierten die Nekropolenarbeiter äußerst empfindlich auf Schwankungen des Staatshaushaltes, und in Zeiten erhöhter Belastung bekamen sie als allererste die Folgen zu spüren. Außerdem griff damals Mißwirtschaft um sich. So verlor ein einziger kleiner Tempel mehr als 90 Prozent seines aus dem Norden stammenden Getreides an korrupte Beamte. Angesichts des ägyptischen Reichtums an Weizen war dies nur ein winziges Häufchen, und doch hätte es ausgereicht, die Versorgung des Dorfes für vier Monate sicherzustellen. Dabei dauerte es volle zehn Jahre, bis diese Veruntreuung aufgedeckt wurde.

Die Ernennung des Wesirs To zum Wesir »beider Länder« scheint die unmittelbaren Zukunftsaussichten der Nekropolenarbeiter verbessert und die Befürchtungen der Dorfältesten fürs erste beschwichtigt zu haben. Allem Anschein nach wechselten sie zunächst einen Teil des Dienstpersonals aus. Dies war ein taktischer Schachzug zur Aufmunterung der Gräbermacher, die ihr Ansehen schwinden sahen und unter denen sich das Gefühl ausbreitete, sie seien, wie ganz Theben, ins Abseits geraten und hätten nichts mehr mit den wichtigsten Bauvorhaben ihrer Zeit zu tun. In dem Monat nach Amunnachts Protest im Haremhab-Tempel nahmen der Schreiber und einer seiner Kollegen eine strenge Musterung der Dienerschaft des Dorfes vor. Insgesamt waren es dreiundzwanzig Bediente: sechs Wasserträger; drei Gärtner mit je einem Gehilfen, die gemeinsam die zum Dorf gehörenden Gärten und Felder im fruchtbaren Nil-Schwemmland bestellten; vier Fischer, die das Dorf gemäß den von den Schreibern festgesetzten Quoten mit Fischen versahen; drei Holzfäller, die das Brennholz für die Backöfen des Dorfes lieferten; ein Töpfer und ein Wäscher; ferner ein Magazinverwalter und dessen Sohn, der den vermutlich für Reparaturen an den Wohnhäusern benötigten Mörtel rührte. Für die Berufung dieser Leute sowie erforderlichenfalls die Ernennung neuer Hilfskräfte war der Torwächter Chaemwese in seiner Eigenschaft als Assistent der Schreiber zuständig. »Erklärung des Torwächters Chaemwese vor dem Schreiber des Grabes und den beiden Vorarbeitern – – – Ich werde zwölf Wasserträger zur rechten und zwölf zur linken Hand einstellen, insgesamt vierundzwanzig.« Außer diesen Wasserträgern kamen vierzehn Holzfäller, zwölf Gärtner, acht Töpfer sowie, wohl als besonderes »Bonbon« für die aufgebrachten Dorfbewohner, je ein Zuckerbäcker für die beiden Arbeitskolonnen. Zuvor hatten die Dorfbewohner ihre Süßspeisen und ihr Gebäck aus den Tempeln erhalten.

Wenn es dem Wesir auch gelungen sein mochte, die größten Ängste der Dorfältesten zu zerstreuen – die Männer der beiden Arbeitskolonnen waren weit davon entfernt, zufrieden zu sein, denn die Lebensmittellieferungen für das Dorf trafen noch immer mit großer Verspätung ein, und auch die Menge des Gelieferten ließ erheblich zu wünschen übrig. Ihr Vertrauen in die Behörden hatte einen schweren Schlag erlitten. Allmählich schwand der Wohlstand der Nekropolenarbeiter dahin. Die Männer fühlten sich vernachlässigt und schlecht behandelt.

Schließlich erreichte die Gereiztheit ihren Siedepunkt. Am 14. November 1152, im 29. Regierungsjahr des Königs, legten die Männer ihre Arbeit nieder und entfernten sich geschlossen vom Großen Platz. Die Dorfältesten, die beiden Vorarbeiter, ihre Stellvertreter sowie der Schreiber Amunnacht hatten keinerlei Ahnung, wohin der Marsch gehen sollte. Sie verließen das Dorf und suchten die Leute in der weitläufigen, nun von ihrem doppelten Mauergürtel umgebenen Tempelfestung Ramses' III., konnten jedoch in der gesamten Tempelanlage niemanden finden. Darauf räumten sie das Feld und schritten die Linie der Totentempel ab, bis sie auf die Männer stießen. Sie saßen hinter dem Tempel Thutmoses III., eines der legendären Herrscher der alten Dynastie, aus dessen Vorratshäusern man früher die Dorfbewohner oft versorgt hatte. Ihr bloßes Herumsitzen auf dem etwas erhöhten Gelände drückte zur Genüge ihre Unzufriedenheit aus. Die Dorfältesten sprachen sie an, erhielten jedoch, wie Amunnacht berichtet, »große Verwünschungen« zur Antwort. »Wir haben Hunger«, tönte es ihnen entgegen, »schon achtzehn Tage dieses Monats sind vergangen!« Tatsächlich waren diese achtzehn Tage verstrichen, ohne daß die Männer ihre Lebensmittelrationen empfangen hatten. Daraufhin kehrten die Ältesten ins Dorf zurück, und am Abend zogen auch die Arbeiter wieder heim in die Siedlung.

Am nächsten Morgen begaben sich die Gräbermacher auf dem Gebirgspfad zum Großen Platz, doch noch immer stand ihnen der Sinn nicht nach Arbeit. Abermals verließen sie das Königsgräbertal. Diesmal zogen sie zum Tempel Ramses' II., von dessen Opferaltären ihnen so oft reichliche Mengen Brot zugeflossen waren. Die Männer betraten das Tempelgelände durch eine kleine Pforte in der Südmauer, die in einen Gang an der Tempel-Südseite führte; über ihn gelangten sie in die Höfe mit den riesigen Getreidespeichern. Der Marsch zum Tempel brachte die Auseinandersetzung in eine kritische Phase. Ein Kollege Amunnachts, der Schreiber Patwere, zwei Torwächter und einige Aufseher vom Großen Platz verfolgten nunmehr das Vorgehen der zornigen Arbeiter mit großer Aufmerksamkeit. Doch der Polizeihauptmann Mentmose – den wir bereits wegen seines Rechtsstreits um den Schmalzkrug kennen – stellte sich auf die Seite der Streikenden. Er sagte den Arbeitern, er werde den Bürgermeister von Theben holen, begab sich hinab zum Nil, setzte über den Strom, suchte den Bürgermeister auf und teilte ihm mit, die Nekropolenarbeiter seien in den Tempelbezirk eingedrungen. Leider wissen wir nicht, wie der Bürgermeister die Lage zu retten suchte, da der Papyrus an dieser Stelle einen Bruch hat. Aber eine Lösung fand er offensichtlich nicht, denn der Streik ging weiter. Doch stand es nicht allzu schlecht um die Dörfler. Während nämlich Mentmose den Bürgermeister suchte, ergriff der Schreiber Patwere die Gelegenheit, 55 kleine Kuchen einer bestimmten Sorte zu kaufen, die im Dorf nicht gebacken wurde. Möglicherweise stammten sie aus der Bäckerei eines benachbarten Tempels, von der das Dorf früher oft mit süßem Backwerk beliefert worden war. Auf jeden Fall zeigt der Bericht über diesen Kauf mitten in der Schilderung des Streiks erneut, daß die Nekropolenarbeiter weniger aus Hunger streikten als vielmehr deshalb, weil sie sich zurückgesetzt fühlten und Einkommenseinbußen hinnehmen mußten.

Niemand kam zu den Männern, die bei den Getreidespeichern saßen, und als sich der Tag neigte, beschlossen sie, nicht in ihr Dorf zurückzukehren, sondern die Nacht am Tempeltor zu verbringen. Dort müssen sie im warmen Sand gesessen und diskutiert haben, während sich das milde Abendlicht über die Felder breitete und die Bauern ihre Tiere nach Hause führten. Als dann die Sonne im Totenland verschwunden war, wurden auch die riesigen Sitzstatuen Amenophis' III. zu bloßen Schatten, die sich kaum noch vom gestirnten Himmel abhoben. Am nächsten Morgen, der der herbstlichen Jahreszeit entsprechend mit rosigem Dunst anbrach, ließen sich die Priester die Sorgen der Arbeiter vortragen. Aufs neue appellierten die Arbeiter an den König, sie nicht zu vergessen. »Hunger und Durst trieben uns her. Wir haben keine Kleidung, kein Schmalz, keinen Fisch und kein Gemüse. Berichte dem Pharao, unserem guten Herrn, davon und laß unseren Vorgesetzten, den Wesir, kommen, damit er sich um uns kümmert.«

Nachdem man die Aussagen der Streikenden zu Protokoll genommen hatte, wurden endlich die um sechs Wochen verspäteten Rationen des Vormonats ausgehändigt, und die Männer begaben sich nach Hause. Am folgenden Morgen kehrten sie zu ihrer Arbeit an den Großen Platz zurück. Der Polizeihauptmann Mentmose aber war noch immer über die Gleichgültigkeit erbost, die man den Arbeitern entgegengebracht hatte, und als die Männer zu ihrer kleinen Hüttensiedlung oberhalb des Großen Platzes zurückkehrten, wandte er sich mit zündenden Worten an sie. »Hört zu!« rief er. »Ich werde euch meine Meinung sagen. Geht und packt euer Werkzeug zusammen, verschließt eure Türen, bringt eure Frauen und Kinder mit, und ich werde euch zum Sethos-

Tempel führen. Den sollt ihr dann besetzen.« Doch die Arbeiter hatten genug und gingen lieber wieder an ihr Werk. Alles in allem muß ihr noch nie dagewesenes Verhalten beträchtliche Spannungen unter ihnen hervorgerufen haben. Dennoch waren sie verbittert genug, um im folgenden Monat noch einmal ihre Arbeit am Großen Platz zu verlassen. Diesmal kam es zu einem widerwärtigen Streit zwischen einem Arbeiter sowie zwei Vorarbeitern und den Schreibern, die den Arbeitskolonnen nachgegangen waren, um sie zurückzuholen. »Bei Amun und dem Herrscher, dessen Macht größer als der Tod ist, wenn sie mich heute von hier wegholen, will ich begraben sein«, schwor der Arbeiter Mose und wollte sich keinen Deut von der Stelle rühren. Doch damit, daß er in solch zorniger Weise die Namen der Götter angerufen hatte, hatte er eine Lästerung begangen und bezog dafür von den Dorfältesten auf der Stelle Schläge.

Abermals brachte man die Arbeitskolonnen dazu, wieder ans Werk zu gehen. Doch das hinderte sie nicht daran, schon bald darauf erneut die Arbeit niederzulegen. Diesmal waren es die inzwischen entnervten Schreiber und Vorarbeiter, die herumschrien. Die Arbeiter dagegen verhandelten nun geschickter und kaltblütiger, und als die Distriktsbeamten und der Schreiber Amunnacht zu ihnen kamen, um sie wieder an die Arbeit zu holen, gaben die zwei Vorarbeiter, die vor ihren Leuten standen und für sie sprachen, eine neue, ernster zu nehmende Darstellung dessen, was sie bedrückte. »Bestellt euren Vorgesetzten«, so sprachen sie, »daß wir nicht zurückkehren! Nicht weil wir hungerten, haben wir die Königsgräber verlassen. Wir haben eine wichtige Erklärung abzugeben: An diesem Platz des Pharaos ist Schlimmes geschehen.« Die Männer der Arbeitskolonnen waren, ebenso wie die Vorarbeiter und Schreiber, eidlich verpflichtet, jegliche Unregelmäßigkeit, die sie am Großen Platz beobachteten, sofort zu melden. Und sie wußten, daß Paneb seinerzeit, noch als einfacher Steinmetz, einen Wesir angezeigt und dessen Sturz bewirkt hatte. So erhoben auch jetzt die zornigen Arbeiter anklagend den Finger, nannten jedoch keinerlei Namen, sondern stießen lediglich versteckte Drohungen gegen jene Regierungsbeamten aus, denen sie die Schuld an der Kürzung ihrer Rationen gaben. Wie zuvor haben wir allen Grund zu bezweifeln, daß sie wirklich am Hungertuch nagten. Nur wenige Monate vor dem Streik hatte einer der beiden Vorarbeiter, die nun diese gefährlichen Besorgnisse äußerten, den Gegenwert von vier Monatsrationen Weizen für einen Sarg und weiteres Grabmobiliar ausgegeben. Einen klareren Beweis dafür, daß es lediglich um die Beibehaltung des überkommenen Lebensstandards ging, kann es nicht geben. Wir erkennen im Verhalten dieser Männer die ganze Enttäuschung jener wieder, denen tiefe Geheimnisse und Verpflichtungen von großer Tragweite anvertraut waren, die sich aber nun von ihren Oberen vergessen sahen. »Laßt uns nicht im Stich«, schienen sie zu sagen, »denn euer Schicksal als Träger des Staates liegt in unserer Hand. Wir stehen zu unserer Verantwortung, verlangen aber von euch die gebührende Beachtung.« Daß ihre Klagen so diffus wirken, verrät nur die allgemeine Entmutigung, die sich im Dorf ausgebreitet hatte.

So vage die Beschuldigungen auch waren, man habe sich an den Königsgräbern zu schaffen gemacht, waren sie doch schwerwiegend genug, um den Schreiber Amunnacht zu veranlassen, den alten Papyrus abzuwaschen, auf dem er, neben anderen Dingen, die wichtigsten Ereignisse des Streiks aufgezeichnet hatte, und einen umfassenden Bericht über die neue Auseinandersetzung zu geben. Dieses Schriftstück ist auf uns gekommen; aus der Sicht eines Schreibers, der in bezug auf die Anklagen der Arbeitskolonnen selber Angriffsflächen bot, ist darin mit vielen scharfumrissenen Details festgehalten, was die Männer geäußert hatten und wer sich, wie zum Beispiel der Polizeihauptmann Mentmose, auf die Seite der Arbeiter geschlagen hatte. Denn Amunnacht war sich darüber im klaren, daß die Anwürfe der Arbeiter sich für die Wortführer als zweischneidiges Schwert erweisen konnten, falls man ihre Behauptungen für böswillig und falsch erachtete. Wenn die Arbeitskolonnen und die Dorfältesten miteinander verfeindet waren, lag allerhand in der Luft.

Wesir To hörte von den Streiks etwas später im selben Jahr. Die Nachricht erreichte ihn, während er zu Schiff von Theben nilabwärts fuhr, um die Götterbilder der Tempel Oberägyptens einzusammeln und zur Dreißigjahrfeier der Thronbesteigung des Herrschers mitzunehmen, die in Unterägypten begangen wurde. Auch dies ist – ganz nebenbei – ein weiterer Anhaltspunkt dafür, daß Theben an Bedeutung verloren hatte. Durch den Leiter der thebanischen Polizei sandte To den Dorfbewohnern folgende Botschaft: »Nicht weil ich euch nichts zu bringen hatte, bin ich nicht gekommen«, heißt es da. »Ihr bittet mich: ›Vergib unsere Zuteilungen nicht an andere.‹ Gebe ich, als euer Wesir, etwa Befehl, sie euch wegzunehmen? Wäre nichts mehr vorhanden gewesen, selbst in den Kornspeichern, so hätte ich euch das gegeben, was ich gefunden hätte.« Die Botschaft war sehr geschickt formuliert. In väterlichem Ton abgefaßt, schob sie die Besorgnisse der Dorfbewohner beiseite und sagte den Arbeitern gleichzeitig, der Wesir wisse von ihren Schwierigkeiten und mache sich Sorgen um sie. Ihr schloß sich die Ankündigung eines Dorfschreibers an, daß auf der Stelle eine halbe Monatsration Getreide verteilt werden solle. Da dies jedoch nur die Hälfte dessen war, was der Staat den Gräbermachern schuldete, zeugte die Geste nicht gerade von jener königlichen Großmut, für die der Wesir sich stark gemacht hatte. Außerdem zeigte sie, daß es mit der Verständigung zwischen dem Wesir und den Dorfbewohnern haperte.

Als dann vier Tage später lediglich ein Bruchteil der fälligen Monatsration angeliefert wurde, griff der Vorarbeiter Chonsu persönlich in die Debatte der Arbeiter ein. Er war davon überzeugt, daß es untergeordnete Verwaltungsstellen waren, die den Dorfbewohnern die Zuweisung ihrer vollen Rationen vorenthielten, und daß der Wesir all die schlimmen Dinge, die sich im Lauf der letzten Monate ereignet hatten, gar nicht wußte. Auf einem in Theben festgemachten Flußschiff befanden sich Mitarbeiter des Wesirs. Vielleicht war es dasselbe Schiff, auf dem man aus den Tempelmagazinen Oberägyptens die halbe Monatsration Getreide herbeitransportiert hatte. Jedenfalls glaubte der

Vorarbeiter, eine offene Konfrontation sei das beste. Als der Schreiber Amunnacht gerade im Begriff war, das gelieferte Getreide an die einzelnen Haushalte zu verteilen, sagte Chonsu daher zu den Leuten: »Nehmt eure Zuteilung und geht hinunter zum Hafen.« Der Mitarbeiterstab des Wesirs werde dann, so meinte er, mit eigenen Augen sehen, wie man mit den Gräbermachern umging. Die Worte des Vorarbeiters rissen die Männer mit. Kaum hatte der Schreiber die Getreideausgabe beendet, zogen alle davon. Sogar einer der Dorfältesten, mithin ein Vertreter der Obrigkeit, schloß sich den Arbeitern an. Das war für Amunnacht zuviel. Als die Arbeitskolonnen beim Verlassen des Großen Platzes am ersten Wachtposten vorüberkamen, rief ihnen der Schreiber drohend zu: »Ich habe euch soeben einen Zentner Weizen zugeteilt. Geht nicht zum Hafen! Wenn ihr trotzdem geht, werde ich vor jedem Gericht gegen euch auftreten!« Nach seinen Aufzeichnungen gewann Amunnacht diese Schlacht. Die Arbeiter, so vermerkt er, hätten nicht mehr auf Chonsus Beschwörungen gehört, sondern seien an ihre Arbeit zurückgekehrt. Im übrigen verzeichnet Amunnacht am gleichen Tag den Tod des Schreibers Patwere, jenes Mannes, der in den ersten Tagen des Streiks in einem Tempel süße Kuchen gekauft hatte; er muß mit Amunnacht eng befreundet gewesen sein, denn dieser nannte seinen dritten Sohn nach ihm.

Zwei Monate später zogen die Dorfbewohner wiederum im Protestmarsch zu den Tempeln. Diesmal legte sich Thebens Bürgermeister ins Mittel und versah das Dorf mit 24 Säcken Weizen, die, wie er betonte, die Zeit bis zur baldigen Wiederaufnahme regelmäßiger Lieferungen durch die königliche Verwaltung überbrücken sollten. Einige der Nekropolenarbeiter hielten den Bürgermeister für einen jener korrupten Beamten, die nach ihrer Meinung dem Dorf seine Rationen vorenthielten. Die Leute fühlten sich beschwindelt, und die Wogen der Empörung gingen noch immer hoch. Die Dörfler kannten den Weg, auf dem man in der Regel das Getreide in ihre Siedlung brachte. Nun versuchten sie herauszubekommen, wohin es verschwunden war. »Ich werde

nach Theben zu Amuns Hohempriester gehen und dort
Thebens Bürgermeister verklagen, weil er uns von den Göt-
teropfern im Ramsestempel kein Brot mehr gegeben hat. Er
hat ein großes Verbrechen begangen!« Solche Stimmen wurden nun laut.

Über das »Schlimme«, das »an diesem Platz des Pha-
raos« geschehen war, gab es noch mehr zu sagen, denn unter
den Belastungen und Aufregungen der Streiks brach der alte
Dorfzwist wieder aus. Einer der jüngeren Söhne Panebs,
Pa'anuket, arbeitete nun in einer der Arbeitskolonnen am
Königsgrab, und er nutzte die Stimmung allgemeiner Unzufriedenheit, die sich im Dorf ausgebreitet hatte, aus, um
Kollegen zu denunzieren. In einer Erklärung, die er vor dem
Schreiber Amunnacht und dem Vorarbeiter Chonsu abgab –
seinen »Vorgesetzten« und »Grabaufsehern«, wie er sie
nennt –, behauptet er, zwei besonders angesehene Arbeiter,
der eine ein Sohn Amunnachts, der andere ein langjähriger
Freund der Familie, hätten aus einem der Königsgräber am
Großen Platz Steine herausgebrochen. Dies war, wie Pa'a-
nuket hervorhebt, dasselbe Verbrechen, dessen man vor
vielen Jahren seinen Vater angeklagt hatte. Sogar einer der
beiden Männer, die zuvor von dem »Schlimmen« gesprochen
hatten, das am Großen Platz geschehen war, stand nun
aufgrund der Anzeige Pa'anukets unter Anklage; man legte
ihm zur Last, nicht nur aus dem Grab Ramses' II., sondern
auch aus einem der Prinzengräber am Platz der Schönheit
Steine gestohlen zu haben. Wohl um des rechten Augenma-
ßes willen zeigte Pa'anuket auch noch einen anderen Arbeitskollegen an, einen engen Freund Amunnachts. Von ihm
behauptete er, er habe ein mit Brandzeichen versehenes Rind
aus dem Tempel Ramses' II. entwendet, und das Tier »steht
nun in seinem Stall«. Selbstredend sollte derselbe Mann auch
die üblichen drei Frauen verführt haben, Frauen angesehener
Dorfbewohner wie seinerzeit Panebs angebliche Gespielin-
nen; eine war, so hieß es, sogar die Frau eines der Söhne
Amunnachts. »Nun«, erklärte Pa'anuket, »laß mich sehen,
was du mit ihnen tust, oder ich werde mich beim Pharao,
meinem Herrn, desgleichen beim Wesir beschweren.« Eine

derartige Äußerung hätte seinerzeit auch Panebs Anklägern gut zu Gesicht gestanden.

Plötzlich trafen dann wieder die vollen Getreiderationen im Dorf ein, und nun waren es erstmals Arbeiter — unter ihnen der älteste Sohn des Schreibers Amunnacht, Harschire, der sich darauf vorbereitete, die Nachfolge seines Vaters anzutreten —, die die Prüfung und die Verteilung der Rationen übernahmen. Zweifellos wollte man auf diese Weise sicherstellen, daß es bei der Verteilung fair zuging. Der Zorn der Arbeiter legte sich, und während der noch verbleibenden Regierungsjahre Ramses' III. ging der Lebensmittelnachschub pünktlich und gemäß den behördlich festgesetzten Quoten ein.

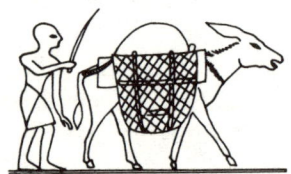

Wesir und Hoherpriester

Die Streiks schufen für das Dorf eine ganz neue Situation. Niemals zuvor in seiner Geschichte hatten Schreiber und Vorarbeiter, allgemein »Obere« genannt, sich dermaßen entschieden auf die Seite der Obrigkeit und gegen die Arbeiter gestellt wie der Schreiber Amunnacht und der Vorarbeiter Anhirkaui. Nach beider Aussagen verlangten die Männer mehr, als sie erhoffen durften; Amunnacht hatte sogar gedroht, sie vor ein Gericht zu zerren. So waren während der meisten Streiks die Männer der beiden Arbeitskolonnen ganz auf sich selbst gestellt gewesen. Nur ganz zu Anfang der Auseinandersetzung hatten die Oberen zu ihnen gehalten, wie es ihrer überkommenen Rolle als Sprecher und Sachwalter der Arbeiter entsprach. Das unmittelbare Ergebnis der Kluft, die sich da im Gräbermacherdorf aufgetan hatte, war die Ernennung neuer Sprecher für die beiden Arbeitskolonnen. Dann und wann ergriffen einige ältere Arbeiter, ein Polizeioffizier oder sogar der jüngere der beiden Vorarbeiter, Chonsu, der sich in seiner Impulsivität dann spontan gegen seinen älteren Kollegen stellte, das Wort. Die wirkliche Autorität im Dorf lag jedoch noch immer in den Händen der wenigen Familien, aus denen die Oberen stammten. Auf ihre Empfehlung hin geschah es, daß die Kanzlei des Wesirs nur noch Kinder von Nekropolenarbeitern als Nachwuchskräfte in die Arbeitskolonnen berief. Doch die Arbeiterfamilien waren so kinderreich, daß die meisten Sprößlinge, sobald sie herangewachsen waren, das kleine Gemeinwesen verlassen mußten. Auch wenn innerhalb der Arbeitskolonnen ein einfacher Arbeiter oder Steinbrecher »umsteigen« und Maler oder Bildhauer werden wollte, entschieden darüber allein die Oberen. Und zusammen mit einer kleinen Gruppe älterer Arbeiter, die sie in dieses Amt berufen hatten, saßen dieselben Oberen auch auf der Bank des Dorfgerichts. Auf diese Weise überwachten sie nicht nur die Arbeiten an den Königsgräbern, sondern auch das Leben im Dorf.

Derartige Regelungen beruhten selbstverständlich auf Tradition, aber im allgemeinen funktionierten sie reibungslos und wirkungsvoll. Tatsächlich sind es vor allem die Aktivitäten dieser Oberen, die von den Schreibern so reich dokumentiert worden sind. Nun also gab es in der kleinen Gemeinschaft zum erstenmal einen Klassenunterschied, ja einen Klassenkonflikt. Das Wohlstandsgefälle im Dorf verstärkte den Klassengegensatz noch. Einst waren auch Männer am Rand der Machtbasis der Oberen, etwa die Torwächter, die außerdem als Gerichtsdiener und Steuereintreiber fungierten, nach den Maßstäben des Dorfes wohlhabende Männer. Der Torwächter Chaemwese beispielsweise, der vor dem Ausbruch der Streiks die Berufung neuen Dienstpersonals organisiert hatte, besaß Rinder, die dem Gegenwert mehrerer Jahres-Kornrationen für einen Arbeiter entsprachen, während sein unmittelbarer Vorgesetzter, der Schreiber Hori, nicht nur mehrere solcher Tiere, die enorm viel Futter brauchten, sein eigen nannte, sondern es sich sogar leisten konnte, zwei davon gegen Grabmobiliar einzutauschen. Wenn auch während der Streiks die Männer der Arbeitskolonnen infolge der geringeren Lebensmittelzuteilungen allmählich ihren Wohlstand und ihren Sonderstatus einbüßten — die Dorfältesten scheinen so reich wie immer geblieben zu sein. Die Dörfler waren nun in zwei Gruppen geteilt und lebten nicht mehr in so enger Verbundenheit miteinander wie einst; ihre Ziele und ihre sozialen Umstände drifteten zusehends auseinander. Das überkommene Muster der Gesellschaft im Dorf der Gräbermacher hatte sich vollständig geändert.

Diese Spaltung der Bewohnerschaft kam im Gefolge von Umorientierungen, ja offenen Konflikten innerhalb des Verwaltungsapparats. Einen materiellen Grund dafür, daß die Lebensmittelrationen immer kleiner wurden, gab es nicht. Ägypten war so kornreich wie eh und je. Wie wir sahen, verfügte der Bürgermeister von Theben selbst auf dem Höhepunkt der Protestbewegung noch über genügend Überschüsse in seinen Vorratshäusern, um den Nekropolenarbeitern eine größere Menge Getreide zukommen zu lassen, nachdem sie sich an ihn gewandt hatten. Zur gleichen Zeit aber stellte des Königs persönlicher Stellvertreter, der Wesir To, dem das Dorf unmittelbar unterstand, mit Befremden fest, über welch geringe Vorratsmengen seine Beamten in der »Südstadt« verfügten. Gewiß, dies war eine Auswirkung davon, daß der König seine Hofhaltung von Theben abgezogen hatte. Bereits unter Merneptah hatte sich der Schreiber Kenhirchopschef beim Wesir über einen Rückgang der Lieferungen an die Gräbermacher beklagt. Desto schlechter war die Lage jetzt, nachdem der König und auch der Wesir nicht mehr in Theben residierten, sondern die Geschicke des Landes von einem Palast aus lenkten, der mehr als 800 Kilometer entfernt war. Von ihren traditionellen Gönnern im Stich gelassen, waren die Dorfbewohner plötzlich zum Zankapfel im Kompetenzenstreit der verschiedensten Behörden geworden, und niemand dachte auch nur daran, ihnen zu helfen. In dieser Lage wandten sie sich, wie wir sahen, nicht an den Wesir To im fernen Nildelta, sondern an den, der im nahen Theben das Sagen hatte: an den Hohenpriester Amuns. »Ich werde nach Theben zu Amuns Hohempriester gehen«, hatte ein erboster Dorfbewohner nach Monaten des Protestes ausgerufen, »und dort Thebens Bürgermeister verklagen!«

Der Hof suchte mit dem Verwaltungsengpaß fertigzuwerden, indem er dem Wesir To beide Wesirate, von Ober- und von Unterägypten, übertrug und so die Verwaltung stärker zentralisierte. Später richtete man dann eine Instanz zwischen den Nekropolenarbeitern und dem Wesir ein: den Hohenpriester Amuns in Theben, dem die kolossalen Tempelanlagen in Karnak unterstanden. Innerhalb weniger Jahre nach dem Beginn der Streikbewegung lag die Aufsicht über die Arbeiten am Großen Platz unmittelbar in den Händen des Hohenpriesters. Über ihn lief nun der Briefwechsel zwischen den Schreibern am Königsgrab und dem Wesir, er belieferte das Dorf mit Lebensmitteln, kümmerte sich um das Wiedereinschmelzen von Kupfermeißeln und sorgte für den Nachschub an Meißeln sowie anderen Arbeitsmaterialien.

Die Tempelanlagen von Karnak waren Thebens machtvollste Institution, Ägyptens religiöses Herz. Im Lauf der

Jahrhunderte hatten die Könige immer wieder erfahrene und von ihnen geschätzte Verwaltungsfachleute, die nicht aus Theben stammten, in das Hohepriesteramt berufen. Zweifellos erwarteten sie von den also Begünstigten, daß sie den riesigen Grundbesitz des Reichstempels diskret im Auge behielten. Doch dieses Amt besaß ein solches Gewicht und einen derartigen Glanz, daß seine Inhaber ihren Gott in der Regel über den König stellten und eine Art Staat im Staate errichteten, der sich dem Zugriff des Regierungsapparats und der örtlichen Behörden entzog. Nichtsdestoweniger waren die Hohenpriester dem König stets treu ergeben. In Abwesenheit des Hofes übernahmen sie sogar die kultischen Funktionen des Herrschers, der allerdings bestimmte Zeremonien weiterhin selbst vornahm und zu diesem Zweck eigens nach Theben reiste.

Nach dem Beispiel seiner Vorgänger hatte Ramses III. nacheinander zwei Nichtthebaner, beides Söhne des Leiters der Steuerbehörde, zum Hohenpriester erhoben. Besagter oberster Steuereinnehmer, ein Priester namens Meribast, kam aus dem etwas mehr als 150 Kilometer nördlich von Theben gelegenen Hermupolis und übte sein Amt in Ramses' Tempelfestung in Theben-West aus. Nach Meribasts Tod übertrug Ramses dessen Enkeln die Führung der Finanzverwaltung. So hatte diese Familie lange Zeit einen bedeutenden Einfluß auf die Geschäfte des Amunstempels wie auf die des Königs und spielte eine wichtige Rolle im Machtgefüge Thebens, ja des ganzen Reiches. Während der ersten Phase nach der Verwaltungsreform, als die Wesiratsbeamten und der Hohepriester Amuns die Grenzen ihrer Kompetenzen neu absteckten, könnte es geschehen sein, daß die Mittel für die Nekropolenarbeiter plötzlich spärlicher flossen. Doch drei Jahre später lief die Verwaltungsmaschinerie wieder relativ reibungslos, und während der sich anschließenden vier Jahrzehnte blieb die Versorgung der Dorfbewohner gewährleistet.

Die neue Verbindung zwischen dem Hohenpriester Amuns und den Gräbermachern brachte es mit sich, daß diese in den späteren Regierungsjahren Ramses' III. auch in

Karnak tätig waren. Sie schufen dort Reliefs, und zwar an den Wänden des Chonstempels, den die Amunspriester, ganz im Gegensatz zu dem großartigen Totentempel Ramses' in Medinet Habu, aus wiederverwendeten Steinen älterer Bauwerke zusammenstoppeln ließen. Hier versahen die Nekropolenarbeiter die Innenwände mit Reliefs – miserablen Reliefs, denn die Mauern bestanden aus Sandstein, und den Umgang mit diesem Material waren sie nicht gewohnt. Mit gelegentlichen Unterbrechungen arbeiteten sie generationenlang in dem abscheulichen kleinen Gebäude. Doch möglicherweise bewirkte es die neue Arbeit, die sie im Auftrag des Hohenpriesters in der gewaltigen Tempelanlage verrichteten, daß die neuen Gräber, die sie nach wie vor am Großen Platz schufen, nun größer und eindrucksvoller ausfielen. Fortan haben die Gänge der Königsgräber etwas von der Monumentalität der Innenräume thebanischer Tempel. Die in strahlenden Farbtönen leuchtenden Reliefs an den Torgängen künden von der Macht und der Gottesfurcht des Hohenpriesters, der solche Bauvorhaben in Theben-West finanzierte, und seine Bindung an den Herrscher, den in der Ferne weilenden Pharao.

Ramses III. war vermutlich der letzte König, unter dem die Machtverhältnisse in Theben nach Art eines echten Feudalsystems ausgeglichen waren. Während der ersten Jahre seiner Regierung gewann das Land ein wenig von seinem Selbstvertrauen zurück. Künftige Pharaonen trugen zwar immer noch die traditionellen Herrscherinsignien und ließen sich in den Tempeln Thebens göttliche Ehren erweisen, doch die Einheit des Staates war dahin, und auch die Einheit von Politik und Religion war zerbrochen. Im 32. Jahr seiner Regierung starb Ramses III., und die Kunde von seinem Tod drang rasch zu den Männern im Tal der Könige. »Dritter Sommermonat, sechzehnter Tag [d. i. 18. April 1149 v. Chr.]. Der Polizeihauptmann Mentmose meldete den Männern des Grabes: ›Der königliche Horusfalke Userma'at-Re-Meri-Imen, Sohn des Re [d. i. Ramses III.] – – – ist zum Himmel aufgeflogen, und der König Heka-ma'at-Re-sotpe-en-Imen [d. i. Ramses IV.] sitzt an seiner Statt auf dem Thron des Re.‹ « Das Arbeitstagebuch des Grabschreibers vermerkt am selben Tag trocken: »Der Falke ist zum Himmel aufgeflogen. « Wenn die Könige auch in Nordägypten lebten und starben – im Tode kehrten sie dennoch nach Theben zurück, um am Großen Platz bestattet zu werden. Am 6. Juni desselben Jahres brachte man die Grabausstattung zu der königlichen Ruhestätte; die größeren und gewichtigeren Gegenstände wie Statuen und Möbel wurden auf Schlitten ins Tal der Könige gezogen. Es war ein langer Weg vom Nil hinauf – und dies bei Temperaturen von 40 Grad Celsius und darüber. 20 Tage darauf trug man den Herrscher in feierlichem Leichenzug selbst zu Grabe und setzte ihn in seinem wunderschönen rosafarbenen Sarkophag bei. Wie sechs Jahrhunderte später der griechische Reisende Herodot berichtete, ließ man im alten Ägypten genau 70 Tage zwischen Tod und Bestattung verstreichen.

Vier Tage nach dem Begräbnis kam ein ranghoher Würdenträger des Hofes zum Großen Platz und bestätigte einige Beförderungen innerhalb der beiden Arbeitskolonnen. Bevor er wieder nach Nordägypten abreiste, belohnte er die Arbeiter auch für ihre Leistungen unter der glühenden Sommersonne des Südens. Sie erhielten Silbergefäße »aus Aschkelon« (die wahrscheinlich aus Palästina in den Besitz des Wesirs gelangt waren), der Vorarbeiter Anhirkaui bekam feines Leinen, Öl, Honig, Sahne und einige Sonderzuteilungen an Grundnahrungsmitteln. Über diese ungewöhnlichen Erweise wesiralen Wohlwollens war Anhirkaui so beglückt, daß er die Gabenliste detailliert auf zwei Gedenksteinen festhielt, die er in seiner Grabkapelle und im Dorfheiligtum der Göttin Hathor errichten ließ. Sie künden für alle Zeiten davon, wie man ihm bei Hofe gewogen war.

Leider wissen wir nicht mehr, welche Reaktion Pa'anukets Klage über das am Großen Platz begangene »Schlimme« auslöste. Doch da die denunzierten Personen anschließend nicht gerade Not gelitten zu haben scheinen, dürfen wir annehmen, daß die Sache auf Pa'anuket zurückschlug. Vermutlich bestrafte man ihn wegen Meineids. Jedenfalls erwäh-

nen die aus dem Dorf auf uns gekommenen Schriftstücke
künftig seinen Namen nicht mehr. Um so mehr gibt eine
Inschrift zu denken, die man etwa 110 Kilometer von Theben
entfernt in einem Wüstensteinbruch tief im Wadi Hammamat
fand und die von einem Träger des Namens Pa'anuket
berichtet. Tatsächlich bestrafte man Übeltäter nicht selten,
indem man sie Zwangsarbeit in Steinbrüchen verrichten ließ.
Es ist daher nicht auszuschließen, daß Pa'anuket seine Tage
zwischen den schwarzen Felsen dieses gottverlassenen Wü-
stenlochs beendete, wo er Steine brechen mußte.

Zur Zeit Ramses' IV. war man auf derartiges Gestein
förmlich versessen. Im ersten Jahr seiner Regierung entsandte
Ramses zwei größere Expeditionen zu den Steinbrüchen im
Wadi Hammamat, im zweiten eine weitere, und in seinem
dritten Herrschaftsjahr machten sich gar 8000 Mann auf den
Weg dorthin; eine Gruppe hoher Hofbeamter war mit von
der Partie, und kein Geringerer als der damalige Hohepriester Amuns, Ramsesnacht, leitete diese kleine Armee. Amtliche wie private Inschriften erinnern an diese Expedition.
Tüchtige Bildhauer haben sie in grandiosen Hieroglyphen in
den harten Fels des stets windigen Trockentals gemeißelt;
hinzu kommen Graffiti von Arbeitern und Hilfsschreibern,
die auf den Felsen umherkletterten, um eine Stelle zu finden,
wo sich leicht ein bleibendes Andenken an ihre abenteuerliche
Reise zu diesem Ort mit seinem grausamen Klima und seinen
halsbrecherischen Steinbrüchen anbringen ließ. Was die geradezu gigantische Expedition im dritten Regierungsjahr des
neuen Königs angeht, so führt der offizielle Bericht sämtliche
Teilnehmer auf, säuberlich nach Berufen geordnet; nicht
erwähnt sind indes »die Toten, die von der Liste ausgeschlossen sind, neunhundert an der Zahl«. Riesige Felsblöcke zog
man damals hinab zum Nil; nach den erhaltenen Größenan-
gaben müssen manche davon über 4 Tonnen gewogen haben,
und man brauchte wohl Hunderte von Arbeitskräften, um sie
auf hölzernen Rollen und kugelförmigen Steinen zu den Tempeln Oberägyptens zu wälzen, wo sie entweder als Bausteine
oder als Rohmaterial für Statuen Verwendung fanden. Über
den Nil transportierte man sie auf mächtigen Flößen. Wenn

sie dann in Theben-West zu den Tempeln gezogen wurden, mußten nicht nur die Diener und Hilfskräfte sowie Polizeieinheiten, sondern sogar die Nekropolenarbeiter selbst mit Hand anlegen.

In Theben-West waren zwei riesige Tempel geplant, von denen der eine um die Hälfte länger sein sollte als die Tempelfestung Ramses' III. in Medinet Habu, und auf der Ostseite des Nils sollte der Tempel von Karnak eine Reihe neuer Statuen und Anbauten erhalten. Auch die Priester anderer oberägyptischer Tempelstädte wie Koptos und Hermonthis (Armant) schickten eigene Expeditionen ins Wadi Hammamat. Weitere Kolossaltempel sollten in Abydos und Memphis entstehen. Hätte man all diese Baupläne verwirklicht, stünde Ramses IV. heute als größter Bauherr da, den Ägypten seit dem Pyramidenzeitalter aufzuweisen hatte.

In seinem vierten Regierungsjahr ließ Ramses IV. ein unheilschwangeres Gebet an Osiris, den Totengott, in eine imposante Granitstele meißeln, die in Abydos Aufstellung fand, wo Osiris besonders verehrt wurde. In dem Gebet heißt es: »Und du sollst dich in meiner Zeit über das Land Ägypten freuen, das dein Land ist. Und du sollst für mich die lange Regierungszeit Ramses' [d. i. Ramses II.], des großen Gottes, verdoppeln, denn ich habe für dein Haus mehr mächtige Taten und Wohltaten vollbracht — — — alle Tage während dieser vier Jahre denn das, was Ramses, der große Gott, während seiner siebenundsechzig Regierungsjahre für dich tat — — — Gib mir den Lohn für diese großen Taten, die ich für dich vollbracht habe, ein ausgeglichenes Leben, Wohlergehen und Gesundheit, ein langes Erdendasein und eine lange Regierungszeit. Stärke meine Glieder und erhalte mich; sei mit mir als mein Gott und mein herrlicher Beschützer. «

Dieser Text ist einzigartig, mit individuellen, ja persönlichen Anrufungen des Gottes. War der so tatkräftige Monarch krank? Wußte er, daß seine Stunden gezählt waren? Anders als zu Beginn seiner Regierungszeit häufen sich jetzt die Anzeichen, daß der König sich vor dem Tod fürchtete und nun mit verstärkter Eile Vorkehrungen für sein Leben im

Jenseits traf. Während seiner ersten Regierungsjahre hatte der König wenig Interesse an seinem Grab im Tal der Könige gezeigt, weit weniger als sonst ein Herrscher seiner Dynastie. Jeder seiner Vorgänger hatte streng darauf geachtet, daß schon in den ersten Regierungsmonaten an seinem Grab eine geradezu hektische Bautätigkeit entfaltet wurde. Bei Ramses IV. war dies ganz anders. Erst im zweiten Jahr seiner Herrschaft traf eine Regierungskommission aus Nordägypten ein, um eine »[gut] auszuhöhlende Stelle« für das neue Grab auszusuchen. Doch als die Arbeit dann begonnen hatte, verstärkte man die Arbeitskolonnen rasch von ungefähr 40 auf 120 Mann, eine ganz ungewöhnliche Maßnahme, in der sich vielleicht zunehmende Befürchtungen des Königs und des Hofes spiegelten. Im übrigen fehlt jeder Hinweis darauf, daß diese zusätzlichen Arbeitskräfte im Dorf der Gräbermacher untergebracht waren, das durch ihre Einquartierung ja förmlich aus den Nähten platzen mußte. Außerdem ist nicht ersichtlich, worin der Vorteil dieser Neueinstellungen am Grab selbst bestehen sollte; die hinzugekommenen Männer mußten hier im Gegenteil eher stören, denn gerade dieses Königsgrab ist außergewöhnlich klein. Wahrscheinlich kam die hohe Mannschafts-Kopfzahl dadurch zustande, daß man den Arbeitskolonnen bisherige Diener und Hilfskräfte zuordnete, die beim Transport von Baumaterial aus den Steinbrüchen mitzuhelfen hatten. Es fehlt nicht an Beweisen dafür, daß einige Dorfbewohner, vielleicht gerade die neu zu den Arbeitskolonnen gestoßenen Leute, bei den Steinbruchexpeditionen ins Wadi Hammamat eingesetzt wurden. Denn nicht nur die Unruhestifter des Dorfes schickte man dorthin, sondern es scheinen auch andere Dorfbewohner als Vorarbeiter, Bildhauer oder Schreiber an diesen Unternehmungen teilgenommen zu haben. In einiger Entfernung von dem Graffito Pa'anukets finden wir an den schwarzen Schieferfelsen im unteren Teil des Wadis auch Inschriften eines »Vorarbeiters Chonsu« und eines »Schreibers Neferhotpe«, beides Namen prominenter Dorfbewohner aus der Zeit der Streiks; als Männer des Königs, die mit der sachkundigen Führung von Arbeitstrupps vertraut waren, hätten sie bei dem Steineabbau im Wadi Hammamat eine hilfreiche Aufgabe wahrnehmen können.

Die Dorfbewohner beschäftigten sich dermaßen intensiv mit diesen Expeditionen des Königs, daß ein Schreiber sogar einen Plan der Steinbrüche in den »Bergen von Bechen« zeichnete (es ist die älteste Landkarte der Welt, die wir kennen). Sie zeigt sehr deutlich den langen Weg durch die Wüste – der einstige Pfad ist heute eine geteerte Straße, die zum Roten Meer hinführt –, die alten Wasserstellen, wo sich im Boden versickertes Regenwasser an undurchlässigen Gesteinsmassen staute, und einen kleinen Tempel für die Gottheiten der Wüste. Wie heutige geologische Landkarten läßt dieser Plan klar erkennen, daß man im Wadi Hammamat zwei unterschiedliche Gesteinstypen antrifft: den ebenmäßig gekörnten Schiefer, der für Kleinbildwerke ideal, als Material für Großbauten aber viel zu brüchig war, und daneben den feinkörnigen hellrosa Granit, der sich nicht nur für den Sarkophag des Königs, sondern auch für die riesigen Tempel eignete, die der König für Theben-West geplant hatte. Noch immer sind an beiden Felsformationen im Wadi die Meißelspuren der Steinbrecher des Pharaos wahrzunehmen. Mit scharfem Blick hat der altägyptische Kartenzeichner in seinem Lageplan festgehalten, wo die betreffenden Gesteinsarten zu finden sind, ja er gibt sogar an, wo der Weg durch den schwarzen Wadi-Schiefer mit angeschwemmten rosa Gesteinssplittern bedeckt ist, die der Regen aus den höhergelegenen Granitbrüchen herabgespült hat. Hier, in diesem rosafarbenen Granit, hatte man zur Zeit der alten Dynastie auch Gold gewonnen, das »Gold von Koptos«. Das Verfahren, das man dabei anwandte, war unvorstellbar mühselig. Man mußte dazu das Felsgestein zu Pulver zerstoßen, den feinen Staub dann zur nächsten Wasserstelle bringen und dort das Gold auswaschen. Auf seiner Karte gab der Schreiber zwei Bergen inmitten der Granitregion eine etwas abweichende Farbe und nannte sie »Goldberge«. Doch unter Ramses IV. hatte diese mühsame Goldgewinnung aufgehört. Den Leuten des Königs ging es nicht um Gold, sondern um das Gestein, das die Goldvorkommen enthielt. Möglicherweise benutzten die Steinbrecher die Schürfstellen der früheren Goldsucher, um sich die Arbeit zu erleichtern.

Ein besonders mächtiger Block aus diesen »Bergen von Bechen« war für die Bildhauerwerkstatt neben dem Tempel Ramses' II. bestimmt. Man bearbeitete ihn schon, bevor er die lange, gewundene Straße zum Grab des Königs empor-gezogen wurde. Es war der größte Steinblock, den man je zum Großen Platz gezogen hatte, ein mehr als 3 Meter langer und über 2 Meter hoher, ausgehöhlter Quader aus rosa Granit. Als die Königsgräber mehr und mehr Tempeln ähnlich wurden, zugänglich, auf Wirkung angelegt und nur noch mit Holztüren verschlossen, boten allein solche massiven Sarkophage mit ihren ebenso massiven Deckeln der in ihnen ruhenden Mumie hinreichenden Schutz. Heute stehen sie als Monumente königlicher Unsicherheit noch immer inmitten dieser riesigen Grabbauten.

Der vom Glück wenig begünstigte Ramses IV. starb im Sommer seines 6. Regierungsjahres. Von dem Tempel, den er neben dem Totentempel Sethos' I. in Abydos hatte errich-ten wollen, waren gerade die Grundfläche freigeräumt und einige Fundamentgräben gezogen. In Theben-West befan-den sich zwei stattliche Tempel in der ersten Bauphase; in Ramses' letztem Regierungsjahr hatte man rasch einen klei-nen Sandsteintempel für den Totenkult des Pharaos errichtet. Am Großen Platz bettete man den ehrgeizigen König in seinen riesigen Sarkophag, der um einen so hohen Preis aus der Wüste herbeigeschafft worden war.

Daß die beträchtlich verstärkte Arbeitskolonne nicht an Ramses' Grabstätte eingesetzt wurde, geht aus deren Ab-messungen hervor. Nach fünfjähriger Arbeit war man bei dem Grab noch nicht über die ersten Gänge und die kleine Kammer an dessen Ende hinausgekommen. Wie die Könige der Zeit vor Wesir Pasers Neuordnung der Arbeit am Großen Platz wurde auch Ramses IV. in einem Notgrab beigesetzt. Die von den Steinbrechern hinterlassenen Höh-lungen wurden rasch übertüncht, so daß sie Miniaturversio-nen der Kammern abgaben, die eigentlich die Halle mit dem

Sarkophag hätten umgeben sollen. Nicht ein eigener Raum, sondern nur eine einfache, niedrige Nische barg die Götterfiguren des Königs, während ein niedriger Gang die königlichen Dienerfiguren enthielt. Der mehr als 2 Meter hohe Sarkophag stand in groteskem Mißverhältnis zu der winzigen Grabkammer, die er ganz und gar zu füllen schien.

In der Zeitspanne zwischen Tod und Begräbnis des Königs arbeiteten die Gipser und Maler hart und in größter Eile, um das Grab bis zu den Beisetzungsfeierlichkeiten fertigzustellen. Immer wenn ein weiterer Raum notdürftig hergerichtet war, registrierten die Schreiber den erzielten Fortschritt. Im Normalfall wurden die Wandbilder in den einzelnen Räumen »in Umrissen vorgezeichnet, herausgemeißelt, ausgemalt und vollendet«. Während der Schlußphase der Arbeit schenkte man sich allerdings die beiden ersten Arbeitsgänge; die rohbehauenen Felswände wurden kurzerhand übertüncht und mit »Kurzfassungen« der an sich erforderlichen Szenen bemalt. Nach den Aufzeichnungen der Schreiber wurde der Sarkophag mit dem toten König, umgeben von vier goldenen Särgen und bedeckt mit einem leinenen Leichentuch, in der Mitte des Grabes aufgestellt. Und als der Bestattungsritus vollzogen war, verschloß man die Grabpforten, während einer nach dem anderen von denen, die ihrem Amt gemäß an dem toten König ihre letzte Pflicht erfüllt hatten, aus dem Grabkorridor hinaus ans Tageslicht trat. Später wurde das Geschehene zu Protokoll genommen und nebst einem Plan auf Papyrus niedergelegt. Der Verfasser des Schriftstücks war höchstwahrscheinlich der Schreiber Amunnacht; jedenfalls blieb die Urkunde, solange das Dorf bestand, im Archiv seiner Familie. Als Amunnacht den Plan zeichnen wollte, mußte er erkennen, daß die Schreiber beim Erstellen ihrer Notizen recht sorglos vorgegangen waren; einige Grundmaße des Grabes fehlten ihm. Wenn man heute im Inneren des Grabes steht, wird man daher bemerken, daß einige unübersehbare architektonische Details nicht auf dem alten Plan eingetragen sind, den Amunnacht lediglich nach dem Gedächtnis und nach unvollständigen Arbeitsnotizen verfertigte. Dieser Plan stellt eine seltsame Mischung aus Genauigkeit und Flüchtigkeit dar. Beispielsweise befindet sich hinter der Grabkammer eine ungestalte Vertiefung, die jeder, der sie sieht, sofort als asymmetrisch empfindet; doch unser Schreiber, bei mancher Maßangabe so übergenau, zeichnete diese Teile des Grabes völlig falsch. Auch traute er den Dekorationskünstlern bis zum Stichtag der Beisetzung ein zu großes Pensum zu; so sind Räume, deren Wandbilder er als »in Umrissen vorgezeichnet« und »herausgemeißelt« aufführt, oft nur getüncht und flüchtig bemalt.

Ohne Über- oder Untertreibung muß man wohl annehmen, daß eher 12 Mann an der Fertigstellung dieses Grabes arbeiteten als jene 120, die des Königs Beamte den Arbeitskolonnen vor gerade vier Jahren zusätzlich bewilligt hatten. Wie auch viele andere Denkschriften jener Jahre zeigen, stimmte die Wirklichkeit nicht mit den hochfliegenden Vorhaben des Königs überein. Tatsächlich war die 120köpfige Arbeitskolonne schon wenige Jahre nach Ramses' Tod auf die Hälfte zusammengeschrumpft, als der Wesir die Dorfbewohner wissen ließ, er werde sich persönlich um die Rückführung der Arbeitskolonnen auf ihre ursprüngliche Stärke kümmern. Die Arbeiter und ihre Oberen beriefen eine Versammlung der Dorfbewohner ein, auf der entschieden werden sollte, wer in den beiden Arbeitskolonnen verbleiben und wer den Hilfskräften zugeteilt werden sollte, »den Leuten, die euch Nachschub herbeibringen sollen«, wie es in der Verfügung der Kanzlei des Wesirs geheißen hatte. Möglicherweise lief es darauf hinaus, daß die neueren Kolonnenmitglieder zu der Beschäftigung zurückkehrten, die sie früher ausgeübt hatten.

Als die Abgesandten des Wesirs und die Nekropolenarbeiter zum erstenmal zusammentrafen, gab es Ärger, denn zwischen einem der Schreiber des Wesirs und einem Zeichner aus dem Dorf namens Nebnefer brach ein erbitterter Wortstreit aus. Doch die Oberen waren entschlossen, das Vertrauen des Wesirs in einem so kritischen Augenblick nicht zu verspielen. Als wenige Tage nach der Dörflerversammlung der Wesir sich hinter seinen Schreiber stellte, machten

die Oberen keinen Hehl aus ihrer Sympathie, und die Dorf-
richter verurteilten Nebnefer zu »hundert Stockschlägen und
zehn Brandmalen, und er soll am Platz der Wahrheit Steine
schneiden, bis ihn der Wesir begnadigt«. Es war eine bittere
Demonstration, die jeden lehrte, wem gegenüber die Spitzen
der Dorfhierarchie Loyalität übten. Denn indem sie ein so
hartes Urteil über einen der Dorfbewohner verhängten, be-
kräftigten sie stillschweigend, daß sie trotz immer stärkerer
Bindung an den Hohenpriester Amuns weiterhin dem Wesir
die Treue hielten. Kurz nachdem dieses Urteil gefällt worden
war, bestätigte denn auch der Wesir die von den Oberen
empfohlene Verringerung der Mannschaftsstärke beider Kolonnen, und als gelte es hervorzuheben, daß der König nach
wie vor der eigentliche Gebieter und Schirmherr des Dorfes
war, hielt der Vertreter des Herrschers das nächste Treffen
mit den Nekropolenarbeitern bei einem der königlichen Getreidespeicher ab und ließ dort an einige Kolonnenmitglieder
sowie eine Anzahl von Frauen aus dem Dorf Kornrationen
verteilen. Dann verschwand er, und die Dorfbewohner dürften erleichtert aufgeatmet haben.

Als etwa drei Monate danach, mitten in der Sommerhitze
des späten Augusts, der Wesir und die Mitglieder seines
Stabes Theben verlassen wollten, um sich ins kühlere Nildelta zu begeben, sandten die Oberen des Dorfes einen Torwächter hinunter zum Schiff des Wesirs. »An diesem Tag«,
so notiert der protokollführende Schreiber, »übergaben die
Vorarbeiter, der Schreiber des Grabes und die gesamte
Arbeitermannschaft dem Wesir zwei silberne Meißel — — —
und der Wesir ging an jenem Tag nach Norden.« Es war ein
Dankesgeschenk an den Wesir von seiten jener Nekropolenarbeiter, die trotz des Stellenabbaues ihre Arbeitsplätze
behalten hatten – und ein Geschenk, das bei dem damaligen
Silberpreis, der das 60fache des Kupferpreises betrug, mehr
als das Lebenseinkommen einer Gräbermacherfamilie darstellte.

Wenn es einer solchen Erinnerung noch bedurft hätte, muß
diese Reise des Wesirs den Dorfbewohnern sehr deutlich vor
Augen geführt haben, wer in Theben noch immer das Sagen

hatte. Nichtsdestoweniger und fast unbemerkt rückte Amuns Hoherpriester, eine ungeheure waffenlose Macht im Herzen des Reiches, allmählich in die Position des wahren Herrschers in Oberägypten, obwohl die Verwaltung offiziell in den Händen königlicher Beamter blieb. Die große alte Stadt, verehrungswürdig und verwundbar, reich an Geschichte, Gold und Klatsch, wurde den Priestern überlassen. Künftig sollte sie nur noch sporadisch von den höchsten Würdenträgern des Staates besucht werden. Dies also war wohl der wahre Grund der Sommerreise des Wesirs: Er begab sich in das von Amuns Hohempriester verwaltete Reichslehen, um stellvertretend für den König in der »Südstadt« wieder einmal »Flagge zu zeigen«.

Wenige Jahre später starb der Schreiber Amunnacht. Obwohl erst Anfang Sechzig, war er wahrscheinlich schon seit längerer Zeit kränklich gewesen, denn sein Sohn Harschire hatte bereits einige Zeit zuvor eine volle Planstelle als Schreiber erhalten. Zwar erfahren wir nirgends, wann, wo und woran Amunnacht starb, doch daß er gestorben war, geht aus den vorliegenden Nachrichten klar hervor. Unter den offiziellen Aufzeichnungen vom Großen Platz befinden sich Kopien von Schriftstücken »von der Hand des Schreibers Amunnacht, der tot ist«. Vermutlich hatte man ihn auf dem Dorffriedhof begraben, in einer Familiengruft unter einer Grabkapelle ganz nahe beim Grab des Schreibers Kenhirchopschef. Heute sind die brüchigen Felsen dort längst eingestürzt, so daß keinerlei Spur von der Grabstätte mehr erhalten ist. Doch zahlreiche Texte erwähnen Amunnachts Grab; in einem von ihnen ist beschrieben, wie Amunnacht als Mitglied des Dorfgerichts sein eigenes Familiengrab besichtigte. Amunnachts Letzten Willen fand man auf einer freien Stelle desselben Papyrus, der den Plan der Grabanlage Ramses' IV. enthält. Sein Testamentsvollstrecker war der Schreiber Hori (aller Wahrscheinlichkeit nach Amunnachts Sohn Harschire – wörtlich: »kleiner Hori« –, den man so benannt hatte, um ihn von dem »großen Hori«, einem Freund der Familie, zu unterscheiden). Dieser kannte sich so genau aus, als er den Besitz seines Kollegen aufteilte,

213

daß er nicht einmal die abgeschabten Schilfmatten auf den Böden und Bänken des Hauses vergaß.

In Wirklichkeit handelte es sich bei dieser Haushaltsauflösung wohl mehr um eine Umverteilung des Familienbesitzes innerhalb der benachbarten Haushalte: Harschire und seine Frau beispielsweise wohnten gerade um die Ecke in der Dorfgasse, wenn auch in einem so kleinen Haus, daß Amunnachts Sohn wohl zurück in die väterliche Wohnung zog, wo ihn sicher noch so manches an seine Kindheit erinnerte, auch an den traurigen Zwischenfall mit seiner Schwester, dem Orakel und den (angeblich) gestohlenen Kleidern eines Nekropolenarbeiters. Das kleine Haus, das Harschire verließ, sollte künftig als Bibliothek sowie als Archiv zur Aufbewahrung der Familienpapiere dienen. Hier hinterlegte man sowohl die Protokolle über die Arbeit am Großen Platz als auch die privaten Dokumente der Familie. Drei Jahrtausende später sollte sich dieses Archiv, inzwischen durch Amunnachts Nachfolger beträchtlich erweitert, als eine archäologische Goldgrube erweisen. Es ist eine besondere Ironie der Geschichte, daß die Aufzeichnungen über Leben und Werk der altägyptischen Gräbermacher im Überfluß erhalten sind, während so mancher Herrscher jener Tage lediglich ein Schattendasein in akademischen Debatten führen würde, besäße man nicht das Grab, das er sich erbauen ließ. Tatsächlich wäre ohne Grab so manche dieser schemenhaften Existenzen von der Wissenschaft auf den Status bloßer Schreibfehler reduziert worden.

Den Ägyptern blieb die fromme Hoffnung, daß das glanzvolle Zeitalter des großen Ramses unter den Nachfolgern Ramses' IV. eine Fortsetzung finden werde. Sie schöpften diese Hoffnung nicht zuletzt daraus, daß die sieben Könige, die nach ihm den Thron innehatten, allesamt den Namen ihres fast schon mythischen Vorgängers trugen. Aber keiner in dieser langen Reihe von Ramessiden erhob auch nur den herrscherlichen Anspruch, dem der vierte Träger dieses Namens gerecht zu werden versucht hatte. Und keiner von ihnen regierte lange; allein in dem Vierteljahrhundert nach dem Tod Ramses' IV. lösten sich fünf Ramses auf dem Thron ab. Doch selbst als die Könige sich Theben immer mehr zu entfremden schienen und anhaltende Wirren das Arbeiterdorf erschütterten, kamen die Gräbermacher nicht aus dem Tritt, sondern schufen einige der ansprechendsten Monumente in ihrer gesamten Geschichte. Es war die letzte Blüte des thebanischen Reiches. Sie brachte eine Anzahl hinreißend gelungener, gelegentlich bizarrer, jedoch durchweg Großartigkeit ausstrahlender Gräber hervor, deren Dekoration hin und wieder an die Feinheit altägyptischer Miniaturen auf Papyrusblättern gemahnt, Gräber, die sich im Tal der Könige so leicht hingetupft ausnehmen wie Schmetterlinge im Gezweig eines von Früchten strotzenden Obstgartens.

Maler

Aus den knapp vier Jahrzehnten vom Beginn der Regierungszeit Ramses' V. bis zum Ende derjenigen Ramses' IX. sind am Großen Platz vier wundervolle Gräber erhalten. Alle entsprechen sie den vertrauten Vorbildern. In leuchtenden Farben bemalte, mit herrlichen Reliefs ausgestattete Zugangskorridore führen zu unfertig gebliebenen Grabkammern, oft bloßen Höhlen im Fels mit ungewöhnlicher Dekoration. Die Malereien dieser vier Gräber sind die letzten Meisterwerke der Künstler-Handwerker aus unserem Dorf. Von strahlender Farbigkeit, reich strukturiert, lebensnah gestaltet, überziehen sie Wände und Gewölbe in einer Aneinanderreihung buntschillernder Muster, die an Orientteppiche erinnern. Dieses Gesamtkunstwerk war das Ergebnis mehrerer einander ergänzender Techniken beziehungsweise Arbeitsgänge.

Zunächst skizzierten Umrißzeichner auf die von den Steinbrechern und Gipsern vorbereiteten weißen Wände die Konturen der rituellen Szenen. Ein Netz von Hilfslinien, die dadurch entstanden, daß man mit Farbe getränkte Spannschnüre gegen die Wände schnellen ließ, erleichterte das Aufbringen der großflächigen Bildkompositionen mit ihrer Fülle von Figuren und Texten, die, bis ins einzelne nach genauen Vorschriften angeordnet, das gesamte Innere des Grabes bedeckten. Nach sorgfältiger Prüfung setzten dann Bildhauer diese Linien in zarte Reliefs um, denen sie mit winzigen Meißeln, die in Holzgriffen steckten und gut in der Hand lagen, den letzten Schliff gaben. Nunmehr begannen die Maler ihr Werk an den reliefierten Wänden; zuerst kolorierten sie die feinen Reliefs, dann zogen sie die Umrißlinien jeder einzelnen Szene, jedes figürlichen Details, jeder Hieroglyphe nach.

Auf dem Plan, den der Schreiber Amunnacht vom Grab Ramses' IV. erstellte, finden wir diese Arbeitsgänge mit den Worten »in Umrissen vorgezeichnet, herausgemeißelt, ausgemalt und vollendet« beschrieben. Es gab also eine klare Unterscheidung zwischen zwei Arten von Malern: den Umrißzeichnern und den Malern, die die zeichnerischen Vorlagen farbig faßten, den Faßmalern. In der beim überraschenden Tod eines Königs gebotenen Hast wurde die Prozedur nicht selten abgekürzt. Die Faßmaler folgten dann den Gipsern auf dem Fuße und pinselten ihre Szenen einfach auf die weißgekalkten Wandflächen, ohne daß diese vorher wenigstens mit Umrißzeichnungen versehen worden wären. Gerade solche eilig hingeworfenen, in prangenden Farben ausgeführten Malereien lassen die Handschrift einzelner Maler erkennen, und wenn wir ihren Pinselstrichen an den Wänden folgen, empfinden wir eine Erregung, als schauten wir einem antiken Künstler bei der Arbeit zu. Viele Szenen in diesen Gräbern wurden jedoch in überlieferter Weise als Reliefs »vorgestanzt«, so daß für die Maler nur noch das Ausmalen blieb. Selbst als die Kunst der Umrißzeichner zu verfallen begann, waren die Bildhauer, die ja ansonsten deren Vorgaben folgten, noch erfahren genug, um jede Figur und jede Hieroglyphe scharfkantig herauszuarbeiten. Auf das so entstandene Relief trugen dann die Maler ihre Farben so dick und krustig auf, wie wir es von gotischen Buchmalereien her kennen. Nach dieser sorgfältigen Kolorierung wurde jedes Schriftzeichen und jede Figur mit rotem Ocker konturiert.

Zeit ihres Bestehens waren in den beiden Arbeitskolonnen am Großen Platz stets nur einige wenige Maler gleichzeitig am Werk; sie hatten allerdings Lehrlinge und Assistenten, die ihnen bei der Arbeit behilflich waren. Auch an den vier Ramessidengräbern scheinen lediglich eine Handvoll Maler tätig gewesen zu sein. Allerdings wäre es ein Irrtum zu glauben, diese Maler seien darauf ausgewesen, ihrem individuellen Stil zu frönen. Die Wandmalereien sind Gemeinschaftsarbeit und folgen nach Inhalt und Form einer Tradition, die das Erbe einer damals schon über 2000 Jahre alten Kultur war. Nichtsdestoweniger können wir einzelne Handschriften erkennen, innerhalb der Grabmalereien, aber auch auf kleinen Stelen, die bisweilen von denselben Künstlern dekoriert, ja sogar namentlich »signiert« wurden. Bei dieser

Detektivarbeit stoßen wir immer wieder auf die Söhne des Schreibers Amunnacht. Texte aus dem Dorf berichten, daß Amunnacht selbst Grabmaler war, ehe er zum Schreiber avancierte; daß Harschire, sein ältester Sohn, diese Tradition fortführte, bis er seinem Vater als Schreiber nachfolgte; daß Amunhotpe, sein zweitältester Sohn, fast 50 Jahre lang als Aufseher und Maler am Großen Platz wirkte und nach den Vorarbeitern das angesehenste Mitglied der beiden Arbeitskolonnen war; schließlich, daß noch ein dritter Sohn, Pentaweret, in den Königsgräbern den Malerberuf ausübte. Alle drei Brüder gehörten zu den Faßmalern, wie sich an ihren auf uns überkommenen Werken ablesen läßt. In manchen der Ramessidengräber lassen sich ganze Passagen von Malereien ihnen zuschreiben, insbesondere flüchtiger gestaltete Abschnitte, oftmals an Decken, wo sie unmittelbar auf der nicht mit Reliefs versehenen Tünche arbeiteten. Die Zeichnung der Hieroglyphen und der Umgang mit der Farbe erinnern an die damalige Sargmalerei, und in der Tat war der Zeichner Amunhotpe, wie vor ihm schon sein Vater, in der Gräbermachersiedlung ein begehrter Sargmaler.

Die Maler aus dem Dorf arbeiteten nicht nur an den Königsgräbern und an der Grabausstattung für die Dorfbewohner, sondern schmückten auch die Grabkapellen thebanischer Beamter aus. Eines dieser kleinen Heiligtümer, weit unten auf dem Friedhof der Beamten, war für einen Priester namens Keneben bestimmt, der im Tempel Thutmoses IV. seinen Dienst versah. Kenebens Grabkapelle zeigt, zu welchen Leistungen ein Maler auch in privatem Auftrag fähig war. Wie bei ihresgleichen üblich weist sie an den Wänden Reihen um Reihen von Figuren bei den verschiedensten Tätigkeiten auf, bei Gelagen, Opferritualen und dem Begräbnis des Grabeigentümers. Auf einer der Malereien erblickt man die Mumien des Priesters und seiner Gattin. Aufrecht in ihren Särgen stehend, lehnen sie an der Vorderwand ihrer Grabkapelle, während ein Priester die Wiederbelebungszeremonie vollzieht. Hinter dem Priester erhebt sich die Gestalt des Zeichners Amunhotpe. Seine Identität ergibt sich aus einer Inschrift über seinem Kopf, die ihn mit

Namen sowie als »Zeichner des Beamtengrabes« nennt. In den Händen hält er eine Papyrusrolle, auf der das Ritual aufgezeichnet ist, das den Priester und seine Frau vom Tod auferwecken soll.

Solche Malereien in Privatgräbern, soweit sie die Plünderungen im vergangenen Jahrhundert überdauert haben, zeigen all jenen Schwung und jene Sinnlichkeit, die den von denselben Malern kolorierten Reliefs in den Königsgräbern eigen sind. In ihnen jedoch überwuchert die Malerei, nicht behindert durch die strengen Vorschriften des Totenkults, die rauhen Wandflächen; der dunkelgetönte Wandbewurf läßt die leuchtenden Farbtöne miteinander verschmelzen, während sich schimmerndes Schwarz und gleißendes Weiß wirkungsvoll voneinander abheben. Ebendiesen Stil trifft man in den Überresten des gleichzeitig entstandenen Grabes der Königin Isis an. Auch hier erscheint die vertraute Handschrift Amunhotpes. Seine kühn mit Farben und eher angedeuteten Konturen experimentierenden Malereien weisen ebenso in die Vergangenheit zurück wie in die Zukunft voraus — es waren Nachexpressionisten, die 3000 Jahre später diese Technik aufgriffen und weiterentwickelten. Möglicherweise war die beschädigte und daher nicht mehr erkennbare Figur in Kenebens Leichenzug ein Selbstporträt, denn ein Ostrakon aus einem der Königsgräber trägt eine ganz ähnliche Darstellung eines zu Thot betenden Zeichners namens Amunhotpe; diese eigenwillige Skizze einer langgliedrigen Gestalt mit Bauchansatz – sozusagen das Urbild des erfolgreichen Künstlers! – erinnert sehr stark an die Malereifragmente in der Grabkapelle des Priesters Keneben.

Diese sind im übrigen die einzigen erhaltenen Kunstwerke ihrer Art aus der Zeit Ramses' VIII., dessen Grab bis heute nicht gefunden worden ist. Wenige Jahre nach Ramses' Ableben sehen wir die Künstler-Handwerker aus dem Dorf schon wieder in Privatgräbern an der Arbeit. Diesmal ist der Priester Isiseba ihr Auftraggeber, ein hoher Würdenträger im Amunstempel, dessen Grab ganz dicht neben dem Kenebens lag. Als »Oberhaupt der Tempelaltäre« und oberster Schreiber der Tempelgüter Amuns konnte Isiseba den Lebensmittelnachschub für die Dorfbewohner steuern. Er war also nicht irgend jemand für die Künstler aus der Gräbermachersiedlung, die seine Grabkapelle ausmalten. Diese befand sich innerhalb einer älteren Grabanlage, denn auch die Beamtennekropole war mittlerweile ebenso überfüllt wie der Dorffriedhof droben. Für die Wandbilder in Isisebas Grabkapelle bedienten sich die Maler des formalen Stils, der die Wandreliefs der Tempel kennzeichnet. Hier wie dort finden wir die gleichen großformatigen, in lichten Goldtönen gehaltenen Szenen. Neben exotischen Darstellungen des Königs vor den Götterschreinen, wie wir ihnen häufig an Tempelwänden begegnen, erblicken wir den seines Priesteramtes waltenden Isiseba. Überraschenderweise sind die Figuren der thebanischen Götter, denen Isiseba opfert, Kopien von Wandmalereien im Grab Ramses' IX.; die zentrale Gestalt von Thebens Götterdreiheit, der König aller Götter, trägt sogar die in den Königsgräbern übliche Bezeichnung »Amun-Re vom Horizont der Ewigkeit« (d. h. Amun-Re vom Königsgrab). Götterbilder wie dieses hatten die Nekropolenarbeiter seit eh und je verehrt, und es liegt auf der Hand, daß die Maler, die den Amun in Isisebas Grabkapelle schufen, genaue Kenntnis von den geheimen Gräbern am Großen Platz gehabt haben müssen, insbesondere von jenem Ramses' IX. Außerdem verraten diese Malereien, daß die Umrißzeichner, die hier arbeiteten, mit Gliederung und The-

matik der Wandreliefs in den Tempeln ebenso vertraut waren
wie mit den Inhalten der Wandbilder in den Königsgräbern.

Zweifellos waren die Umrißzeichner, die die Szenen an
den Grab- und Tempelwänden vorzeichneten, sehr viel besser ausgebildet als die Faßmaler. Ihr Werk ist allerdings
weitgehend abgetragen – zwangsläufig, da ja die Reliefbildhauer die zeichnerischen Vorgaben wegmeißelten und -sti-
chelten. Nur die eine oder andere unvollendet gebliebene
Passage eines Wandbildes und einige Bruchstücke von
Kalksteintafeln vermitteln uns einen Begriff von ihrer Ar-
beitsweise und ihrem Talent. Anders als die Faßmaler, die
mit kurzen Pinselstrichen aus dem Handgelenk heraus arbeiteten, trugen sie ihre Wasserfarbe geradewegs aus dem
Schultergelenk in unfehlbar sicherer, ebenmäßiger Pinselfüh-
rung auf die trockene Wand auf, mit wohlgesetzten, oft weit
ausgreifenden Strichen. Überraschend an den schwungvollen
Konturen dieser Götter und Könige ist ihre Präzision. Das
künstlerische Raffinement ging nicht auf Kosten der Sorgfalt.
Es ist, als hätten die Künstler nur mit dem Kopf gezeichnet,
ohne die Schwere von Knochen und Muskeln. Selten hat es in
der Kunstgeschichte derartige Meister der Strichsetzung gegeben. Und daß diese außergewöhnliche Fähigkeit von Generation zu Generation im Dorf der Nekropolenarbeiter
fortlebte, ist schlicht phänomenal, zeugt sie doch von einem
technischen Niveau und einer fast ballettänzerhaften Genauigkeit, die nur aus langer Erfahrung erwachsen. Dabei war
die Arbeit des Vorzeichnens naturgemäß rasch getan, und in
den Königsgräbern gibt es für gewöhnlich nicht mehr als zehn
bis zwölf große Wandfiguren, an denen die Umrißzeichner
ihr Können zu erweisen hatten. Um dieses auf gleichbleiben-
der Höhe zu halten, bedurften sie daher gewiß zusätzlicher
Aufgaben. Tatsächlich fehlt es in den fragmentarischen Aufzeichnungen aus den Regierungsjahren Ramses' II. und
Ramses' VI. nicht an Hinweisen darauf, daß diese Pinsel-
virtuosen auch außerhalb des Großen Platzes tätig waren.
Daß in den Gräbern Ramses' II. und seiner Söhne so wenig
vom Wirken solcher Zeichner zu spüren ist, mag mithin
darauf zurückzuführen sein, daß die Regierung die besten

dieser Leute anderswo einsetzte, möglicherweise bei der Ausgestaltung des großen Totentempels von Medinet Habu.

Am Großen Platz läßt sich das Wirken von Umrißzeichnern bis zurück in die ersten Tage nach der Reform unter dem Wesir Paser zurückverfolgen. Im unfertig gebliebenen Grab des Königs Haremhab haben die Bildhauer nur einen geringen Teil der Vorzeichnungen abgetragen, die die Wände bedecken, und im Grab Sethos' I. gibt es einen erst in den späten Regierungsjahren dieses Königs angelegten Raum, in dem noch die in schwarzen und weißen Umrißlinien angefertigten Vorzeichnungen zu sehen sind. Hier waren die Szenen, die später als farbige Reliefs die Wände schmücken sollten, mit breiten, kräftigen Pinselstrichen in fahlem Ockerton an die Wände geworfen; dieser erste Entwurf wurde in der Folge teils nachgezogen, teils durch eine zweite, straffere und verbindlichere Zeichnung in Schwarz ersetzt: die endgültige Fassung. Aus den Regierungszeiten späterer Könige sind nur wenige Beispiele dieser Art erhalten, doch die Linienführung der vorzüglichen Reliefs in den Gräbern der vier Könige nach Merneptah belegt, daß die Kunst der Umrißzeichner noch immer lebendig war. Vorzeichnungen in einem zur Zeit Ramses' III. errichteten, unvollendet gebliebenen Prinzengrab am Platz der Schönheit deuten indes darauf hin, daß es um das Können der Vorzeichner nun sehr viel schlechter stand. Auch die mangelhafte Qualität der Arbeiten im Grab Ramses' III. selbst legt davon Zeugnis ab. Zwar verraten die acht recht hübschen Nebenräume, die erst in den späten Jahren des Herrschers ihre Ausgestaltung erfuhren, daß die Faßmaler so gute Arbeit wie eh und je leisteten, doch seitdem es an fähigen Vorzeichnern fehlte, war den auf sie angewiesenen Künstlern, also den Reliefbildhauern und den Faßmalern, im Wortsinn die Grundlage entzogen. Wohl deshalb sind die ausgedehnten Reliefs in diesem Königsgrab die schlechtesten, die das Tal der Könige aufzuweisen hat.

Erst nachdem Amuns Hohempriester in Theben die Aufsicht über die Arbeiten am Großen Platz anvertraut worden war, häufen sich die Zeugnisse dafür, daß in den Königsgräbern wieder hochqualifizierte Umrißzeichner am Werk waren. Dem Hohenpriester unterstand ja auch jene Einrichtung, in der Zeichner ihr Talent erproben und entfalten konnten: die Tempel Thebens. Manches läßt darauf schließen, daß der jeweilige Hohepriester die in den Tempeln arbeitenden Zeichner für die Tätigkeit am Großen Platz freistellte, damit sie dort die Portale und die oberen Korridore im Grab des amtierenden Herrschers ausgestalteten. Fähige Umrißzeichner waren auf jeden Fall im Grab Ramses' IV. am Werk, dessen Dekoration von entschieden höherem Rang ist als die im Grab seines Vorgängers, König Ramses' III. Einen indirekten Beweis dafür, daß solche Zeichner weiterhin im Tal der Könige wirkten, liefern die hervorragenden Wandreliefs späterer Gräber. Eine unmittelbare Bestätigung verdanken wir darüber hinaus einer Reihe herrlich bemalter Kalkstein-Ostraka, die jeweils das Porträt eines Königs zeigen. Sie alle verraten ein Maß an Empfindsamkeit und Könnerschaft, so viel Lust an Vollkommenheit, daß wir es förmlich nachfühlen können, welche Befriedigung es dem Meisterzeichner verschaffte, seine Kunst staunenden Zuschauern vorzuführen.

Aller Wahrscheinlichkeit nach dienten diese hinreißenden Zeichnungen auf losen Steinplatten als Vorlagen für Bildhauer und Maler, die bei der Ausschmückung der Tempelwände auf den Plan traten, sobald die Zeichner ihre Arbeit getan hatten. Freilich war das künstlerisch-handwerkliche Niveau der Bildhauer seit den Tagen der Vorarbeiter Hai und Paneb nahezu ins Bodenlose gesunken, und auch die Faßmaler, denen sie ja zuarbeiteten, leisteten beim Ausmalen der Königsbildnisse oft miserable Arbeit. Die genannten vortrefflichen Skizzen hielten daher nicht nur für alle Künstler-Handwerker, die nach den Zeichnern an der Reihe waren, die Porträts der jeweiligen Herrscher fest, sondern sollten wohl auch die Faßmaler zu besseren Leistungen anspornen. Kurzum: Diese Porträtstudien spielten eine maßgebliche Rolle bei der Wiederbelebung der Künste unter den späteren Ramessiden. Deshalb trug man sie wahrscheinlich mit äußerster Vorsicht von einem Königsgrab zum nächsten, und dies wiederum dürfte die Ursache dafür gewesen sein, daß sich der größere Teil von ihnen erhalten hat. Die Künstler ließen sie in zwei Königsgräbern zurück, in denen sie gearbeitet hatten, und dort wurden sie schließlich von den Archäologen der Neuzeit gefunden. Die große Menge gelungener und auch weniger gelungener Zeichnungen verschiedensten Inhalts, die außer diesen Meisterskizzen zum Vorschein kamen, machen deutlich, daß die Gräber Ramses' VI. und Ramses' IX. eine Art Kaderschmiede für Maler waren, von der die »kleine Renaissance« der späten Ramessidenzeit ihren Ausgang nahm. In diesem Zusammenhang gewinnt eine einfache Inschrift, die der Zeichner Amunhotpe 20 Jahre nach dessen Fertigstellung im Grab Ramses' VI. hinterließ (und von der im folgenden Kapitel noch die Rede sein wird), ihre besondere Pointe.

Den Schlußpunkt unter den Werken erstklassiger Zeichner in den Königsgräbern Thebens bilden die in der Grabanlage Ramses' XI., der letzten, die – etwa ein Vierteljahrhundert nach dem Tod des Zeichners Amunhotpe – am Großen Platz entstanden ist. Hier brachte man an den Wänden die Umrißlinien für Malereien an, die nie vollendet worden sind. Woher hatte der Zeichner diese Leichtigkeit des Strichs, woher diese selbstbewußte Könnerschaft? Die Vorzeichnungen, nur für einige großformatige Figuren und ein paar Hieroglyphen, wurden in wenigen Tagen hingeworfen, und kein Zeichner konnte diesen Gipfel der Vollendung erreichen, ohne sich – jahrzehntelang? – ständig in seiner Kunst zu üben. Abermals sind es wohl die Bauten der Hohenpriester Amuns, die uns Antwort geben, denn die aus derselben Periode stammenden Tempelreliefs in Karnak weisen weitgehende Übereinstimmungen mit den Arbeiten im Königsgrab auf. Trotz der liederlichen Qualität der Reliefs, die zu den erbärmlichsten Beispielen altägyptischer Reliefbildhauerei gehören dürften, lassen diese Wandbilder in ihren wiewohl nur verstümmelt überkommenen Konturen noch immer erkennen, daß hier ein As seines Fachs einst am Werk gewesen sein muß.

Daß diese Spitzenkönner von Zeichnern aus der Siedlung

der Nekropolenarbeiter stammten und nicht nur von irgendwoher zum Großen Platz gebracht wurden, beweisen reiche Funde im Dorf selbst. Hier entdeckte man Fragmente ihrer Skizzen, aber auch eine vollständig erhaltene Meisterzeichnung eines Königskopfes, die genau den anderen Zeichnungen entspricht, die in den beiden als künstlerische »Kaderschmiede« dienenden Königsgräbern am Großen Platz zum Vorschein kamen. Wohl erlegt das kleine Format dieser Steinplatten dem Zeichner gewisse Beschränkungen auf; dennoch verraten sie eine Genauigkeit der Linienführung und eine Großzügigkeit der Formgebung, die den Ostraka Amunhotpes und anderer Maler gänzlich abgeht. Deren Zeichnungen sind zwar amüsanter und gemütvoller, können es aber an Kunstfertigkeit bei weitem nicht mit jenen aufnehmen. Auch an den Wänden der Grabmonumente auf dem Dorffriedhof sind zahlreiche glänzende Belege für die Kunst der Umrißzeichner auszumachen. Die Grabkammer im Grab des Vorarbeiters Anhirkaui, der die Bestattung von vier Ramessidenkönigen erlebte, enthält beispielsweise Arbeiten eines Meisterzeichners, der recht ungewöhnliche Sujets abbildete, etwa häusliche Szenen mit dem Vorarbeiter im Kreis seiner Familie und mythische Kämpfe in der Unterwelt. Ist der Strich dieser Zeichnungen an Präzision schwerlich zu übertreffen, so sind andererseits ihre hellen Farben, bei aller Harmonie, nur dünn und flach aufgelegt und haben wenig von dem sattfarbenen, reichen Kolorit, das die Faßmaler so liebten.

Aufgrund einiger »signierter« Ostraka – Bruchsteine mit Zeichnungen und Gebeten, die ein Künstler namentlich unterschrieben hat – können wir die schönen Zeichnungen im Grab des Vorarbeiters wahrscheinlich dem Zeichner Hormin zuschreiben, einem Sohn des Zeichners Hori, der seinerseits ein Bruder des Schreibers Amunnacht war. Dieser Hori malte auch eine Stele mit einem Gebet für seine Söhne und stellte sie am Großen Platz auf. Wir sehen auf ihr drei junge Männer im gemeinsamen Gebet, mit großen, hoffnungsvollen Augen in die Welt blickend und zartes Zwittertum verkörpernd, Hormin, Nachtamun und Nebnefer, alle

drei Umrißzeichner, die just zur Zeit der »kleinen Renaissance« am Großen Platz tätig waren. Als Mitglied der
großen Familie des Schreibers Amunnacht wußte Hormin,
daß das Wort seines Vaters im Ältestenrat des Dorfes
allgemeines Gehör fand. Er schrieb einmal: »An meinen
Vater, den Zeichner Hori: Du solltest auf die Oberen Druck
ausüben, daß sie diesen deinen Diener [d. i. eine nicht näher
bezeichnete Person] veranlassen, mir beim Zeichnen behilflich zu sein. Ich bin allein, denn mein Bruder ist krank.«
Allerdings war es nicht nur die Verwandtschaft mit Amunnacht, aufgrund deren Hormin mit seiner Angelegenheit bei
den Dorfältesten eher durchzudringen gedachte. Vielmehr
saß in dieser Versammlung auch sein Onkel Amunhotpe,
Faßmaler und ebenfalls ein Sohn des Schreibers Amunnacht.
Er hatte den Rang eines Oberen auf eigene Weise erlangt,
war er doch neben seiner Malertätigkeit, wie ein Arbeitsprotokoll berichtet, gelegentlich »damit befaßt, den Plan des
Königsgrabes zu zeichnen«. Der Titel »Oberer« war vordem ausschließlich Vorarbeitern und Schreibern vorbehalten
gewesen; nun hatte auch ein Maler dieses Amt inne. Dies
spricht nicht nur für den verbesserten Status dieser Künstler
innerhalb der Gemeinschaft, sondern auch für das Gewicht
dieser einen Familie, aus der zwei Obere und viele bedeutende Maler hervorgegangen waren, Faßmaler ebenso wie Vorzeichner.

Überraschenderweise findet sich das bedeutendste damals
entstandene Werk dieser Maler aus dem Dorf der Nekropolenarbeiter nicht in einem der Königsgräber und auch nicht in
irgendwelchen Privatgräbern oder Tempeln, sondern im
Grab des Prinzen Montuhirchopschef. Heute weiß man so
gut wie nichts mehr über diesen Mann, der in einem lichtdurchfluteten Gang in den Felsen am Südrand des Großen
Platzes verewigt ist. Doch mit seiner Darstellung an diesem
Ort schufen die Gräbermacher die Summe aller Reize ihres
Spätstils. Das ganze Grab besteht aus einer einzigen ab-
schüssigen Passage, an deren Ende einige Stufen vom An-
satz weiterer Ausschachtungen zeugen. Vielleicht sollte hier
ursprünglich das Grab Ramses' VIII. entstehen, der weni-

ger als ein Jahr regierte, denn die Architektur ist von wahrhaft königlichem Zuschnitt. Auf leuchtendweißem Grund,
der die hohen Wände des Gangs bedeckt, gaben die Maler
den Prinzen im Gebet vor den Göttern wieder; es sind
schlichte Szenen, wie man sie in Tempeln überall in Ägypten
antrifft. Ungeachtet der bedeutenden Dimensionen dieser
Malereien sind die Farben nicht in der großzügigen Weise
aufgetragen, die Amunhotpe und andere Faßmaler bevor-
zugten, sondern dünn, in wohlausgewogener Harmonie und
kühl kalkuliert. Bisweilen sind die Umrisse der mattgetönten
Farbfelder geradezu atemberaubend lebendig. Leuchtende
Ockertöne auf der weißen Wand künden von der Kraft und
Ruhe eines Meisters. Der hohe Anspruch der künstlerischen
Ausführung wird unterstrichen durch eine bedächtige Liebe
zum Detail. Die Linien umrahmen schimmerndes Gold, ge-
stärktes Leinen, weiche Perücken, schließlich den todge-
weihten jungen Mann selber in seiner modischen Kleidung:
einen unbekannten Prinzen in einem Zeitalter kurzlebiger
Könige. Hier drängt sich eine Beobachtung auf: Sowenig
sich die Kunst im alten Ägypten im Lauf von 2000 Jahren
inhaltlich und stilistisch geändert hatte, befand sich doch das
ästhetische Empfinden gleichwohl in ständigem Wandel.
Zwar erinnern dieser Prinz und seine Götter in ihrer Haltung
an die frühesten Monumente Altägyptens; gleichwohl ist der
junge Mann im bernsteinfarbenen Licht dieses Grabkorri-
dors in einem ganz bestimmten Augenblick festgehalten —
eine anmutige Mischung aus Ikone und Momentaufnahme,
die zu den bedeutendsten Leistungen der Gräbermacher
gehört.

Endzeit

Grabräuber

Während die Arbeitskolonnen für ihre im Norden residierenden Könige prachtvolle Grabmonumente schufen, wurde das
Leben im Dorf immer unsicherer. Typisch für die Arbeitsprotokolle der damaligen Zeit ist folgende Notiz: »Jahr eins,
erster Wintermonat, Tag drei: Keine Arbeit aus Furcht vor
dem Feind.« Ägypten hatte mit anderen Staaten Kriege
geführt. Zurückgeblieben waren davon Banden entlassener
Söldner, Beduinen aus der Sahara und sogar Scharen besitz-
los gewordener Ägypter. Sie alle schweiften nun durch das
Niltal und überfielen Städte und Dörfer. Mit ihren bizarren
Umhängen, ihren Metallhelmen, ihren barbarischen Täto-
wierungen, ihren Phallustaschen und ihrem martialischen
Waffenarsenal aus Langschwertern, Dolchen und dergleichen müssen sie den Thebanern große Angst eingejagt haben, und vermutlich sahen sich die seßhaften Landesbewoh-
ner durch sie in ihren überkommenen Vorurteilen gegen No-
maden bestätigt. Doch der König und seine Armee befanden
sich weitab im Deltagebiet, und in Theben gab es niemanden, der diese furchteinflößenden Abenteurer in Schach
hielt. Die alte Stadt mit ihren Tempeln und Gräbern voller
Gold und Kostbarkeiten war faktisch wehrlos.

»[Im] Jahr eins, [im] ersten Wintermonat«, so berichtet
das Arbeitsprotokoll, »erreichten die, die [unsere] Feinde
sind, Pernabi [d. i. vermutlich eine Stadt nördlich von The-
ben] und zerstörten alles, was sich dort befand, und ließen
seine Bewohner im Feuer umkommen.« Außerdem erfahren
wir, daß Amuns Hoherpriester, Ramsesnacht, den Befehl
über die Verteidigungsstreitkräfte im Tal der Könige übernommen hatte. »Bringe die Polizisten aus Pernabi und die,
die im Süden sind, sowie die der [Königs-]Gräber und lasse
sie hier, um die [Königs-]Gräber zu bewachen.« Theben-
West hielt den Atem an. Die Nekropolenarbeiter blieben zu
Hause. Kamen die Räuber oder blieben sie aus? Noch
immer war der Polizeihauptmann Mentmose, nun schon hoch

in den Siebzigern, für die Sicherheit der Dorfbewohner verantwortlich, und er riet ihnen, nicht zum Großen Platz zu gehen, »bis ihr seht, was geschieht. Ich will mich beeilen und hören, was sie sagen. Ich werde euch die Anweisung geben, [zu den Königsgräbern] hinaufzugehen.« Der in treuem Dienst ergraute Polizeioffizier argwöhnte, die Gräbermacher könnten in eine Falle gelockt werden; dies legt die Vermutung nahe, daß die »Feinde« den Dorfbewohnern nicht ganz fremd waren. Aber wie auch immer – die Gefahr ging vorüber, und die Arbeitskolonnen waren schon bald wieder am Werk. Derartige Situationen gab es während der Regierungszeiten der letzten Ramessiden immer wieder.

Zu allem hin trafen nun auch die Zuteilungen für die Dorfbewohner wieder seltener und in unzulänglichem Umfang ein. Dann und wann machte der Schreiber Harschire besonders ausgesuchten Beamten und Mitarbeitern des Wesirs Geschenke; einige dieser Leute glaubten sogar, diese Geschenke stünden ihnen zu. Doch im 9. Regierungsjahr Ramses' IX. öffnete nicht einmal mehr dies die Türen der Getreidespeicher, und die beiden Arbeitskolonnen traten aus Protest wieder in den Streik. Vier Jahre später verhinderte lediglich die Überredungskunst eines anderen Schreibers namens Pabes, daß es abermals zu einem Proteststreik kam. Vom beredten Zeugnis der hervorragend ausgestatteten Gräber und von diesen wenigen Notizen über Streiks und dergleichen abgesehen, liegen nur sehr spärliche Berichte über dieses unruhige Zeitalter vor. Fest steht lediglich, daß das Leben in der »Südstadt« immer beschwerlicher wurde und der Lebensstandard der Dorfbewohner rapide sank. Und während die Regierung weiterhin die Zügel schleifen ließ und plündernde Banden die Umgebung von Theben unsicher machten, befand sich die Nekropole in ganz besonderer Gefahr. Wie in den bewegten Tagen der vier Könige, als man Heria des Todes schuldig befand, weil sie ihre Mitbewohner und die Dorfgötter bestohlen hatte, erweckten die Grabmonumente im Westen Thebens wegen ihres reichen Inhalts die Begehrlichkeit nicht nur der umherschweifenden Söldnerbanden, sondern auch so mancher Thebaner.

Die Behörden waren schon seit Jahren wegen der Ausplünderung von Thebens Friedhöfen beunruhigt, und da ihnen der Schutz der toten Könige oblag, achteten sie auf die Königsgräber ganz besonders. Einige davon wurden zu Inspektionszwecken geöffnet, und im 9. Jahr Ramses' IX., einem Jahr voller beunruhigender Vorfälle, untersuchte der Zeichner Amunhotpe im Zuge einer dieser Inspektionen das Grab König Ramses' VI. Zwanzig Jahre zuvor hatte er mitgeholfen, einige der riesigen Decken in diesem Grab auszumalen. Sie zeigen detailreiche Sternenkarten und schildern die nächtliche Reise des toten Königs und der Sonne durch die Unterwelt. Nun konnte er seinem Sohn Amunnacht, der ihn bei dieser Untersuchung begleitete, die Meisterwerke zeigen, die er zusammen mit anderen Malern in Farbe geschaffen hatte. Als Beweis ihrer Anwesenheit hinterließen sie eine kurze Tinten-Inschrift an der steinernen Grabkammerwand. Allem Anschein nach hatten sie das Königsgrab also unzerstört vorgefunden. Vier Jahre später indessen, als erneut Horden aus Libyern und entlassenen Söldnern die Landstriche westlich des Nils heimsuchten, in Theben Hunger herrschte und die Nekropolenarbeiter Briefe und Geschenke nach Nordägypten schickten, um den Wesir um Übersendung der Rationen zu bitten, verhaftete man einen der Steinmetzen des Hohenpriesters, einen Mann namens Amenpennefer. Man brachte ihn in das Büro des Bürgermeisters von Theben, wo die Distriktsbeamten am Großen Platz ihn beschuldigten, Gräber ausgeraubt zu haben. Die Zeiten waren schwer, und dennoch verfügte Amenpennefer über große Goldvorräte. Als er dieses Gold einem hochgestellten Beamten überließ, kam er stillschweigend frei. Vier Jahre später erinnert er sich: »Ich ging zu meinen Gefährten, die mich mit einem anderen Anteil der Beute entschädigten. So habe ich zusammen mit anderen Dieben, die bei mir sind, bis zum heutigen Tag immer wieder Gräber von Beamten und Landleuten, die im Westen ruhen, geplündert. Und auch sehr viele andere berauben diese Gräber.«

Wenige Monate nach diesem so glimpflich ausgegangenen Zusammenstoß Amenpennefers mit den Behörden verhaftete man drei Leute, weil sie in die königliche Nekropole am Platz der Schönheit eingedrungen waren. Da dort Mitglieder des Königshauses begraben lagen, barg dieser Vorfall sehr viel mehr Zündstoff, und man setzte eine Untersuchungskommission ein, die vom Wesir persönlich sowie von Paser, dem Bürgermeister von Theben, geleitet wurde. Nach ausgiebiger Anwendung von Schlägen und Foltermaßnahmen, wie vor solchen Gerichten üblich, gab einer der Männer zu, Gegenstände aus dem Grab der Königin Isis, der Gemahlin Ramses' III., entwendet zu haben. Da die Königin die Mutter Ramses' IV. und Ramses' VI. war, hatte man ihrem Grab besondere Aufmerksamkeit gewidmet; die Dekorationen einiger Gänge stammten von dem Maler-Schreiber Amunhotpe. Es sollte das letzte große Grab sein, das am Platz der Schönheit geschaffen wurde; als der Fall der drei Männer anhängig war, lag die tote Königin seit etwa 20 Jahren darin begraben. Einzelheiten über die Bestrafung der Räuber sind nicht überliefert, doch erfahren wir aus Berichten über gewisse Vorgänge bei Hofe immerhin, daß diese Männer sich noch viele Jahre später im Gewahrsam der thebanischen Behörden befanden.

Zur Zeit dieses Prozesses hatten Grabräuberbanden bereits zehn Jahre lang in großem Stil Thebens Privatfriedhöfe geplündert. Sie gingen in 7 bis 8 Mann starken Gruppen vor, denen Männer mit intimer Ortskenntnis und entsprechender Ausrüstung angehörten, für gewöhnlich zwei oder drei Steinmetzen oder Kupferschmiede mit Wasserträgern, die beim Ausschachten und Anlegen von Gängen behilflich waren, ein Schmied, der die gestohlenen Metalle einschmolz, sowie ein Schiffer, der die Bande mitsamt der Beute von der Nekropole in die Stadt brachte. Mit so viel sachkundigem Wissen versehen, schweiften manche Banden nilauf- und nilabwärts und plünderten einen Friedhof nach dem anderen. Nur durch ständige Inspektionen konnten die örtlichen Nekropolenverwaltungen die Sicherheit der ihrer Obhut anvertrauten Grabstätten gewährleisten. Da die Räuber meistens von der Rückseite her in die Gräber eindrangen, blieben deren Türen intakt und versiegelt. Bei der Ortsbegehung mußten die inspizierenden Beamten daher jedes einzelne Grab betreten und jede Tür neu versiegeln, nachdem sie sich davon überzeugt hatten, daß der Inhalt der Grabkammer noch unversehrt war.

Waren die Einbrecher in ein Grab eingedrungen und unentdeckt geblieben, zertrümmerten sie das vorgefundene Inventar. Sie erbrachen die steinernen Sarkophage, hackten das Gold von den Särgen, zerstückelten die Mumien, um rascher an deren kostbaren Schmuck heranzukommen, und nahmen ihnen dann die Leinentücher, die Behälter mit Öl und das übrige Grabmobiliar ab, das man ihnen für das Leben im Jenseits mitgegeben hatte. Manchmal setzten sie die vollgestopften Grabkammern einfach in Brand und kehrten später in die rußgeschwärzten Gewölbe zurück, um die kleinen, harten Klümpchen des in der Hitze geschmolzenen Goldes aus der Asche zu klauben. Ein Räuber schilderte vor einem anderen Gericht, wie es bei einem dieser Raubzüge zuging: »Wir gingen zum Grab des Tschanefer, der Amuns dritter Priester gewesen war. Wir öffneten es, holten die inneren Särge heraus, nahmen die Mumie und legten sie in eine Ecke ihres Grabes. Die inneren Särge beförderten wir zusammen mit dem Rest zur Amenophis-Insel [d. i. eine Schlickbank im Nil auf der Höhe Thebens], setzten sie in der Nacht in Brand und machten uns mit dem Gold davon, das wir auf ihnen fanden. Auf jeden von uns entfielen vier *Kite*.« Die Kaufkraft von 4 *Kite* Gold, etwas mehr als 1¼ Unzen, entsprach einem Drittel der jährlichen Getreideration eines Nekropolenarbeiters. Ein gutes Ergebnis für die Arbeit einer einzigen Nacht – und oft zog man weit mehr an Land.

Auf Thebens Markt muß es damals eine enorme Schwemme von Gold und Kostbarkeiten gegeben haben. Ein unmittelbares Ergebnis dieses neuen Reichtums war, daß die herkömmlichen »Preise«, die für den Tauschwert verschiedener Güter standen, unwahrscheinlich anzogen. Für Getreide mußte man nun fast doppelt soviel Gold und Silber eintauschen wie bisher. In einem Wirtschaftssystem, das auf Lohnzahlungen in Naturalien beruhte, war dies ein noch nie dagewesener »Preissturz«. 50 Jahre oder noch länger hatten die Gräbermacher, wenn sie ihre volle Ration erhielten, Monat für Monat 5½ Säcke Korn erhalten. Infolgedessen waren die »Preise«, die man beim privaten Gütertausch im Dorf erzielte, ebenfalls konstant geblieben, Abweichungen nach oben und nach unten eingerechnet, wobei zu berücksichtigen bleibt, daß sich das Verhältnis von Wert und Gegenwert in einem Tauschhandelssystem nie so präzise ausdrücken läßt wie in einer Wirtschaft mit Münzwährung. Fraglos bewirkte der Anstieg des Getreidepreises auf dem Markt in Theben, daß auch der Wert der Kornlieferungen, die die Nekropolenarbeiter erhielten, beträchtlich stieg. Umgekehrt fiel es den Dorfbewohnern nun sehr viel schwerer, das so viel teurer gewordene Getreide frei zu kaufen, wenn ihre regelmäßigen Lieferungen ausblieben. Man wundert sich daher nicht, daß die Gräbermacher in Zeiten ernsten Mangels der Versuchung erlagen, die Friedhöfe rings um ihr Dorf zu plündern. Da die Regierung nicht mehr genug einnahm, um die Bewohner der Siedlung ernähren zu können, hielt man sich an die Gräber der Ahnen, die ja wahre Goldminen darstellten.

Zum Ende des ersten Jahrzehnts der Regierungszeit Ramses'IX. scheint Grabräuberei ein wesentlicher Bestandteil der Wirtschaft Thebens geworden zu sein. Die höheren Getreidepreise bewirkten wohl, daß man mehr landwirtschaftliche Produkte als bisher auf Thebens Markt anbot. Die Grabräuber konnten sich die teurer gewordenen Güter selbstverständlich leisten. Gleiches galt jedoch für eine Anzahl von Beamten, die mit ihnen unter einer Decke steckten. Und dies war nur die Spitze eines Eisberges von öffentlich-nichtöffentlichen Ärgernissen. Denn der gewaltige Zustrom geraubter Grabbeigaben schwemmte nicht nur die Preise in die Höhe, sondern unterspülte auch die guten Sitten. Schließlich profitierte fast jedermann in Theben, Priester, Polizisten, Handwerker – paradoxerweise war man weiterhin an qualitätvollen Grabbeigaben für sich selbst interessiert –, Ladenbesitzer und fliegende Händler, mittelbar von den kriminellen Aktivitäten auf den Friedhöfen. Die Bevölkerung der heiligen Stadt war auf unvorstellbare Weise verfilzt. Jeder war mit jedem verwandt, so daß irgendwann beinahe jeder auch mehr oder weniger in die Grabräubereien verwickelt war. Mehr als ein Jahrhundert lang hatten zwei Familien in Theben das Sagen gehabt. Ihnen entstammten die Hohenpriester und Bürgermeister, und sie waren durch Heiraten vielfach miteinander verwandt. Seitenlinien beider Familien nahmen auch in zahlreichen anderen Städten Oberägyptens eine führende Stellung ein. Unter Ramses IX. amtierte in Theben der Hohepriester Amunhotpe, Sohn des Hohenpriesters Ramsesnacht, und Thebens Bürgermeister war Paser. Unter ihren Augen wurden die Gräber ausgeplündert, sie waren in den Skandal mitverwickelt, ja lebten bis zu einem gewissen Grad sogar davon. Gleichzeitig aber waren sie dem König gegenüber für die Sicherheit der Gräber seiner Vorfahren verantwortlich, und es durfte auf gar keinen Fall ans Licht kommen, daß sie diese fromme Pflicht vernachlässigten. Und doch waren es die ihnen unterstellten Beamten, das Tempelpersonal, die Aufseher der Vorratshäuser und all die anderen, durch deren Hände das Diebesgut ging. So sehr hatte sich die Beamtenschaft schon an den unrechtmäßig erworbenen Gütern bereichert, daß es unmöglich war, den gesamten Grabräuberring auffliegen zu lassen, ohne einen vernichtenden Schlag gegen Thebens herrschende Gesellschaft zu führen.

Spätestens die drei Verhaftungen am Platz der Schönheit, die den Wesir zum persönlichen Eingreifen veranlaßten, hätten dem in Nordägypten residierenden Hof klarmachen müssen, daß des Herrschers Ahnen in ihren thebanischen Grabstätten in Gefahr waren. Es war offenkundig, daß sich die Diebe nicht mehr damit begnügten, Privatgräber auszuplündern, sondern allmählich zu den Gräbern von Königinnen und Königen übergingen. Irgend etwas mußte geschehen – und die führenden Männer Thebens schlossen einen fürwahr meisterhaften Kompromiß, indem sie einige Sündenböcke vorschoben, die für die Verfehlungen der ganzen Bürgerschaft den Kopf hinhalten mußten. Soweit wir die Dinge heute noch überblicken, war es der Bürgermeister Paser, die höchste weltliche Autorität in Theben, der die

ersten einschneidenderen Maßnahmen ergriff, um den Grabräubereien einen Riegel vorzuschieben. Im 16. Regierungsjahr Ramses' IX. ließ »der Fürst, der dem Herrscher Bericht erstattet [d. h. der dem König verantwortlich ist]«, wie
Paser sich selbst bezeichnete, dem Wesir die vertrauliche
Nachricht zukommen, er habe gehört, daß etliche Königsgräber geplündert worden seien. An sich fielen die Friedhöfe
westlich des Nils in die Zuständigkeit des Bürgermeisters
von Theben-West, Pawero, doch Paser konnte eine Beschuldigung von derartiger Tragweite nicht einfach ignorie-
ren. Schließlich hatte es jeder sofort zu melden, wenn ihm zu
Ohren kam, daß am Großen Platz »Schlimmes geschehen«
sei. Hielt man damit hinter dem Berg, so galt dies als ebenso
schlimm wie die Räuberei selbst. Der Steinmetz Paneb hatte
ja einst zu seinem Vorteil von diesem Gesetz Gebrauch
gemacht.

Die Anzeige gegen die Grabräuber ging von zwei Schreibern am Großen Platz aus, Harschire und Pabes. Beide
gehörten dem Ältestenrat des Dorfes an – Harschire war
jetzt etwa Fünfzig –, und beide hatten denselben Eid geschworen wie alle in der Siedlung. Doch hatten sie für ihre
Anzeige auch andere, weniger ehrenwerte Gründe: Falls es
nämlich zu einer Untersuchung der Grabräubereien kam,
mußten die Nekropolenarbeiter bestimmen können, wie die
Dinge abliefen. Immerhin waren es Leute aus dem Dorf
gewesen, die das Grab der Königin Isis ausgeraubt hatten.
Deshalb verrieten Harschire und Pabes im Vertrauen darauf, daß man dann von weiteren Nachforschungen absehen
werde, die Namen der Mitglieder anderer Grabräuberbanden. Denn schon machten Gerüchte die Runde, ein Königsgrab sei geplündert worden; es galt daher, unerwünschten
Entwicklungen zuvorzukommen. Wohlweislich überging
man den Bürgermeister von Theben-West, der besser wußte, was sich wirklich abgespielt hatte, und wandte sich ver-
trauensvoll an eine weit höher stehende Persönlichkeit in
Theben-Ost.

Der Schachzug war sehr geschickt, wenn auch nicht ohne
Risiken, denn die beiden Schreiber hatten, wie Paser später

bemerkte, mit Verstümmelung und Todesstrafe zu rechnen, wenn sich ihre eidlichen Aussagen als falsch erwiesen. Doch einmal eröffnet, nahm das Spiel seinen Lauf. Der Wesir kam nach Theben und berief eine Kommission, die untersuchen sollte, in welcher Verfassung sich die Königsgräber befanden. Dieser Untersuchungsausschuß setzte sich aus Inhabern der bedeutendsten Machtpositionen innerhalb der ägyptischen Gesellschaft zusammen. Neben dem Wesir als dem Vorsitzenden gehörten ihm ein Heeres- und ein Flottenbefehlshaber an, ferner zwei hohe Hofbeamte aus Nordägyptern, beides Freunde und Ratgeber des Königs. Zum Ausgleich waren ebenso viele Südägypter Mitglieder des Ausschusses: der Hohepriester Amunhotpe, sein Bruder, der nach ihm das zweithöchste Priesteramt bekleidete, der Verwalter der Tempelgüter Amuns sowie Bürgermeister Paser. Diese acht Würdenträger und der Wesir ernannten nun ihrerseits eine Kommission, die sich an Ort und Stelle ein Bild vom Zustand der Königsgräber machen sollte. Diese kleine Personengruppe, die die Bezeichnung »Kontrolleure der Großen und Erhabenen Nekropole« führte, setzte im 16. Jahr Ramses' IX. über den Nil.

Der offizielle Bericht über dieses Unternehmen ist erhalten. Vier persönliche Schreiber des Wesirs, ein Tempelbeamter, Bürgermeister Pawero von Theben-West und seine beiden ranghöchsten Polizeioffiziere – sie stapften durch die Felder westlich des Nils hinein in die Wüste, in der sich die Beamtengräber und einige Königsgräber befanden. Was den Männern dabei durch den Kopf ging, kann man sich gut vorstellen. Die vier Schreiber aus Nordägypten mögen die thebanische Augustsonne als heiß, den Nordwind als lästig und die Leute aus dem Süden als verschlagen empfunden haben. Den Thebanern dagegen dürfte die Angelegenheit eher als eine Posse erschienen sein, die darauf hinauslief, daß irgend jemand, den man schon lange im Verdacht gehabt hatte, geopfert wurde. Und doch mußte den Beamten aus Theben daran gelegen sein, daß die Untersuchung voranging. Dies galt ganz besonders für den Bürgermeister Pawero und seine beiden Polizeioberen, in deren Zuständigkeitsbereich die Verbrechen verübt worden waren und die vermutlich mehr über die Sachverhalte wußten als die übrigen Kommissionsmitglieder, die noch keine präzise Vorstellung davon hatten, wie die im Zusammenhang mit den Grabräubereien erhobenen Vorwürfe lauteten oder von wem sie ausgingen. Schweren Schrittes begab sich die Kommission zu der Reihe der niedrigen Hügel am Nordrand der Nekropole, vorbei an den reich ausgestatteten Kapellen der alten Dynastie, vorbei an den vor Jahrhunderten aus dem Felsen gehauenen Königsgräbern unter leuchtend bemalten Ziegelsteinpyramiden und mit Stelen, die noch immer unversehrt im strahlenden Sonnenlicht standen. Manche dieser Gräber waren schon so alt und verfallen, daß die Kommission über eines von ihnen berichten mußte: »Die königliche Pyramide ist von ihm [d. h. dem Grab] abgetragen worden, wenn auch die Stele noch vor ihm steht. Und auf der Stele steht die Gestalt des Königs mit seinem Hund, der Behhek heißt, zwischen den Füßen. Untersucht am heutigen Tag und unversehrt gefunden.«

Rangniedrige Schreiber führten sorgfältig Buch über diese Untersuchung, die sich größtenteils auf den alten königlichen Friedhof beschränkte. Hier einige Auszüge:

»Die Pyramiden, Schächte und Gräber, die heute von den Inspektoren untersucht wurden:

Das Grab des Königs Amenophis I. — — — worüber der Bürgermeister Thebens den — — — Ausschußmitgliedern berichtet hat... und gesprochen: ›Die Diebe haben es erbrochen.‹ Untersucht am heutigen Tag und unversehrt gefunden — — —.

Das Pyramidengrab des Königs Iniotef VI. — — — es wurde unversehrt gefunden.

Das Pyramidengrab des Königs Iniotef VII.: Den Dieben war es nicht gelungen einzudringen. [Allerdings hatten sie es, wie der Schreiber bemerkt, immerhin etwa zur Hälfte geschafft, indem sie sich durch einen Stollen von der Rückseite her heranarbeiteten.]

Das Pyramidengrab des Königs Iniotef VI.: Den Dieben war es nicht gelungen einzudringen. [Doch abermals vermerkt der Schreiber, daß man gerade dabei war, einen unterirdischen Gang anzulegen, der zu diesem Grab hinführen sollte.]

Das Pyramidengrab Sebekemsafs II.: Die Grabkammer wurde ihres Herrn beraubt gefunden, desgleichen die Grabkammer der großen königlichen Gemahlin ... die Diebe hatten Hand an sie gelegt – – –.

Das Pyramidengrab des Königs Sechenenre I.: – – – es wurde unversehrt gefunden.

Das Pyramidengrab des Königs Sechenenre II.: – – – es wurde unversehrt gefunden.

Das Pyramidengrab des Königs Kamose: – – – es wurde unversehrt gefunden.

Das Pyramidengrab des Prinzen Aamose: – – – es wurde unversehrt gefunden.

Das Pyramidengrab des Mentehotpe: – – – es wurde unversehrt gefunden.

Gesamtheit der Pyramidengräber der alten Könige, die an diesem Tag untersucht und gefunden wurden: neun Pyramidengräber; erbrochen gefunden: ein Grab. Insgesamt: zehn. «

Deutlich entmutigender war die Situation in den Privatgräbern, die rings um die königliche Nekropole lagen. Die Inspektoren hatten auch sie besichtigt. Ihr Befund: »Die Gräber und Grabkammern, in denen seit alters die Gesegneten ruhen, die Bewohner von Theben-West. Man fand sie alle von Dieben erbrochen. Sie hatten ihre Besitzer aus ihren Särgen gezerrt, so daß sie in der Wüste liegengelassen wurden, und die Grabausstattung gestohlen, die ihnen zusammen mit dem Gold und Silber und dem Schmuck in ihren Särgen mitgegeben worden war. «

Noch am selben Tag legte Bürgermeister Pawero von Theben-West nach einem Treffen mit seinen Sicherheitsoffizieren, dem Wesir und den Mitgliedern seiner Kommission ein schriftliches Verzeichnis der Diebe vor. »Sie [d. h. die Diebe] wurden ergriffen und in Haft genommen, sie wurden verhört, sie gestanden, was sich ereignet hatte. « Wie gut schien alles zu laufen! Zwei Versuche von Einbrüchen in

Königsgräber waren gescheitert. Dank der Wachsamkeit der ehrlichen Thebaner war nur ein einziges Königsgrab im gesamten Gräberfeld aufgebrochen worden. Und wenn auch die Beamtengräber ein schlimmeres Schicksal erlitten hatten, so hatte man doch einen bestimmten Verdacht geäußert, ja in unglaublich raschem Tempo eine Liste der Beschuldigten aufgestellt. Mehr noch: Man hatte die Diebe ergriffen und der Kommission vorgeführt. Verdiente so viel Tüchtigkeit nicht jegliche Anerkennung? Doch der Wesir schien nun Verdacht geschöpft zu haben; vielleicht hatte er auch von einem Einbruch in ein Königsgrab Wind bekommen, der sich erst jüngst ereignet hatte. Jedenfalls begab er sich tags darauf in Begleitung eines Hofbeamten höchstpersönlich zum Platz der Schönheit, um dort das Verhör der so bekenntnisfreudigen Grabräuber zu leiten, die man dem Ausschuß vorgeführt hatte. Einer dieser Männer hatte schon zu denen gehört, die zwei Jahre zuvor am Großen Platz verhaftet worden waren. Bereits damals war er von Bürgermeister Paser und dem Hohenpriester Amuns verhört worden und hatte gestanden. Nun führte man ihn gefesselt und mit verbundenen Augen wieder ins Zentrum des Großen Platzes. Dort ließ man ihn los und forderte ihn auf, zu dem Grab zu gehen, das er angeblich ausgeraubt hatte: zum Grab der Königin Isis. Doch der Unglückliche, ein Kupferschmied namens Pecharu, konnte die Mitglieder der Kommission nur zu einem offenen, unfertigen Grab führen, in dem noch nie ein Toter gelegen hatte, und sodann noch zu einer alten Hütte, die ein Freund des Schreibers Ramose errichtet hatte. »Dies sind die Plätze, wo ich war«, behauptete der bedauernswerte Kupferschmied, worauf man ihn erneut folterte und ihn unter Androhung der Verstümmelung schwören ließ, das sei alles, was er wisse. Er wiederholte nur: »Ich kenne keine andere Stelle hier außer diesem Grab, das offen ist, und diesem Haus, das ich euch gezeigt habe.« Dann untersuchten die Kommissionsmitglieder sämtliche Grabsiegel und fanden sie unversehrt. Der Wesir schien zufrieden.

Jeder, der sich damals in der Nekropole aufhielt, muß mit großer Spannung den Augenblick herbeigesehnt haben, da

die Kommission ihre Nachforschungen beendet hatte und der
Wesir samt Gefolge wieder den gewundenen, weißleuchten-
den Wüstenpfad hinabschritt, der vom Platz der Schönheit
hinausführte, vorbei an der Tempelfestung Ramses' III. und
hin zur Anlegestelle der Fähre, die die Würdenträger zurück
nach Theben-Ost brachte. Wie die Untersuchung ausgegan-
gen war, muß sich in dem schmalen Wüstensaum mit seinen
Tempeln wie ein Lauffeuer von Haus zu Haus und von Dorf
zu Dorf verbreitet haben. Und im Dorf der Gräbermacher,
nur einen Steinwurf vom Platz der Schönheit entfernt, gab es
sicher so manches Haus, dessen Bewohner erleichtert aufat-
meten. Die Arbeit der Kommission war getan, die Spannung
ließ nach, und noch am selben Abend, dem letzten Abend
einer Arbeitswoche am Großen Platz, zogen »die Polizeioberen und die Gräbermacher in einer großen Kundgebung
auf dem Westufer umher«.

Wieder in Theben-Ost, begab sich der Höfling, der den
Wesir begleitet hatte, schnurstracks zum Haus des Bürgermeisters Paser, um diesem über die Tagesereignisse zu berichten. Der Bürgermeister residierte nördlich des Amunstempels, ganz in der Nähe des alten Tempels, der dem
memphitischen Gott Ptah geweiht war; hier standen die
Gebäude der Tempelverwaltung, und mitten in diesem Areal
wohnte Paser. Unweit davon, hinten an den Tempel der
Göttin Ma'at angebaut, die die rechte Weltordnung, die
Wahrheit und die Gerechtigkeit personifizierte, lag der Gerichtshof des Hohenpriesters. Auch zahlreiche Nekropolenarbeiter und andere Leute aus Theben-West hatten zusammen mit dem Wesir den Fluß überquert und zogen nun in
hellen Scharen zum Haus des Bürgermeisters Paser, unter
ihnen Bürgermeister Pawero von Theben-West, der dienst-
habende junge Vorarbeiter Userchepschef und sogar der
große Maler und Zeichner Amunhotpe. Sie tanzten – sehr
zum Ärger des Bürgermeisters Paser, denn seine Anklagen
hatten sich als weitgehend unbegründet erwiesen, und er
hatte sich zum Narren gemacht. Und was der Gipfel war:
Noch immer befand sich der königliche Hofbeamte bei ihm
und wurde nun Zeuge, wie die Menge der Feiernden den

Bürgermeister demütigte. Wütend rief dieser den Leuten zu: »Diese Kundgebung, die ihr da unternommen habt, was ihr da heute getan habt, das war keine Kundgebung, sondern ein Freudengesang. Ihr habt euch an meiner eigenen Haustür über mich lustig gemacht. Was habt ihr damit vor? Noch bin ich der Fürst, der dem Herrscher Bericht erstattet. Wenn ihr euch wegen des Grabes freut — das von König Sebekemsaf ist jedenfalls aufgebrochen worden.« Dann schilderte der aufgebrachte Bürgermeister das Verbrechen, doch der Vorarbeiter Userchepschef schrie triumphierend zurück: »Sämtliche Könige, ihre königlichen Gemahlinnen und königlichen Mütter und königlichen Kinder, die am Platz der Wahrheit und am Platz der Schönheit ruhen, sind unversehrt, geschützt und sicher für alle Zeiten. Der weise Ratschluß des Pharao, ihres Sohnes, hütet und bewacht sie streng.«

In der Hitze des Augenblicks hatte der junge Mann zuerst übertrieben, dann gelogen und schließlich Paser sogar beleidigt, denn sowohl er selbst als auch der Bürgermeister mußten sehr genau wissen, daß derlei Behauptungen, wie er sie aufgestellt hatte, töricht waren. Die ohnehin nicht sehr tragfähige, stillschweigende Komplizenschaft zwischen den thebanischen Beamten brach auf diese Weise zusammen. Der Bürgermeister wandte sich noch einmal an die versammelte Menge, und wir können uns denken, daß seine Stimme nun eisig war. »Eure Taten strafen eure Worte Lügen«, sagte er, und in amtlichem Ton teilte er ihnen mit, die beiden Dorfschreiber seien seinerzeit zu ihm gekommen, um ihm zu hinterbringen, was sie über die Räubereien in den Friedhöfen von Theben-West zu melden hätten. Nachdem ihm diese Meldung erstattet worden sei, habe er handeln müssen, »denn es wäre ein Verbrechen gewesen, die Sache mit Stillschweigen zu übergehen«. Und diese Anzeige sei der Anlaß gewesen, die Kommission zusammenzustellen. Die beiden Schreiber, so bemerkte er abschließend, hätten fünf Beschuldigungen erhoben, und wenn diese sich als unwahr erwiesen, hätten sie mit den strengsten Strafen zu rechnen. Nun war es an Bürgermeister Pawero von Theben-West, beunruhigt zu sein, denn die beiden Schreiber unterstanden ja ihm. Er erwiderte also: »Es war nicht recht von den beiden Schreibern, zum Bürgermeister von Theben zu gehen, denn ihre Vorgänger hatten nie ihm Bericht erstattet, sondern dem Wesir, wenn er in Oberägypten war, und wenn er sich im Delta aufhielt, reisten Diener der Nekropole mit ihrem Schriftstück stromab zum Wesir.« Anschließend forderte Pawero einen anwesenden Schreiber auf, all diese Verfahrensfehler zu protokollieren und unmittelbar dem Wesir zuzuleiten; nie zuvor sei etwas dergleichen geschehen, schrie er aufgebracht. So ging die gesamte Auseinandersetzung über die Grabräubereien und die Schuld oder die Nichtschuld der Dorfbewohner in einem Kompetenzenstreit zwischen verschiedenen Behörden-Dienststellen unter. Man kann sich vorstellen, wie sich die beiden Bürgermeister über derartige Verfahrensfragen ereiferten, während im Abendlicht erneut Grabräuberbanden über den Nil ruderten.

Zwei Tage später, zu Beginn der neuen Woche, traten sämtliche Mitglieder der Kommission in der riesigen Säulenhalle des Amunstempels zusammen. Man führte ihnen die drei Männer vor, die zwei Jahre früher in das Gräberfeld am Platz der Schönheit eingedrungen und deshalb vor Gericht gestellt worden waren, und der Wesir wandte sich an die Anwesenden; allem Anschein nach hatte er den Bericht des Bürgermeisters Pawero über seine Auseinandersetzung mit dem Bürgermeister Paser gelesen. »Vor zwei Tagen«, sagte er, »erstattete der Bürgermeister Paser gewisse Anzeigen bei den Inspektoren und Arbeitern der Nekropole. Es ging um die großen Gräber am Platz der Schönheit. Als ich jedoch in meiner Eigenschaft als Wesir dieses Landes selbst dort war, untersuchten wir die Gräber, die nach der Aussage des Bürgermeisters erbrochen worden sein sollten, und fanden sie unversehrt. Und alles, was er gesagt hatte, erwies sich als falsch. Wohlan, die Kupferschmiede stehen vor euch. Laßt sie alles berichten, was geschehen ist.«

Dann wurden die drei Männer erneut verhört, und man befand, daß sie in kein Grab am Platz der Schönheit eingebrochen waren. Der Bürgermeister Paser »war diesbezüglich ins Unrecht gesetzt«, und man arbeitete einen Bericht aus, um ihn in den Archiven des Wesirs niederzulegen. Als der Tag seinem Ende entgegenging, wurde festgestellt, der Bürgermeister Paser habe sich unklug verhalten, und der Bürgermeister von Theben-West, Pawero, stand als ehrenhafter und tüchtiger Beamter da. Bevor er Theben verließ, verurteilte der Wesir die beiden Grabräuberbanden, die von seinen Beamten überführt worden waren. Sie hatten ihre Verbrechen gestanden und erlitten nun furchtbare Strafen, von denen man noch 30 Jahre später in Theben sprechen sollte. Von den thebanischen Lokalpolitikern aber muß der Wesir einen denkbar ungünstigen Eindruck gehabt haben, als sein Schiff den Hafen von Theben verließ und hinaus ins offene Nil-Fahrwasser steuerte, um sich stromabwärts nach Memphis treiben zu lassen, wo sein Palast im üppigen Grün der Deltalandschaft auf ihn wartete.

Als das Schiff sich im Zickzack zwischen den Schlammbänken hindurch entfernte und schließlich hinter der Krümmung des Stromes den Blicken entschwand, mögen Harschire und Pabes ihren Plan als geglückt betrachtet haben. Immerhin hatte man zwei Diebesbanden wegen Grabräuberei festgenommen, ohne daß die Verbrechen der Dorfbewohner aufgedeckt worden wären. Doch in seinem Hauptpunkt, nämlich dem Versuch, den drei am Platz der Schönheit festgesetzten Eindringlingen den Einbruch in das Grab der Königin Isis anzulasten, war ihr Plan vollständig gescheitert. Hinter der unversehrten, wohlversiegelten Tür, die der Wesir selbst untersucht hatte, war die Grabeinrichtung völlig zerstört — zerschlagen und ausgeplündert von einer Bande aus dem Dorf, die von hinten in das Grab der Königin eingedrungen war. Sogar als der Wesir davonsegelte, war das Diebesgut in der Stadt im Umlauf. Es war nur eine Frage der Zeit, bis es ans Licht käme, daß man das Grab der Stiefmutter des Königs geschändet hatte. Wen würde dann die Schuld treffen? Ein so neues Königsgrab auszurauben erforderte die Kenntnis von Eingeweihten, und viele der Männer, die das Grab der Königin Isis geschaffen hatten, arbeiteten noch immer, unter ihnen der Schreiber Harschire selbst sowie sein Bruder, der Maler Amunhotpe. Dadurch, daß sie die vermeintlichen Enthüllungen der beiden Schreiber weitergaben, hatten sich der Bürgermeister Paser und andere Beamte in Theben vor dem Wesir lächerlich gemacht. Und die Arbeiter aus dem Dorf, die vom Tun und von den Absichten der beiden Schreiber nichts wußten, hatten es ihm heimgezahlt, indem sie sich in aller Öffentlichkeit an der Verlegenheit weideten, in der sich der Bürgermeister Paser befand. Die Dorfschreiber hatten versucht, die Herrscher Thebens hinters Licht zu führen, und man war ihnen auf die Schliche gekommen. Und nun war der Verdacht dieser Beamten erwacht — und zwar nicht nur, daß es vielleicht noch mehr geplünderte Königsgräber in Theben-West gab, als der Wesir befürchtet haben mochte, sondern auch, daß die Nekropolenarbeiter gerade wegen ihres Versuchs, derartige Verbrechen aufzudecken, selbst schuldig sein könnten. Die Auswirkung des Hasardspiels der beiden Schreiber bestand also letztlich darin, daß die thebanischen Behörden alles, was die Dorfbewohner taten und unterließen, fortan mißtrauisch beäugten.

Der Prozeß

Eine Zeitlang ereignete sich weiter nichts. Die Aufzeichnungen über den ersten Monat im 17. Jahr König Ramses' IX. (1107) berichten uns, daß regelmäßig Fisch und Gemüse ins Dorf geliefert wurden, daß die Arbeit am Großen Platz weiterging – Anfang Mai verputzte und tünchte man ein wenig die Wände im Königsgrab – und daß der Schreiber Harschire die Getreiderationen für das Dorf entgegennahm, ohne daß es irgendwelche Schwierigkeiten gegeben hätte. Dennoch lief einiges schief, und der erfahrene Schreiber spürte es. Verschiedene knappe Eintragungen in seinem Papyrus-Tagebuch lassen vermuten, daß er sich alle erdenkliche Mühe gab, die Kluft zu überbrücken, die sich zwischen den Dorfbewohnern und den Machthabern in Theben aufgetan hatte.

Einige Jahre früher war es durchaus üblich gewesen, daß Harschire hochgestellten thebanischen Beamten im Namen der Dorfbewohner Geschenke machte, um an die Kornrationen heranzukommen, die vom Büro des Wesirs geschickt und im Amunstempel gespeichert wurden. Tempelbeamte wie der Schreiber Pentahetnacht, selber Sohn eines Schreibers aus dem Gräbermacherdorf, waren dabei behilflich, diese Geschenke im Tempel an die richtigen Leute zu bringen. Für gewöhnlich handelte es sich dabei um teure Möbelstücke, gelegentlich sogar um Rinder. Man machte dann im gesamten Dorf eine Umlage, um diese Geschenke zu bezahlen. Der Schreiber Harschire fertigte Listen sämtlicher Spender an, und die stellvertretenden Vorarbeiter der beiden Arbeitskolonnen, seine Vettern Pa'aken und Amunhotpe, halfen ihm beim Sammeln; außerdem verbrachte der Schreiber eine beträchtliche Zeit im Amunstempel, wo er mit den Beamten allerlei Geschäfte machte. Manchmal hinterließ er Geschenke der Dorfbewohner, und gelegentlich nahm er sogar für die Künstler-Handwerker der Siedlung Aufträge entgegen. Einmal ging es um einen Satz besonders kostbarer Särge. Die

Güte der Verarbeitung und gewisse Ausführungsdetails wurden vertraglich festgelegt; da hieß es unter anderem: »Das Haar am Kopf des inneren Sarges [soll] in Relief gearbeitet [werden].« Die Särge waren für eine Amunspriesterin bestimmt, und sie gab dafür recht unterschiedliche Dinge in Zahlung, von feinstem Leinen über Getreide bis hin zu süßen Ölen und gebrauchten Kleidungsstücken. Bei jedem einzelnen Gegenstand setzte man den genauen Tauschwert in *Deben* Kupfer fest und verrechnete ihn mit dem Betrag, der für die Arbeitsleistung veranschlagt war: 395 *Deben*. So viel erhielt ein Gräbermacher in drei Jahren an Lebensmitteln zugeteilt! Obwohl in Theben Grabräuber ihr Unwesen trieben, war also zumindest diese eine Frau noch daran interessiert, stilvoll in die Unterwelt einzugehen. Doch die milden Gaben, die Harschire unter den Tempelbeamten verteilt hatte, erwiesen sich nun als in den Sand gesetzt. Der Hohepriester Amunhotpe und der Bürgermeister Paser waren entschlossen, die Nekropolenarbeiter zur Rechenschaft zu ziehen.

Es waren die stellvertretenden Vorarbeiter der beiden Arbeitskolonnen und ihre Familien, die schließlich als Sündenböcke herhalten mußten. Innerhalb der Dorfhierarchie bildeten sie eine Schicht, die zwar mit den Vorarbeitern und den ranghöheren Schreibern durch verwandtschaftliche Beziehungen verbunden war, doch nicht zu jener Gruppe gehörte, aus der sich die Dorfältesten rekrutierten. In einer Liste der Mitglieder beider Arbeitskolonnen, die im ersten Wintermonat eine Getreidezuteilung für zehn Tage erhielten, finden wir bei einigen Namen das Wort »Gefangener«. Die so Bezeichneten hatten sich noch am 11. Tag desselben Monats frei in Theben bewegt, waren dann aber am 14. verhaftet und zum Tempel der Ma'at gebracht worden. Daher dürfen wir annehmen, daß diese Liste etwa um die gleiche Zeit entstanden ist, vielleicht am 5. oder am 6. Oktober 1107 v. Chr., im 17. Regierungsjahr Ramses' IX. Aufgrund anderer Dokumente müssen wir annehmen, daß diese Aufzählung der »Gefangenen« nicht vollständig ist. Wäre sie es beziehungsweise wäre der Papyrus, der sie enthält, weniger schadhaft, so müßte sie acht Namen enthalten haben, nämlich die von zwei stellvertretenden Vorarbeitern, deren Vätern und vier Brüdern von ihnen. Der Schlag war so gezielt geführt worden, daß dahinter nur die Absicht stehen konnte, diese acht Männer stellvertretend für die Grabräuber im Dorf zu opfern. In der kleinen Dorfgemeinschaft muß jeder wenigstens teilweise in die dunklen Geschäfte mit dem Inhalt der geplünderten Gräber eingeweiht gewesen sein, und viele Haushalte dürften ihren Anteil an der Beute erhalten haben.

Sorgen und Ängste hingen nun wie eine dunkle, drohende Wolke über der Gräbermachersiedlung, und die Nerven der Bewohner waren zum Zerreißen gespannt. Ein junger Arbeiter hatte bereits das Weite gesucht. Deshalb berief man eine Versammlung der Mitglieder beider Arbeitskolonnen ein, auf der die Vorarbeiter schwören mußten, niemals zuzulassen, daß irgend jemand das Dorf Theben-West verließ. Auf diese Weise sollte verhindert werden, daß Beutegut aus erbrochenen Gräbern seinen Weg über den Nil nach Theben-Ost fand und dort auf dem Markt feilgeboten wurde. Aus einer Papyrusrolle wurden acht Namen vorgelesen, von denen sechs identisch waren mit den Namen der auf der erwähnten Liste der Kornrationen als »Gefangene« Bezeichneten; bei den beiden anderen genannten Männern handelte es sich um zwei ihrer Brüder. Zwar ist der Papyrus, der diese Ereignisse schildert, erheblich beschädigt, und auch von der Darstellung des zweiten Aktes der Tragödie besitzen wir nur noch die Hälfte des Textes; doch enthält der untere Teil eines einzelnen Papyrusblattes noch höchst vielsagende Zeilen. ». . . die acht Männer . . . fanden, Silber und Gold . . . Jahr siebzehn, erster Wintermonat, vierzehnter Tag. « Andere Dokumente, in denen von der sich anschließenden Untersuchung berichtet wird, vermitteln uns einen besseren Eindruck von dem, was geschehen war. Allem Anschein nach hatte man im Dorf eine Haussuchung vorgenommen und dabei die Schätze aus dem Grab der Königin Isis bei acht Arbeitern gefunden. Zusammen mit den Beutestücken, die sie überführten, wurden die Tatverdächtigen über den Nil zum Gerichtshof des Tempels der Ma'at gebracht und im benachbarten Kornspeicher in Haft gesetzt. Von den Namen der acht Männer ist nur einer nicht mehr bekannt. Von den sieben, die wir kennen, waren sechs auf der Versammlung der Nekropolenarbeiter verlesen worden; der Träger des siebenten Namens war ein Verwandter der anderen.

Der Schreiber Harschire besuchte die im Getreidemagazin des Tempels gefangengehaltenen acht Männer. Einer von ihnen, der Grabmaler Pentaweret, war sein Bruder; man hatte ihn gemeinsam mit drei Söhnen, unter ihnen der stellvertretende Vorarbeiter Pa'aken, ins Gefängnis geworfen. Auch ein Vetter Harschires, Amenwa, befand sich in Haft, ebenfalls zusammen mit dreien seiner Söhne, von denen einer der stellvertretende Vorarbeiter Amunhotpe war, der den Namen seines berühmten Maler-Onkels trug. Amenwa seinerseits war ein Sohn des Malers Hori; drei der bedeutendsten Umrißzeichner des Dorfes waren seine Brüder.

Es war der Bürgermeister Pawero, der die Verhaftung der acht Männer angeordnet hatte. Offenbar brachte man sie zunächst zu der Tempelfestung Ramses' III., bis man den Hohenpriester und den nicht in Theben weilenden Wesir von der Sache in Kenntnis gesetzt hatte, und verlegte sie erst dann nach Theben-Ost. Tags darauf stellte man eine detaillierte Liste der Beute aus dem Grab zusammen, überschrieben: »Das Gold, das Silber, das Kupfer sowie alles, was man bei den diebischen Nekropolenarbeitern vorfand, als man sie entdeckte und feststellte, daß sie den Platz der Schönheit geschändet hatten«. Darin war der Beuteanteil jedes einzelnen von ihnen genauestens nach Gewicht festgehalten. Man hatte herausgefunden, daß vier der acht Männer, und zwar die beiden stellvertretenden Vorarbeiter, ein Vater und ein Bruder, doppelt soviel erhalten hatten wie die anderen. Insgesamt stellte man etwas mehr als 1¾ Pfund gediegenes Gold, nahezu 8 Pfund Elektron – eine Legierung aus Gold und Silber – sowie 37½ Pfund Silber sicher; hinzu kamen beträchtliche Mengen feinen Leinenstoffs, Kleider, Öle (wohl äußerst kostbare Extrakte seltener Samen und Beeren, deren Wert außerordentlich hoch veranschlagt wurde), Gefäße aus Bronze und Ebenholz, ja sogar Teile von den Särgen der verstorbenen Königin. Noch viel mehr als das, was man sicherstellen konnte, war bereits verkauft worden oder sonstwie abhanden gekommen. Die Behörden reagierten sehr schnell, um wieder in den Besitz des Raubguts zu gelangen, dessen sich die Plünderer bereits entledigt hatten. Zwar war Theben eine volkreiche Stadt, doch man kannte einander, begegnete sich immer wieder in den gleichen Kreisen; die Wahrscheinlichkeit war daher recht groß, daß man die meisten Beutestücke wiederfinden würde. Ihre Rückgewinnung war die erste Sorge der mit der Untersuchung beauftragten Beamten, die nun alles daransetzten, den Gefangenen die Namen derer zu entlocken, die weitere Gegenstände aus dem Grab der Königin Isis erhalten hatten.

Während all dies geschah, verhielt man sich im Dorf abwartend. Im Tempel der Ma'at führten der inzwischen wieder in Theben eingetroffene Wesir und Amunhotpe, der Hohepriester Amuns, den Vorsitz über den Gerichtshof, vor dem der Fall der acht Grabplünderer verhandelt wurde. Da man bei dergleichen Untersuchungen in der Regel die Folter anwandte und die Delinquenten mit Schlägen traktierte, waren die Angeklagten rasch zu enthüllenden Aussagen bereit. Inzwischen entsandte man eine Kommission nach Theben-West, die die Sicherheitsvorkehrungen in der Nekropole prüfte. Außerdem wurde ein Verzeichnis sämtlicher Haushalte des Dorfes angelegt. Nun litten die Dorfbewohner erstmals seit Bestehen ihrer Siedlung wirklich Hunger. Zwar brachten die Diener und Hilfskräfte des Dorfes noch immer Fische und Gemüse, doch die Kornrationen blieben länger als 30 Tage aus. Die Arbeit am Königsgrab kam zum Erliegen. Unter dem Zwang des Abwartens registrierten die Dorfschreiber sorgfältig Tag für Tag, wie lange der Staat ihnen schon die Getreidezuweisungen schuldete. Nun hielten der Hohepriester und der Wesir das Dorf und seine Bewohner fest im Griff. Täglich vermerkten die Schreiber erneut: »Die Nekropolenarbeiter arbeiten nicht. Sie sind hungrig und geschwächt. Acht Gefangene verbleiben im Tempel der

Ma'at.« Jenseits des Nils hatte man »den Bürgermeister von Theben-West, Pawero, seinen Schreiber Wennenefer, den Vorarbeiter Userchepschef . . . und den Torwächter Chonsmose von der Nekropolis« mit der Suche nach den abhanden gekommenen Beutestücken beauftragt. Daß man hierzu auch zwei Männer aus dem Dorf selbst heranzog, den redegewandten Vorarbeiter und den Torwächter, geschah fraglos mit dem Hintergedanken, die beiden würden das verschwundene Grabgut leichter beibringen, wenn ihre Mitbewohner auf die Getreiderationen warten mußten und acht Verwandte von ihnen in Untersuchungshaft saßen.

Die Liste der Namen, die die Untersuchungsrichter und ihre Folterknechte aus den Gefangenen herauspreßten, ist eines der wenigen antiken Dokumente, deren Zeitansatz mit Fug und Recht zu mißtrauen ist. Denn der Schreiber datiert dieses hervorragend erhaltene Schriftstück auf den achten Tag des ersten Wintermonats. Da aber waren die acht mutmaßlichen Diebe noch auf freiem Fuß und wurden in den Listen der Kornzuteilungen noch nicht als »Gefangene« geführt. An ebendiesem Tag nämlich hatten sich Amenwa und sein Sohn, der stellvertretende Vorarbeiter Amunhotpe, als freie Männer nach Theben begeben, um in eigener Sache an einer Gerichtsverhandlung in der Säulenhalle des Amunstempels teilzunehmen; es ging dabei um den Wert irgendwelcher Leinenstoffe und eines Sacks voll Korn, und das Urteil fiel zu ihren Ungunsten aus. Fügen wir jedoch der Zeitangabe des Schreibers einen einzigen Strich hinzu, kommen wir auf den achten Tag des zweiten Wintermonats – den 31. Oktober 1107 v. Chr. –, und damals befanden sich die acht Dorfbewohner schon 24 Tage im Kornspeicher des Tempels der Ma'at in Haft. Und dies dürfte genau der richtige Zeitpunkt dafür gewesen sein, die Namensliste zu vervollständigen für die saubere Endfassung des Verzeichnisses der Diebesbeute – nur eine Woche bevor die ersten Listen der erstatteten Wertgegenstände herauskamen.

Sowohl die Liste der Geschäfte, die die Räuber mit ihrer Beute gemacht hatten, als auch das Verzeichnis der zurückgewonnenen Gegenstände zeigen, wie tief alle Bevölkerungsschichten Thebens in den Grabräuberskandal verwickelt waren. Die Aufzählung der Personen reicht von der Dame Tami, der Gattin des Vierten Propheten Amuns, die einer der vornehmsten Familien Thebens angehörte und von Amenwas Sohn Hori 10 *Deben* Kupfer erhalten hatte, bis zu einem »Krüppel, der im Tempel Ramses' I. wohnte«; ihm hatte Hori 6 *Deben* Kupfer überlassen. Insgesamt leisteten die Grabräuber nicht weniger als 36 Zahlungen an Beamte des Amunstempels und noch mehr an Würdenträger der fünf königlichen Totentempel in Theben-West, unter ihnen Priester der Tempelfestung Ramses' III. Die Empfänger weiterer 14 Beträge waren Tempelpriester von außerhalb Thebens, und ein Schiffsführer namens Efenamun, der sie vermutlich bei ihren »Geschäftsreisen« nilauf- und nilabwärts beförderte, erhielt Geldzuwendungen von seiten mehrerer Bandenmitglieder. Als Mitwisser aus dem Dorf, die Beuteanteile bekommen hatten, waren 14 Personen benannt worden; zu ihnen zählten sowohl Familienangehörige der Räuber als auch nahe Verwandte des Vorarbeiters Userchepschef, der der Kommission des Wesirs beim Wiedereinsammeln der Beute helfen mußte, und sogar ein Enkelkind der Naunacht, jener Frau, die fast 100 Jahre zuvor als Zwölfjährige den Schreiber Kenhirchopschef geheiratet hatte. Kleinere Beträge waren an Diener und Sklaven von Priestern und Beamten gegangen, ferner an Barbiere, Waschfrauen und Wasserträger.

Was tat man in Theben elf Jahrhunderte vor Christi Geburt, wenn man plötzlich eine Summe zu verprassen hatte, die einem Arbeitslohn von 25 Jahren entsprach? Oder gar, wie die Kolonnenführer, doppelt soviel? Wenn man aus dem Dorf kam und so großen Hunger wie die Grabräuber hatte, kaufte man wohl Nahrungsmittel, und wie zu erwarten, stehen Lebensmittelhändler ziemlich weit oben auf der Liste der Beute-Empfänger. Allerdings war Nahrung im allgemeinen billiger als Luxusgüter, und daher bilden die Ausgaben für sie nur einen verhältnismäßig geringen Teil des Erlöses aus dem Plünderungsgut. Von den Zahlungen aus der Beute-Masse dienten 14 unmittelbar dem Erwerb von Speise und Trank; wahrscheinlich bezogen sich andere Geldleistungen, etwa an Bierbrauer, Ölsieder, Bäcker, Fischer und Schafhirten, ebenfalls auf den Kauf von Nahrungsmitteln. Auch Wächter von Kornspeichern wurden mit klingender Münze bedacht, und es ist denkbar, daß die ungefähr 50 *Deben,* die an verschiedene Beamte verteilt wurden, Schmiergelder waren, die den Grabräubern die Entnahme von Getreide aus den staatlichen Speicherhäusern ermöglichen sollten; bei späteren Prozessen in Theben wurden solche Bestechungen des öfteren gestanden.

Die Geständnisse sämtlicher Grabräuber ähnelten einander in Inhalt und Umfang. Keiner hatte mehr Beuteanteile durchgebracht als die anderen, alle hatten sie sich mehr oder weniger die gleichen Gefälligkeiten und Güter erkauft. Auf uns machen die Wünsche dieser Menschen einen recht bescheidenen Eindruck; man erstand schöne Kleider, legte sich neue Sandalen zu, leistete sich mit aromatischen Ölen gewürztes Mehl oder ein gutes Bier. Und zu dem Personenkreis, von dem sie all dies einhandelten, gehörten Angehörige der obersten wie der untersten Bevölkerungsschichten Thebens. Thebanische Landpächter oder Bauern erscheinen auf der Liste nicht; ausschließlich die Stadtbevölkerung war es, bei der die Grabräuber ihre Beute loswurden. Es gab indessen noch eine zweite Bevölkerungsgruppe, die sich am Grabraub bereicherte, ja sogar den Löwenanteil daraus bezog. Gemeint sind Kaufleute aus Nordägypten, die nicht nur mit Kupfer, sondern auch mit jeweils kleinen Mengen von gestohlenem Gold und Silber handelten; in diesem Punkt unterschieden sie sich von den Thebanern. Leider erfahren wir aus den offiziellen Listen nicht, welche Gegenleistungen die Grabschänder von diesen fahrenden Hehlern erhielten, denen sie allein 214 *Deben* Kupfer überließen – fast ein Fünftel der gesamten Beute! So gründlich gingen die Untersuchungsbeamten bei ihrer Suche nach den verschollenen Grabschätzen vor, daß sie schließlich sogar etwas größere Mengen an Gold, Silber und Kupfer sicherstellten, als die Räuber eingestanden hatten, in Umlauf gebracht zu haben. Sicherlich gaben viele »Kunden« der Räuber ihren Anteil freiwillig heraus; auf manche Ansammlungen geraubten Grabguts stieß man jedoch möglicherweise erst bei Haussuchungen.

Schließlich waren 37 Tage seit der Verhaftung der acht Männer vergangen. Alle hatten gestanden, und die Metalle, die feinen Stoffe und das kostbare Mobiliar aus dem Grab der Königin Isis waren wiederaufgetaucht. Der Wesir und der Hohepriester benachrichtigten den Bürgermeister Pawero und luden ihn samt seinen Beamten in die große Säulenhalle des Amunstempels. Dort stand der Wesir in der Düsternis des gewaltigen Baues, vor ihm die zerknirschten acht Sünder, die schimmernden Schätze aus dem Grab der Königin sowie die Untersuchungsbeamten aus dem Tempel der Ma'at. Zu Pawero gewandt sprach der Wesir: »Hier sind die Gefangenen. Ich gebe sie alle acht in deine Hand!« Amunhotpe aber, der Hohepriester, deutete auf das Silber, das Gold, die Kleider, das Kupfer, die Öle und alles andere, was man bei den Dieben selbst oder bei den von ihnen genannten Personen gefunden hatte, und sprach zu Pawero und seinen Leuten: »Bringe sie zur Tempelfestung des Königs Ramses, schließe sie dort in ein Speicherhaus ein und versiegle es mit deinem Siegel.« Daraufhin brachte man die acht Männer wieder zurück ans Westufer, wo sie von den Zinnen und Mauern der Tempelfestung Ramses' III. aus ihr Dorf und seinen Höhenfriedhof sehen konnten. Drei Tage später fanden hier neue Verhöre statt. Diesmal mußten die Frauen der Räuber die peinlichen Fragen der Untersuchungsbeamten über sich ergehen lassen, und es ist anzunehmen, daß man mit ihnen kaum sanfter umsprang als zuvor mit ihren Männern. Nun stellte man auch die endgültigen Beutelisten für die Tempelarchive zusammen. »Erhalten vom Tempel der Ma'at in Theben das den diebischen Arbeitern abgenommene Gold«, »Den Händlern abgenommen«, »Abgenommen den Leuten in Theben und Theben-West« – so begannen die Inventare. Als die Untersuchungen abgeschlossen waren, hatte man jeden Kaufmann gefunden, jeden Ölsieder, jeden Tempelweber ausfindig gemacht, der mit den Grabräubern in Verbindung gestanden hatte. Man hatte all ihre Häuser durchsucht und langsam, aber sicher alles, was gestohlen war, wiedergefunden. Die Kommission, der diese Aufgabe oblag, hatte rasche und gründliche Arbeit geleistet. Allerdings gehörten ihr auch zwei ranghöhere Nekropolenarbeiter an, für die der Ansporn besonders groß gewesen sein muß. Denn das Dorf litt jetzt großen Hunger. Mehr als 40 Tage waren seit der letzten Kornlieferung ins Land gegangen.

Doch der Wesir reiste wieder ab, offenkundig ohne Befehl erteilt zu haben, den Getreidenachschub an die Gräbermacher wiederaufzunehmen. Man darbte also weiter, wie man zur Zeit der Haussuchungen und während des Prozesses gegen die acht Männer gedarbt hatte. Erst drei Wochen später kam der Wesir wieder nach Theben zurück. Voller Verzweiflung zogen die Dorfbewohner nach Theben-Ost hinüber, um ihn zu begrüßen. »Laß uns gehen«, so baten sie ihn. Was er antwortete, wissen wir nicht, da der betreffende Text hier abbricht. Wir erfahren jedoch aus anderer Quelle, daß der Wesir den hungernden Dörflern Lebensmittel zuwies, denn die Wesirbeamten hießen sie, auf ihr Boot zu gehen und 1000 Tempel-Opferbrote mitzunehmen, die dort gestapelt lagen. Dies war das erste Brot, das die Gräbermacher nach fast anderthalb Monaten sahen. Doch der Wesir hatte die Lektion noch nicht beendet, die er den Nekropolenarbeitern zu erteilen gedachte, blieben doch selbst nach dieser Audienz die Getreidelieferungen für das Dorf weiterhin aus, und die Arbeitskolonnen waren nach wie vor unfähig, am Großen Platz ihre Arbeit zu tun. Eine Woche später rief man dann sämtliche Dorfbewohner am Platz der Schönheit zusammen, und der Wesir, der Bürgermeister von Theben und ein hoher Hofbeamter beaufsichtigten die Entfernung der Siegel an der Pforte des Grabes der Königin Isis. Nun konnte man sich endlich mit eigenen Augen überzeugen. Im Grabesinneren war der riesige Sarkophag aus rosa Granit in Stücke geschlagen, die Grabkammer aufgebrochen und geplündert. Wie der Wesir auf diesen Anblick reagierte, ist nicht überliefert. Man kann sich vorstellen, daß es für die Dorfbewohner zutiefst beschämend war, diese Verwüstung sehen zu müssen. Selbst heute noch empfindet man den schwarz verräucherten, aufgebrochenen Gang und den zerschmetterten Sarkophag in der engen Grabkammer als traurige Zeugen barbarischer Zerstörungswut.

Folgt man dem Geständnis, das der Dieb Nachtamun, Vetter des Schreibers Harschire, ablegte, dann waren es die beiden Väter unter den acht Grabräubern, die ihre sechs Söhne zu der Tat angestiftet hatten. »›Geht und höhlt die Felswand [über dem Grab] aus‹, so sprachen sie, und wir kletterten in das Grab hinab.« Die Einbrecher bedienten sich des alten Tricks, von der Rückseite her in die Grabkammer einzudringen. Dadurch war der Wesir, als er ein Jahr zuvor das Grab inspizierte, in die Irre geführt worden, und tatsächlich dauerte es lange, bis die thebanischen Behörden solchen Machenschaften auf die Schliche kamen, und noch mehr Zeit brauchten sie, bis sie imstande waren, dergleichen zu unterbinden.

Am Tag nach dem Lokaltermin im Grab der Königin Isis bestellte der Wesir den Vorarbeiter Nechenmut zu sich und teilte ihm mit, die Dorfbewohner würden, allerdings nur als einmalige Zuwendung, eine doppelte Getreideration erhalten. Dann wünschte er die Anwesenheitslisten der Arbeiter am Großen Platz zu sehen, und nachdem er so erneut bekräftigt hatte, daß seine Hand auf dem Dorf lag, sollten sich die Arbeiter, die sich schuldig gemacht hatten, schnurstracks wieder an ihr Werk begeben. Doch Nechenmut, obwohl dem Namen nach noch immer Vorarbeiter, hatte sich schon lange zur Ruhe gesetzt; es war sein Sohn Userchepschef, der die Bauarbeiten leitete. Die Aufzeichnungen, so erklärte Nechenmut dem Wesir, befänden sich bei den Vorarbeitern und bei dem Zeichner Amunhotpe, die bereits am Großen Platz arbeiteten. Als die versprochene Kornlieferung nach zwei Tagen noch immer nicht im Dorf eingetroffen war, baten die Arbeiter den Wesir abermals um Essen. Und diesmal endlich hatte der Wesir allem Anschein nach Mitleid mit den Dorfbewohnern und verzieh ihnen ihr Verbrechen. »Ihr habt recht, ihr Arbeiter der Nekropole«, sprach er zu den Dorfbewohnern. »Ich sage nicht, daß ihr unrecht habt, o meine Brüder!« Hier bricht wiederum der Text ab, aber wir dürfen wohl annehmen, daß von nun an das Leben im Dorf wieder seinen gewohnten Gang ging.

Nichts jedoch konnte wieder ganz so sein wie vorher. Unverändert war nach wie vor nur, daß der König ein Grab brauchte. Und zwei Jahre nach dem Grabräuberprozeß starb Ramses IX., bevor seine letzte Ruhestätte fertig war. Die Malereien darin sind von miserabler Qualität. Die großen Umrißzeichner waren nicht mehr am Werk. Der letzte Vertreter ihrer Kunst, Amunhotpe, war zu alt. Immerhin kann man sich des Eindrucks nicht erwehren, daß die Szenen der Wandbilder, sowenig man sie als Meisterwerke ansprechen kann, die schrecklichen Tage der Verhöre und des Hungers widerspiegeln. Es sind spröde, herausgeputzte Darstellungen einer Auferstehung, die nichts Glückhaftes hat. Der König steigt aus einer arg heruntergekommenen Hölle zu den Göttern empor, um bei Sonnenaufgang mit ihnen eins zu werden.

Hunger

Keiner der gestohlenen Schätze, die die Behörden wieder ans
Tageslicht förderten, wurde je wieder in das Grab gebracht,
aus dem er genommen worden war. Geschändete Grabstätten brachte man in der Regel nur notdürftig in Ordnung.
Beschädigte Mumien wickelte man wieder in Leichentücher,
packte sie vielleicht ehrfurchtsvoll in Holzsärge und bettete
sie erneut in ihre Gräber, mit bescheidenen Opfergaben –
Blumen und Früchten – zu ihren Füßen. All das Gold und
Silber, die Kupferkannen, die feinen Stoffe und das Mobiliar, das man den Toten einst mit ins Grab gegeben hatte, als
man sie bestattete, erhielten sie nie zurück. Grabräuberei war
zu weit verbreitet, als daß man sie auszumerzen vermochte;
so »verwalteten« Thebens Behörden den Mißstand, indem
sie den Dieben die Beute abnahmen und in ihrem eigenen
Schatzamt verwahrten.

In den erhaltenen Aufzeichnungen über den Grabräuberprozeß gibt es nur einen unzweideutigen Hinweis auf die Art
und Weise, in der anständige Thebaner ihren Toten Ehre
erwiesen. Als der Bürgermeister Paser nach seinem erfolg-
losen Versuch, eine Kampagne gegen die Grabräuberei in
Theben-West in Gang zu setzen, von den Dorfbewohnern
verspottet wurde, erwiderte er entrüstet, die Kommission
habe doch das Grab des Königs Sebekemsaf II. geplündert
gefunden, »eines großen Herrschers, der zehn Denkmäler für
Amun-Re, den König der Götter, schuf«. Mit anderen
Worten: Daß des Königs Grab ausgeraubt wurde, war für
Paser deshalb so schlimm, weil der Herrscher ein gottes-
fürchtiger Mann gewesen war, der für die Götter Thebens
Bauwerke errichtet hatte. Durch die Plünderung seines Grabes war ihm eine Schmach widerfahren, die Sühne verlangte.
An den Gedanken, daß die Grabschändung ja auch eine
Unterbrechung der ständigen Reisen des toten Königs durch
die Unterwelt bedeutete, scheinen die Thebaner hingegen
nicht allzuviel Zeit verschwendet zu haben. Wenn die Pha-

raonen erst einmal mit dem gebührenden Ritual zu Grabe getragen worden waren, hatten sie für alle Ewigkeit den ihnen gebührenden Platz im Jenseits. Zwar galt das Eindringen in ihre letzten Ruhestätten als Staatsverbrechen, das von des Königs höchsten Beamten zu untersuchen und abzuurteilen war, doch hatte die Ausraubung eines Königsgrabes nicht die kosmischen Konsequenzen, wie sie die Beisetzung eines Königs nach sich zog. In der Tat ging es denen, die derartige Räubereien untersuchten, zuallererst um die Erstattung des gestohlenen Eigentums. Einen Toten zu berauben war genau dasselbe, wie wenn man einen Lebenden bestahl.

Niemand weiß, wie es den acht Nekropolenarbeitern weiter erging. Selbstverständlich verschwanden sie nach ihrer Inhaftierung in der Tempelfestung Ramses' III. zu Medinet Habu aus den Aufzeichnungen, die über das Leben im Dorf berichten, und tauchten dort auch nie wieder auf. Wahrscheinlich bestrafte man sie nicht sofort, und es muß auch nicht die Todesstrafe gewesen sein, die man über sie verhängte. Auch die drei Männer, denen man ursprünglich die Plünderung des Grabes der Königin Isis angelastet hatte, waren zumindest zwei Jahre nach ihrem Geständnis noch am Leben, wenn auch vermutlich im Gefängnis. Überhaupt besteht keinerlei Grund zu der Annahme, daß ein ganz bestimmtes Strafmaß für Grabraub oder irgendein anderes Vergehen festgesetzt gewesen sei; es hat den Anschein, als habe man in Theben weder eine abgestufte Bestrafung noch ein verbindliches Gesetzbuch gekannt. Nur die sich seltsam modern ausnehmende Verfahrensprozedur blieb konstant. Dennoch begann 30 Jahre nach der Plünderung des Isis-Grabes ein anderer Angeklagter, dem man Grabraub vorwarf, seine Verteidigung damit, daß er auf das Schicksal der früheren Grabräuber hinwies. »Ich sah die Strafe, die man zur Zeit des Wesirs Chaemwese über die Diebe verhängte. Ist es denn wahrscheinlich, daß ich einen solchen Tod riskieren wollte?« Diese Äußerung setzt voraus, daß die Todesstrafe verhängt wurde; allerdings wissen wir nicht, wie man die Hinrichtung vollzog. 40 Jahre früher hatten die Verschwörer, die es auf das Leben Ramses' III. abgesehen hatten, die Aufforderung erhalten, Selbstmord zu begehen. Damals aber waren es Königinnen und Höflinge gewesen, nicht bloße Maler und Steinmetzen. Die unklare Formulierung »am Holz«, die man neben körperlicher Verstümmelung und Schlägen erwähnte, wenn man schwor, keinen Meineid zu begehen, kann sich ebenso darauf beziehen, daß man den zum Tod Verurteilten an einem Pfahl zu Tode steinigte. In aller Regel aber waren die Thebaner nicht brutal und neigten auch nicht zur öffentlichen Zurschaustellung von Brutalität.

Fest steht eines: Nach Hause oder zum Großen Platz kehrten die acht Diebe nicht zurück. Vielleicht nahm man im Dorf sogar noch umfangreichere »Säuberungsaktionen« vor. Denn keiner der Dorfoberen erscheint fortan mehr in den überlieferten Aufzeichnungen. Dies gilt gleichermaßen für den Schreiber Harschire, die beiden Vorarbeiter Hormose und Nechenmut sowie Nechenmuts Sohn, den diensthabenden Vorarbeiter Userchepschef, der ein Jahr zuvor noch dem Bürgermeister Paser ins Gesicht gelacht hatte. Ebenso, wie es 60 Jahre vorher nach dem Sturz Panebs Unklarheiten hinsichtlich der Nachfolge bei den Dorfoberen gegeben hatte, wissen wir nur wenig über die beiden Männer, die nun zu Vorarbeitern ernannt wurden. Doch die Überzeugung, leitende Ämter müßten vererbt werden, war so tief verwurzelt, daß nach nur einer Generation die beiden Posten wieder von Angehörigen jener Familien bekleidet waren, die sie früher innegehabt hatten, und auch die Ämter der beiden stellvertretenden Vorarbeiter an die Familien der Grabräuber zurückkehrten. Ebenso trat Chaemhedschet, der Sohn des Schreibers Harschire, die Nachfolge seines Vaters als Oberschreiber an; da er jedoch bereits vor dem Grabräuberskandal einen Teil der Aufgaben seines Vaters übernommen hatte, darf man wohl vermuten, daß der alte Schreiber keines gewaltsamen Todes starb, sondern einfach an Altersschwäche und Gram.

Die Dorfbewohner, die ihn überlebten, waren arm geworden, und auch das Leben in Theben war nicht mehr so leicht wie einst. So gut wie jede Bautätigkeit in den Tempeln kam zum Erliegen – ein zuverlässiges Indiz dafür, wie schlecht es um die Wirtschaft Thebens bestellt war. Selbst der Hohepriester Amunhotpe wohnte in einem bescheidenen Haus aus Schlammziegeln inmitten einer Gruppe alter Bauten neben dem heiligen Teich des Tempels. Ein Teil seiner Behausung befand sich innerhalb einer Kapelle aus Alabaster und Sandstein, die 500 Jahre vorher zu den Festzeiten den großen Gott selbst beherbergt hatte. An einer dieser altehrwürdigen Kapellenwände ließ Amunhotpe ein Relief anbringen, das ihn zeigt, wie er von Ramses IX. das Ehrengold empfängt, eine hohe Auszeichnung in Form eines goldenen Halskragens. Neben zwei kleinen Szenen an den nahezu gleich alten Mauern im Hof des Tempels der Ma'at ist dies fast das einzige Denkmal, das an seine Amtszeit erinnert.

Die Dorfbewohner begannen nun rasch mit der Arbeit am Grab von Ramses' IX. Nachfolger, seinem Sohn Ramses X. Gemäß der Bautradition am Großen Platz war jedes Königsgrab ein wenig größer – etwa um 5 Prozent – als das Vorgängergrab, so daß die jüngsten Gräber bereits beachtliche Ausmaße angenommen hatten. Da jedoch die beiden Arbeitskolonnen, die nun jeweils 20 Mann stark waren, im gleichen Tempo arbeiteten wie zuvor, kam man mit den riesigen Grabbauten nur noch langsam voran. Im dritten Regierungsjahr des neuen Herrschers waren wieder die Gipser, Reliefbildhauer und Maler aufgerufen. An den Wänden des mächtigen Torgangs, der zur Tür des Grabes emporführte und dessen Höhe vom Boden bis zum oberen Rand seines Frieses fast 8 Meter betrug, prangten bald leuchtendfarbige Reliefs mit den üblichen Szenen. Im Grabesinneren vollendeten die Umrißzeichner ihr Werk in den obersten Gängen, und die Reliefbildhauer meißelten die vorgezeichneten Umrisse der Könige und Götter aus der Wand. Für die Zeit von ungefähr fünf Monaten in diesem dritten Regierungsjahr liegen uns noch vollständige Aufzeichnungen über die geleisteten Arbeiten vor. Ihnen können wir entnehmen, daß die Männer während dieser Frist von 150 Tagen an gerade 36 Tagen arbeiteten. Dies bedeutet gegenüber der Regierungszeit Ramses' III. einen Rückgang der Arbeitsleistung um mehr als 10 Prozent. Mag sein, daß eine besonders große Anzahl von Festen für einen Teil dieser Minderarbeit verantwortlich war; andererseits eignen sich gerade die knapp fünf Monate von Mitte November bis Anfang April mit ihrem prickelnden Klima zum Arbeiten in Theben am besten, sind sie doch kühler und frischer als der Sommer mit seiner drükkenden Hitze. Bezeichnenderweise arbeitete man vor allem in den ersten Monatshälften, wenn man die Getreidelieferungen erhalten hatte. Noch bezeichnender aber ist, daß sich durch das gesamte Arbeitstagebuch wie ein dunkler Unterton die Sorge um das tägliche Brot zieht; so nehmen Aufzeichnungen über die Kornrationen und ihre Lieferung einen breiteren Raum ein als Notizen über die geleistete Arbeit.

Gewiß, die Kornrationen wurden laut den Eintragungen stets pünktlich in den letzten zwei bis drei Tagen eines jeden Monats geliefert. Doch die Dorfbewohner wurden die Angst nicht los, daß sie wieder ausbleiben könnten; daher setzten sie oft über den Nil, um sich im Amunstempel nach ihrem Verbleib zu erkundigen. »Vierter Wintermonat, siebenundzwanzigster Tag. Die Männer arbeiteten nicht. Zwei Torwächter wurden nach Theben entsandt, um nach den Lebensmitteln zu fragen.« Manchmal zogen sogar sämtliche Arbeiter zum Amunstempel und blieben dort über Nacht, bis am anderen Morgen die Getreidemagazine für sie geöffnet wurden. »Zweiter Sommermonat, achtundzwanzigster Tag ––– Die Arbeiter fuhren in einem Boot nach Theben und verbrachten dort die Nacht––– ›Unsere Zuteilungen sind noch nicht gekommen [sprachen sie zum Hohenpriester Amunhotpe], und wir sind die Nacht über hiergeblieben...‹« Damals war der Hohepriester selbst so knapp an Vorräten, daß er für die Männer kein Getreide mehr übrig hatte; dies sagte er ihnen auch. Daraufhin holte man den Bevollmächtigten des Wesirs in Theben, der bei dem Hohenpriester erschien und die Gräbermacher ermächtigte, ihre Rationen unmittelbar aus den königlichen Kornspeichern zu beziehen. Bei anderer Gelegenheit, nur zwei Tage nachdem sie ihre Zuteilung erhalten hatten, finden wir die Männer ebenfalls nicht am Großen Platz, sondern bei der Arbeit am

Grab des Pentahetnacht, jenes Mannes aus dem Dorf, der als Schreiber im Amunstempel tätig war. Wieder ein anderes Mal, als der Vertreter des Wesirs ihnen erneut zu ihren Getreiderationen verholfen hatte, versprachen sie seinem Schreiber Geschenke: zwei dekorierte Laden und einen Satz Schreibzeug. Kunsttischler zimmerten die beiden Truhen, bei einem Goldschmied kaufte man die kleinen Mengen Silber und Gold für die Einlegearbeiten, und am 27. Tag des Monats, drei Tage bevor die nächste Lieferung fällig wurde, sandte man diese Geschenke nach Theben-Ost. Diesmal erhielten die Dorfbewohner ihre Zuteilungen genau am Ersten. Am Zweiten waren sie schon wieder in Theben, um ein zweitägiges Fest zu feiern.

Doch die Nekropolenarbeiter bezogen nicht nur Kornrationen, sondern erhielten auch viermal im Monat Fische von den im Dienst des Dorfes stehenden Fischern. Da fast im gleichen Zeittakt auch Feuerholz geliefert wurde, liegt der Gedanke nahe, daß die Gräbermacher dann abends beisammensaßen, miteinander schwatzten, tranken und über runden Kohlenbecken aus Ton an hölzernen Spießen frische Nilfische brieten. Doch wahrscheinlich ist diese Vorstellung zu gemütvoll. Denn ohne ihren Fisch, von dem jeder einzelne Haushalt im Dorf seinen sorgfältig abgewogenen Anteil erhielt, hätten die Arbeiter sicherlich Hunger gelitten. Allem Anschein nach waren die Kornzuteilungen so weit zurückgegangen, daß die Dorfbewohner den allmonatlichen Nachschub mit vor Hunger und Entbehrung glänzenden Augen erwarteten. Vielleicht ist es auf diese unzulänglichen Rationen zurückzuführen, daß sie während der beiden letzten Wintermonate und in der ersten Hälfte des ersten Frühlingsmonats – von Mitte November 1103 v. Chr. bis Ende Januar des folgenden Jahres – überhaupt nicht mehr arbeiteten. Denn damals lieferten auch die Fischer nur sehr geringfügige Mengen Fisch; dies mag mit dem Zustand ihrer Boote zu tun gehabt haben, die zu diesem Zeitpunkt, wie wir den schriftlichen Aufzeichnungen aus dem Dorf entnehmen, vom Hohenpriester einer Inspektion unterworfen wurden. Zu Beginn des ersten Sommermonats, nur vier Tage nach dem Empfang ihrer Rationen, hatten die Leute schon wieder ihre Arbeit niedergelegt. Wie einst in besseren Zeiten der Polizeihauptmann Mentmose, so war es auch jetzt ein Angehöriger der Sicherheitsstreitkräfte, der sie zum Protest anstachelte, und alle zusammen marschierten zu einem der Tempel, sehr zum Unwillen des Hohenpriesters. »Ich werde ihnen sagen, daß sie zu arbeiten haben«, soll er über die Streikenden bemerkt haben, woraus deutlich wird, in wessen Hand sich nun die Dörfler befanden.

Ramses X. starb nach neunjähriger Regierungszeit und wurde vermutlich in dem riesigen Grab, das die Nekropolenarbeiter geschaffen hatten, auch tatsächlich bestattet. Heute liegt es in Trümmern, mit Flutablagerungen gefüllt, und niemand hat je die Grabkammer gesehen. Der zerstörte Grabgang ist das einzige Baudenkmal, das aus Ramses' X. Regierungszeit übriggeblieben ist. Die Künstler, die seine Ausschmückung besorgten, waren so wenig daran gewöhnt, den Namen des Königs in monumentalen Hieroglyphen zu schreiben, daß sie zuerst experimentieren mußten, bis sie die richtige Verteilung der einzelnen Zeichen innerhalb der königlichen Namenskartuschen herausgefunden hatten.

Diese künstlerische Verarmung, die nun um sich griff, zeichnete sich auch im Dorf selbst ab. Hier hatte schon ein Jahrzehnt zuvor der Schreiber Chaemhedschet den Sarg seines Vaters Harschire schlichtweg in der alten Familiengruft aufgestellt, die sein Großvater Amunnacht hatte anlegen lassen. Zur Kapelle für den Totenkult seines Vaters und seiner selbst widmete er einfach eine alte Kapelle des Dorffriedhofs um, indem er zwischen deren Wanddekoration ihrer beider Namen kritzelte. Es war eine der beiden Kapellen, die ein am Grab Ramses' II. tätiger Künstler erbaut hatte. Zur Zeit Chaemhedschets errichtete sich hier niemand mehr Kapellen für den privaten Totenkult.

Der Niedergang der »Südstadt« war der Tiefpunkt einer Entwicklung, die so langsam vor sich gegangen war, daß man sie kaum wahrgenommen hatte. Im Lauf der vergangenen zwei Jahrhunderte waren die mächtigen Seen im Herzen Afrikas, aus denen sich der Nil speiste, allmählich geschrumpft. Jahr für Jahr drang die Nilüberschwemmung etwas weniger weit vor, und das bebaubare Land wurde knapper. Nach und nach verringerten sich die jährlichen Erträge der Felder. Eines der ersten unübersehbaren Anzeichen für diesen Prozeß war bereits unter Merneptah zu beobachten. Zwar gab es damals noch überreiche Ernten, doch ein Palast im Deltagebiet, der unmittelbar an einem der Nilarme gelegen hatte, befand sich plötzlich mitten in trockenem Land, und man mußte einen neuen bauen, der nun an einem tieferen Wasserlauf lag. Ein Jahrhundert später, zur Zeit Ramses' X., war ganz Unternubien, seit langem Ägyptens südlichste Provinz und eine Quelle großen Reichtums für Theben, im Begriff auszutrocknen. Es war das Vorspiel zu einer tausendjährigen Dürre in dieser Region. Wohl zeigte sich Theben noch immer so grün wie eh und je; mit den sprichwörtlichen Getreidereserven indessen, dem biblischen »Korn wie Sand am Meer« des Buches Genesis, war es vorbei. Nun lebte die Bevölkerung vom einen Jahr zum anderen, und jede Störung in der Lebensmittelversorgung, aufgrund einer Unregelmäßigkeit im Verteilungssystem oder einer schwächer ausgefallenen Nilüberschwemmung, bedeutete für die Thebaner Mangel.

Den Tempelpriestern und den Verwaltungsbeamten muß es erschienen sein, als stellten die Götter die Stadt auf eine harte Zerreißprobe, ja als sei das Ende der Zeiten gekommen. Und etwa im 9. Jahr König Ramses' XI. verlor der Hohepriester Amunhotpe seine gesamte Autorität. Eine plötzliche Aufwallung von Anarchie erfaßte die Stadt.

In derart gewalttätigen Zeiten setzt man sich für gewöhnlich nicht hin und schreibt nieder, was geschieht, und der archäologische Befund, entweder Zerstörungsspuren oder gar das Fehlen jeglicher Spuren, verrät uns nichts über das, was einst in den Menschen vorgegangen ist. Doch bei den Thebanern blieb die Erinnerung an diese schrecklichen Monate außerordentlich lebendig, und ihre kurzen Aufzeichnungen darüber sprechen Bände. Beispielsweise äußerte noch zehn Jahre später eine Frau, in den Tagen, als Anarchie in Theben herrschte, habe sie Klumpen von Datteln aus dem Palmenhain der Familie gegen Sklaven eingetauscht. Eine andere Frau berichtete, sie habe sich Sklaven gekauft »gegen Gerste im Jahr der Hyänen, als es eine Hungersnot gab«. Und eine Räuberbande, die damals ihr Unwesen trieb, trug den vielsagenden Namen »Männer, die etwas gefunden haben, das sich gegen Brot verkaufen läßt«. In der Umgangssprache der Diebe war »Brot« auch ein Deckname für Beute. So modern uns dies erscheinen mag – auch die Thebaner jener Tage drückten sich schon recht unbefangen aus.

Trotz der sich mehrenden Anzeichen des nahen Chaos glaubten manche noch immer, durch fromme Werke die Schrecken bannen zu können und zu bewirken, daß die Ordnung der Götter und des Pharaos in der »Südstadt« die Oberhand gewinne. Solche Gefühle äußerte ein Vater, dessen Sohn Mitglied einer Räuberbande geworden war. Er warf den Räubern vor, sie hätten »eine Schlinge um den Hals des Jungen gelegt«. Doch der Bandenführer, ein gewisser Amunchau, machte ihm mit brutaler Deutlichkeit die Grenzen seines Einflusses klar. »O du schlotternder Alter, schlimm für deine alten Tage! Wenn sie dich umbringen und ins Wasser werfen, wer kümmert sich dann um dich?« Amunchau und seine Bande hatten Gräber geplündert und sich, wie sich die Witwe eines der Männer später erinnerte, darüber zerstritten. »Sie teilten die Menge der [geraubten] Schätze in vier Teile — — — und ich erhielt den Anteil meines Ehemannes und legte ihn in meiner Vorratskammer beiseite; nur etwas von dem Silber nahm ich und kaufte dafür Getreide. Und als ein paar Tage vergangen waren, kam Amunchau — — — mit dem Schreiber der Tempelkanzlei Nesamun, und sie sagten zu mir: ›Gib den Schatz heraus.‹ Und [bei ihnen] – – – war mein Bruder. Aber ich sagte zu ihnen ganz mutig: ›Mein Bruder wird nicht zulassen, daß ich belästigt werde‹, und Amunchau gab mir mit einem Speer einen Schlag auf den Arm, und ich stürzte. Dann stand ich auf und ging in die Vorratskammer, holte das Silber und gab es ihm zusammen mit zwei *Deben* Gold und den beiden Siegeln, dem aus Lapislazuli und dem aus Türkis; an ihren Fassungen war gediegenes Gold im Gewicht von sechs *Kite*.«

Hunger suchte nun die »Südstadt« heim. Der Hohepriester war nicht mehr Herr der Lage; wahrscheinlich konnte er nicht einmal mehr seine eigenen Beamten mit Lebensmitteln versorgen. Seine Macht in Oberägypten war dahin. Aus seinem Haus am Amunstempel richtete er einen Appell an den König. Doch Ramses XI. war entweder unentschlossen oder nicht imstande, aus den Garnisonen im Deltagebiet Truppen nach Theben zu entsenden. Statt dessen schickte er den Vizekönig von Nubien (Kusch), Panhesi, nach Oberägypten, damit er dort mit Waffengewalt Ruhe und Ordnung wiederherstelle. Jahre später erinnerte sich ein Hirte, der damals in die Sklaverei verkauft worden war, an das Eintreffen des Vizekönigs und seiner nubischen Truppen auf dem Westufer: »Die fremden Truppen kamen und nahmen die Tempelfestung Ramses' III. ein, während ich ein paar Esel hütete, die meinem Vater gehörten. Und Peheti, einer der Fremden, ergriff mich und nahm mich mit sich – – – [dies war], als Amunhotpe, der Hoherpriester Amuns war, sechs Monate lang entmachtet war.« Zusammen mit vielen anderen war der Eselshirt von der nubischen Armee gefangengenommen und auf deren dreimonatigem Feldzug zur Befriedung des Niltals mitgeschleppt worden.

Bevor Panhesis Truppen anrückten, hatten die Beamten des Bürgermeisters Pawero hilflos zusehen müssen, wie Plündererbanden in die altehrwürdigen Gebäude eindrangen, Gold von den Wänden kratzten, Kupfer von Türen und Statuen rissen und auch die Vergoldung der Götterschreine raubten. Als dann nur noch das Holz der Tempelausstattung übrig war, zerschlugen wieder andere die kostbaren Zedernplanken in Stücke, um daraus Bau- oder Feuerholz zu machen, und trugen sie fort. Wenn man je sagen konnte, daß das alte Ägypten am Ende war, dann damals im Jahr 1088 v. Chr., als man Thebens Tempel binnen kürzester Frist ihrer Kostbarkeiten beraubte. Zwar blieben diese Tempel noch über ein Jahrtausend lang als heilige Stätten des Kults in Gebrauch und Ansehen; doch man hatte ihnen mit dem Gold, Stiftung ihrer königlichen Erbauer, gleichsam die Haut abgezogen, und ihre eigenen Priester hatten dieses Zerstörungswerk verübt.

Diesmal scheinen die Gräbermacher und ihre Familien nicht in die Plünderungen verwickelt gewesen zu sein, die sich nur über einen verhältnismäßig kurzen Zeitraum erstreckten. Wohl hatten Räuber einen Mann aus dem Dorf ermordet, nachdem er ihnen gezeigt hatte, wie sie unter Umgehung der versiegelten Tür unbemerkt in ein Grab eindringen konnten; und zwei andere Dörfler hatten sich mit ihrem einschlägigen Wissen einer Räuberbande angeschlossen und zusammen mit ihr drei Königinnengräber am Großen Platz ausgeplündert. In der Regel jedoch machten die Nekropolenarbeiter mit den Plünderern nicht gemeinsame Sache. Obwohl sie bei weitem nicht mehr so viele waren wie ehedem, hatten sie sporadisch sogar am Königsgrab weitergearbeitet. Kurz vor Ausbruch der Hungersnot waren überdies die Umrißzeichner wieder zu ihnen gestoßen, um in kräftigen Pinselstrichen die Grundlinien der vorgesehenen Dekoration auf die feine gelbe Tünche der Grabwände zu skizzieren. Doch als dann das Heer von Nubiens Vizekönig auf dem Westufer des Nils einmarschierte, legten die Steinmetzen ihre Werkzeuge nieder, die Träger setzten ihre Körbe mit Steinsplittern ab, und das Grab wurde aufgegeben. Die meisten Dorfbewohner scheinen anschließend abgewartet zu haben, daß die gesetzmäßige Ordnung wiedererrichtet und die Lieferung der Lebensmittelrationen wiederaufgenommen würde, damit sie zu ihrer Arbeit am Großen Platz zurückkehren könnten. Inzwischen aber versuchten sie, der Situation das Beste abzugewinnen.

Der Schreiber Chaemhedschet starb etwa zur selben Zeit, als Panhesi und seine Nubiertruppen in Theben eintrafen. Obwohl er eine schreckliche Phase der Geschichte des Dorfes miterlebt hatte, hatte er nicht nur die Arbeit seines Vaters am Großen Platz fortgesetzt, sondern auch die Familientradition der Sargmalerei weitergeführt, die jetzt von der fünften Generation getragen wurde. Nun trat sein jüngster Sohn, Thutmose, seine Nachfolge als Schreiber des Grabes an. Wie andere Mitglieder seiner Familie hatte er seit den Tagen der von Dorfbewohnern begangenen Grabräubereien als Mitglied der Arbeitskolonnen gearbeitet und zunächst allein eines der Häuser im Dorf bewohnt, bevor er Baketamun geheiratet hatte. Gleich seinem Vater hatte Thutmose nur zwei Kinder: einen Sohn, Butehamun, und eine Tochter, Hatia. Als er seinem Vater als Schreiber nachfolgte, waren die Kinder etwa dreizehn oder vierzehn; er selbst zählte um die 33 Jahre. Thutmose war ein ganz außergewöhnlicher Mensch. Er besaß ein hohes Maß an Witz und Einsicht, genug jedenfalls, um die Dorfbewohner durch die Fährnisse dieser schwierigen Jahre zu führen. Außerdem hinterließ er eine große Anzahl von Briefen; sie gehören zu den bewegendsten Zeugnissen des Lebens im Altertum, über die wir verfügen. Gewissenhaft, wie er war, sorgte er sich in schweren Zeiten um seine Familie und seinen Besitz. In seiner Mischung aus Ängstlichkeit und Ehrgeiz wirkt er auf uns heute fast modern.

Als Vizekönig Panhesi in Theben auftauchte, setzte er mehrere Beamte aus Theben ein, die bei der Wiederherstellung von Ruhe und Ordnung helfen sollten. Den Hohenpriester Amunhotpe umging er dabei indessen; einige seiner Beamten versetzte er sogar vom Amunstempel weg an andere Dienststellen. Als königlicher Schreiber mit umfangreichen Ortskenntnissen und unerschütterlicher Treue zur Krone wurde Thutmose von Panhesi damit beauftragt, die Räubereien zu untersuchen, die in Theben-West vorgekommen waren, und die gestohlenen Schätze wiederaufzutreiben. Auf diese Weise rückte Thutmose ganz plötzlich vom Posten eines Aufsehers über die Arbeiten am Königsgrab zum Mitglied einer Untersuchungskommission des Statthalters auf, ein Aufstieg, der ihn dem neuen Machtzentrum in Theben sehr nahe brachte.

In seinem neuen Amt sah sich der Schreiber einer gigantischen Aufgabe gegenüber, denn die Räubereien in Theben-West hatten ein beträchtliches Ausmaß angenommen. Am schlimmsten hatte der Tempel Ramses' II. gelitten, wo man mehr als 80 Pfund Gold und Silber allein von den Portalen »gewonnen« hatte – ein bei weitem reicherer Fischzug als der, den die acht Grabräuber eine Generation früher im Grab der Königin Isis gemacht hatten. Und in der Tempelfestung Ramses' III. hatte man nicht nur einige der Kultgegenstände des Heiligtums zertrümmert und eingeschmolzen, sondern auch den königlichen Palast ausgeplündert. Zwar behaupteten die Wachen bei einer späteren Untersuchung der Vorfälle, sie hätten das »Haus des Pharaos« erst verlassen, als der Vizekönig Nubiens in Theben eingetroffen sei; wir können uns indes sehr wohl vorstellen, daß die 540 Pfund Kupfer, die laut den Aufzeichnungen von Palast- und Tempeltüren verschwanden, den nubischen Waffenschmieden ungemein gelegen kamen, ließen sich daraus doch Speer- und Pfeilspitzen für Panhesis Feldzug im Norden fertigen. Zu weit umfangreicheren Plünderungen war es allerdings schon vorher in den reichen Tempelanlagen von Theben-West gekommen; die Täter entstammten dem Tempelpersonal oder gehörten zu Banden, deren Mitglieder, beim Amunstempel beschäftigt, in Not geraten waren und Hunger litten. In vielen Fällen hatten diese Leute gar nicht das Innere der Tempel betreten und auch die Tempelschätze nicht ausgeraubt – dies hatten die Beamten und Angestellten des Heiligtums bereits selbst besorgt –, sondern einfach die Reste an Getreide zusammengekratzt, die noch in den Tempelspeichern verblieben waren, jenen langgestreckten Gebäuden, in denen zwei Jahrhunderte zuvor die Kornernte des gesamten Reiches gestapelt worden war, registriert von dem Schreiber Ramose und seinen Kollegen. Thutmoses Kommission fand dieselben Magazine nun nicht nur aller Vorräte, sondern sogar ihrer Einrichtungsgegenstände beraubt.

An den Grabräubereien wie auch an der Plünderung der Tempel in diesem Jahr der Hyänen waren mindestens zwei Banden beteiligt. Gleich früheren Grabräubern bedienten sie sich der Hilfe von Bootsleuten, um vom Tatort zu fliehen, und im übrigen gingen sie mit größter Heimlichkeit vor, als wüßten sie, daß eines Tages wieder Ordnung herrschen müsse und man sie dann, sollten ihre Namen bekannt werden, zur Rechenschaft ziehen würde. Doch als zunächst die Ordnung vollends zusammenbrach, ließen sie die Zukunft Zukunft sein und unternahmen nun Streifzüge nilauf- und nilabwärts bis über die Grenzen der Provinz Theben hinaus, um auch die Friedhöfe anderer Städte zu plündern. Umgekehrt kamen aber auch Räuber von außerhalb nach Theben, um in den Friedhöfen der großen Stadt zu holen, was noch zu holen war.

Vielleicht unter der Androhung von Haussuchungen in Theben-West – die von Panhesi eingesetzte Kommission hatte unter anderem ein detailliertes Verzeichnis der dortigen Häuser und ihrer Bewohner anzulegen – händigten mehr als 20 Personen dem Schreiber Thutmose und anderen Kommissionsmitgliedern winzige Bestände an illegal erworbenen Kleidern und Metallen aus. Alles wurde sorgfältig registriert. So gab der oberste Torwächter der Tempelfestung Ramses' III. eine Drittelunze Gold, 3 Unzen Kupfer und roten Kleiderstoff. Ein Bienenzüchter, der im Inneren des Areals wohnte, rückte ähnlich geringfügige Mengen heraus. Zwei Fischer, deren Häuser vor der Tempelfestung standen, übergaben ihre kleinen Mengen Gold und Kupfer dem Schreiber Pentahetnacht, der nun nicht mehr zum Stab des Amunstempels gehörte, sondern in Theben-West lebte. Wie Ironie mutet es an, daß ein Heeresschreiber namens Kaschuti gleichfalls äußerst bescheidene Mengen Diebesgut ausgehändigt erhielt, obwohl er selber aus der Tempelfestung über 17 Pfund Silber gestohlen hatte; bis er und andere Diebe aus »besseren Kreisen« indes zur Verantwortung gezogen wurden, sollten noch zehn Jahre vergehen. Zur Zeit der ersten Untersuchungen, die Thutmose durchführte, lenkten die meisten dieser ungetreuen Staats- oder Tempeldiener einfach den Verdacht auf untergeordnete Mitarbeiter und kamen gänzlich ungeschoren davon.

Doch schon bevor die Kommission ihre Arbeit begonnen

hatte, hatten die Feldhauptleute des Vizekönigs einige des Diebstahls Verdächtige mit eigener Hand umgebracht. Und diese Schnelljustiz hatte genügt, um in Theben wieder ein gewisses Maß von Ordnung zu schaffen. Und wie zum Lohn dafür hatten die Götter ein Einsehen und brachten die gestörte kosmische Ordnung wieder ins Lot. Die Nilfluten stellten sich erneut in gewohnter Stärke ein und brachten dem Land reiche Ernten. Viel mehr als das Deltagebiet, wo auch wenig wasserreiche Nilüberschwemmungen genügten, um die Felder zu bewässern, litt Oberägypten unter den Auswirkungen zu geringer Fluten. Nur ein Siebentel unter dem normalen Hochstand brauchte die Überschwemmung zu sein, nur knapp ein Meter brauchte ihr zu fehlen, und schon fiel die Ernte um mehr als die Hälfte schlechter aus als sonst. In den Jahrzehnten vor dem Einmarsch des Vizekönigs Panhesi und seiner Truppen waren die Kornvorräte auf einen Bruchteil ihrer früheren Menge zusammengeschmolzen. Die Folge davon war, daß fortan die Getreidepreise mit der Flut stiegen oder fielen, und dies Jahr für Jahr. Bei einer solchen Von-der-Hand-in-den-Mund-Wirtschaft waren die Auswirkungen einer Mißernte verheerend. Schon sechs Monate nach der niedrigen Nilflut im Jahr der Hyänen hatte die Bevölkerung zu hungern begonnen, hatte die Herrschaft des Hohenpriesters im allgemeinen Chaos geendet. Als nun der Nil wieder hohe Fluten wie einst führte und Panhesi Recht und Gesetz wiederherstellte, sanken die Preise in Theben auf den Stand von vor 50 Jahren. Der Vizekönig von Nubien war überzeugt, er und sein Heer hätten Ägyptens ausgedörrte Südprovinz in ein Paradies verwandelt. Auf Befehl Ramses' XI. setzte er Amunhotpe wieder ins Amt des Hohenpriesters ein. Doch seine weltliche Macht erhielt Amunhotpe nicht zurück. Oberägypten blieb in der Gewalt Panhesis.

Zwei Jahre nach Panhesis Einmarsch hatte der Schreiber Thutmose seine Arbeit als Mitglied der Kommission abgeschlossen, die die Räubereien auf dem Westufer des Nils untersuchte. Nun war er als Beamter der neuen Regierung Thebens tätig und trug aus den Tempelgütern Oberägyptens ungeheure Getreidemengen zusammen. Am 6. September 1085 v. Chr. ließ er an Bord eines Bootes, das von Schiffsführer Dschutweschbi befehligt wurde, Segel setzen zur Fahrt nach Esna, einer Stadt in der Provinz der Doppelfeder, etwas mehr als 60 Kilometer südlich von Theben. Dort trieb er von den Liegenschaften des Chnumtempels den Zehnten ein. Denn vom Grundbesitz eines jeden Tempels galt ein bestimmter Teil als Königsland, dessen Erzeugnisse der königlichen Schatulle zustanden. Vor Panhesis Einmarsch in Oberägypten hatte man diese Abgaben nicht eingezogen; sogar das Holz der dem Getreidetransport dienenden Boote des Amunstempels hatte man entwendet. Doch nun, nachdem Panhesi das Sagen im Lande hatte, wurde unter der Aufsicht Paweros, des Bürgermeisters von Theben-West, der Feldzehnte wieder erhoben; er hatte einst dazu gedient, die Nahrungsmittelversorgung der Bewohner von Theben-West und damit auch des Dorfs der Nekropolenarbeiter sicherzustellen.

Als Thutmose von Theben aufbrach, bedeckte die jährliche Nilflut das sommerlich heiße Land wie ein See aus Quecksilber. Das schimmernde Wasser und die kühle Brise aus dem Norden, die stets der Flußrichtung entgegenblies – beides begrüßte man in Theben mit Erleichterung und Festlichkeiten –, machten das Segeln zu einem ganz besonderen Vergnügen. Der Strom war weit über die Ufer getreten, das hellblaue Viereckssegel spendete dem Schreiber Schatten, und das Boot kämpfte mit knirschenden Planken gegen die starke Strömung an. Ein zweites, kleineres Boot segelte hinterher; es war ein thebanisches Fischerboot, dazu bestimmt, das Tempelgetreide aufzunehmen, denn Boote waren in Theben noch immer eine Seltenheit. Innerhalb von sechs Monaten war dies Thutmoses sechste Flußreise; es war abzusehen, daß er diesmal weit mehr Korn einnehmen würde als je zuvor, ging es doch um die letzten Erträge aus dem 11. Regierungsjahr Ramses' XI. Bisweilen drohten besonders hohe Nilfluten die Speicher zu überschwemmen und das eingelagerte Getreide unbrauchbar zu machen; vielleicht hatte Thutmoses Ausflug auf dem angeschwollenen Strom in der

Tat den Zweck, gefährdete Vorräte zu den trockenen Kornhäusern nach Theben zu bringen, wo sie in Sicherheit waren,
denn der Höhepunkt der Flut stand nur wenige Tage bevor.
Es tat gut, die müde, ausgedörrte Stadt zu verlassen, und
anders als bei früheren Reisen, die der Schreiber auf einem
trägen Nil und bei Flaute unternommen hatte, machte das
große Boot diesmal Fahrt vor dem Wind und überwand
zügig die Strömung. Schmutzigbraune Brecher gischteten
über den Bordrand bis hinauf zu dem in der kräftigen Brise
mächtig sich blähenden Segel.

Hinter der Krümmung des Stroms verschwand die Stadt
mit ihren Tempeln, und der Schreiber wandte sich wieder den
Angelegenheiten des Arbeiterdorfes zu. Er schrieb: »Was
ist los mit euch? Ihr hört nicht und seid faul – – – Was die
Männer betrifft – – – so war und ist keine Arbeit für sie da.
Nun sprach ich zu euch: ›Trennt euch von eurem Schreiber.
Laßt ihn zusammen mit dem Torwächter seiner Wege gehen
– – – holt das Korn, [und ihr] habt mir nicht gehorcht.‹ Laßt
sie gehen und das Korn holen, damit die Männer nicht
hungern und nicht erlahmen in der Verrichtung von des
Pharaos Werk und damit nicht Schande komme über euch.
Ich schreibe euch durch den Aufseher Wenamun.« Rasch
eilt das tintengetränkte Schreibrohr über das frische Papy-
rusblatt des im Schatten des Segels Sitzenden. Das Boot
wendet sich bald nach Steuerbord, bald nach Backbord,
während es Schlammbänken und flachen Flußinseln aus-
weicht. Trotz des Hochstandes der Flut sind beide Ufer grün
und voller Leben. Das Wasser des Nilstroms sickert in die
breiten, flachen Becken der bebauten Felder.

Am Wüstensaum, nur wenige Kilometer entfernt, breiten
Landleute den fruchtbaren schwarzen Nilschlamm, den die
Flut mit sich geführt hat, auf dem Sandboden aus, um die
Felder um ein, zwei Meter zu erweitern. Dann weicht die
Wüste am Ostufer fruchtbarem, grünem Land. Das Boot
verläßt die Provinz des Gefiederten Zepters, die Provinz
Theben; ein reicherer, dicht besiedelter Abschnitt des Nil-
tals liegt vor den Reisenden. Oberhalb des Flutsaumes erhe-
ben sich Städte, Dörfer und alte Dämme: Ägyptens Gerip-

pe, gewissermaßen. Anhöhen, Häuser und Palmen spiegeln sich in den Fluten und werfen heraldische Muster auf den Strom. Sobald der Nil über die Ufer getreten war, hatte man alles Vieh – Rinder, Schafe und Ziegen – auf höhergelegenes Gelände oder auf Anhöhen innerhalb des Schwemmlandes getrieben, die nie von der Flut überspült wurden. Nun starren die Tiere dem Boot entgegen und begrüßen es mit ihrem Geschrei. Am Ufer dümpeln aufgedunsene Leiber verendeter Tiere, ein gefundener Fraß für die Geier, die sich auf ihnen niedergelassen haben. In Untiefen sieht man Kraniche und Reiher bei der Jagd. Auf der Flut treiben einzelne Schilfrohre und Papyrusstengel. Weißgefiederte Vögel waten bedächtig durch den Schlick und durchwühlen mit ihren Schnäbeln den Schlamm. Vom Ufer her winken auf Kühen reitende Kinder den Bootsfahrern zu. Bauern betrachten sachkundig die Dämme und Kanäle, die das kostbare Nilwasser ihren Feldern zuleiten und zugleich Städte, Dörfer und Kornspeicher vor Überschwemmungen schützen. Inzwischen hat der Schreiber Thutmose seinen Brief beendet. Er hält den Papyrus in die frische Brise, läßt die Tinte trocknen, faltet das Schriftstück zu einem schmalen Streifen, dann noch einmal und verschnürt schließlich die beiden offenen Enden. Die Schnüre siegelt er mit einem im Fluß angefeuchteten Tonklümpchen. Seine Hand spielt dabei im sonnenglitzernden Wasser. Auf die eine Seite des dicken Papyrusbündels setzt er seinen Namen, auf die andere, wo Schreiber den Empfänger anzugeben pflegen, schreibt er den Namen seines Sohnes. Sobald sie im Chnumtempel zu Esna eintreffen, wird ein Helfer den Brief dem dortigen Tempelschreiber übergeben, der dafür Sorge tragen wird, daß das Schreiben noch am selben Tag auf dem Landweg die Rückreise nach Theben antritt.

Das Segel bewegt sich schwach am Mast des sachte schwankenden Bootes, und der Schreiber läßt nun die brennende Sonne über sich ergehen. Das Boot gleitet an einer langgestreckten Insel vorbei und gerät für einen Augenblick in ihren Windschatten. Vom schilfumsäumten, unsichtbaren Ufer erhebt sich mit rauschendem Gefieder eine Wolke rosaroter Pelikane. Der Rudergänger am Heck singt leise vor sich hin, das Segel flattert, und ein Zittern geht durch das Boot. Seine Planken knirschen wie eine alte Tür in rostigen Angeln. Die Bootsleute erzählen einander Geschichten. »Eine Frau, die auf einem Auge blind war, hatte zwanzig Jahre mit einem Mann zusammengelebt. Aber dann fand er eine neue und sagte zu ihr: ›Ich lasse mich scheiden, denn du bist auf einem Auge blind!‹ Sie antwortete: ›Ist das alles, was du in diesen zwanzig Jahren entdeckt hast, die ich bei dir war?‹« Der Obersteuereinnehmer von Theben-West hört gern gute Geschichten. So hat man wenigstens Thutmose berichtet, der nun die alte Dorfanekdote zum Vergnügen des Leiters der Finanzverwaltung in einen anderen Brief einfließen läßt.

Hinter der Insel ist wieder freies Wasser. Abermals hält das Boot hart gegen die starke Strömung. Ein Schwarm von Wasservögeln streicht mit klatschendem Flügelschlag von der weiten Wasserfläche ab. Am Himmel ziehen Wolken – eine Landschaft hoch über der Landschaft am Nil. Ein warmer Windhauch von Süden her läßt das Segel des Bootes jäh erschlaffen. Der Abend bricht herein, und der Schiffsführer sucht nach einem Landeplatz, denn die Sandbänke mitten im Fluß sind bei Nacht besonders gefährlich. Das Boot hält auf eine halb in den Fluten versunkene Insel zu. Einer der Bootsleute springt ins Wasser. In der Hand das starke Schiffstau, rennt er aufs Trockene und vertäut das Boot, sobald ein kräftiger Baum oder ein Felsstück die Möglichkeit dazu bietet. Knirschend schrammt das Boot gegen das grüne, üppig bewachsene Ufer, dessen Hinterland vollgesogen ist mit dem fruchtbaren Naß des hochgehenden Gewässers. Auch das kleine Fischerboot, das Thutmoses Boot stets gefolgt ist, geht längsseits und macht fest. Doch sehr weit ans Ufer wagen die Bootsleute sich nicht; sie bleiben in der Lichtung des Papyrusdschungels, einem der vielen kleinen Landeplätze am schilfgesäumten Rand des mächtigen Stroms. Die Nilanrainer, Fischer in armseligen Schilfhütten und kümmerlich dahinvegetierende Bauern, die im Uferschlamm mehr Unkraut als Getreide ernten, sind Fremden nicht sonderlich zugetan. Fremde bedeuten nur Mühe und Last. So entrollt Thutmose seine zerknautschte Matte aus lose geflochtenem Schilfrohr an Deck und streckt sich in dem nun schräg einfallenden Abendlicht aus, das ihm noch ebenso glühendheiß vorkommt wie die Mittagssonne. Er hört das Wasser zwischen den beiden Booten an die Planken klatschen, und wenn er den Kopf zur Seite dreht und seine Wange an die duftenden Holzplanken preßt, gewahrt er auf einer Anhöhe ein Dorf. Herdfeuern entsteigen schimmernde Rauchsäulen, die sich perlmutterfarben gegen den fahler werdenden Himmel über den dunkelnden Fluten des Flusses abheben.

Die Segel sind gerefft, und Schiffsführer Dschutweschbi trifft Anstalten für die Zubereitung des Abendessens. Der Schreiber schnuppert den Duft des Feuers. Dereinst, so überlegt Thutmose, würden seine Nachbarn »sitzen und mit mir scherzen, und ich würde [es] annehmen«. Doch er fragt sich auch: »[Kann] ich es annehmen, nun, da ich Schreiber und hochgestellter Beamter bin?« Das Boot schaukelt in seiner Verankerung, erhebt sich auf einer plötzlich ans Ufer rollenden Welle, senkt sich wieder und dümpelt dann wie zuvor ruhig vor sich hin. »Ihr wißt nicht, wie sich mein Herz um euch sorgt und wie sehr ich wünsche, daß eure Seele stets auf euer Wohlergehen bedacht sei − − − ich war im Hause, als ihr geboren wurdet.« Langsam steigt der Rauch in den Himmel, an dem die ersten Sterne sichtbar werden. Der Duft des Abends und die feuchte Luft legen sich auf das Gesicht des Schreibers. Der hohe Beamte aus dem Arbeiterdorf sieht im Geist die Seinen vor sich, seine Nachbarn, sein Dorf. Er springt von Bord auf den grasbewachsenen Strand und geht hinüber zu dem Schiffsführer und den beiden Torwächtern des Dorfes, die seine Reisebegleiter sind; sie sitzen an einem kleinen Feuer aus Wurzeln und Zweigen. »Tag für Tag sage ich Seth, dem Gott aus Ombos, der im Sonnenboot vor dem Herrn des Weltalls steht, dem großen Gott der Schöpfung, er möge euch Leben, Wohlergehen und Gesundheit verleihen sowie jegliche Gunst vor Amun-Re, dem König der Götter.«

Die Nacht bricht herein, während die Männer essen. Dann legen sie sich schlafen, um vor Sonnenaufgang wieder wach zu sein. Im Morgengrauen segeln sie nach Esna, das ihnen von seiner Anhöhe entgegenschimmert. Dicht neben den Kornspeichern der Tempel legen sie an. Das Nilhochwasser hat nun seine volle Höhe erreicht. Eine große Flut, ein gutes Jahr! Thutmose und sein Dorf würden genug Korn haben, und Esnas Chnumpriester würden binnen weniger Monate auf ihren Feldern noch mehr Getreide ernten.

»Erhalten in der Stadt Esna im Jahr zwölf [Ramses' XI.; d. i. am 8. September 1084 v. Chr.] durch den Nekropolenschreiber Thutmose und die beiden Torwächter von den vierhundertzwei *Char* Korn, festgesetzt als Abgaben des Hauses von Chnum und Nebu, aus der Hand des zweiten Tempelaufsehers und des Tempelschreibers im Kornhaus Chnums und Nebus zu Esna, dreihundertsiebenunddreißig *Char*.« Arbeiter schaufeln die Körner in Zentnersäcke – Säcke zu je 1 *Char* –, schleppen sie aus dem Getreidespeicher den staubigen Pfad zum Fluß hinab und verstauen die Ladung auf den beiden Booten. In Schwärmen fallen Tauben ein und picken die losen Körner auf, die aus den prallgefüllten Säcken rieseln. Rasch segeln die Boote nun auf dem Hochwasser führenden Strom zurück nach Theben. Wie Festungstürme liegen die schwerbeladenen Fahrzeuge im Wasser. Vorbei an überschwemmten Feldern gleiten die hellgemusterten Segel, vorbei an den Dörfern der Provinz der Doppelfeder und der Provinz des Gefiederten Zepters, und künden ihren Bewohnern: Mit der Wirtschaft des Pharaos geht es wieder bergauf. In der frischen Brise oben auf den Kornsäcken sitzend, rechnet Thutmose im Kopf zusammen: Von den Gütern des Chnumtempels hat er genug mitgebracht, um das Dorf monatelang mit Nahrung zu versorgen. Der Weizen, den er mit sich führt, reicht sogar noch für die anderen Bewohner von Theben-West. Der Bürgermeister Pawero und seine Leute werden all diese Vorräte in dem großen Kornspeicher lagern, den man »Überfluß der Ernte« nennt.

Mit der vollen Nilflut segelnd, erreicht der Schreiber

Thutmose die Flußkrümmung vor Theben und dann die Stadt selbst. Tempelbanner wehen im Sonnenlicht, und die Konturen der Westberge oberhalb von Thebens Häusern glänzen silbern. Dann verlassen die beiden Boote den Strom und werden durch den Kanal gerudert, der bis hin zum Tor der Tempelfestung führt. Hier begrüßen der Bürgermeister Pawero und der Schreiber Nesamenopet die Heimkehrenden, und Arbeiter schleppen die Getreidesäcke durch das steinerne Hohe Tor in das Kornhaus. Thutmose ist glücklich, wieder zu Hause zu sein; er genießt die blauen Rauchschwaden und den goldschimmernden Staubdunst seiner Heimatstadt, und er ist froh, seine Familie wiederzusehen. »Erhalten im Jahr zwölf [Ramses' XI.] durch den Bürgermeister der Weststadt, Pawero: das von dem Nekropolenschreiber Thutmose und den beiden Torwächtern im Boot des Schiffsführers Dschutweschbi und im Boot des Fischers Kadore aus der Stadt Esna mitgebrachte Korn, 337 *Char.* «

Zeitalter der Wiedergeburt

Unter der Herrschaft des Vizekönigs von Nubien, Panhesi, kehrte eine gewisse Ruhe in Theben ein. Der Schreiber Thutmose segelte weiterhin den Nil auf und ab, um Getreide und andere Vorräte einzusammeln, und Panhesi begann sogar, einen Teil seiner Truppen aus dem Süden in der Umgebung Thebens anzusiedeln, dies wohl vor allem nördlich davon, wo das Land noch weitgehend brachlag. Unten im Delta waren Ramses XI. und sein Hof froh, daß der Vizekönig ihnen die Sorge um Oberägypten abnahm — solange Panhesi sich so verhielt, wie man es von einem Vasallen erwartete: daß er gelegentlich Aufträge der Regierung ausführte, die thebanischen Tempel in Ordnung hielt und den eingetriebenen Tribut sandte. »Befehl des Königs an den Königssohn von Nubien, Panhesi, Kommandant der königlichen Bogenschützen — — — du wirst den [Höfling] des Pharaos aufsuchen und ihn veranlassen, sich mit der Durchführung des Auftrags zu beeilen, dessentwegen er nach Süden entsandt wurde — — — Du wirst nach dem Heiligtum der Großen Göttin sehen und es vollenden und zu Schiff dorthin bringen, wo ich wohne — — — [kostbare] Steine und Blüten des Kathstrauches sowie blaue Blüten — — — um die Handwerker zu versorgen. Mißachte diesen Auftrag nicht, den ich dir gebe; ich erteile ihn schriftlich, damit eine ordnungsgemäße Aufzeichnung darüber vorliegt. Dieser Brief gibt dir [auch] Kunde vom Wohlergehen des Königs. Jahr siebzehn, vierter Monat der Nilschwelle, fünfzehnter Tag [d. i. 3. September 1080 v. Chr.].«

Ob der im Delta residierende König je seinen Tribut aus Theben erhielt, ist fraglich. Wahrscheinlich bekam er ihn nicht, denn schon im selben Jahr befand sich Panhesi wieder auf dem Marsch. Mit einer aus Nubiern, zum Heer gepreßten Thebanern und sogar Polizisten der Weststadt zusammengesetzten Armee zog er nilabwärts nach Norden. Knapp 500 Kilometer nördlich von Theben, unmittelbar südlich von

Tadschoj, schlugen seine Truppen eine Schlacht, plünderten eine Stadt und rückten dann gegen das Delta vor. Obwohl sie die Schlacht gewonnen hatten, verloren sie doch den Krieg, und bald darauf marschierte Panhesis Heer nilaufwärts nach Süden, und zwar nicht nur bis Theben, sondern ganz nach Nubien zurück. Von diesem Zeitpunkt an verbinden amtliche Dokumente Panhesis Namen stets mit einem Zeichen, das von den Hieroglyphen für »Feind« und »Tod« abgeleitet ist. Panhesi galt nunmehr als Staatsfeind.

Zwei Jahre nach Panhesis Rückzug kam Ramses XI. wieder nach Theben. Dort dürfte ihm nicht entgangen sein, in welch beklagenswertem Zustand sich die »Südstadt« befand. Im Bezirk des Amunstempels waren noch die Spuren der Plünderungen vergangener Jahrzehnte zu sehen; die Stadt als Ganzes war verarmt, die Priesterschaft heruntergekommen. Der Tempel des Amun-Sohnes Chons, dessen Bausteine der Hohepriester Amunhotpe und seine Vorgänger mehreren Königstempeln entnommen hatten, war noch immer ein Torso; die Sandsteinmauern seines Vorhofs ließen weiterhin jegliche Dekoration vermissen. Selbst die große Zeremonialbarke Amuns, jenes riesige Boot, auf dem der Gott den Nil befuhr, wenn Theben seine traditionellen Hochfeste feierte, hatte keine Vergoldung mehr, ja es fehlte sogar ein großer Teil der Planken. Zweifellos besuchte der König auch den Großen Platz, wo die riesige gelbe Höhlung, die sein Grab werden sollte, nach wie vor unvollendet war. Die getünchten Wände waren zerbeult und zerkratzt, die Linien, die die Umrißzeichner zurückgelassen hatten, verblichen und kaum noch erkennbar. 20 Jahre früher war dieses Grab als imposantes Monument geplant worden; massiv und geräumig, mit hohen, wohlgeschnittenen Portalen und dunklen, geschmackvoll ausgestalteten Innenräumen, sollte es an Größe alle je im Tal der Könige angelegten Gräber übertreffen. Doch da man wegen der allgemeinen Verarmung die Arbeiten immer wieder unterbrochen hatte, war die Dekoration verwittert, und so viele im ursprünglichen Plan vorgesehene Räume hatte man weggelassen, daß das Sonnenlicht sogar in die Grabkammer drang.

Theben brauchte einen Herrscher, der energisch durchgriff. Ramses XI. kehrte in seinen Palast im Delta zurück, ließ jedoch einen seiner Heerführer, Herihor, einen Berufsoffizier möglicherweise libyscher Abstammung, in der »Südstadt« zurück, damit er dort für Ruhe und Ordnung sorge. Man weiß nicht, ob Amunhotpe abgesetzt oder nicht mehr am Leben war. Jedenfalls verlieh der König seinem Statthalter Herihor die Titel und Würden eines Wesirs des Südlandes und Hohenpriesters Amuns. Der schurkische »Königssohn von Nubien«, Panhesi, war dorthin zurückgetrieben, woher er gekommen war. Es hatte eine hohe Nilflut gegeben, und in Theben herrschten wieder geordnete Verhältnisse. Ramses beschloß daher, eine neue Ära auszurufen, eine neue Zeitrechnung einzuführen. Das 19. Jahr seiner Regierung wurde zum »Jahr eins des Zeitalters der Wiedergeburt« erklärt. Man verordnete Theben eine Renaissance, ein Vorgang, der sich im Lauf der Menschheitsgeschichte noch so oft wiederholen sollte, und zum Zeichen, daß man es ernst meinte, sollte Herihor unverzüglich den Chonstempel fertigstellen lassen. Bald schon arbeiteten Umrißzeichner an den Tempelmauern und bedeckten sie mit ganzen Reihen von Szenen. Da sieht man den Heerführer Herihor und den König den Göttern opfern, und die zugehörigen Inschriften berichten von Ramses' Befehlen an den neuernannten Hohenpriester. Wenige Jahre später entstanden im Vorhof des Chonstempels Wandbilder, die Herihor selbst in der Kleidung und mit dem Namen eines Pharaos darstellen. In Oberägypten reichte Herihors Machtbereich nun bis Tadschoj, das, wiewohl im Herzen Ägyptens liegend, Grenzfestung geworden war. Doch nach wie vor schuldete der Hohepriester und Wesir dem fern im Norden weilenden Herrscher Gefolgschaft. Dem entsprach, daß er in Theben weiterhin dem Reichsgott die Ehre erwies und keinerlei Entscheidung traf, ohne die Zustimmung des Amunsorakels eingeholt zu haben. In die Wand des Chonstempels ließ der Statthalter ein Gebet um langes Leben meißeln, und wir erfahren, daß die Götter seiner Bitte »großzügig entsprachen«. Während Herihors Künstler Reliefs schufen, die den

Hohenpriester wieder bei der Feier der alten Feste Thebens zeigen, begab sich ein Tempelbeamter zu Schiff in den Libanon, um neues Zedernholz für die Wiederherstellung der Barke Amuns zu beschaffen.

Eine Maßnahme von enormer psychologischer Bedeutung im Zuge dieser Renaissance bestand darin, die Grabräuber, die den in Theben-West bestatteten Toten ihre Ruhe genommen hatten, vor Gericht zu stellen. Es war eine hervorragende Methode, die Vergangenheit aufzuarbeiten und mit ihr abzuschließen. So verwickelt und verstrickt Theben in diese Affäre war – nun waren der König und seine Beamten im Begriff, der Katastrophe einen Rahmen zu geben, so daß sie ihre Uferlosigkeit verlor und überschaubar wurde. Man stutzte sie auf das Maß einer bloßen Episode, einer nichtigen Unterbrechung des ewigen Gangs der Dinge zwischen Göttern und Menschen zurecht. Noch bevor Ramses Theben verlassen hatte, hatte die Untersuchungskommission ihre Arbeit aufgenommen, und Mitglieder einer Bande, die die Plünderung von Gräbern am Platz der Schönheit gestanden, wurden dorthin gebracht, »wo der Pharao war«; mindestens einen von ihnen nahm der König persönlich ins Kreuzverhör. Nachdem er abgereist war, befragte eine Kommission aus Mitgliedern des Hofes, bestehend aus einem Wesir, einem Schatzmeister und einem anderen hohen Würdenträger, die Zeugen. Nicht ein einziger Thebaner, weder der Bürgermeister noch einer der Priester, gehörte dieser Kommission an. Herihor und seine Familie repräsentierten die neue Ordnung. Mit dem Einfluß der alten Familien Thebens war es für immer vorbei.

Die delikate Aufgabe der Untersuchungen wurde den beiden Dorfschreibern Thutmose und Nesamenopet anvertraut, die der Kommission beigeordnet waren. Beide Männer hatten lange unmittelbar im Dienst des Königs gestanden und stammten aus alten thebanischen Familien, hatten jedoch nichts mit den in Ungnade gefallenen Clans zu tun, die lange das Schicksal der Stadt bestimmt hatten. So waren die beiden Schreiber ideale Vollstreckungsgehilfen der neuen Herrscher Thebens. Nahezu ohne Verzug legten sie der

Kommission höchst beunruhigendes Beweismaterial vor. »Vorgeführt wurde der Diener Penuferahi, und es hieß, er habe ein langes, schweres Gewand aus feinem oberägyptischem Leinen gewaschen. Man sagte, es gehöre dem Pharao.« Es handelte sich also um Beute aus einem Grabraub.

Bei den Thebanern war wohl allgemein bekannt, daß nicht nur Tempel und Privatgemächer schwer unter den Plünderungen der letzten 20 Jahre gelitten hatten, sondern daß auch die Königsgräber am Großen Platz ausgeraubt worden waren. Vor dem Jahr der Hyänen scheint man Gräber verstorbener Herrscher nur entweder bei den Beisetzungsfeierlichkeiten selbst oder kurz danach geplündert zu haben. Als Herihor an die Macht kam, waren indessen die meisten Königsgräber, ältere wie jüngere, aufgebrochen und ausgeraubt worden; man hatte den Mumien ihren Schmuck gestohlen und die Ausstattungen der Grabkammern entwendet. Dergleichen konnte sich eigentlich nur im Jahr der Hyänen oder während der kurzen Phase des Rückzugs von Panhesis Truppen über Theben nach Nubien ereignet haben.

Leider ist der größte Teil der Zeugenaussagen, die vor dieser Kommission gemacht und protokolliert wurden, verlorengegangen. Erhalten ist lediglich ein undatiertes Fragment; es geht darin um das Verhör von Grabräubern, die in die letzte Ruhestätte Ramses' VI. eingedrungen waren. Vieles spricht dafür, daß es aus der Zeit stammt, als Herihors Kommission die betreffenden Vorfälle untersuchte. Der Text läßt vermuten, daß die aus Ausländern und thebanischen Schmieden bestehende Räuberbande den uralten Trick benutzte, von der Rückseite her durch einen schmalen Stollen in das Grab einzudringen. So blieben die Siegel unversehrt, und bei flüchtiger Inspektion von außen kam niemand auf die Idee, daß das Grab erbrochen worden sein könnte. Tatsächlich gibt es am Grab Ramses' VI. noch immer einen engen Nebeneingang; er führt durch ein Loch im Boden eines älteren Grabes, das den Gang des Grabes von Ramses VI. quer überlagert. Mithin müssen die Räuber mit Hilfe eines Eingeweihten in das Grabesinnere gelangt sein, und in der Tat gehörte zu der Bande ein Dorfbewohner, der möglicherweise die Schwachstelle dieses Grabes kannte; allerdings war er bereits tot, als der Grabraub begangen wurde. In dem obenerwähnten Kommissionsprotokoll heißt es: » Wir gingen geschlossen hinauf. Der Fremde Nesamun zeigte uns das Grab Ramses' VI., des Großen Gottes. Wir fragten ihn: › Wo ist der Gräbermacher, der bei euch war? ‹ Und er antwortete uns: › Der Friedhofsarbeiter wurde getötet. ‹ — — — und ich brauchte vier Tage, um [in das Grab] einzubrechen. Fünf von uns waren dabei. Wir öffneten das Grab und drangen ein. Wir fanden einen Korb; er lag auf sechzig... Kästen... Wir öffneten es und fanden ein... aus Bronze und [es folgt eine Liste der vorgefundenen Metallgegenstände: Schlüssel, Vasen, ja sogar Betten]. Wir wogen das Kupfer dieser Gegenstände und kamen auf fünfhundert *Deben,* so daß auf jeden von uns ein Anteil von hundert *Deben* entfiel. Wir öffneten zwei Truhen voll mit Kleidern und fanden oberägyptische Stoffe guter Qualität. Einen Korb mit Kleidern... fünfundzwanzig Gewänder aus gefärbtem Tuch. «

Thutmose und Nesamenopet gingen überall in Theben umher und stellten Fragen, prüften, was hinter irgendwelchem Gerede steckte, und beobachteten mutmaßliche Diebe, die möglicherweise noch immer Beute versteckt hielten. Nun, nachdem Ruhe und Ordnung wiedereingekehrt waren, war es offensichtlich unmöglich, derartige Geheimnisse länger zu verbergen. In kürzester Zeit hatte man mehr als 100 Personen ausfindig gemacht. Schläge und andere Zwangsmaßnahmen bewirkten ein übriges, und allmählich schälte sich aus den langatmigen Erklärungen der Delinquenten heraus, was geschehen war. Im Fall einiger mutmaßlicher Grabräuber, die mittlerweile an Altersschwäche gestorben, bei Panhesis Feldzug im Nildelta gefallen oder von ihren Komplizen ermordet worden waren, hielt man sich an ihre Witwen und verhörte diese. Sogar ein recht betagter Fischer, den man bereits 30 Jahre zuvor gerichtlich verfolgt hatte, ehe der eigentliche Grabräuberprozeß begann, wurde der Kommission vorgeführt und mußte seine Geschichte noch einmal erzählen. Während Thutmose und Nesamenopet einen Zeugen nach dem anderen aufboten, gleich, ob es sich um Be- oder um Entlastungszeugen handelte, hörten sich der Wesir und die anderen Mitglieder der Kommission ohne jede Gefühlsregung an, was an endlosen Be- oder Entschuldigungen vorgebracht wurde. »Vorgeführt wurde Seka'atiamun, der Diener des Kaufmanns Pesienwase. Der Wesir fragte ihn: ›Was hast du über deine Raubzüge zu den Großen Gräbern zu sagen?‹ Er erwiderte: ›Fern sei es von mir! Die Großen Gräber? Tötet mich wegen der Gräber von Imiotru [d. i. eine Stadt unmittelbar im Süden von Theben], denn die sind es, in denen ich war.‹ Man befragte ihn weiter unter Stockschlägen.« So grausam zum Reden gebracht, legten manche Diebe Geständnisse ab, und nur ein einziges Mal widerrief einer der Gefolterten später seine Aussage und erklärte, er habe sie »nur aus Angst« gemacht.

Doch nicht alles Beweismaterial, das die Kommission zusammentrug, beruhte auf Geständnissen, gar auf solchen, die man Gefolterten abgepreßt hatte. Vielmehr stellten Thutmose und Nesamenopet auch eigene Nachforschungen an, und oft unterbrachen sie während des Prozesses die Zeugen, um sie in Widersprüche zu verwickeln. »Der Wesir sprach zu ihr: ›Was hast du über das Silber zu sagen, das dein Gatte am Großen Platz entwendete?‹ Sie erwiderte: ›Ich habe es nicht gesehen.‹ Da fragte sie der Schreiber Thutmose: ›Wie hast du denn dann die Sklaven gekauft?‹ Und sie sagte: ›Ich tauschte sie gegen Klumpen von Datteln aus meinem Palmenhain ein.‹« Einen anderen Zeugen schlug man während seines Verhörs. » ›Haltet ein‹, rief er aus, ›ich will euch erzählen. [Wir] nahmen eine silberne Mumienhülle aus dem Grab, zerbrachen sie, taten sie in einen Korb und teilten sie unter uns auf.‹ ––– Der Schreiber Thutmose sagte: ›Das Grab, aus dem du die Silbergefäße entwendet hast, ist *ein* Grab, das, aus dem diese Mumienhülle stammt, ein anderes; macht zwei Gräber.‹ ––– Er antwortete: ›Das stimmt nicht, die Silbergefäße stammen aus dem großen Schatz, von dem ich euch schon berichtet habe. Wir haben wirklich nur ein einziges Grab geöffnet.‹ Er wurde erneut unter Rutenhieben, Stockschlägen und Daumenschrauben verhört.« Man war sich darüber im klaren, daß geständnisfreudige Räuber versuchen könnten, unschuldige Zeitgenossen durch falsche Aussagen zu belasten. Daher nahmen die beiden Schreiber die Bekenntnisse der Angeklagten mit aller gebotenen Skepsis auf. Schreiber Nesamenopet umschrieb es so: »Wenn ich hingehe und aus einem Viehstall ein Ziegenfell stehle, und jemand kommt hinter mir her, würde ich dann nicht gegen ihn aussagen, damit er es ist, der an meiner Stelle bestraft wird?«

Von Priestern bis hin zu einfachen Landleuten – die Kommission lud Angehörige aller Schichten der thebanischen Bevölkerung vor. Sogar der Heeresschreiber Kaschuti, der bei der eher oberflächlichen Untersuchung, die zehn Jahre zuvor unter Panhesi stattgefunden hatte, selbst Mitglied einer Untersuchungskommission gewesen war und damals von eingeschüchterten Dorfbewohnern ein paar Unzen Edelmetall erhalten hatte, sah sich nun vor den Wesir und dessen Kommission gebracht. »Zur Verhandlung steht dieser Vasenständer von sechsundachtzig *Deben* [d. h. 17 Pfund] Silber, der gestohlen wurde. ––– Kaschuti sagte: ›Ich sah nicht, was mit ihm geschah. Wie hätte ich auch? Höre, was ich zu sagen habe ––– Der Priester Hori kam ––– und er hatte den Vasenständer gebracht und sich angeeignet.‹« Und Kaschuti hörte nicht auf, Ausflüchte zu machen. Es gab sogar Heiterkeit im Gerichtssaal, als beispielsweise ein viel herumgekommener ausländischer Söldner, der angeklagt war, »den Westen beraubt« zu haben, sich darüber beschwerte, daß die Kommission von allen verlangte, »nichts Falsches auszusagen bei Strafe der Verbannung nach Nubien«. »Ich bin doch aus Syrien«, sagte er angelegentlich. »Muß ich denn da nach Nubien?« Berichte über Verurteilungen sind selten, und wir erfahren nirgendwo, ob jener Söldner tatsächlich seine Tage im Land des schurkischen »Königssohns von Nubien«, des einstigen Vizekönigs Panhesi, beschloß.

Als das zweite Jahr des »Zeitalters der Wiedergeburt« zu Ende ging, scheint die Kommission ihre Arbeit eingestellt zu haben. Allerdings nahm die Anfertigung der schriftlichen

Protokolle noch mehrere Jahre in Anspruch. Schließlich wurden sämtliche Zeugenaussagen recht willkürlich zusammen mit Aufzeichnungen über die Prozesse gegen frühere Grabräuber in zwei großen Tongefäßen untergebracht, die man aller Wahrscheinlichkeit nach in der mächtigen Tempelfestung Ramses' III. in Theben-West (Medinet Habu) deponierte. Jedes der Tongefäße barg sechs oder acht Papyrusrollen, und was diese Rollen enthielten, war sorgfältig angegeben: »Die Aufzeichnungen der Alten ——— die Diebe betreffend«, »Verzeichnisse des Goldes und Silbers, das bei den Gräbermachern sichergestellt wurde«, »Die Untersuchung der Pyramidengräber«, »Das Verzeichnis der Diebe«. Den thebanischen Bürokraten ging es bei diesem Aktensammelsurium wohl namentlich darum, alle Mißgeschikke, die ihrer Stadt widerfahren waren, »listenmäßig zu erfassen«, mit einem Etikett zu versehen und abzulegen. Uns berichten diese Papyrusrollen von ganz normalen Menschen, die sich gegen Hunger und Kriminalität zur Wehr setzten, die ihnen das Leben vergällten. »Mein Vater setzte [die Diebe] zur Amenophis-Insel über ——— [und sie] sagten zu ihm: ›Dieser innere Sarg gehört uns. Er gehörte irgendeiner bedeutenden Persönlichkeit. Wir waren hungrig und gingen hin und trugen ihn fort, aber du wirst schweigen, und wir geben dir dafür ein Lendentuch.‹ So sagten sie zu ihm. Und sie gaben ihm ein Lendentuch. Aber meine Mutter sagte zu ihm: ›Du bist ein alter Dummkopf. Was du getan hast, ist Diebstahl.‹«

Während Thutmose und Nesamenopet im Namen des Königs ihre Untersuchungen durchführten und bisweilen nilauf, nilab Getreide aus den Kornspeichern des Königs einsammelten, arbeiteten die Dorfbewohner nach wie vor sporadisch am Großen Platz. Dabei nahm die Instandsetzung der geplünderten Gräber ihre Kraft vielleicht ebenso in Anspruch wie die Arbeit am Grab Ramses' XI. Mehr und mehr war das Leben der Bewohner des westlichen Nilufers auf die Tempelfestung Ramses' III. ausgerichtet. Das Areal zwischen ihren massigen Wehrmauern und dem Tempel war längst nicht mehr nur Standort baulich wohldurchdachter

Kornspeicher und Priesterhäuser; inzwischen drängte sich dort ein Gewirr kleinerer und größerer Hütten entlang enger, gewundener Gassen und Gäßchen. Der Schreiber Thutmose baute sich ein großes Haus im Westteil der Einfriedung hinter dem Tempel; dort wohnte er mit seiner Frau und zwei Kindern, und dort lernte sein Sohn Butehamun seines Vaters Beruf.

Das Gräbermacherdorf lag keine 800 Meter von Thutmoses neuem Haus entfernt. Es war nur ein Schritt durch das steinerne Hohe Tor am Südrand der Festung hinaus in die Wüste. Der Schreiber muß diesen Schritt oft getan haben, sei es, um die alten Wohnstätten wiederzusehen, die nun als Kornspeicher dienten, sei es, um die Verteilung der Getreiderationen und anderer Vorräte an die Familien zu überwachen, die noch im Dorf geblieben waren. Allerdings hatte die Anzahl der Menschen, die dort lebten, beträchtlich abgenommen. In den Friedhöfen rings um das Dorf hingegen fanden weiterhin neue Generationen Verstorbener aus der kleinen Siedlung ihre letzte Ruhe, und in den Tempeln, die nun mit Stelen und Statuen förmlich vollgestopft waren, standen noch immer die Götter und Göttinnen des Dorfes. Wie einst seine Vorfahren verließ wohl auch der Schreiber Thutmose dann und wann das Dorf und stieg den nicht allzu steilen Pfad hinauf, der zwischen den Tempeln hindurchführte, um am Fuß der Felsschroffen entlangzuwandern und zur »Südstadt« hinüberzublicken. Hier hatte er am 6. Oktober 1079 v. Chr. nicht nur seinen eigenen Namen, sondern auch die seiner Schreiber-Vorfahren in die gelblich getönte Felswand gekritzelt: »Jahr achtzehn, erster Wintermonat, achtzehnter Tag. Der königliche Schreiber Thutmose, Sohn des königlichen Schreibers Chaemhedschet, Sohn des königlichen Schreibers Harschire, Sohn des königlichen Schreibers Amunnacht.« Dies war genau der Zeitpunkt des letzten Besuchs, den Ramses XI. Theben abstattete; damals war Herihor zum Wesir des Südlandes ernannt worden, und das »Zeitalter der Wiedergeburt« hatte begonnen. Wenn Thutmose von seiner erhöhten Warte aus nicht nur hinüber nach Theben, sondern auch zurück auf seinen eigenen Werdegang schaute, muß ihm all das Schwere vor Augen getreten sein, das sein Heimatdorf in den vergangenen Jahrzehnten durchgemacht hatte.

Ihre Erfolge als Eintreiber der Kornlieferungen sowie als Untersuchungsbeamte der königlichen Kommission hatten Thutmose und Nesamenopet zu prominenten Mitgliedern der thebanischen Hierarchie werden lassen. Unter der Regierung Herihors und seines Heerführers Pianchi rückte der Schreiber Thutmose zum persönlichen Ratgeber der Machthaber in der »Südstadt« auf. Loyal gegenüber dem König und nicht belastet von Bindungen an Thebens alte Bürokratie, mit der kein Staat mehr zu machen war, wurden die Dorfbewohner jetzt zu machtvollen Stützen der neuen Regierung.

Aus diesem Grund gab es sogar erste Bestrebungen, den Gräbermachern und ihren Angehörigen eine eigene Verwaltung zu gewähren und sie so vom thebanischen Behördenapparat unabhängig zu machen. Man wies den beiden Schreibern Land zu, und mit Unterstützung von Bauern, vielleicht sogar von Nekropolenarbeitern gingen sie daran, Landwirtschaft zu treiben. Nunmehr waren die Schreiber Grundbesitzer geworden, und zum erstenmal in der Geschichte der Gräbermachersiedlung gehörten einige ihrer Bewohner als Grundstückseigentümer zur thebanischen Oberschicht. Sogar Thebens höchstgestellte Beamte, der Bürgermeister und die Amtsträger des Amunstempels, behandelten die beiden Schreiber nun als ihresgleichen oder doch zumindest als Persönlichkeiten, denen man gebührende Achtung zu erweisen hatte. Dementsprechend wandte sich der Bürgermeister von Theben wegen eines Streits zwischen seinen Dienern und denen des Schreibers Thutmose unmittelbar an diesen. Und in einem anderen Fall korrespondierte mit ihm einer der ranghöchsten Schreiber des Schatzhauses Amuns, der sich für einen Mann einsetzte, den Thutmose ins Gefängnis gebracht hatte. »Laß ihn laufen«, bat er Thutmose. »Dieser Mann ist [wie] ein Bruder von mir. Sei nachsichtig! Mache keine Aussage gegen ihn, die der meinen widerspricht.«

Die Dörfler kamen jedoch mit den Bewohnern des Ost-
ufers nicht nur aus unerfreulichem Anlaß in Berührung. Als
beispielsweise eines Tages die jüngeren Mitglieder der beiden
Arbeitskolonnen von einem Einsatz außerhalb des Großen
Platzes heimkehrten, nutzten sie die Gelegenheit, um einmal
das Vergnügungsangebot der »Südstadt« zu beschnuppern,
was zu einem längeren Ausbleiben führte. Daraufhin schrieb
Thutmose an die Behörde von Theben-Ost: »[An den]
Stellvertretenden Verwalter der Güter des Amun-Re . . .
[vom] Schreiber der Nekropole Thutmose ——— und [vom]
Heeresschreiber Pentahetnacht. Wir haben vernommen,
daß du zurückgekehrt und in der Stadt eingetroffen bist, daß
Amun dich wohl aufgenommen und dir alles Gute erwiesen
hat. Wir wohnen hier in der Tempelfestung; du weißt, wie
wir leben. Nun sind die jungen Grabarbeiter zurückgekehrt
und halten sich in der Stadt auf, während ich hier zusammen
mit dem Schreiber Pentahetnacht bin. Bitte rufe die Männer
des Grabes in der Stadt zusammen und schicke sie auf unsere
Seite des Nils. Anbei ein Verzeichnis [ihrer Namen] für dich
——— Stelle sie unter die Aufsicht des Schreibers Butehamun.
Schicke sie rasch.«

Butehamun, der Sohn des Schreibers Thutmose, war
etwa 25 Jahre alt, als sein Vater diesen Brief schrieb. Wir
hören hier zum erstenmal, daß er einen Auftrag als Schreiber
des Dorfes erhielt. In der Folge spielte Butehamun eine
immer bedeutendere Rolle als Mitarbeiter seines Vaters,
zumal Thutmose oft von Theben abwesend war, teils in
Angelegenheiten seiner Familie, teils in Sachen des Dorfes.
Bei derartigen Reisen befand er sich stets in enger Verbindung mit seinem Sohn und den beiden Vorarbeitern. In einem
Brief von ihm heißt es: »Der Schreiber der Großen und
Erhabenen Nekropole Thutmose an die Vorarbeiter ———
die Wächter ——— und sämtliche Arbeiter der Nekropole
——— Wie geht es euch? Wie geht es euren Leuten? Was mich
betrifft, so lebe ich heute; das Morgen liegt in den Händen
der Götter ——— Was nutzt es, daß ich euch mehrere Briefe
sandte, wenn ihr mir nicht antwortet? Was habe ich euch
angetan? ——— Bitte betet zu Amun von den Thronen beider

Länder und sagt den Männern auf den Feldern, sie sollen jeden davon abhalten, euch etwas Böses anzutun. Und noch etwas, für die Frauen ——— und alle Männer. Bitte betet zu Amun, er möge mir Heimkehr gewähren. Ja, ich war krank, als ich im Norden eintraf, und ich befinde mich noch lange nicht in meiner [gewohnten] Verfassung. Kümmert euch um nichts anderes. Geht, sobald mein Brief eintrifft, zu dem offenen Hof Amuns von den Thronen beider Länder, nehmt eure Kinder mit und redet ihm gut zu, mich zu schützen. «

Dieser Brief stammt wahrscheinlich aus dem ersten oder dem zweiten Jahr des »Zeitalters der Wiedergeburt«. Damals war Thutmose in Tadschoj, der Grenzfestung zwischen den Machtbereichen Herihors und des Heerführers Smendes, der im Namen des Königs Nordägypten regierte. Gelegentlich kam Ramses XI. selbst nach Tadschoj, um dort mit Behördenvertretern des Südreiches zu beratschlagen oder in komplizierten Rechtsstreitigkeiten Urteile zu fällen, was ein ganz besonderes Vorrecht des Pharaos war. Dort wurde wohl auch in einem Prozeß, in den der Vater des Schreibers Nesamenopet verwickelt war, jenes günstige Urteil gefällt, von dem Hennutawi, die Ehefrau Nesamenopets, voller Freude brieflich ihrem Gatten berichtete, der damals gerade in Angelegenheiten der Stadt Theben im Süden unterwegs war.

Derartige Geschäftsreisen brachten nicht nur das gewohnte Auf und Ab des Dorfalltags aus dem Takt, sondern störten auch die Versuche der Schreiber, das ihnen unlängst zugewiesene Land zu kultivieren. Da sie über keinerlei einschlägige Erfahrungen verfügten, versuchten die Nekropolenarbeiter vernünftigerweise zunächst, ihre Nachbarn nachzuahmen. In einem Land voller Bauern war ja an fähigen Arbeitskräften und landwirtschaftlichem Sachverstand kein Mangel. Da er in den wichtigen Monaten vor dem Hochstand der Nilflut nicht in Theben sein konnte, erläuterte der Schreiber Nesamenopet seiner Frau Hennutawi in einem Brief des langen und breiten, wie sie einen Obstgarten anzulegen habe, und erteilte ihr weitere ackerbauliche Ratschläge. So heißt es darin: »Sobald mein Brief dich erreicht, schicke Sobeksanch los ——— und gib ihm zehn Maß Früchte [als Pflanzgut]——— und sie sollen es pflanzen, bevor die Flut kommt, damit es von der Flut bewässert wird ——— Gib Sobeksanch den Auftrag——— sich mit dem Jäten des Landes zu beeilen, für das du verantwortlich bist.« Obstkulturen legte man für gewöhnlich auf dem höherliegenden Gelände im Dorfbereich an, wohin die Nilflut normalerweise nicht reichte. In einem Brief an Butehamun schreibt Thutmose ebenfalls von Flurstücken, die ihm auf höhergelegenen Uferpartien am Niedrigwassersaum des Nils zugewiesen worden waren und auf denen er Bäume angepflanzt hatte. »Sieh nach unseren drei Feldern am Ufer und sorge dafür, daß man die Bäume, die dort auf den Hügeln stehen, verschneidet und entästet, genau wie auf dem Stück Land, das Esmontu zu bebauen pflegte.« Dieser Brief entstand wohl im Monat vor dem Fluthochstand und stammt wahrscheinlich aus dem gleichen Jahr wie der des Schreibers Nesamenopet. Im selben Schriftstück ist dann auch noch von Rindern die Rede, die zum Pflügen und zum Transport von Saatgut gebraucht wurden, dessen Beschaffung wohl der Grund für Thutmoses Reise war. Außerdem erfahren wir, daß der Polizist Sermont, ein alter Arbeiter aus dem Gräbermacherdorf, der unter dem Vizekönig Panhesi gedient hatte, als dieser das Deltagebiet überfiel, nun Landwirtschaft betrieb. Butehamun aber erhielt von seinem Vater ein kleines Boot. »Gehe sorgfältig damit um«, rät ihm Thutmose, »denn es wird dir von Nutzen sein.«

Thutmoses Briefe äußern Besorgnisse und schmeicheln, drohen und grollen; es sind Zeugnisse der liebenden Fürsorge eines Familienvaters für die Seinen und das kleine dörfliche Gemeinwesen, für dessen Wohlergehen er sich verantwortlich fühlt. Sie verraten auch, wie umfangreich sein neuer Hausstand im Bereich der Tempelfestung war. In einem seiner Briefe forderte er Butehamun auf, sich »um die Männer zu kümmern, die im Haus sind, und sie mit Kleidung zu versorgen«; auch solle er auf ein paar Soldaten ein Auge haben, die offenbar zum Haushalt gehörten. In einem anderen Brief bittet er den Sohn, auf den Bau des neuen Hauses zu achten, dessen steinernes Obergeschoß – eine Seltenheit bei thebanischen Privathäusern – gerade fertig wurde. Und immer wieder schließen Thutmoses Briefe mit den Worten: »Bringe Amun von den Thronen beider Länder Wasser und bitte ihn, er möge mich beschützen ——— Und achte auf meine Weisungen. Mißachte sie nicht. Und bete zu Amun, er möge die Krankheit von mir nehmen.« Einige Zeit vorher waren viele im Dorf krank geworden und gestorben. Thutmoses Frau Baketamun, die Mutter Butehamuns, war jung gestorben, noch vor Anbruch des »Zeitalters der Wiedergeburt«, und auch Butehamun hatte eine Frau zu Grabe tragen müssen. In jedem seiner Briefe, die er von seinen Reisen nach Hause schrieb, beklagte sich Thutmose über seinen Gesundheitszustand. Daß dies nicht Äußerungen eines eingebildeten Kranken waren, der in der Fremde allzusehr in sich hineinhorchte, geht schon daraus hervor, daß andere Briefschreiber aus dem Dorf in ihren Mitteilungen an Dritte auf Thutmoses angegriffene Gesundheit eingehen; seine eigenen Familienmitglieder raten ihm stets, sich zu schonen, und halten ihn ständig über alle Vorgänge im Bereich der Tempelfestung auf dem laufenden. Thutmose, nun ein Mann mittleren Alters, neigte stets dazu, sich Sorgen zu machen, und benötigte Ermutigungen wie die folgende: »Was deinen Auftrag angeht, nach dem Schreiber Butehamun, Schemdemdua und den Kindern zu sehen ——— sie sind wohlauf; mache dir um sie keine Sorgen. Sie leben heute. Das Morgen liegt in den Händen der Götter. Sie wollen nur eines: dich wieder bei sich haben. Ich bete zu Amun-Re, dem König der Götter, daß er dir die Gunst des Generals, unseres Herrn, verschaffe und dich gut heimbringe ——— Mögest du bei guter Gesundheit sein. Und höre nicht auf, uns durch jedweden, der nach Süden kommen mag, zu schreiben, damit unsere Herzen sich freuen.«

Ja, die Thebaner sagten nun: »Das Morgen liegt in den Händen der Götter.« Das ungeheure Selbstbewußtsein, das einst der Schreiber Ramose in den Inschriften seiner Tempel und Grabkapellen gegenüber den Göttern an den Tag gelegt hatte, die Kühnheit, mit der noch ein Dorfbewohner ein Jahrhundert zuvor mit dem Dorforakel gerechtet hatte – dies alles war dahin. Die Menschen blickten mit anderen Augen in die Zukunft. Amun war vollends unerforschlich, echter Glaube Privatsache geworden. Je weltlicher und korrupter es in der alten Stadt zuging, desto mehr nahmen Persönlichkeiten wie Thutmose ihr Leben selbst in die Hand. Zwar gebraucht Thutmose stets die Formel: »Das Morgen liegt in den Händen der Götter«, doch vorher schreibt er stets: »Heute lebe ich!« Obwohl das Leben für die Dorfbewohner schwieriger und härter geworden war und sie jetzt stärker zum Aberglauben neigten, erscheinen sie uns nun viel ausgeglichener und zugänglicher.

In den ersten Jahren des neuen »Zeitalters der Wiedergeburt« waren Thutmose und sein Sohn wieder verheiratet; beide liebten ihre neuen Familien, und Thutmose war der Familie seines Sohnes ebenso zugetan wie seiner eigenen. In der Absicht, eine neue Generation von Nekropolenschreibern heranzuziehen, gründete Thutmose innerhalb der Tempelfestung eine Schreiberschule. Der Briefwechsel zwischen Thutmose und den Leuten im Dorf gibt erstmals auch Auskunft über die Rolle der Frauen innerhalb der Dorfgemeinschaft, jener Frauen, die man im Lauf der vorangegangenen drei Jahrhunderte auf so zahlreichen Reliefs und Skulpturen in den Grabkapellen des Dorfes immer nur säuberlich herausgeputzt und schweigend an der Seite ihrer Väter und Ehegatten gesehen hatte. Sie hatten nichts mit dem Bau der Gräber zu tun und, solange alles seinen gewohnten Gang ging, auch nichts mit der Verwaltung des Dorfes. Selten sind Frauen in den Schriftstücken aus dem Dorf mehr als Namen. Nur ganz gelegentlich treten sie aus ihrer häuslichen Rolle heraus und nutzen ihre rechtliche Ebenbürtigkeit, um in Dorf- und Privatangelegenheiten ihr Wörtchen mitzureden. Als etwa der Schreiber Nesamenopet fern von Theben weilte, war es seine Frau Hennutawi, die die Verteilung der Kornrationen übernahm, und später beklagte sie sich in einem Brief an ihren Gatten über eine knapp bemessene Zuteilung. Thutmoses Briefe bestätigen zwar, daß die im Dorf seit alters geübte Arbeitsteilung unter den Geschlechtern auch in seiner Familie fortgalt; sie zeigen aber ebenso, daß im Haus Thutmose jeder und jede gleiches Mitspracherecht besaß.

Nichts jedoch verschafft uns tiefere Einblicke in die gefühlsmäßigen Beziehungen zwischen Männern und Frauen im Dorf als jener bemerkenswerte Brief, den Butehamun dem Geist seiner verstorbenen ersten Frau Achtaj widmete. Selbst die bei Schreibern üblichen Redewendungen, für unseren heutigen Geschmack hochtrabend und abgegriffen, sind hier durchdrungen von dem starken Empfinden des jungen Mannes, der seine verstorbene Frau ganz schlicht und unmittelbar anredet und so über Jahrtausende hinweg ganz nah an sich heranrücken läßt. Die Steinplatte, in die er diesen Brief ritzte, hinterlegte Butehamun am Fußende des Sarges seiner Frau, die zweifellos in der Familiengruft auf dem Dorffriedhof beigesetzt wurde. Er sprach seine Frau über den sie umhüllenden Sarg an, der in Ermangelung einer Grabkapelle die Verbindung zwischen ihr und der Unterwelt herstellte. »O edle Truhe des Osiris [mit der] Sängerin Amuns, Achtaj, die in dir ruht. Höre auf mich und übermittle ihr diese Botschaft. Frage sie, da du ihr am nächsten bist: ›Was tust du? Wie geht es dir?‹ Berichte ihr, daß ihr Liebhaber, ihr Gefährte sagt: ›Ach, daß es dir nicht gutgeht. Ach, du Schöne ohnegleichen ——— Mutter und Vater, Bruder und Schwester sind gut zu mir. Sie sind gekommen, doch du bist mir genommen worden ... Ach, daß es dir nicht gutgeht, du, die du das Vieh nach Hause brachtest ——— dich um unsere Felder kümmertest ... während alle Arten schwerer Lasten auf dir ruhten, obwohl es für sie keine Stützpfosten gab, keinen Rastplatz, um sie abzusetzen ——— O Achtaj, du anmutsvolle Frau.‹«

Unter der neuen Regierung war Theben friedlicher als seit Generationen, und etwa zehn Jahre nach Anbruch des »Zeitalters der Wiedergeburt« verfügte es auch über hinreichende Mittel zur Finanzierung eines Süd-Feldzugs, den Herihors Nachfolger als Wesir des Südlandes, der Heerführer Pianchi, gegen den einstigen Vizekönig Panhesi zu unter-

nehmen gedachte, um den verruchten Verräter in seinem
eigenen Nest außer Gefecht zu setzen. Es fehlt nicht an
Hinweisen darauf, daß dieser Kriegszug durch neue Feind-
seligkeiten des »Königssohns von Nubien« provoziert wurde. Auf jeden Fall verließ Pianchi Theben in einer solchen
Eile, daß er nicht einmal genügend Proviant und Kleidung
für die Truppen mitnahm. Eine kurze Mitteilung, die Pianchis persönlicher Schreiber an Thutmose in Theben sandte,
enthält die Bitte um Lumpen und Tuch, damit man die
Verwundeten versorgen könne; ein anderes Schreiben fordert
Gold und Nachschub an. Eine ganze Reihe ähnlicher Notizen, stets knapp und sachlich, diente Thutmose und anderen
Beamten in Theben-West, die nun stellvertretend die Macht
ausübten, als Richtschnur. Ein anderer »Feldpostbrief« aus
der Feder eines engen Freundes Thutmoses, der das leistungsfähige Kuriersystem des Wesirs zu nutzen wußte, berichtet, daß es seinem Absender gutgehe; allerdings folgt
sogleich der unvermeidliche Nachsatz: »Das Morgen liegt in
den Händen der Götter!«

Bevor er Theben verließ, hatte Pianchi Thutmose nicht
nur mit der Führung der Verwaltungsgeschäfte auf dem
Westufer beauftragt, sondern ihn auch angewiesen, in der
»Südstadt« Augen und Ohren offenzuhalten. Kurz danach
meldete ihm der Schreiber bereits, zwei Polizisten hätten
aufrührerische Reden geführt. In seiner Antwort machte der
Wesir keinerlei Umschweife. »Bringe die beiden in mein
Haus«, schrieb er zurück, »gehe dem, was sie sagen, rasch
auf den Grund. Und wenn sich herausstellt, daß es [d. h. ihr
Gerede] ernst gemeint ist, dann stecke sie in zwei Säcke und
wirf sie heimlich in den Fluß, ohne daß jemand an Land
etwas davon merkt.« Dieser Anweisung folgt, wie zur Erklärung, die unerwartete, rhetorisch klingende Frage: »Was
den Pharao betrifft, wie soll er dieses Land erreichen [d. h.
beherrschen], dessen Herrscher er noch immer ist?« Thebens
Machthaber schalteten und walteten nun nach eigenem Recht
und Gesetz. Als stets gründlich arbeitender Verwaltungs-
mann suchte Pianchi seinem Mordbefehl dadurch Nachdruck zu verleihen, daß er zwei gleichlautende Weisungen

erließ. Die eine erging an seinen Stellvertreter in Theben, die andere an seine Mutter; das letzterwähnte Schreiben enthielt einen Nachtrag, vermutlich von der ungelenken Hand des Feldherrn selbst, der seine Mutter aufforderte, ihm über ihre Gesundheit zu berichten, deretwegen er sich Sorgen machte. Von den drei Briefempfängern scheint Pianchis Stellvertreter der rangniedrigste gewesen zu sein, denn der Wesir befahl ihm lediglich, den Mord durchzuführen, und riet ihm, dies bei Nacht zu tun. Irgendwann später packte man all diese drei unheimlichen Briefe in einen Leinenbeutel, dessen Siegel die Aufschrift trägt: »Ich gehöre Amun, dem Atem des Lebens.« Zweifellos befand sich dieses Säckchen ehedem unter den geheimen Verschlußsachen des Reichsarchivs.

Als Pianchi und sein Heer die Grenze zwischen Ägypten und Nubien überschritten, überkam den kriegführenden Wesir die Erkenntnis, daß Thutmose an seiner Seite dringender vonnöten sei als in Theben. So befahl er ihm, sich auf den Weg nach Süden zu machen und zur Armee zu stoßen. In Esna, wo Thutmose sechzehn Jahre vorher in den Getreidespeichern des Chnumtempels Korn geholt hatte, wartete schon ein Kriegsschiff Pianchis auf ihn, das ihn nach Elephantine brachte. In dieser alten Stadt an der Südgrenze Ägyptens, erbaut auf einem Granitfelsen mitten im Nil, traf Thutmose seinen Vorgesetzten, der sich ebenso genialisch wie kriegerisch gebärdete. Zusammen, so verkündete ihm Pianchi (und man kann fast spüren, wie er dem zusammenzuckenden Schreiber auf die Schultern schlug), würden sie hinauf nach Nubien ziehen und dem verräterischen Panhesi einen Denkzettel geben. Elephantine sollte das Hauptquartier sein; ebenfalls von hier aus lenkte Pianchis Gemahlin später die Geschicke des Gräbermacherdorfes, befahl die Ausgabe der Lebensmittelrationen und setzte denjenigen, die das Korn nicht pünktlich lieferten, wiederholt mit schriftlichen Weisungen zu.

Armer Thutmose! Schon in besseren Tagen stets kränklich und schon ein gutes Stück über Fünfzig, mußte er nun nach Nubien segeln und sich auf einen Wüstenkrieg einlassen. Selbst wenn es den Ägyptern noch so gut ging – Auslandsreisen mochten sie nie, und obwohl Thutmose kaum mehr als 60 Kilometer nach Nubien hineinkam, dürfte er sich gefühlt haben, als ginge es zum Mond. Nichtsdestoweniger gibt er sich in den Briefen an seine Familie zuversichtlich und tapfer. Einmal schreibt er: »Nun macht euch meinetwegen keine Gedanken. Mein Herr hat gut für mich gesorgt.« In einem Augenblick der Ernüchterung bittet er jedoch einige namentlich genannte Dorfbewohner, in der Tempelfestung für ihn zu beten und die Götter zu bitten, ihn lebend nach Theben zurückkehren zu lassen. Tatsächlich sorgten sich Thutmoses Familie und auch andere Dorfbewohner aufrichtig um ihn. Sie schrieben zunächst an einen seiner Freunde in Pianchis Begleitung, er möge sich um den Schreiber kümmern, »einen Mann, der ohne Kraft ist und noch nie eine solche Reise unternommen hat«, und solle ihm unterwegs mit Rat und Tat beistehen. Einer von Thutmoses Freunden in der Heimat, ein älterer Dorfbewohner namens Amunhotpe, schrieb sodann an den Schreiber selbst und forderte ihn auf, vorsichtig zu sein und den Kampf zu meiden, denn er sei ja nicht zur Armee gepreßt worden, sondern Pianchi habe ihn als persönlichen Ratgeber zu sich geholt. »Bleibe im Boot, dort bist du vor Pfeilen und Speeren sicherer«, rät ihm der Freund. »Du darfst uns alle nicht im Stich lassen, denn du bist unser Vater.« Schließlich berichtet Amunhotpe, die Nekropolenarbeiter befänden sich alle wohl und beteten um seine Rückkehr. Butehamun fügte eine Nachschrift hinzu, in der er seinen Vater wissen ließ, auch er bete für ihn; »mein Auge ist blind, da es dich nicht sieht«, schreibt er, und keiner der Dorfbewohner, »jung wie alt«, habe Schaden erlitten.

Sogar Pianchi muß gespürt haben, mit welch großer Anteilnahme Thutmoses Schicksal im fernen Nubien von den Daheimgebliebenen verfolgt wurde, denn wenn er nun Anweisungen an die Dorfbewohner erließ, die Butehamun weiterzugeben hatte, versicherte er ihnen jedesmal, es gehe dem alten Mann gut; erst dann zählte er auf, was er für seine Armee an Streitwagen, Speeren und anderem Nachschub benötigte. Gnädig bewilligte er den Dorfbewohnern dann wieder ein paar Dorfsklaven, insgesamt fünf Personen, die, so äußerte er, Eigentum beider Arbeitskolonnen »vom Vorarbeiter bis hinab zu allen einfachen Arbeitern« sein sollten. Thutmose seinerseits suchte die Ängste der Dorfbewohner zu zerstreuen, indem er berichtete, Pianchi habe ihm gesagt, er sei absolut unentbehrlich, und habe ihn darüber hinaus durch Sonderzuteilungen von Brot und Bier geehrt. Die Briefe, die er nach Hause schrieb, sind noch immer voller Dorf-Allerlei; der betriebsame Schreiber deckte Butehamun mit seinen Anweisungen, Forderungen und Anmerkungen völlig ein. Mitten im Winter, Anfang Januar, hatte Thutmose den südlichsten Punkt seiner Reise erreicht und schrieb an seine Familie aus Jar – man hat diesen Namen als »Höllenloch« übersetzt –, tief in Nubien unweit der Festung Kuban, die einst den Zugang zu den Goldminen des Reiches bewachte. Die langen Listen mit allen möglichen Aufträgen und die Bitten, für ihn zu beten, die Thutmose aus dieser ausgedörrten Wüstengegend nach Hause schickte, nehmen sich fast wie eine Beschwörung seines geliebten Thebens aus und waren wohl auch kaum etwas anderes. Insbesondere forderte er die Männer auf, zu dem kleinen Heiligtum Amuns von der Guten Begegnung emporzusteigen, das bei den Arbeiterhütten oberhalb des Tals der Könige lag; sie sollten dort dem Gott Wasser opfern und um Thutmoses glückliche Heimkehr bitten – ein angenehmer Spaziergang, den sich der Schreiber wohl gut vorstellen konnte, als er diesen Brief schrieb. Er selbst führt einzeln die Namen der Dorfbewohner auf, für die er im Horustempel vor der Wüstenfestung betete, wo er sich gerade aufhielt.

Thutmose war krank vor Heimweh. Mitte Februar war er auch körperlich krank, und Pianchi teilte ihm höhere Rationen zu, damit er wieder zu Kräften komme. Briefe gingen zwischen ihm und den Seinen im Dorf hin und her. Manche erkundigten sich nach dem Schicksal anderer Feldzugsteilnehmer, andere fragten Thutmose selber nach seinem Befinden; doch nur die Briefe seines Sohnes Butehamun halfen ihm, die Krankheit abzuschütteln. Zwar fühlte er sich »verlassen in diesem fremden Land«, doch hatte er sich gut genug erholt, um »meine Augen zu öffnen und mein Haupt zu erheben«, bevor er sich des langen und breiten über die unwichtigsten Dorfangelegenheiten ausließ. Beispielsweise forderte er in einem seiner Briefe seine Familie auf, sich »um Nofretis Esel zu kümmern« und ihn »abzurichten«; auch solle man »an die Tochter des Vogelstellers herantreten« und »sie bitten, dafür zu beten, daß ich heimkehre«, solle man den Kupferschmied beauftragen, Speerspitzen zu schmieden, und den Polizisten im Auge behalten, solle Butehamun zu allen Lieblingsheiligtümern der Dorfbewohner pilgern, um für die Rückkehr seines Vaters zu beten, und »eine gewisse Angelegenheit« vertraulich mit Pianchis Vertreter in Theben besprechen, solle der Polizist Hednacht nach Nubien geschickt werden – und, ach, er wünschte, seine Frau wäre bei ihm . . . Pflichteifrig scheinen Butehamun und die Dörfler ihr Bestes getan zu haben, um mit Thutmoses und Pianchis Anordnungen Schritt zu halten. Einer ihrer Briefe setzt den Heerführer davon in Kenntnis, daß man ihm seine Kleider zugesandt habe (dies war, als der Schreiber südwärts auf dem Weg zu ihm war); in anderen ist geschildert, wie die Dorfbewohner den Waffennachschub des Heeres aufrechterhielten. Die Magazinverwalter am Großen Platz, die einst die Nekropolenarbeiter mit Meißeln und anderen Werkzeugen versahen, waren nunmehr Waffenmeister. Das Kupfer, aus dem man vordem Spitz- und Flachmeißel herstellte, diente jetzt als Rohmaterial für Dolche und Speerspitzen. Alles in allem war Pianchi so gut versorgt, wie er es von der verarmten Stadt nur erwarten konnte.

Doch trotz aller Anstrengungen vermochten die Thebaner Panhesi nicht zu ergreifen. Als er gestorben war, wurde der ehemalige Vizekönig mit allen Ehren in Nubien bestattet, und keine Armee Thebens vergriff sich je an der Ausstattung und den Inschriften seiner Grabkapelle. Anscheinend kehrte Pianchi ein Jahr nach seinem Abmarsch nach Theben zurück; kurz darauf starb er. Was den Schreiber Thutmose angeht, so wissen wir tatsächlich nicht, ob er lebend oder als Mumie in der Heimat anlangte; doch heimgekehrt scheint er zu sein, nicht anders als der Heerführer, dem er gefolgt war. In einem Gebet, das dicht neben dem Grab des Königs, der zum göttlichen Schutzpatron des Dorfes geworden war, in die Felswand gekritzelt ist, flehte sein Sohn Butehamun zum König der Götter: »Wache über meine Glieder und laß mich ein hohes Alter erreichen. Handle nicht ebenso an mir, wie du an meinem Vater gehandelt hast, dem königlichen Schreiber am Platz der Wahrheit Thutmose.« Dieser kurze Nachruf ist das letzte Denkmal, das an Thutmose erinnert.

Könige und Wadis

Während der Schreiber Thutmose fern von Theben war,
lichteten sich die Reihen der Dorfbewohner. Einige Familien
siedelten mit Butehamun in den Bereich der Tempelfestung
über, andere, unter ihnen ein rangniedriger Schreiber, zogen
in Häuser nahe bei den Feldern, wo sie die Pflanzungen
besser überwachen konnten. Die Dorfbevölkerung war jedoch noch immer recht zahlreich, so daß Thutmose, wie aus
seinen Briefen hervorgeht, sich über die Wasserversorgung in
der Siedlung Gedanken machte. Nach wie vor wirkte eine
Schar tüchtiger Künstler-Handwerker am Großen Platz,
denn in der königlichen Nekropole gab es sehr viel zu tun.
Zwar waren die Arbeiten am Grab Ramses' XI. eingestellt
worden – der Pharao trat als Herrscher kaum in Erscheinung
und ließ sich in Theben nicht blicken –, doch die von Herihor
und seinen Nachfolgern mit Nachdruck betriebene Instandsetzung der teilweise verfallenen älteren Königsgräber brachte Beschäftigung in Hülle und Fülle.

Die Eingänge einiger hoch über der Talsohle liegender
Gräber am Großen Platz waren zu dieser Zeit noch immer
zu sehen; die meisten Königsgräber der alten Dynastie aber
waren in den vergangenen 300 Jahren von Regenfluten verschüttet worden. Auch sie wurden nun gesucht und geöffnet;
alle, Tote wie Lebende, sollten an der Renaissance des
Hohenpriestertums teilhaben. Bisweilen hatte sich auch
Thutmose in das eine oder andere Herrschergrab hinunterge-
wagt, das von den Arbeitskolonnen gerade freigelegt wurde;
Inschriften, die der Schreiber an Ort und Stelle hinterließ,
zeugen von solchen gelegentlichen Besuchen. In der Grabkammer König Thutmoses III. kritzelte ein gewisser Amunhotpe – vielleicht derselbe, der dem in Nubien weilenden
Thutmose den freundschaftlichen Rat gab, sich aus den
Kämpfen herauszuhalten – auf den Wandverputz, eine bestimmte Szene sei sehr schön gemalt, und »die Figur rechts ist
noch tausendmal schöner«.

Die Dorfbewohner fanden die Mumie Thutmoses III., des alten Haudegens, der den Großen Platz ungefähr ein halbes Jahrtausend zuvor als Königsfriedhof gegründet hatte, im ursprünglichen Sarg; allerdings war er von Juwelenräubern stark beschädigt worden. Viele Königsgräber der alten Dynastie wurden in einem ähnlichen Zustand entdeckt; einige waren bereits Hunderte von Jahren vorher heimlich ausgeraubt worden, vielleicht sogar schon während der Beisetzungsfeierlichkeiten. Bei allem Zerstörungswerk, das damals zum Vorschein kam, war es erstaunlich, daß man in keinem der Gräber Feuer gelegt hatte und zahlreiche Wert- und Gebrauchsgegenstände unangetastet geblieben waren.

Wenn Butehamun und seine Männer die Treppe zu einem alten Grab gefunden und freigelegt hatten, zwängten sie sich durch enge Gänge und tiefe Gruben hindurch in die Grabkammer des Herrschers. Dort nahmen sie den Deckel des Sarkophags ab – sofern ihn nicht schon unbefugte Vorgänger entfernt hatten – und lehnten die brüchige Steinplatte vorsichtig an eine Wand oder eine Säule. Die Königsmumie, oft noch in ihre ineinandergepaßten Särge gebettet, wurde ans Tageslicht gezerrt. Für gewöhnlich kehrten die verewigten Herrscher nicht mehr in ihre angestammte Ruhestätte zurück. War ein Grab erst einmal geöffnet, nisteten sich alsbald Fledermäuse ein. Die meisten Gräber allerdings wurden wieder zugeschüttet und fielen erneut der Vergessenheit anheim. Einige wenige wurden in den folgenden Jahrhunderten von unbemittelten Thebanern nach Forträumung von Schutt und Fledermäusekot als Grablege für ihre toten Familienangehörigen benutzt.

Doch nicht nur die Könige der alten Dynastie riß man aus ihren Grablegen, sondern auch jene, deren Gräber in den vorausgegangenen Jahrhunderten von den Dorfbewohnern selbst angelegt worden waren. Von diesen Gräbern waren ebenfalls die meisten ausgeplündert. Nun bedurften sie einer Restaurierung; auch mußten die königlichen Leiber wieder in Leinentücher gehüllt werden, wie das Totenritual es vorschrieb. Die gefledderten Leichname wurden mit Hilfe von Binden zusammengesetzt und wie bei ihrer ersten Bestattung in feinstes Leinen gewickelt. Als man Ramses II. auf diese Weise mit neuen Mumienbinden versah, nutzte ein ranghöherer Nekropolenarbeiter, ein Freund des Schreibers Thutmose, der mit diesem an Pianchis Feldzug nach Nubien teilgenommen hatte, die Gelegenheit, sich mit dem nun schon sagenhaften Monarchen in Verbindung zu bringen, indem er seinen eigenen Namen auf dessen Grabtuch schrieb. Nunmehr aber, da jedermann die toten Könige sehen konnte, ging auch noch das wenige verloren, das die Diebe ihnen gelassen hatten. Sogar die aus Zedernholz bestehenden Türstürze und die Holzstatuen ihrer Gräber entwendete man; übrig blieben lediglich Bruchstücke von Holz, Fayencen und Tongefäßen sowie Stoff- und Lederfetzen. Selbst die Goldfolie der Königssärge wurde abgekratzt; nur die Kartuschen mit den Namen und Titeln ließ man stehen, damit man feststellen konnte, welcher König hier begraben lag. Die Instandsetzung der Gräber und das Neueinwickeln der Mumien führte man mit der gleichen Gewissenhaftigkeit durch, mit der man die letzten Kostbarkeiten der Grabkammern davontrug. Beide Vorgänge liefen offenbar gleichzeitig ab, so daß sich der Eindruck aufdrängt, als habe der Hohepriester für seine Bemühungen um die toten Herrscher sogleich die Gebühren eingezogen. Die ihrer Reichtümer beraubten Pharaonen blieben fortan unbehelligt, bis die Moderne in ihre Grabesruhe einbrach.

Schauplatz dieser düsteren Handlungen war das Stückwerk gebliebene Grab Ramses' XI., in das die geflickten Mumien der Könige zusammen mit Teilen der Einrichtung ihrer zerstörten Gräber, etwa Statuen, Truhen und allerlei rituellen Grabbeigaben, übergeführt wurden. Hier befreite man die genannten Ausstattungs-Überreste von noch vorhandenem Edelmetall und zerschlug sie sodann in tausend Stücke. Das abgekratzte Gold mag die Schatulle des im Nildelta residierenden Königs oder den Säckel des seiner Wohlhabenheit längst entratenen Hohenpriesters drüben in Theben gefüllt haben. Am hinteren Ende des riesigen, jetzt in eine regelrechte Werkstatt umgewandelten Grabtorsos, im Boden der unfertigen Grabkammer, hob man einen tiefen rechteckigen Schacht aus, der als Eingang zum Königsgrab gedacht war. Um nun zu unterstreichen, daß hier ein Neuanfang im »Zeitalter der Wiedergeburt« unternommen wurde, versenkte man in vier kleinen Gruben an den Ecken des Schachtes Gold- und Fayenceplättchen mit dem Namen Ramses' XI., ferner Figürchen der vier Affen, die nach dem »Totenbuch« den rechteckigen Feuersee am Eingang zur Unterwelt bewachten, sowie eine schöne Figurengruppe, die den König im Gebet vor der Göttin Ma'at zeigt. Zwar hatte man in Theben für dieses Gedenkopfer nur wenige Unzen Gold erübrigt, die obendrein mit einem Mehrfachen an Silber und Kupfer legiert waren, und die kleinen Bildwerke, die eigentlich aus Kupferbronze hätten gegossen sein müssen, lediglich aus Wachs hergestellt; doch der Leitgedanke dieses Rituals stammte aus den Tagen mächtigerer Herrscher der alten Zeit. Und die Priester, die diese zerbrechlichen Dinge unter Steinen versteckten, trafen alle Vorkehrungen, daß jahrtausendelang niemand diese kleinen magischen Opferhorte in dem unvollendeten Grab entdeckte.

Ähnlich vorsichtig war man bei der Aushebung des Schachtes verfahren, der ein wenig schräg zur ursprünglichen Achse des Grabes verläuft, für sich genommen jedoch äußerst präzise und handwerklich hervorragend gearbeitet ist. Es war die letzte Arbeit, die die Gräbermacher am Großen Platz ausführten. Daß auch dieses Werk unter der Schirmherrschaft des Amunstempels, ja zweifellos des Hohenpriesters selbst entstand, ergibt sich wohl aus einem Siegelabdruck an einem winzigen Tonklümpchen, das man in einem der vier kleinen Opferhorte entdeckte. Wahrscheinlich hatte man damit einen der Beutel verschlossen, in denen die Priester die Gaben für das Gedenkopfer zum Grab brachten. Obwohl dieser Siegelabdruck sehr undeutlich und keine 2½ Zentimeter hoch ist, erkennt man auf ihm doch den König, der vor einer weiblichen und einer männlichen Gottheit im Gebet verharrt; bei der letztgenannten, dargestellt mit erigiertem Glied, handelt es sich um Min oder, eher noch, um den als Spender der Fruchtbarkeit angerufenen Amun. Nach unserem heutigen Wissensstand können wir vermuten, daß einst vom Grund dieses Schachtes aus Gänge und Kammern ausgehen sollten, die vielleicht als Sammelversteck für Königsmumien dienen sollten, denn ein anderswo fast zur selben Zeit angelegter, ganz ähnlicher Schacht erfüllte genau diesen Zweck. Doch hier trafen die Steinbrecher auf eine so weiche Schieferschicht, daß es unmöglich war, die Gänge und Kammern aus dem Felsen zu holen, in denen die toten Könige ein zweites Mal zur letzten Ruhe gebettet werden sollten. Infolgedessen gab man den Schacht auf. Die verbliebene Öffnung diente als Müllgrube, in die zahlreiche Bruchstücke der zerstörten königlichen Grabausstattungen wanderten.

Es überrascht nicht, daß sich der Hohepriester brennend dafür interessierte, was die Dorfbewohner taten. Pianchi selbst sandte Butehamun aus Nubien die Weisung, ein neues Grab am Großen Platz auszuheben, und erhielt von dem damals etwa 30 Jahre alten Schreiber die in ihrer Durchsichtigkeit brillante Antwort, zwar gehe die Arbeit am Großen Platz unvermindert weiter, doch er wisse nicht, »wohin ich meinen Fuß setzen soll«; wenn man aber seinen Vater, Thutmose, zurückschicke, werde die Arbeit im gewohnten Tempo vorangehen. Nichtsdestoweniger bargen Butehamun und seine Leute weiterhin Königsmumien aus den freigelegten Gräbern und wickelten die teilweise zerstückelten Leichname in neue Mumienbinden; »osirifizieren« nannten die Schreiber diese Prozedur.

Namentlich ein Grab, ein besonders altertümlich wirkendes Grab auf dem Grund eines tiefen Schachtes am Fuß der Felsengruppe, zog die Aufmerksamkeit der Dörfler auf sich, erwies es sich doch als die Grabstätte der Schutzpatrone des Dorfes: des Königs Amenophis I. und seiner Gemahlin Nefertari. Noch immer genoß Amenophis' Orakel im Dorf höheres Ansehen als die Orakel der anderen Götter. Man hatte die Mumie des Königs mit der Axt zerhackt, um an die Juwelen heranzukommen, mit denen sie geschmückt war und die fest in den verhärteten Harzen des einbalsamierten Leichnams saßen. Beide Schulterblätter hatte man aus dem Körper gerissen, desgleichen die Füße und eine Hand. Auch der toten Königin Nefertari fehlten Hände und Handgelenke, die wohl kostbare Ringe und Armbänder getragen hatten; man hatte sie einfach von den dünnen Armen abgeschlagen. Infolge der Einbalsamierung waren die Mumien der frühen Könige und Königinnen teilweise regelrecht versteinert; zwar war keine von ihnen unbeschädigt geblieben, doch wesentliche Teile des Körpers – Kopf, Brustkorb, Becken, Hüftpartie – hatten sich als hautüberzogene, harzige Gesteinsklumpen erhalten, die zu zertrümmern schwierig war und auch nichts einbrachte. So überstanden die Leichname der meisten alten Monarchen diese Zerreißprobe einigermaßen glimpflich.

Als Butehamun mehr als ein Jahrzehnt nach dem Tod seines Vaters sein Werk beendet hatte, war die Mehrzahl der Königsmumien in einigen Gräbern mitten auf dem Großen Platz vereint. Ramses II. hatte man zusammen mit seinem königlichen Großvater Ramses I. in das Grab Sethos' I. verlegt. Amenophis II. hatte völlig neue Särge erhalten und war dann erneut in seinen Sarkophag gebettet worden, und in einer Nebenkammer seines Grabes brachte man eine ganze Schar toter Herrscher unter. Nicht weniger als acht Könige ruhten hier, dazu zahlreiche Königinnen und Prinzen. Aus der gesamten thebanischen Nekropole zusammengetragen, bildeten ihre Särge eine verwirrende Mischung. Einer der Könige war Merneptah, in dessen Grab mehr als ein Jahrhundert zuvor der Schreiber Kenhirchopschef so lange und hart gearbeitet hatte.

Als Pianchi gestorben war, wurde sein Sohn Pinnodjem Hoherpriester. Er setzte die Erneuerung Thebens und die Wiederbestattung der einstigen Herrscher fort. In der Tempelfestung Ramses' III. begann er mit der Instandsetzung des Palastes, den einige Zeit zuvor die Waffenmeister des Vizekönigs Panhesi zerstört hatten. Und Butehamun gab er Order, die »Osirifizierung« der Mumie Ramses' III. zu überwachen. Wahrscheinlich brachte der Schreiber den Leichnam des streitbaren Pharaos zusammen mit den Überresten anderer Könige und der Königin Nefertari im Grab Sethos' I. unter, denn man fand ihn später dicht an dicht mit der Mumie einer Frau in dem riesigen Sarg, der vordem für Nefertari bestimmt gewesen war.

Ramses XI. starb im selben Jahr, in dem Pinnodjem seinem Vater im Hohenpriesteramt nachfolgte. Er hatte 27 Jahre regiert, dabei jedoch ein bloßes Schattendasein geführt. Von daher mag es sich erklären, daß er zur Bestattung nicht nach Theben gebracht wurde. So diente sein halbfertiges Grab weiterhin den mit Ausbesserungsarbeiten befaßten Gräbermachern als Werkstatt. Ungefähr 15 Jahre später ordnete Pinnodjem die Wiederherstellung einiger durch Steinschlag zerstörter Inschriften an den Wänden dieses Grabes an. Es wurden indes nur die Texte selbst erneuert; die Namenskartuschen Ramses' XI. ersetzte man durch Namen und Titel des Hohenpriesters. Was man bei der Restaurierung der Herrschermumien empfand, geht wohl nicht zuletzt daraus hervor, daß etwa 20 Jahre danach, als viele Mumien noch immer nicht ihre endgültige Ruhestätte gefunden hatten, die Töchter vornehmer thebanischer Familien eigenhändig neue leinene Leichentücher für die alten Könige woben. Lange gemalte Inschriften auf dem hauchdünnen Tuch erinnern bis heute an dieses fromme Werk. Pinnodjem entwickelte ein archäologisches Interesse ganz eigener Art, indem er 500 Jahre alte Königssärge für seinen Eigengebrauch wiederauffrischen ließ. Ihre narbenreiche Oberfläche erhielt eine neue Vergoldung sowie neuen Glanz durch Einlagen aus Karneol und Glasfluß. Doch Pinnodjems Versuch, sich mit dem Nimbus der Könige vergangener Zeiten zu umgeben, erwies sich schließlich doch als erfolglos. Bei einer späterer Neubestattung gaben Butehamuns Nachfolger dem alten König seinen rechtmäßigen Sarg zurück und legten die Mumie des Hohenpriesters in eine schlichte Truhe ohne Namenszug.

Doch nicht nur um die am Großen Platz beigesetzten Könige bemühten sich Butehamun und seine Leute. Mit gleicher Sorgfalt gingen sie in sämtlichen anderen Friedhöfen vor, die über die Steilwände und Anhöhen von Theben-West verteilt waren, und prüften den Erhaltungszustand der Pyramidengräber uralter Herrscher sowie der letzten Ruhestätten von Königinnen und Prinzen. Auch von diesen Gräbern waren viele geplündert worden. Im Zuge ihrer Wiederherstellung beseitigte man die Unordnung, die die Grabräuber hinterlassen hatten, wickelte die Mumien aus und stellte dann ihre »Verpackung« neu her. Ein jung verstorbener Prinz, der vor langer Zeit sogar einmal Mitregent gewesen war, erfuhr eine ganz besonders sorgfältige Behandlung; für seine Wiederbestattung legte man sogar ein neues Grab in den Felsen beim Dorf an.

Die Grabrestauratoren vergaßen nicht einmal den entlegensten der thebanischen Friedhöfe, die sich in den langen, von goldgetönten Felsen überragten Wadis südwestlich des Dorfes kilometerweit hinein in die Wüste erstreckten. Dort untersuchten sie die Gräber alter Königinnen und Höflinge, und auf die mächtigen Geröllblöcke, die dort überall auf dem Talboden herumlagen, kritzelten sie die Namen jener, die zur Gräber-Nachschau ins Tal gekommen waren. Die bisweilen an die 2 bis fast 2½ Meter langen Zeilen dieser Texte nehmen

sich auf der gelblichen Patina des Kalksteins wie Spinnengewebe aus. Auch in dieser abgelegenen, gnadenlosen Umgebung hinterließen Butehamun und seine Freunde die Namen des Hohenpriesters sowie Gebete an Amun, den Verborgenen, den König der Götter. So weit waren manche dieser Täler von der Tempelfestung entfernt, daß die Inspektionsreisen mehrere Tage dauern konnten und der Schreiber mit seinen Männern im Schutz von Felsüberhängen lagern mußte, die nachts die tagsüber gespeicherte Sonnenhitze abstrahlten. Der älteste der Graffiti Butehamuns in diesen einsamen Tälern stammt noch aus den Tagen, da Butehamuns Vater

Thutmose in Nubien weilte; er berichtet von einem Zug in ein Wadi, an dessen oberem Ende – was der Schreiber und seine fünf Gefährten nicht gewußt hatten – sich die goldenen Grablegen dreier Haremsdamen befanden. Zehn Jahre später hielt sich Butehamun abermals in ebendiesen Tälern auf, nun als Oberschreiber an der Spitze einer größeren Expedition und begleitet von einigen seiner zahlreichen Söhne.

Bis zu seinem Tod inspizierte Butehamun immer wieder diese fernen Wadis und die Steilhänge im Einzugsgebiet von Theben-West. In einem seiner Graffiti heißt es, er habe auf einer dieser Expeditionen unter freiem Himmel daliegende Särge aus einem geplünderten Grab gefunden; die meisten indes sind dem Andenken seines verstorbenen Vaters oder anderer Familienangehöriger gewidmet. Eine weitere Felsinschrift erzählt von einem Ausflug, den der Hohepriester Pinnodjem selbst in die Berge unternahm, nachdem er Theben-West besucht hatte. Bei diesem Ortstermin könnte sich Pinnodjem durchaus ein Bild vom Fortgang der Arbeiten in der Nekropole gemacht haben, nicht nur an den zu restaurierenden Königsgräbern, sondern auch an seinem eigenen Grab; denn auch die Hohenpriester ließen für sich Gräber errichten. Bei einer solchen Gräberinspektion, die einige Jahre früher, im 6. Jahr des »Zeitalters der Wiedergeburt«, stattgefunden hatte, war »das Grab des großen Heerführers« aufgesucht worden; wir wissen nur nicht, ob es sich dabei um das Grab Herihors handelte, der in jenem Jahr starb, oder um das seines Nachfolgers Pianchi.

Nicht wenige Gräber von Mitgliedern der Familien Herihors und Pianchis sind noch erhalten; sie sind vorzüglich gearbeitet. Allerdings hat man von den beiden kampferprobten Hohenpriestern selbst weder die Gräber noch die Mumien gefunden, und da auch keinerlei Grabausstattung zum Vorschein kam, die ihren Namen trägt, ist es denkbar, daß ihre Begräbnisstätten nicht ausgeraubt wurden, sondern noch unversehrt sind und irgendwo in den an Schlupfwinkeln reichen Einöden der Westberge ihrer Entdeckung harren. Doch wo mögen Butehamun und die anderen Dorfbewohner die beiden hohen Würdenträger bestattet haben? Wir können kaum glauben, daß sie nach den bitteren Erfahrungen der vorangegangenen Jahrzehnte neue Grabmäler inmitten all der Grab-Ruinen am Großen Platz anlegten. Eher ist ihren Graffiti und anderen Anhaltspunkten in den Wadis zu entnehmen, daß die Hohenpriester dort, in diesem entlegensten Teil der thebanischen Berge, bestattet wurden — in jenen Tälern, die die alten Begräbnisstätten von Königinnen und Prinzen bergen.

Zur Zeit Butehamuns zogen ganze Dorfgemeinschaften in diese Trockentäler, um dort zu wohnen, ebenso wie fünf Jahrhunderte zuvor. Abermals wurden die Stufen gangbar gemacht, die durch die Felsenkamine am Rand des Hochplateaus hinab ins Tal führten, und abermals schleppten auf den Pfaden, über die man noch die fernsten Steilfelsen erreichte, Esel Vorräte herbei. Tief im äußersten dieser Täler, heute Wadi Gharbi (»Westtal«) genannt, bauten die Nekropolenarbeiter kleine Hütten und richteten sich unter gewaltigen Steintrümmern, die vom Felssaum des Plateaus herabgefallen waren, Schlafplätze ein. Das Wadi Gharbi ist landschaftlich ganz anders beschaffen als das Tal der Könige. Sein Talkopf bildet einen Halbkreis von knapp 30 Meter Durchmesser, den an die 200 Meter hohe Felsen umragen. Bei den äußerst seltenen Regenfällen sammelt sich hier das Wasser, das dann in Kaskaden hinabstürzt und durch eine enge Klamm abfließt. Es ist ein gänzlich abgeschiedener Platz, wo man nicht ein einziges Geräusch vernimmt, eine mit Gesteinstrümmern übersäte natürliche Arena von kolossalen Abmessungen. Lange nach Butehamuns Zeit setzte sich bei den Ägyptern die Überzeugung durch, dieses Tal sei heilig. So wurde es zum Pilgerziel, an dem man unter Fels- und Geröllblöcken kleine Opfergaben niederlegte.

An die Felswände und auf die Steinblöcke, die überall ihre bescheidenen Hütten umgaben, kritzelten und schmierten die Dorfbewohner Bilder und Hieroglyphen, wie es ihnen gerade in den Sinn kam. Die rasch hingeworfenen Zeichen drücken so einfache Empfindungen aus wie »schön«, in der Bildersprache jener Tage eine Lotosblüte an einem gebogenen Stengel. Oder wir erkennen einen Mann mit anbetend erhobenen Armen, das in Begriffen wie »hoch« und »sich freuen« erscheinende Sinn-Bild. Immer und immer wieder taucht das Zeichen für »Grab« auf, und oft begegnen wir einer Gruppe von Zeichen, die dasselbe bedeutete, aber wörtlich »Haus des Lebens« lautete; dieser Ausdruck war zu Butehamuns Zeit wieder im Schwange und bezeichnete ein Königsgrab. Häufig stoßen wir auch auf die Namen und Titel der Hohenpriester, entweder wie Königsnamen in Kartuschen gesetzt oder als Zeichengruppe ohne Kartusche.

Sehr viel prosaischer sind in den Felsen gekratzte Listen von Versorgungsgütern, die die Männer in dem verlassenen Wadi erhalten hatten. In der Tat war der Nachschub in die einsame Gegend äußerst schwierig; sogar der einzige moderne Archäologe, der 3000 Jahre später hier arbeiten wollte, scheiterte daran. Doch anders als uns gegenwärtigen Menschen fehlten den Ägyptern jener Tage weder Zeit noch Hilfsmittel, um eine solche Aufgabe zu bewältigen. Auf dem Plateau oberhalb der Steilfelsen legten sie eine Reihe von Auffangbecken und Verbindungsgräben an, um das kostbare Naß gelegentlicher Niederschläge oder gar Wolkenbrüche zu sammeln und zu speichern. Obgleich in dieser hochgelegenen, den Winden ausgesetzten Wüstenei so gut wie niemals Regen fällt, braucht man dort auch heute seine Hand nur in eine Felsspalte zu stecken, um Feuchtigkeit zu spüren. Vielleicht kannten schon die alten Ägypter dieses Phänomen und

wußten es zu nutzen. Dicht bei dem kunstreichen Wasserauf-
fangsystem hinterließen unsere Dörfler mehrere Opfertische
mit Inschriften im charakteristischen Stil des Dorfes. Sie
bestehen aus Platten feinen weißen Kalksteins, die man aus
dem knapp 10 Kilometer entfernten thebanischen Steinbruch
heraufgeholt hatte. Heutzutage sind diese privaten Kult-
denkmäler die räumlich abgelegensten Monumente von Theben-West. Um von der kleinen Hüttensiedlung unten im
Wadi zum Hochplateau zu gelangen, benutzten die Dorfbewohner eine Treppe, die durch einen Kamin in der Steilwand
nach oben führte. Mittlerweile ist sie unpassierbar, da Geröll
und Sand den engen Schlot verstopft haben; doch nach wie
vor säumen Scherben irdener Krüge die von den Wasserstellen ausgehenden Trampelpfade.

Wo aber sind die Gräber, die die Nekropolenarbeiter hier
schufen? Als Butehamun und seine Männer Jahr um Jahr die
nahen Wüstentäler durchstreiften, erkannten sie, wie abseitig
und vergleichsweise geschützt die alten Gräber lagen, die sie
dort inspizierten. Für die Sicherheit des Ortes spricht auch,
daß einige der näher bei Theben errichteten Grabstätten auf
Geheiß des Hohenpriesters erweitert wurden, um die von
Butehamuns Such-Trupp geborgenen Königsmumien aufzunehmen. Viele der Gräber waren in der Felswand Dutzende
von Metern über der Talsohle hinter getarnten Eingängen
angelegt. Andere, von Mitgliedern vornehmer Familien und
von Dienern, hatte man in der Nähe von Spalten aus dem
Fuß der Kalksteinfluh gehauen; auch sie waren unzugänglich, verschüttet von dem Erdreich, das die bisweilen vom
Wüstenplateau her durch die Felsspalten in die Tiefe pras-
selnden Regenfluten in Jahrhunderten abgelagert hatten.
Wieviel besser waren die Toten in diesen »begrabenen Gräbern« verwahrt als in den riesenhaften Grabmälern am Großen Platz, in denen Generationen von Gräbermachern ihr
Leben zugebracht hatten!

Möglicherweise ruhen also Herihor und Pianchi in Gräbern hoch oben in den Felswänden, sei es in eigens für sie
geschaffenen Grüften, sei es in wiederbenutzten älteren, um-
gestalteten Grabgewölben. Die Krähen, die an den Schrof-

fen entlangsegeln, mögen es dereinst an den Tag bringen . . .
Daß man in großem Umfang Gestein ausbrach, davon zeugen die ausgedehnten Abraumhalden ähnlich denen im Tal der Könige; die ungezählten Felssplitter und -brocken, die beim Vorantreiben der Stollen und beim Behauen der freigelegten Wände abfielen, bedecken das gesamte Talende unmittelbar bei den Überresten der Arbeiterhütten. Außerdem entdeckte man hier die Bossen eines Granitsarkophags, jene Buckel, die man an der glatten Sarkophag-Außenfläche beließ, damit die Seile beim Transport nicht abrutschten, und die abgeschlagen wurden, sobald sich der Steinsarg an seinem endgültigen Platz befand. Somit enthält dieses gottverlassene Tal vielleicht die Antworten auf viele Fragen. Sorgfältige Grabungen könnten nicht nur Gräber ans Licht bringen, sondern auch reiche Details über das Leben im alten Ägypten, nicht zuletzt über die Kulte, denen man in dieser felsigen Ödnis huldigte.

Obwohl Butehamun vollauf damit zu tun hatte, sich um die toten Könige, die Angelegenheiten des Hohenpriesters und des Dorfes sowie um seine Felder zu kümmern, fand er Zeit, für sein eigenes Begräbnis Vorsorge zu treffen. Und wie dieser Schreiber, der so mit den Totenritualen und den Beisetzungszeremonien für verstorbene Monarchen vertraut war, sein Weiterleben im Jenseits zu sichern suchte, verdient besondere Beachtung. Aufgrund der herben Erfahrungen mit den Pharaonengräbern bestand für Butehamun eigentlich wenig Grund zu der Hoffnung, selber für alle Zeiten ungestört in seiner Grabkammer zu ruhen. Überraschenderweise hoffte er es trotzdem; allerdings begnügte er sich mit dem dorfüblichen Rahmen, nämlich einem in leuchtenden Farben bemalten Dreifach-Sarg aus Zedernholz, der zwischen den sterblichen Hüllen mehrerer Ahnengenerationen in einer Familiengruft Aufstellung fand.

Die drei ineinandergeschachtelten Särge Butehamuns waren so beschaffen, wie man es von dem Sproß einer alteingesessenen Handwerkersippe erwarten konnte. Der innerste war zu klein, so daß man für die Bestattung noch ein Stück der Schulterpartie herausschneiden mußte, weil der alte Schreiber sonst nicht hineingepaßt hätte, dabei war Butehamuns Mumie gerade knabengroß. Alle drei Särge waren mit Malereien bedeckt, die die Weltschöpfung, trauernde Gottheiten, die Wandlungen der Seele sowie die Götter und Göttinnen Thebens wiedergaben; all diese von den Künstler-Handwerkern des Dorfes seit Jahrhunderten in thebanischen Gräbern gemalten und ausgemeißelten Szenen waren von erstklassigen Umrißzeichnern skizziert und anschließend von Faßmalern aufs harmonischste koloriert worden. Sollte Butehamun je das Schicksal der Könige widerfahren, mitsamt den Särgen aus dem Grab gerissen und umgebettet zu werden, so würde er immerhin seine Grabmalereien bei sich haben; denn die Maler aus dem Dorf hatten manche Szenen, die an den Wänden der Königsgräber prangten, auf die Mumienbehälter übertragen. Und diese Szenen zeigen uns statt eines Königs den Schreiber Butehamun, der, bald mit der Perücke der Edelleute, bald kahlköpfig, jedoch immer in Gebetshaltung, mit besorgter Miene und etwas kurzsichtig auf die Götter starrt. Ungeachtet ihres ernüchternden Berufsbildes als Totengräber der Könige waren Butehamun und seine Kollegen vom Glauben an die Götter ebenso durchdrungen wie ihre Vorfahren; andererseits waren sie sich auch der Fragwürdigkeit der menschlichen Existenz bewußt. Sie hatten ein Reich verloren, dafür aber sich selbst gefunden.

Die drei modellierten Gesichter von Butehamuns menschengestaltigen Särgen blicken indes eher teilnahmslos der Ewigkeit entgegen. Nichts von der Wesensart des Schreibers ist in ihnen zu erkennen. Doch innen am innersten Sargdekkel, ehedem also unmittelbar über der Mumie, finden wir eine sehr persönliche Hinterlassenschaft, die uns um so mehr ans Herz rührt. Auf den Gipsgrund der Deckel-Unterseite und über deren ganze Länge schrieb Butehamun Gebete, Verse aus dem »Totenbuch«, die dem Verstorbenen ebenso die Unterwelt erschließen sollten, wie die Passierscheine den Handwerkern Zutritt zur Tempelfestung Ramses' III. gewährten. »Mein Mund ist geöffnet worden von Ptah, der Gott meiner Stadt hat meine Binden gelöst. Thot, der Zaubermächtige, ist gekommen und hat meine Binden gelöst, selbst die, die meinen Mund festhalten. Atum hat meine Hände befreit.« Butehamun hat jedes der kurzen Gebete mit einer Originalversion verglichen und es dann an der richtigen Stelle eingesetzt. Am Ende jeder Zeile erscheint das »Geprüft«-Zeichen des Schreibers, jener säuberliche, Aufmerksamkeit verratende rote Punkt, dem wir in den Aufzeichnungen der Nekropolenarbeiter über einen Zeitraum von drei Jahrhunderten hinweg immer wieder begegnen. In Butehamuns Sarg gleitet die kleine rote Markierung ein letztes Mal durch das Verzeichnis der Ansprüche des Toten an das Jenseits und stellt sicher, daß jeder einzelne Wunsch genau dort steht, wo er hingehört.

Butehamun starb um 1056 v. Chr. und wurde, von seinen schönen Särgen umhüllt, im Grabgewölbe der Familie auf dem Dorffriedhof beigesetzt. Noch kurz vor seinem Tod hatte er die »Osirifizierung« König Ramses' III. überwacht, jenes Herrschers, unter dessen Regierung sein Urgroßvater Amunnacht die Familie von Schreibern und Malern gegründet hatte, der er angehörte. Für die Bestattung sorgte sein ältester Sohn, Anchefenamun, der, wie es nun schon Tradition war, durch einen Tintengraffito das Hinscheiden seines Vaters bekanntgab. Die Inschrift fand sich in einer fast 300 Jahre zuvor für die Arbeiter Nu und Nachtmin erbauten Grabkapelle; ihr kurzer Text lautet: »Dein ist der Westen, der für dich bereitet worden ist, wo die Gesegneten weilen und die Sünder keinen Zugang haben. Der Schreiber Butehamun ist im hohen Alter dorthin gekommen; sein Leib befand sich bei guter Gesundheit. Verfaßt vom Schreiber des Grabes Anchefenamun. «

Von zahlreichen Verwandten unterstützt, setzte Anchefenamun die Arbeit seines Vaters fort. Denn noch immer brauchte man Arbeitskolonnen, um am Großen Platz nach den Königen früherer Zeit zu graben. Einige der Büder Anchefenamuns drangen sogar in das Grab Ramses' II. ein und besichtigten die Wandmalereien, an denen ihre Altvorderen so lange und so hart gearbeitet hatten. Auch begab man sich regelmäßig in die Wadis im Süden, um die Gräber der Königinnen und Prinzen zu inspizieren. Aller Wahrscheinlichkeit nach waren Anchefenamun und seine Brüder im Haus der Familie auf dem Gelände der Tempelfestung Ramses' III. geboren, und dort wohnten sie wohl auch zeit ihres Lebens. Ihre eigentliche Heimat aber war weiterhin jenes Dorf in dem kleinen Wüstental über der Ebene, wo Mitglieder der Familie inmitten der alten Häuser und der Friedhöfe, der Heimstätten dahingegangener Generationen, das Orakel Amenophis' befragten. Die Häuser der alten Gräbermachersiedlung trugen jetzt an die zwei Dutzend Schichten weißer Tünche, und die heiligen Schreine mit all ihrem frommen Zubehör nahmen nun die Hälfte der Räume ein, in denen einst die Dorfbewohner im Abendlicht bei Gesprächen und Musik beieinandergesessen hatten.

Doch nicht allzu lange nach Butehamuns Tod wurde das Dorf schließlich aufgegeben. Wir können uns vorstellen, wie Esel die Habseligkeiten der wenigen Familien, die noch ausgeharrt hatten, hinaus durch das Tor der Dorfmauer trugen, hinab durch das sanft abfallende Tal und über den weißschimmernden Wüstensaum hinüber zur Tempelfestung. Dort verstaute man Eselsladung um Eselsladung im schattigen Labyrinth neuer Häuser, die sich rings um den königlichen Totentempel drängten. Wie das kleine Gemeinwesen der Nekropolenarbeiter eines langsamen Todes gestorben war, versiegen auch die Aufzeichnungen aus dem Dorf. Es war keiner Katastrophe zum Opfer gefallen, keiner verheerenden Feuersbrunst, keinem alles vernichtenden Erdbeben. Sein Leben war allmählich versickert, wie ein Bach im Spätsommer austrocknet. Nichts mehr erfahren wir über Anchefenamuns Haushalt, seine Brüder, weitere Nachkommen. Die gesamte Familie taucht hinab ins Dunkel der Geschichte. Unsere Verbindung mit diesen Männern, Frauen und Kindern – jäh reißt sie ab. Nicht einmal Bruchstücke geben uns noch Nachricht von ihrem Schicksal.

Epilog
Deir el-Medine

Schon halb in Trümmern liegend, versank das kleine Dorf bald im Flugsand und unter dem Geröllschutt, der von den Hügeln ringsum zu Tal rutschte. Dann und wann kamen mittellose Thebaner über den Nil herüber in den still gewordenen Winkel, um in den vormaligen Familiengräbern der Dörfler, ja sogar in einstigen Vorratskammern der Häuser ihre Toten zu bestatten. Doch wer ehedem in dem Trockental gelebt hatte und welcher Tätigkeit die Bewohner nachgegangen waren, geriet vollständig in Vergessenheit.

Besser erging es den Kapellen und Tempeln des Dorfes; die Erinnerung an die Heiligkeit der Stätte erhielt sich in der Umgegend, so daß acht Jahrhunderte später, als unter den Ptolemäern in Theben neue Steinbauten entstanden, auch hier ein neuer Tempel errichtet wurde. Zwar fielen dem Neubau einige der älteren Baudenkmäler zum Opfer, so der kleine Hathortempel des Schreibers Ramose; andere Monumente wiederum, darunter einige der am meisten verehrten Dorfheiligtümer, wurden von den Ziegelmauern der neuen Tempeleinfriedung umschlossen, die ausdrücklich ihrem Schutz dienen sollte. Weitere 500 Jahre danach, als das Christentum auf seinem Siegeszug auch das alte Theben erreicht hatte, blieb der sakrale Rang des Ortes erstaunlicherweise ebenfalls gewahrt, denn dicht daneben entstand ein Kloster, und einige der Mönche bewohnten den steinernen Tempel, an dessen Nordmauer sie einen kleinen Friedhof für sich anlegten. Auch die Priester des ptolemäischen Tempels hinterließen uns Aufzeichnungen über ihre Gemeinschaft, die in so mancher Hinsicht an die Dorfbewohner von einst erinnern. Den christlichen Mönchen in der Thebais dagegen verdankt der Ort seinen heutigen Namen Deir el-Medine (»Stadtkloster«), der sich für das Gräbermacherdorf in der modernen Fachliteratur eingebürgert hat.

Für die Reisenden des 19. Jahrhunderts allerdings war

Deir el-Medine nicht mehr als der elegante kleine Steintempel, dessen vielgepriesene Architekturdetails zahlreiche ausländische Besucher von Theben zur Besichtigung herüberlockten. Damals kamen immer mehr Reisende zu den antiken Stätten, und je größer das Interesse am alten Ägypten wurde, desto mehr stieg auch die Nachfrage nach Antiquitäten, die man im Reisegepäck mitnehmen konnte. Um diesen neuen Markt zu beliefern, begannen die in ein paar vereinzelten Häusern im Norden des Tals lebenden Nachfahren der Nekropolenarbeiter, die alten, Schatzfunde verheißenden Friedhöfe zu durchwühlen. Schon in den zwanziger Jahren des 19. Jahrhunderts war bei derartigen Raubgrabungen ein bemerkenswertes Archiv von Papyrusdokumenten zum Vorschein gekommen. Es umfaßte sämtliche Briefe, die der Schreiber Thutmose an seinen Sohn Butehamun schickte, als er am Nubien-Feldzug des Heerführers Pianchi gegen den ehemaligen Vizekönig Panhesi teilnahm, sowie die während dieser Kampagne nach Theben gesandte Korrespondenz des Feldherrn. Wahrscheinlich aus ebendiesem Archiv stammt die Papyrus-Karte der Goldminen im Wadi Hammamat und der Plan des Grabes Ramses' IV., der auf seiner Rückseite das Dokument mit der Regelung des Nachlasses Amunnachts enthält. Viele andere in der Folge berühmt gewordene Schriftstücke unbekannter Herkunft, die man damals fand, darunter der sogenannte Erotische Papyrus, kommen möglicherweise alle aus derselben Quelle. Niemals wieder sind so reiche Schätze von Zeugnissen der Gelehrsamkeit und des Alltagslebens im alten Ägypten ans Licht gekommen. Die Papyri gingen in die Hände einiger weniger Sammler in Europa über, und die meisten landeten schließlich in europäischen Museen, wo sich in der Folge Papyrologen ihrer annahmen. Viele dieser Dokumente waren einst von Butehamun in seinem Familiengrab verwahrt worden. Als nämlich Thutmose zusammen mit Pianchi in Nubien weilte, brach das Dach des Hauses, das sein Großvater Harschire gebaut hatte, unter einem heftigen Regenguß zusammen; daraufhin bat Thutmose seinen Sohn brieflich, die Schriftrollen und Briefe in das Grabgewölbe der Familie zu bringen, wo sie in Sicherheit seien. (Da Butehamuns Särge zur gleichen Zeit in Europa auftauchten wie die Mehrzahl der Dokumente, dürfen wir annehmen, daß Thutmoses Anweisung befolgt wurde.) Selbstverständlich breitete Butehamun die durchnäßten Papyri erst zum Trocknen in der Sonne aus; noch heute sieht man auf den kostbaren Schriftstücken, die in europäischen Museen ruhen, die Sandkörner, die damals an ihnen haften blieben.

Begleitet waren diese Papyrusfunde von einer ergiebigen Ernte an beweglichen Altertümern, die auf hartnäckiges Betreiben des französischen Konsuls in Ägypten an das Königshaus Savoyen kamen und den Grundstock der Sammlungen des Ägyptischen Museums in Turin bildeten. Von den Dorfbewohnern geschaffene Stelen sowie Türrahmen und Säulenbasen aus ihren Häusern und Gräbern wurden aus dem bergenden Wüstensand gegraben, der inzwischen das Dorf mit allem, was die Behausungen noch an Einrichtungsgegenständen enthielten, bedeckte. Diese Grabungen waren indes äußerst unsystematisch. Niemand war sich darüber im klaren, was hier wirklich unter den Sandmassen lag, in denen die neuen Dorfbewohner mit ihren Hacken und Eisenstäben umherstocherten, und ganz gewiß kam niemand auf den Gedanken, daß es in diesem ausgedörrten Tal vor Jahrtausenden ein Dorf gegeben hatte.

Um 1850 wurden die beiden Tongefäße ausgegraben, in denen die Beamten des Wesirs Herihor ihre Aufzeichnungen über den Grabräuberprozeß sowie über die Untersuchung der Ereignisse im Jahr der Hyänen untergebracht hatten. Die genaue Fundstätte kennt heute freilich niemand mehr; die Schriftstücke können ebenso in Deir el-Medine wie im Bereich der Tempelfestung Ramses' III. in Theben-West zum Vorschein gekommen sein. Auch sie gelangten in den Handel und fanden schließlich ihren Weg in die großen staatlichen Museen. Die damaligen Ägyptologen verstanden zwar die meisten Hieroglyphen zu lesen, kannten aber viele altägyptische Ausdrücke nicht, die in den Papyrusrollen vorkommen, und begriffen daher auch nicht, worum es in den Texten geht. Sofern die Dokumente nicht neue Einzelheiten aus dem Alltagsleben zur Zeit der Pharaonen lieferten, wanderten sie als vermeintlich belanglos unveröffentlicht in die Magazine.

Derart esoterische Beschäftigungen wie die Übersetzung alter Papyri hatten bei weitem nichts so Spektakuläres an sich wie die 1881 geglückte Entdeckung eines Grabes voller Königsmumien. Es handelte sich um die Mumien jener Herrscher, die Butehamun und seine Männer aus dem Dorf vor 3000 Jahren so sorgfältig zusammengetragen und restauriert (»osirifiziert«) hatten. Eine Weltöffentlichkeit, die bereits von den europäisch umgeformten Visionen altorientalischen Glanzes fasziniert war, konnte nun den berühmtesten aller Pharaonen ins Antlitz blicken. Die flüchtigen Notizen der Schreiber an ihren Särgen erzählten die ungewöhnliche Geschichte ihrer Erhaltung. Wir erfahren, daß sie etwa 70 Jahre nach dem Tod Butehamuns auf Anordnung eines thebanischen Orakels zusammengetragen worden waren (einige hatte man dem Grab Sethos' I. entnommen); alsdann hatte man sie vom Großen Platz über die Berge hinweggeschleppt, die Thebens westlichen Horizont bilden, und sie endlich in der eigens erweiterten Gruft einer Königin beigesetzt. Dort waren die Pharaonen ungestört geblieben, bis einer der heutigen Dorfbewohner in den Felswänden den Grabschacht fand und zehn Jahre später unter Zwang den Behörden seine Entdeckung verriet.

Im Museum zu Kairo kam zu diesen Königsmumien bald eine zweite Gruppe von Mumien hinzu; diesmal waren es die Pharaonen, die Butehamuns Leute im Grab Amenophis' II. versteckt hatten. Der Inhalt eines dritten, etwa zur gleichen Zeit entdeckten Gewölbes, das die Mumien von Priestern barg, ging an verschiedene westliche Museen. Im Tal der Könige entfernte man damals aus zahlreichen Gräbern den Gesteinsschutt; dabei kamen viele der besten noch erhaltenen Umrißzeichnungen von Künstlern aus dem Gräbermacherdorf ans Licht. Das gesamte Material sandte man zu Schiff nach Kairo; es muß dort den Eindruck erweckt haben, als werde das alte Theben ausverkauft.

Im Jahr 1886 beschrieb der italienische Altertumsforscher Eduardo Toda das Tal von Deir el-Medine schlicht als

»Ruine des Friedhofs der unermeßlichen Stadt«. Für ihn war diese Landschaft ein einziges Memento mori, eine Mahnung an den Tod, angefüllt mit zerborstenen Vasen und Amphoren, von zerbrochenen Stelen und Statuen, von Mumienbinden, ja von den Überresten verstorbener Dorfbewohner selbst; all dies lag verstreut auf den Abraumhalden, die von den Raubgrabungen der letzten 80 Jahre herrührten. Toda war in das Tal gekommen, um der Freilegung eines Grabes beizuwohnen. Darin ruhte ein ranghöherer Nekropolenarbeiter namens Sennodjem, der ein alter Mann gewesen war, als der Schreiber Ramose in das Dorf kam, um dort zu bleiben. Toda sah nun Sennodjem friedlich in seiner Gruft liegen, deren leuchtendfarbige Wandmalereien heute eine der Sehenswürdigkeiten Thebens sind. Gelehrte konnten den Hieroglyphentexten entnehmen, daß Sennodjem »Arbeiter am Platz der Wahrheit« gewesen war, doch damals war man allgemein der Auffassung, dies sei der Titel eines Richters, und mit »Platz der Wahrheit« sei der Gerichtshof gemeint. Neben Sennodjem waren seine Frau und ganze Generationen von Familienangehörigen zur letzten Ruhe gebettet. Sie alle wurden aus ihren Binden gewickelt, und man nahm ihnen auch ihre zum Teil in hellen Farben bemalten Grabbeigaben, um sie in verschiedenen Museen auszustellen.

Im Jahr 1905 führte dann der Archäologe Ernesto Schiaparelli Ausgrabungen durch. Als Direktor des Museums in Turin fühlte er sich zweifellos zu der Stelle hingezogen, von der so viele der besten Stücke seines Instituts stammten. Hoch auf den Bergen im Westen legte er das Grab eines Architekten der alten Dynastie frei, das die vollständige Ausstattung eines Dorfhauses enthielt – eine einzigartige Entdeckung! Den gesamten Fund sandte man an das Turiner Museum, wo er die Sammlungen von Urkunden und Ausstattungsgegenständen aus dem Dorf ergänzte. Außerdem grub Schiaparelli Teile von fünf Häusern aus, und vermutlich fand er in einem von ihnen eine Säulenbasis aus dem Haus des Schreibers Ramose. Dies war der Beweis dafür, daß der Schreiber und seine Gattin Mutemwija im nordöstlichen Teil der Siedlung gewohnt hatten.

Letztlich waren es allerdings nicht solche unsystematischen Grabungen, die zur Auffindung des Dorfes führten. Diese spielte sich vielmehr in den Räumen europäischer Museen ab, wo seit Anfang unseres Jahrhunderts eine kleine Gruppe von Gelehrten sich eingehend mit der Entzifferung und Deutung vieler der in Theben gefundenen Papyri beschäftigte. Einer der Forscher, ein junger Engländer namens T. Eric Peet, richtete seine ganze Aufmerksamkeit auf die in den beiden Tongefäßen gefundenen Dokumente. 1920 veröffentlichte er zwei Papyri, in denen es um die Plünderung der Tempel und um die Ausraubung eines Königsgrabes zur Zeit des Vizekönigs Panhesi ging. Im Lauf der nächsten zehn Jahre publizierte er dann alle anderen Dokumente aus dem Archiv, die man damals kannte, dazu eine beträchtliche Menge zusätzlichen Materials, darunter umfangreiche Fragmente der Arbeitsberichte aus dem Dorf. In Zusammenarbeit mit dem Turiner Ägyptologen Giuseppe Botti entstand so ein umfangreicher Band. Durch ihn erfuhr die wissenschaftliche Welt vom Leben und von den Zeitumständen des Schreibers Harschire, von den Untersuchungen des Schreibers Thutmose und von beider Zeitgenossen; das Werk zeigte die Männer nicht als austauschbare Statisten in einer beliebigen Aneinanderreihung von Anekdoten, sondern als Charakterfiguren in einer Geschichte mit durchgehender Handlung. Im Jahr 1930 veröffentlichte Peet dann sein Hauptwerk, *The Great Tomb-Robberies of the Twentieth Egyptian Dynasty*. Vier Jahre später starb er im Alter von 52 Jahren.

Während Peet dem Tun und Lassen des Schreibers Harschire und dessen Enkels Thutmose nachforschte, untersuchte eine amerikanische Expedition die Tempelfestung Ramses' III. – Medinet Habu, wie man den Gebäudekomplex heute nennt. Die Überreste der Türen von Thutmoses Haus auf dem Gelände hatte man bereits gefunden; nun entdeckten die Amerikaner dort mehrere Räume eines großen Hauses – höchstwahrscheinlich des Thutmoseschen –, in dessen Innerem vier umgestürzte Säulen lagen. Die kleinen Reliefs, mit denen sie dekoriert waren, zeigen den Schreiber Butehamun im Gebet vor den Göttern sowie vor König Amenophis. Die Ausgräber stellten die Säulen wieder auf, doch der erhoffte Lohn ihrer Mühen, die Auffindung weiterer Behälter mit Papyrusrollen, blieb aus.

Ein Jahr nach Peets Tod kam unerwartet die fehlende Hälfte eines der von Sir Eric veröffentlichen Papyri ans Licht: Man zog sie aus einem Hohlraum im Rücken einer Statue. Ein neuzeitlicher Antiquitätenhändler hatte sie dort hineingestopft, wohl weil er hoffte, den Wert der Statue dadurch zu erhöhen. Man kann sich die freudestrahlende Miene jenes Ägyptologen vorstellen, der zuerst die neu aufgefundene halbe Schriftrolle gegen eine Faksimile-Kopie der bereits bekannten und in Fachkreisen außerordentlich gerühmten anderen Hälfte hielt. Es war das fehlende Schlußstück der Forschungen über das 16. Regierungsjahr König Ramses' IX., über die Pläne des Schreibers Harschire sowie das düstere Schicksal seines Bruders und seiner Vettern.

Peet hatte oft mit dem jungen tschechischen Wissenschaftler Jaroslav Černý zusammengearbeitet, der sich seit Beginn seiner Studien brennend für die thebanischen Nekropolenarbeiter interessierte. Wie Peet beschäftigte auch er sich in erster Linie mit Papyrologie, und ganz besonders vermochte er die behend hingeworfenen Zeichen der altägyptischen Schreiber zu deuten; doch sein Forschungsansatz war von vornherein ein anderer. Černý ahnte längst, daß die Leute, die in Deir el-Medine begraben waren, die Schöpfer der Gräber im Tal der Könige sein mußten. Nachdem dies erst einmal klar war, wandelten sich alle die pompösen Titel in den Gräbern und auf den Papyri in zusammenhängende Berichte über das Leben in einem Dorf, das länger als 300 Jahre für einen einzigen Zweck existiert hatte. Zwar veröffentlichte Černý seine bahnbrechende Arbeit über den Zusammenhang zwischen dem Titel »Diener am Platz der Wahrheit« und den Arbeitern der thebanischen Königsnekropole erst 1929, doch lange vorher schon brachte er die von ihm gewonnene Erkenntnis in seine Arbeiten ein und redete auch anderen Gelehrten zu, sich mit dem umfangreichen Papyrusmaterial zu beschäftigen, das in den Magazinen

europäischer Museen der Bearbeitung harrte. So veröffentlichte neben Černýs Abhandlung über den Kult des Königs
Amenophis I. im Gräbermacherdorf ein englischer Ägyptologe, Aylward Blackman, jene alten Texte, die die frühen
archäologischen Unternehmungen des Schreibers Amunnacht auf dem Dorffriedhof und seine Abenteuer mit dem
trinkfrohen Vorarbeiter Chonsu schildern. In Blackmans
Darstellung jener Dorfzwistigkeiten, die den bislang so dunklen Aufzeichnungen endlich eine schlüssige Deutung gab,
steckte ein wichtiger geschichtlicher Hinweis; eine der darin
wiedergegebenen letztwilligen Verfügungen eines Dorfbewohners enthielt nämlich die Mitteilung, daß das Dorf erstmals im Jahr 1313 v. Chr., zur Zeit des Königs Haremhab,
neu geordnet worden war. Damit war bewiesen, daß es sich
um dasselbe Dorf handelte, das der Wesir Paser in jene
Gemeinschaft von Schreibern und Künstler-Handwerkern
umwandelte, die die reich ausgestatteten Königsgräber der
neuen Dynastie schufen.

Auch in Theben selbst hatten sich die Dinge zum Besseren
gewendet. Gerade als es schien, als sei das Dorf dazu
verurteilt, Opfer archäologischen Stückwerks zu werden —
einmal hatten hier innerhalb von zehn Jahren nicht weniger als
vier archäologische Expeditionen gearbeitet —, tauchte ein
Retter auf. Zur selben Zeit, als Černýs Forschungen den
Leuten im Dorf gleichsam Leben einhauchten, nahm sich
Bernard Bruyère vom Französischen Archäologischen Institut in Kairo der Ruinen des ausgeplünderten Tals an, grub
sie aus (was ein ganzes Regal voller archäologischer Gra-
bungsberichte zur Folge hatte) und machte aus den in Trümmern liegenden Häusern des Dorfes das Musterbeispiel einer
archäologischen Grabung. Die Geschichte dieser Ausgrabungen trägt kaum dramatische Akzente, zumal man auch
keine großen Gräber mehr fand, sondern ist eher eine Chro-
nik allmählichen Begreifens. Gleich zu Beginn stieß Bruyère
auf die Spuren jener Menschen, deren Namen und Lebensumstände durch Černýs Forschungen bekannt geworden waren. Schon im ersten Grabungsjahr entdeckte er Teile von
Sarg und Grabpapyrus des Schreibers Ramose, ferner das

Grab der Frauen des Schreibers; es wurde ausgeräumt und untersucht, wobei man jede Grabungsphase zeichnerisch und fotografisch festhielt. Ebenfalls freigelegt wurde Panebs Grab, und nahebei ortete Bruyère einen Vorhof, in dessen Mauerwerk die Steine verbaut sein konnten, die der Vorarbeiter am Großen Platz gestohlen haben sollte.

Nach den ersten drei Grabungssaisons gesellte sich Černý zu Bruyère. Der Tscheche nahm von da an bis zu ihrem Ende, etwa 30 Jahre später, an der Grabung teil. In dieser Zeit entzifferte und veröffentlichte er die Tausende und aber Tausende von Inschriften, die ans Licht gefördert wurden, und lernte dabei die einzelnen Bewohner des Gräbermacherdorfes immer genauer kennen. Diese Erfahrung war es wohl, die seinen Schriften so viel menschliche Wärme und Einfühlsamkeit vermittelt, daß sie noch heute junge Gelehrte zu begeistern vermögen. Während seiner ersten Jahre im Dorf publizierte Černý auch den sogenannten Papyrus Salt, benannt nach einem britischen Konsul, der ihn im vorigen Jahrhundert für das Britische Museum erwarb. Dieser Papyrus, in dem Amunnacht, der Bruder des Vorarbeiters Neferhotpe, seine Beschuldigungen gegen Paneb niedergelegt hat, ist bis auf den heutigen Tag das lebensvollste Dokument aus der Vielzahl von Schriftstücken, die in unserem Dorf zum Vorschein kamen; wie Černý unter Heranziehung eigenhändig angefertigter Kopien von unveröffentlichten Inschriften, die sich entweder im Dorf selbst fanden oder in europäischen Museen schlummerten, mit den Verständnisschwierigkeiten dieses Textes fertig wurde, war meisterhaft.

Als Černý sich noch mit den Urkunden herumschlug, in denen die dorfinternen Verwicklungen ihren Niederschlag gefunden hatten, wandte auch der englische Archäologe Alan Gardiner dem Dorf seine Aufmerksamkeit zu. Seit langem schon hatte er sich für die Texte interessiert, die so viel vom täglichen Leben des Dorfes festhielten, und bereits 1913 einen Artikel über die Briefe verfaßt, in denen Pianchi die Beseitigung der zwei geschwätzigen Polizisten anordnete. Nun beschäftigte er sich mit einigen Gedichten aus dem Dorf sowie jenem Teil der Bibliothek Kenhirchopschefs, der das

»Traumbuch« und die Charakterstudie über die »Sethianer«
enthielt. Als Gardiner diesen schwierigen Text veröffentlichen wollte, konnte Černý ihn mit einer Liste von Belegstellen
in Ostraka, Papyri und Graffiti versehen, die alle aus der
Zeit Kenhirchopschefs stammten; damals gelang es Černý
auch, die Handschrift dieses Schreibers zu identifizieren.

Im Winter 1934/1935 wandte Bruyère, der bis dahin
ausschließlich auf dem Dorffriedhof gegraben hatte, sich dem
Dorf selbst zu, das noch immer unter den von früheren
Ausgräbern hinterlassenen Geröllhaufen verborgen lag. Mit
Hilfe einer kleinen Feldbahn, deren Loren von Hand gescho-
ben wurden, beförderte man zunächst beträchtliche Schutt-
massen aus dem Tal und verteilte sie anschließend behutsam,
um das Landschaftsbild möglichst wenig zu beeinträchtigen.
Die nunmehr freigelegten Überreste des Dorfes waren be-
merkenswert gut erhalten, so daß Bruyère einen vollständi-
gen Plan von der Siedlung anlegen und sogar mehrere Häuser bestimmten Nekropolenarbeitern zuweisen konnte. Außerdem ermittelte er das Datum der Dorfgründung anhand
der Schlammziegel des ältesten Mauerwerks, die das Siegel
König Thutmoses I. trugen. An den weißgetünchten Wänden zweier Wohnhäuser erkannte Černý verblaßte Inschriften der Schreiber Amunnacht und Harschire; die des letztgenannten befand sich höchstwahrscheinlich an der Wand von
Butehamuns Archivraum, den ein Wolkenbruch unbrauchbar gemacht hatte. Die Inschrift Amunnachts ermöglichte die
Identifizierung des Hauses, bei dem die Statue des Königs
Amenophis I. während einer Prozession innegehalten hatte
zum Zeichen für die Richtigkeit des Orakel-Wahrspruchs,
daß die Tochter des Schreibers Kleider gestohlen habe.
Aller Wahrscheinlichkeit nach lokalisierte Bruyère auch das
Haus des Vorarbeiters Neferhotpe; Indizien mochte hier der
spiegelglatte Türsturz liefern, an dem der wutentbrannte
junge Paneb einst sein Mütchen gekühlt hatte.

Als Bruyère die Grabungen im Dorf zu Ende gebracht
hatte, wechselte er auf den Bergsattel oberhalb des Tals der
Könige über und legte dort den Weiler frei, in dem die
Gräbermacher Rast gehalten und gelegentlich auch genäch-

tigt hatten. Hier fand er mehrere Steinsitze, von denen einige die Namen von Dorfbewohnern, beispielsweise des Schreibers Kenhirchopschef, trugen. In Kenhirchopschefs Hütte entdeckte Bruyère ein Gemach, das dem Schreiber als Dienstraum gedient haben könnte; auf dem Steinplattenboden lag noch ein Stapel unbeschrifteter Ostraka. Wenn es noch eines Beweises bedurfte, daß die Dörfler die Königsgräber geschaffen hatten, dann fand Bruyère ihn hier oben. Ende der dreißiger Jahre kehrte er ins Dorf zurück und begann die Kultkapellen vom Schutt zu befreien, ein Unternehmen, das bis nach dem Zweiten Weltkrieg andauerte. Dabei stieß er auf zahlreiche Werke Ramoses, so den Kalkstein-Phallus mit einem Gebet um Kindersegen, das der Schreiber und seine Ehefrau an die Göttin Hathor richteten.

Indes hatten Černý und Gardiner ihre Untersuchung der wichtigsten Aufzeichnungen aus dem Dorf fortgesetzt. 1939 erschien von Černý der Band *Late Ramesside Letters* (»Briefe der späten Ramessidenzeit«), im wesentlichen die gesamte Korrespondenz aus dem in den 1820ern entdeckten Archiv, dessen Bestände inzwischen über die verschiedensten Sammlungen und Museen Ägyptens und Europas verteilt waren. 1945 publizierte er dann das »Testament der Naunacht«. Indem er die Papyri, in denen die Witwe Kenhirchopschefs über die Verteilung ihres Eigentums befindet, mit Zeugnissen aus einer Anzahl weiterer Urkunden sowie Stelen, Graffiti und dergleichen in Verbindung brachte, gestaltete Černý ein eher trockenes amtliches Dokument zu einem spannenden Stück Familiengeschichte, in dem obendrein eine Frau die tragende Rolle spielt; sonst traten Frauen lediglich als Namen in Erscheinung, allenfalls noch als hübsche Figuren innerhalb von Wandmalereien. 1948 veröffentlichte Gardiner den vermutlich aus der Feder des Schreibers Amunnacht stammenden Papyrus, der die Streiks der Dorfbewohner unter Ramses II. schildert; in diesem Werk Gardiners war auch der sogenannte Turiner Steuerpapyrus enthalten, die Aufzeichnungen des Schreibers Thutmose über seine Nil-Reise von Theben nach Esna, wo er im Chnumtempel Weizen für die Dorfbewohner beschaffte.

Bruyère beendete seine Ausgrabungen in Deir el-Medine sozusagen mit einem Fanfarenstoß: Nördlich der Kultkapellen, also außerhalb des eigentlichen Dorfes, fand er eine gewaltige Grube, die den Archäologen Rätsel aufgab. Sie war so weit und so tief, daß es zwei Saisons dauerte, bis man ihren Boden erreicht hatte. Die sehr wahrscheinlich in ptolemäischer Zeit ausgehobene Grube war wohl als Sammelbehälter gedacht, von dem aus die Tempel mit dem für den Kult erforderlichen Wasser versorgt werden sollten. Nachdem die Steinbrecher sich jedoch durch an die 30 Meter Schiefergestein hindurchgearbeitet hatten, ohne auf Wasser zu stoßen, hatte man das gigantische Vorhaben aufgegeben. Aus dem trockenen Riesenloch im Wüstenboden förderte Bruyère Tausende weiterer Ostraka sowie Statuen und Gegenstände des täglichen Gebrauchs zutage. Offensichtlich hatten die Priester des ptolemäischen Steintempels ihren wasserlosen Brunnenschacht als Müllkippe benutzt, als sie die alten Kultstätten der Dörfler ausräumten.

Laut Augenzeugenberichten stand Černý erwartungsvoll am Rand der Grube, während unten die Archäologen am Werk waren und Korb um Korb voller Fundmaterial emporsandten. Man brachte die Stücke zu ihm, und er prüfte jedes einzelne aufs gründlichste. Durch seine dicken runden Brillengläser hindurch musterte er die zahllosen Inschriften, stets in der Hoffnung, irgendwann einen der ihm wohlvertrauten Namen zu erkennen. Die Ostraka-Texte aus der großen Grube ließen sich zwei Gruppen zuordnen: Die der einen, von ptolemäerzeitlichen Tempelpriestern geschrieben, zeigten demotische Schriftzeichen, die der anderen, von Dorfbewohnern stammend, waren in Hieroglyphen oder in der hieratischen Schrift der Amtsschreiber gehalten. Gehörte ein Stück zur ersten Gruppe, tat Černý es in eines der dafür bereitstehenden Kästchen, die ins Standquartier der Expedition gebracht wurden, wo ihr Inhalt später einer eingehenderen Nachschau unterzogen wurde. Geriet er jedoch an ein Stück aus dem Gräbermacherdorf, wickelte er es sofort in weiche Baumwolle und machte sich noch am selben Abend an die Übersetzung des Textes.

Im Jahr 1952 schloß Bruyère seine Grabungsarbeiten ab.
Černý zog sich 1965 von seinem Ägyptologie-Lehrstuhl in
Oxford zurück, den er 15 Jahre lang innegehabt hatte, und
widmete sich fortan einer Aufgabe, die er sich selbst gesetzt
hatte: die großenteils von den Dorfbewohnern herrührenden
Graffiti der Berge Thebens kartographisch zu erfassen und
zu beschreiben. Wie die beiden Pioniere archäologischer
Feldarbeit, Wilhelm Spiegelberg und Howard Carter, war
Černý von diesen persönlichsten und spontansten Schrift-
zeugnissen des alten Ägyptens fasziniert, und bis zu seinem
Todesjahr, 1973, leitete er eine französisch-englische Expedition, die auf den Höhen und in den Tälern von Theben-
West nach den Spuren der Dorfbewohner suchte. Tatsäch-
lich fand er auf den Felsen Thebens so manchen neuen
Hinweis auf Männer aus dem Dorf, etwa den Vorarbeiter
Paneb sowie die Schreiber Amunnacht und Butehamun.
Man ehrte Černý und Bruyère, indem man den Berg oberhalb des alten Dorfes »Mont Cernabru« taufte; das dauer-
hafteste Denkmal indessen haben sie sich selbst gesetzt,
indem sie ihr ganzes Forscherleben darauf verwendeten, die
Nekropolenarbeiter samt deren Siedlung nach 3000 Jahren
der Vergessenheit zu entreißen.

Heute setzt eine Gruppe von Archäologen aus aller Welt
die wissenschaftliche Arbeit in Deir el-Medine fort. Hervorzuheben unter den neueren Veröffentlichungen ist die einfühl-
same Übersetzung der von Černý herausgegebenen *Late
Ramesside Letters* durch Professor Edward F. Wente von
der Universität Chicago. Gleiches gilt für die Studien über
das Wirtschaftsleben des Dorfes, die Professor Jacob J.
Janssen publizierte, sowie für die genealogischen Untersuchungen von Dr. Morris Bierbrier, dem Kustos für ägyptische Altertümer am Britischen Museum in London. An Ort
und Stelle haben französische Archäologen bei jüngst vorge-
nommenen Sondierungen den Beweis dafür erbracht, daß
unter der von Bruyère ergrabenen Siedlung noch eine ältere
gelegen haben muß. Und dies eröffnet die Aussicht, die
Geschichte von Deir el-Medine um etliche Kapitel in die
Vergangenheit zurück zu erweitern. Die Anwendung moder-

ner archäologischer Verfahren läßt neue Aufschlüsse über das dörfliche Alltagsleben erwarten: was die Dörfler aßen, wie es um ihre Gesundheit stand, an welchen Krankheiten sie litten, wie sie kochten, malten und Bienen züchteten – lauter gewöhnliche Dinge, die die Leute vom Großen Platz gleich ihren Zeitgenossen nicht für wert befanden, schriftlich festgehalten zu werden.

Zu guter Letzt sollte man das Tal selbst aufsuchen und sich dort dem Gefühl hingeben, denselben Bedingungen unterworfen zu sein wie diejenigen, die ehedem hier lebten, Künstler, Handwerker, Arbeiter mit ihren Familien, Menschen, die Bilder und Abbilder verehrten, die in Bildern dachten und schrieben, die vor Jahrtausenden diese Landschaft bevölkerten und in dem Gelbton des Gesteins, dem Grün der Felder, dem Blau des fernen Horizonts den natürlichen Farben-Dreiklang ihrer Umgebung sahen, die den Rohstoff, den sie am Ort vorfanden, umformten zu königlichen Gräbern, Kleinodien einer unter Mühen und Schweiß geschaffenen Unterwelt, bedeckt von felsiger Ödnis. Nur in Theben kann man auf einem Pfad wandern, den lange, lange vor der Zeitenwende andere Menschen gingen, und dabei auf Schritt und Tritt den Kritzeleien begegnen, die sie auf den Felswänden hinterließen – und denen mittlerweile oftmals eine Kennziffer beigegeben ist: die Nummer, die heutige Archäologen dem Graffito gaben –, und plötzlich bummelt man neben einem alten Schreiber und seinen Söhnen her, die sich auf diesen zeitlosen Anhöhen zu einem Spaziergang eingefunden haben.

Zeittafel

König	Regierungszeit	Regierungsjahre
Haremhab	1320 – 1292	28
Ramses I.	1292 – 1290	2
Sethos I.	1290 – 1279	11
Ramses II.	1279 – 1212	67
Merneptah	1212 – 1199	13
Amenmesse	1199 – 1195	4
Sethos II.	1195 – 1189	6
Siptah	1189 – 1183	6
Sethnacht	1183 – 1181	2
Ramses III.	1181 – 1149	32
Ramses IV.	1149 – 1143	6
Ramses V.	1143 – 1139	4
Ramses VI.	1139 – 1132	7
Ramses VII.	1132 – 1125	7
Ramses VIII.	1125 – 1124	1
Ramses IX.	1124 – 1105	19
Ramses X.	1105 – 1096	9
Ramses XI.	1096 – 1069	27

Literaturverzeichnis

Abkürzungen:
ASAE: Annales du Service des Antiquités de l'Égypte
BIFAO: Bulletin de l'Institut français d'archéologie orientale du Caire
JEA: Journal of Egyptian Archaeology
JNES: Journal of Near Eastern Studies

Zu den Vorbereitungsarbeiten für dieses Buch gehörte die Durchsicht nahezu sämtlicher Veröffentlichungen über Deir el-Medine und seine Zeit; es erscheint mir indes unnötig, all diese Publikationen aufzuzählen. Eine übersichtliche Bibliographie, die sich ausschließlich auf Deir el-Medine konzentriert, aber immer noch mehr als 350 Titel umfaßt, wurde vor nicht allzu langer Zeit von L. M. J. Zonhoven veröffentlicht (in: Demarée/Janssen 1982). Bei den nachstehend angeführten Publikationen handelt es sich entweder um Arbeiten, auf die ich mich in diesem Buch beziehe, oder um grundlegende Studien von Wissenschaftlern wie Černý und Janssen.

Aldred, C. »More light on the Ramessidic Tomb Robberies«, in: Glimpses of Ancient Egypt. Warminster 1979

Allam, S. Hieratische Ostraka und Papyri aus der Ramessidenzeit. 2 Bde. Tübingen 1973

Baer, K. »The Oath sḏf 3-tryt in Payrus Lee I, 1«, in: JEA 50 (1964)

Ball, J. Egypt in the Classical Geographers. Kairo 1942

Baud, M. Les dessins ébauchés de la nécropole Thébaine. Kairo 1935

Bierbrier, M. L. The Late New Kingdom in Egypt. Warminster 1975 [1]

– »The Length of the Reign of Ramesses X«, in: JEA 61 (1975) [2]

– The Tomb-builders of the Pharaohs. London 1982

Blackman, A. M. »Oracles in Ancient Egypt II«, in: JEA 12 (1926)

Bonnet, C./Valbelle, D. »Le village de Deir el-Médineh«, in: BIFAO 75 (1975)

– »Le village de Deir el-Médineh«, in: BIFAO 76 (1976)

Botti, G. »Frammenti di registri di stato civile della XXa dinastia«, in: Rendiconti R. Accademia Nazionale de Lincei 5, 31 (Rom 1922)

Botti, G./Peet, T. E. Il giornale della necropoli di Tebe. Turin 1928

Breasted, J. M. Ancient Records of Egypt. Chicago 1906

– Die Geburt des Gewissens. Zürich 1950

Brunner-Traut, E. Die altägyptischen Scherbenbilder. Stuttgart 1956

– *Egyptian Artists' Sketches.* Istanbul 1979

– *Gelebte Mythen.* 2. Aufl. Darmstadt 1981

– *Die Alten Ägypter.* 3., durchges. Aufl. Stuttgart 1981

– *Ägypten.* 4., erw. u. durchges. Aufl. Stuttgart 1982

– *Die altägyptische Grabkammer.* 2., verb. Aufl. Mainz 1982

– *Kleine Ägyptenkunde.* Stuttgart 1982

Bruyère, B. *Rapport sur les fouilles de Deir el-Médineh,* 17 Teile (einschließlich Bruyère 1927, 1935, 1937, 1948). Kairo 1924–1953

– »Un jeune prince ramesside trouvé à Deir el-Médineh«, in: *BIFAO* 25
   (1925)

– *Mert Seger à Deir el-Médineh.* Kairo 1930

– *Tombes thébaines de Deir el-Médineh à decoration monochrome.* Kairo
   1952

Bruyère, B./Kuenz, C. *La tombe de Nakht-min et la tombe d'Art-nefer.*
   Kairo 1926

Budge, E. A. W. *The Book of the Dead.* London 1899

Butzer, K. W. *Early Hydraulic Civilisation in Egypt.* Chicago 1976

The Cambridge Ancient History. 2. Aufl. Cambridge 1964–1971

Capart, J. *Thebes. The Glory of a Great Past.* London 1926

Capart, J./Gardiner, A. H./Walle, B. v. d. »New Light on the
   Ramesside Tomb-Robberies«, in: *JEA* 22 (1936)

Carter, H./Gardiner, A. H. »The Tomb of Ramesses IV etc.«, in:
   JEA 4 (1917)

Černý, J. »Quelques ostraca hiératiques inédits de Thèbes au Musée du
   Caire«, in: *ASAE* 27 (1927) [1]

– »Le culte d'Amenophis Ier chez les ouvriers de la nécropole thébaine«,
   in: *BIFAO* 27 (1927) [2]

– »Papyrus Salt 124«, in: *JEA* 15 (1929) [1]

– »L'identité des ›Serviteurs dans la Place de Vérité‹ et des ouvriers de la
   nécropole royale de Thèbes«, in: *Revue de l'Égypte ancienne* 2 (1929)
   [2]

– »Fluctuations in Grain Prices during the Twentieth Egyptian Dynasty«,
   in: *Archiv Orientální* 6 (1934)

– »Questions adressées aux oracles«, in: *BIFAO* 35 (1935) [1]

– *Ostraca hiératiques.* Kairo 1935 [2]

– *Catalogue des ostraca hiératiques non-littéraires de Deir el-Médineh,*
   6 Bde. Kairo 1935–1970

– »Datum des Todes Ramses' III. und die Thronbesteigung Ramses' IV.«,
   in: *Zeitschrift für ägyptische Sprache und Literatur* 72 (Leipzig 1936)

– *Late Ramesside Letters.* Brüssel 1939

– »Nouvelle série de questions adressées aux oracles«, in: *BIFAO* 41
   (1942)

– »The Will of Naunakhte and the Related Documents«, in: *JEA* 31 (1945)
– *Répertoire onomastique de Deir el-Médineh*. Kairo 1949
– *Graffiti hiéroglyphiques et hiératiques de la nécropole thébaine*. Kairo 1956
– *Egyptian Stelae in the Bankes Collection*. Oxford 1958
– »Egyptian Oracles«, in: Parker, R.: *A Saite Oracle Papyrus from Thebes in the Brooklyn Museum*. Providence/Rhode Island 1962
– »Troisième série de questions adressées aux oracles«, in: *BIFAO* 72 (1972)
– *A Community of Workmen at Thebes in the Ramesside Period*, Kairo 1973 [1]
– *The Valley of the Kings. Fragments d'un manuscrit inachevé*. Kairo 1973 [2]
– *Papyrus hiératiques de Deir el-Médineh*. Kairo 1978
Černý, J./Gardiner, A. E. *Hieratic ostraca*. Oxford 1957
Černý, J./Sadek, A. F./andere *Graffiti de la montagne thébaine*, 4 Bde. Kairo 1969–1974
Couyat, J./Montet, P. *Les inscriptions hiéroglyphiques et hiératiques du Ouâdi Hammâmât*. Kairo 1912
Daressy, G. »Quelques ostraca de Biban el Molouk«, in: *ASAE* 27 (1927)
Davies, N. *The Tomb of Huy*. London 1926
– *Picture Writing in Ancient Egypt*. London 1958
Davies, N. de Garis »A High Place in Thebes«, in: *Mélanges Maspero* 1. Kairo 1935–1938
Dawson, W. »Some observations on the Egyptian calendars [. . .], in: *JEA* 12 (1926)
Demarée, R. J./Janssen, J. J. (Hg.) *Gleanings from Deir el-Medina*. Leiden 1982
Edgerton, W. G. »The Strikes in Ramses III's Twenty-ninth Year«, in: *JNES* 9 (1950)
Edwards, I. E. S. »Kenhirkhopshef's Prophylactic Charm«, in: *JEA* 54 (1968)
Epigraphic Survey *Medinet Habu* V. Chicago 1957
Gardiner, A. H. »A Political Crime in Ancient Egypt«, in: *Journal of the Manchester Egyptian and Oriental Society* 1912–1913
– *Theban Ostraca*. Oxford 1913
– *The Chester Beatty Papyri, No. 1*. London 1931
– *Hieratic Papyri in the British Museum. Third Series*. London 1935
– »Ramesside Texts Relating to the Taxation and Transport of Corn«, in: *JEA* 27 (1941)

– *Ramesside Administrative Documents.* Oxford 1948

– *Egypt of the Pharaohs.* Oxford 1961

Goedicke, H./Wente, E. F. *Ostraka Michaelides.* Wiesbaden 1962

Griffith, F. L. L. *A Collection of Hieroglyphs.* London 1898

Guilmant, F. *Le Tombeau des Ramsès IX.* Kairo 1907

Gunn, B. *The Religion of the Poor in Ancient Egypt,* in: *JEA* 3 (1916)

Habashi, L. »Lids of the outer sarcophagi [. . .]«, in: *Mitteilungen aus der ägyptischen Sammlung* 8 (Berlin 1975)

– *Tavole d'offerta, are e bacili da libagione.* Turin 1977

Harris, J./Wente, E. F. (Hg.) *An X-Ray Atlas of the Royal Mummies.* Chicago 1980

Hayes, W. C. *The Scepter of Egypt,* Teil 2. New York 1959

Helck, W. *Materialien zur Wirtschaftsgeschichte des Neuen Reiches,* 6 Bde. Wiesbaden 1961–1969

Janssen, J. J. »An Unusual Donation Stela of the Twentieth Dynasty«, in: *JEA* 49 (1963)

– *Commodity Prices from the Ramesside Period.* Leiden 1975

– »The Water Supply of a Desert Village«, in: *Medelhavsmuseet Bulletin* 14 (1979)

– »The Mission of the Scribe Pesiūr« (O Berlin 12654), in: Demarée/Janssen 1982

Kitchen, K. A. *The Third Intermediate Period in Egypt (1100–650 B. C.).* Warminster 1973

– *Ramesside Inscriptions* 1. Oxford 1975

Lichtheim, M. *Ancient Egyptian Literature,* Bd. 2. Berkeley 1976

Moss, R. »By-products of bibliography«, in: *JEA* 54 (1968)

Omlin, J. *Der Papyrus 55001 und seine satirisch-erotischen Zeichnungen und Inschriften.* Turin 1973

Peck, William A. *Ägyptische Zeichnungen aus drei Jahrtausenden.* Bergisch Gladbach 1982

Peet, T. E. *The Mayer Papyri A & B.* London 1920

– »Fresh Light on the Tomb Robberies of the Twentieth Dynasty at Thebes«, in: *JEA* 11 (1925)

– »The Supposed Revolution of the High Priest Amenhotpe under Ramesses IX«, in: *JEA* 12 (1926)

– *The Great Tomb-Robberies of the Twentieth Egyptian Dynasty.* Oxford 1930

Peterson, B. »Zeichnungen aus einer Totenstadt«, in: *Medelhavsmuseet Bulletin* 7–8 (1973)

Petrie, W. M. F. *A History of Egypt,* Bd. 3. London 1925

Pleyte, W./Rossi, F. *Papyrus de Turin,* 2 Bde. Leiden 1869–1876

Porter, R./Moss, B. *Topographical Bibliography of Ancient Egyptian*

Hieroglyphic Texts, Reliefs and Paintings, 8 Bde. Oxford 1927–1981

Romer, J. *Valley of the Kings.* London und New York 1981

Rosellini, I. *I Monumenti dell'Egitto e della Nubia,* 3 Bde. Pisa 1832–1844

Schiaparelli, E. *Relazione sui lavori della Missione Archeologica Italiana in Egitto,* Bd. 2: *La tomba intatta dell'architetto Cha.* Turin 1927

Schott, S. »The Feasts of Thebes«, in: Nelson/Hölscher *Work in Western Thebes 1931–1933.* Chicago 1934

Spiegelberg, W. »Hieratic Ostraca from Thebes«, in: *Ancient Egypt* I (1914)

– *Ägyptische und andere Graffiti aus der Thebanischen Nekropolis,* 2 Bde. Heidelberg 1921

Thomas, E. *The Royal Necropoleis of Thebes.* Princeton 1966

Toda, E. »La découverte et l'inventaire du tombeau de Sen-nezem«, in: *ASAE* 20 (1920)

Tosi, M. *Una stirpe di pittori a Tebe.* Turin 1972

Tosi, M./Roccati, A. *Stele e altre epigrafi di Deir el Medina.* Turin 1972

Vandersleyen, C. »La statue d'Amenophis I«, in: *Oriens Antiquus* 19 (1980)

Wente, E. F. »A Letter of Complaint to the Vizier To«, in: *JNES* 20 (1961)

– *Late Ramesside Letters.* Chicago 1967

Wente, E. F./Van Siclen, C. »A chronology of the New Kingdom«, in: *Studies in Honor of G. R. Hughes.* Chicago 1976

Wilkinson, J. G. *The Manners and Customs of the Ancient Egyptians.* London 1837–1978

Wilson, J. A. »The Oath in Ancient Egypt«, in: *JNES* 7 (1948)

Zonhoven, L. M. J. »The Inspection of a Tomb at Deir el-Medîna«, in: *JEA* 65 (1979)

– »A Systematic Bibliography on Deir el-Medîna«, in: Demarée/Janssen 1982

Anmerkung des Übersetzers: Eine neue Chronologie für Altägypten erarbeitete in den letzten Jahren der in Berlin tätige Ägyptologe Rolf Krauss (vgl. Rolf Krauss in: *Hildesheimer Ägyptologische Beiträge* 7, Bde. 20 u. 21; desgleichen Museumsführer *Ägyptisches Museum Berlin,* 1983, S. 84–85).

Quellenverzeichnis

Abkürzungen:
ff: folgende Textzitate
O: Ostraka
Pap: Papyrus
Stat: Statue
TK: Tal der Königinnen, dazu Grabnummer
TG: Thebanische Graffiti
TGr: Thebanisches Grab
ASAE: Annales du Service des Antiquités de l'Égypte
BIFAO: Bulletin de l'Institut français d'archéologie orientale du Caire
JEA: Journal of Egyptian Archaeology
Giornale: Botti/Peet 1928
Hier. Ost.: Černý/Gardiner 1957
LRL: Černý 1939
RAD: Gardiner 1948

Die Schreiber des Gräbermacherdorfes bedienten sich einer esoterischen Form des Altägyptischen, die bei der Übersetzung schwierige Probleme aufwirft. Im Lauf der Jahre haben die Gelehrten, die sich dieser Aufgabe unterzogen, die unterschiedlichsten Umschreibungen verwendet. Obwohl sie vom wissenschaftlichen Standpunkt aus korrekt sind, werden solche Übertragungen jedoch letztlich den alten Ägyptern nicht gerecht, da eine Mischung verschiedener Umschreibungsweisen zu absurden Ergebnissen führen kann. Ich habe für die Wiedergabe der Quellentexte, nach Vergleich der verfügbaren Übersetzungen, eine stilistisch einheitliche Fassung gewählt in der Hoffnung, damit größere Klarheit und bessere Verständlichkeit zu erzielen.

Das vorliegende Quellenverzeichnis ist nach der Seitenfolge des Buches geordnet. Auf die Seitenangabe folgen die ersten Worte der zitierten Textstelle, danach der Quellenvermerk, an den sich ein Hinweis auf die Übersetzung oder eine wissenschaftliche Erörterung des betreffenden Textes anschließt.

24 »dem der Westen« ff Stat BM EA 687 usw.: Černý 1973 [1], S. 57–58
34 »[Heute] war« O Černý 17, 2–6; Černý 1973 [1], S. 163
42 »[Im] siebenten Jahr« O BM 5624; Blackman 1926

Verzeichnis der Zeichnungen

Die 36 in diesem Band enthaltenen Zeichnungen von Elizabeth Romer sind nachstehend gemäß der Seitenfolge geordnet; die verwendeten Abkürzungen sind auf S. 343 erläutert, die Quellenangaben beziehen sich auf das Literaturverzeichnis ab S. 338.

Danksagung

Ich danke allen, die mir auf verschiedenste Art und Weise beim Zustande-
kommen dieses Buches geholfen haben: Martha Caute, Professor Hans
Goedicke, Caradoc King, Donald Lowle, Nicholas Reeves und Louis
Romer. Mein Dank geht auch an Professor Silvio Curto und seinen
freundlichen Mitarbeiterstab im Turiner Museo Egizio, die es mir ermöglichten, die hervorragende Museumsbibliothek zu benutzen und in den
Ausstellungsräumen zu fotografieren. Besonderer Dank gilt Michael
O'Mara, der mir jahrelang helfend und beratend zur Seite stand, desgleichen Beth, meiner Frau, die dreimal das jeweils umgearbeitete Manu-
skript in die Maschine schrieb und geduldig zuhörte, wenn ich immer
wieder von dem alten Arbeiterdorf bei Theben anfing, obwohl sie gerade
im Begriff stand, ein eigenes Buch zu schreiben; sie fertigte auch die
36 über den Text verstreuten Zeichnungen an, und der Buchtitel der
englischen Ausgabe stammt ebenfalls von ihr. Wenigstens zur Hälfte ist
dieses Buch also ihr Werk.

John Romer